大数据应用人才能力培养
新形态系列

U0734346

Python

金融数据分析与挖掘

微课版

黄恒秋◎编著

人民邮电出版社
北　京

图书在版编目（CIP）数据

Python 金融数据分析与挖掘：微课版 / 黄恒秋编著.
北京 ：人民邮电出版社，2024. --（大数据应用人才能
力培养新形态系列）. -- ISBN 978-7-115-64775-7

Ⅰ. F830.41-39

中国国家版本馆 CIP 数据核字第 2024TZ0106 号

内 容 提 要

本书从 Python 基础，到应用 Python 进行科学计算、数据处理、数据可视化、挖掘建模等基础训练，
再到利用 Python 进行金融数据挖掘实战，深入浅出地介绍了如何使用 Python 进行金融数据分析、挖掘
和量化投资的全过程。

本书将从 Python 基础知识、基本数据分析技能和金融数据基础知识，扩展到基础案例和综合案例，
最后通过实训帮助读者强化训练，完成 Python 金融数据分析与挖掘相关知识的学习。全书分 3 篇：基
础篇、案例篇和实训篇。基础篇（第 1～6 章）主要介绍 Python 基础及应用于科学计算、数据处理、数
据可视化、机器学习、关联规则等方面的基础知识和金融数据基础知识；案例篇（第 7～11 章）主要介
绍利用 Python 进行金融数据挖掘分析的基础案例和综合案例；实训篇（第 12 章），由 8 个实训组成。

本书提供配套的案例数据、程序代码、课件、教学大纲、实训课题、测试题等丰富资源，适合作为
普通高等院校数学、计算机、经济管理专业相关课程的教材，也适合作为金融数据挖掘研究者、爱好者
的参考书。

◆ 编　著　黄恒秋
责任编辑　许金霞
责任印制　陈　犇

◆ 人民邮电出版社出版发行　　北京市丰台区成寿寺路 11 号
邮编　100164　电子邮件　315@ptpress.com.cn
网址　https://www.ptpress.com.cn
三河市中晟雅豪印务有限公司印刷

◆ 开本：787×1092　1/16
印张：17.75　　　　　　　　2024 年 12 月第 1 版
字数：452 千字　　　　　2025 年 6 月河北第 3 次印刷

定价：65.00 元

读者服务热线：(010)81055256　印装质量热线：(010)81055316
反盗版热线：(010)81055315

随着人工智能、大数据时代的到来，Python 已经成为学习数据科学与机器学习所用的首选语言。如何利用 Python 进行数据挖掘与分析，是广大初学者或者对数据挖掘技术感兴趣的读者非常关心的一个问题，特别是不具备较强计算机专业技能的学生，如应用数学、统计、经济、管理类专业的学生。他们中有些学生既希望能够掌握一定的大数据技术以增强自己的竞争力，又可能因学习困难而无奈放弃。本书以应用为导向，采用被金融机构及高校广泛使用的深圳希施玛数据科技有限公司的 CSMAR 数据库为数据资源（简称"CSMAR"），通过真实的市场数据，将 Python 作为分析工具，进行金融数据分析并应用于量化投资。本书第 6 章至第 12 章的 12.7 节，配套的金融案例数据如无特别说明，均来源于 CSMAR。为了帮助广大读者较好地掌握相关技能和知识，构建数据挖掘分析思想和实践应用，同时为了适应教学的需要，全书分为 3 篇，即基础篇、案例篇和实训篇。

基础篇为第 1～6 章。第 1 章介绍 Python 基础，使读者对 Python 发行版本 Anaconda 的安装，Spyder 集成开发环境界面及使用，Python 的基本数据类型及方法，条件语句、循环语句、函数定义等基本编程技能有较清楚的认识。第 2 章、第 3 章介绍 Python 用于科学计算与数据处理常用的两个包，即 NumPy 和 Pandas。利用这两个包，可以对数据进行读取、加工、清洗、集成及相关的计算，为后续的数据分析与挖掘做准备。第 4 章介绍 Python 用于数据可视化的图形展现包 Matplotlib，主要介绍常用的图形，包括散点图、线性图、柱状图、直方图、饼图、箱线图和子图。第 5 章介绍 Python 用于数据分析与挖掘的机器学习包 scikit-learn 和相关模型及算法，主要包括主成分分析、线性回归、逻辑回归、神经网络、支持向量机、K-均值聚类、关联规则算法等。实际上，第 5 章基本包括了数据分析与挖掘中的经典模型与算法。第 6 章介绍金融数据基础知识，包括上市公司、公司治理结构、公司财务报表、公司财务分析指标、股票交易、股票指数等主要数据的生产、加工和理解，特别是从高频数据出发详细介绍了股票交易数据的生产全过程，为读者加深对金融数据的理解和后续的挖掘分析打下基础。同时所有章节的后面都给出了练习题和实验题，供读者进行对应的练习和实验。通过基础篇的学习，读者可以掌握 Python 基本知识和数据分析与挖掘的核心包，以及对相关模型、算法和金融数据的深入理解，为后续的数据分析与挖掘提供必要的基础和实现方法。

案例篇为第 7～11 章。在案例篇中，包含基础案例和综合案例。基础案例安排在第 7 章，包括 7 个基础案例，即股票价格指数周收益率和月收益率的计算，上市公司净利润增长率的计算，股票价、量走势图的绘制，股票价格移动平均线的绘制，沪深 300 指数走势预测，基于主成分聚类的上市公司盈利能力分析，国际股票指数关联分析。第 8～11 章为 4 个综合案例，均为金融数据挖掘方面的典型应用，包括上市公司综合评价，股票价格涨跌趋势预测，股票价格形态聚类与收益分析，行业联动与轮动分析。为了更好地贴近实战应用，每个案例均给出了案例背景、案例目标、实现思路、计算流程、数据、挖掘模型、程序实现等。根据挖掘模型得到的结论，也均给出了其量化投资的策略设计与收益率分析。在每章后面都给出了练习题或者基于案例的拓展练习和实验题目。通过案例的学习，读者可以清晰地了解应用数据挖掘模型进行量化投资的全部流程及实现方法。在案例篇中，基础案例为后续综合案例服务，由简单到复杂，逐步实现从基础到综合的过渡，帮助读者轻松掌握 Python 金融数据挖掘的基本技能。

实训篇为第 12 章，由 8 个实训组成，即行业盈利状况可视化分析、上市公司透明度综合评价、基于支持向量机的量化择时、上市公司综合能力聚类分析、股票联动与轮动分析、上市公司财务风险预警模型、上市公司高送转预测、上市公司新闻标题情感分类。每个实训均给出了详细的实训内容和实训指导，从而帮助读者较快地提高自己的实际动手能力。

本书所有的 Python 程序均采用 Anaconda（Python 3.8.5）进行编写，且全部编译通过。书中所有配套的案例数据、程序代码、课件、教学大纲、实训课题、测试题，可登录人邮教育社区（www.ryjiaoyu.com）下载。配套的在线实验课程可在相关搜索引擎搜索"头歌实践教学平台"，登录后在官网主页搜索"Python 金融数据分析与挖掘"即可。

本书为广西高等教育本科教学改革工程项目（编号：2023JGA337）成课之一。虽然想尽善尽美，但书中难免会有疏漏之处，还请广大读者批评指正，将反馈意见发至编者邮箱：hengqiu0417@163.com。

编者

2024 年 11 月

基 础 篇

案 例 篇

实 训 篇

基 础 篇

第 1 章 Python 基础

如果您之前没有学习过 Python 或者对 Python 了解甚少，或者想再复习一遍 Python 的基本知识，请认真学习本章内容。本章首先介绍 Python 及其发行版 Anaconda 的安装与启动、Spyder 开发工具的使用和 Python 扩展包的安装方法，其次对 Python 基本语法和数据结构进行概括介绍，最后介绍 Python 在金融大数据领域中的应用情况。

1.1 Python 概述

Python 是一种面向对象的脚本语言，由荷兰研究员 Guido van Rossum 于 1989 年发明，并于 1991 年公开发行第一个版本。由于其功能强大和采用开源方式发行，Python 发展迅猛，用户越来越多，逐渐形成了一个强大的社区力量。如今，Python 已经成为较受欢迎的程序设计语言。随着人工智能与大数据技术的不断发展，Python 的使用率正高速增长。

Python 具有简单易学、开源、解释性、面向对象、可扩展性和丰富的支撑库等特点，其应用也非常广泛，包括科学计算、数据处理与分析、图形图像与文本处理、数据库与网络编程、网络爬虫、机器学习、多媒体应用、图形用户界面、系统开发等。目前，Python 有两个版本：Python2 和 Python3，但是它们之间不完全兼容。Python3 功能更加强大，代表了 Python 的未来，建议学习 Python3。

Python 开发环境众多，不同的开发环境其配置难度与复杂度也不尽相同，较常用的有 PyCharm、Spyder。特别是 Spyder，它在成功安装了 Python 的集成发行版本 Anaconda 之后也被自行安装了，而且界面友好。初学者或者不想在环境配置方面花太多时间的读者，可以选择安装 Anaconda，本书也是采用 Anaconda。

1.2 Python 安装及启动

1.2.1 Python 安装

这里推荐 Python 的发行版 Anaconda。它集成了众多 Python 的常用包，并自带简单易学且界面友好的集成开发环境 Spyder。Anaconda 安装包可以从官网或者清华镜像站点中下载。下面介绍如何从清华镜像站点中获取安装包并进行安装。首先登录清华镜像网站，可以看出 Anaconda 有众多版本，也支持常见的操作系统。本书选择 Anaconda3- 2020.11-Windows-x86_64.exe 这个版本，64 位操作系统，如图 1-1 所示。接着，对下载成功的安装包进行安装。双击下载成功的安装包，在弹出的安装向导界面中单击"Next"按钮，如图 1-2 所示。

Anaconda3-2020.11-Windows-x86.exe	403.0 MiB
Anaconda3-2020.11-Windows-x86_64.exe	457.2 MiB
Anaconda3-2021.04-Linux-aarch64.sh	407.6 MiB
Anaconda3-2021.04-Linux-ppc64le.sh	285.3 MiB
Anaconda3-2021.04-Linux-s390x.sh	291.7 MiB
Anaconda3-2021.04-Linux-x86_64.sh	539.9 MiB
Anaconda3-2021.04-MacOSX-x86_64.pkg	436.9 MiB
Anaconda3-2021.04-MacOSX-x86_64.sh	429.3 MiB

图 1-1

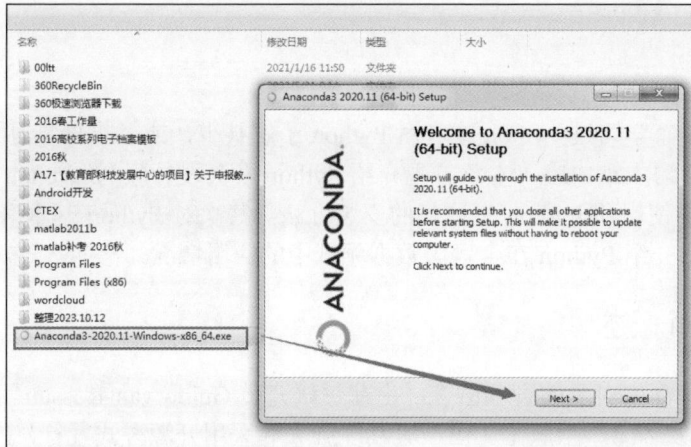

图 1-2

根据安装向导，单击选择同意安装协议"I Agree"按钮，选择安装类型"All Users"，设置好安装路径，继续单击"Next"按钮，进入图 1-3 所示的界面。

在该界面中有两个选项，安装向导默认选择第二个选项，即向 Anaconda 系统中安装 Python 的版本号（图 1-3 显示的是 3.8 版本）。第一个选项为可选项，即向安装的计算机系统中添加 Anaconda 环境变量，也建议读者勾选该选项。设置好这两个选项后，单击"Install"按钮即可进入安装进程。

安装进程动态显示了目前安装的进度，安装完成后，单击"完成"按钮，关闭安装向导相关窗口即可完成 Anaconda 的安装，可以在计算机"开始"菜单栏中查看，如图 1-4 所示。

图 1-4 显示计算机已成功安装了 Anaconda3，64 位系统。它类似一个文件夹，下面有两个常用的部件：Anaconda Prompt 和 Spyder。其中，Anaconda Prompt 是 Anaconda 安装需要的包或者查看系统集成包经常用到的界面；Spyder 则为 Anaconda 的集成开发环境，下一节将详细介绍如何使用 Spyder 进行 Python 程序编写。前面已经提到，Anaconda3 集成了大部分的 Python 常用包，可以通过打开 Anaconda Prompt 界面，输入"conda list"命令查看。其中，Anaconda Prompt 界面类似于原始的计算机 DOS 操作界面，conda list 也类似于 DOS 操作命令，如图 1-5 所示。

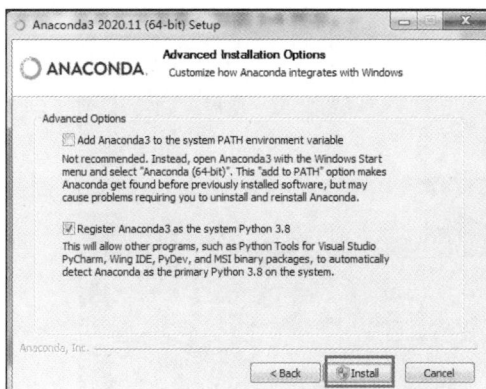

图 1-3

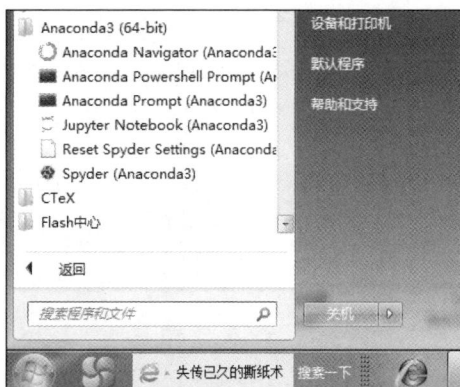

图 1-4

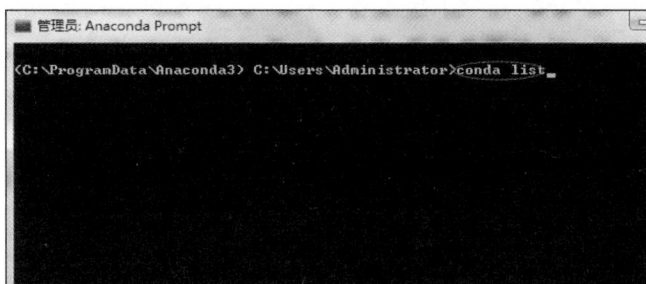

图 1-5

输入"conda list"命令后按 Enter 键，即可查看 Anaconda 集成了哪些 Python 包，以及这些包对应的版本号，如图 1-6 所示。

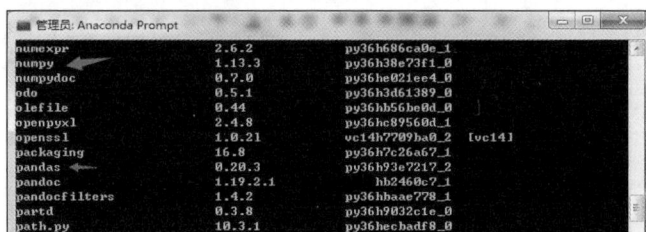

图 1-6

通过滑动图 1-6 中的滚动条，可以发现 NumPy、Pandas、Matplotlib、scikit-learn 这些包均已经存在，无须再进行单独安装，而且这些包也是数据分析与挖掘中经常用到的包。本书主要介绍这些包及其在金融数据分析与挖掘中的应用。

1.2.2 Python 启动及界面认识

Spyder 为 Python 发行版 Anaconda 的集成开发环境，它简单易学且界面友好。本书所有的 Python 程序编写及执行均在 Spyder 中完成。Spyder 启动非常简单，在开始菜单"所有程序"中找到 Anaconda 的安装文件夹，如图 1-7 所示，单击 Spyder 图标即可启动。

Spyder 启动完成后，即可进入默认的界面，如图 1-8 所示。

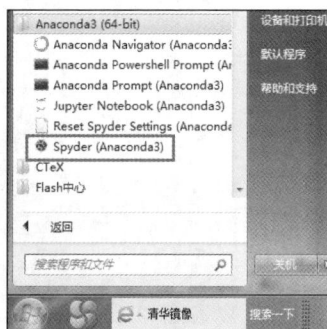

图 1-7

3

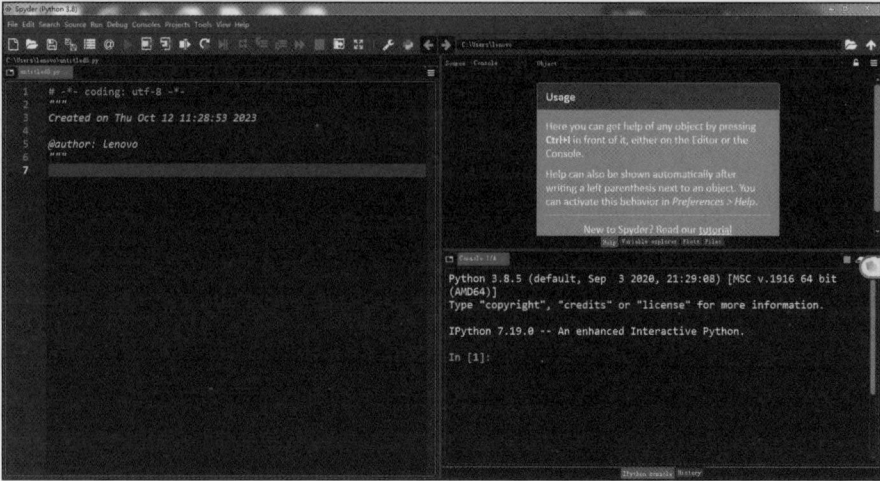

图 1-8

有些熟悉 Matlab 或者 R 语言系统开发界面的读者，可以将 Python 界面的布局设置为 Matlab 开发界面或 R 语言系统的界面风格。例如，按照 Matlab 开发界面进行布局，可以在默认界面的任务栏中单击视图 "View"，并在弹出的菜单中选择窗体布局 "Window layouts" 右侧下拉列表中的 "Matlab layout" 选项，如图 1-9 所示。最终得到类似于 Matlab 的开发界面布局，如图 1-10 所示。

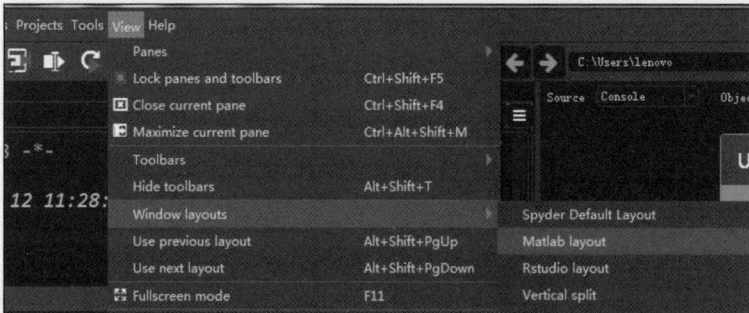

图 1-9

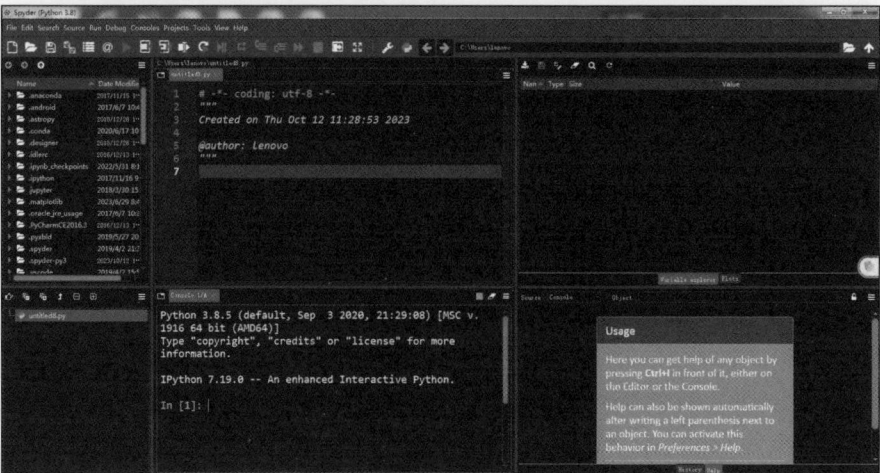

图 1-10

图 1-10 所示的界面与 Matlab 开发界面布局一致。如果读者有 Matlab 的使用经验，就可以按照 Matlab 的一些使用习惯进行 Python 程序开发了。如果读者没有 Matlab 使用习惯也没有关系，下面将介绍如何在这个界面上编写 Python 程序。在编写程序之前，可以对界面偏好进行设置，如背景、字体大小等。例如，设置 Spyder 的明亮背景和字体为 15，可以通过"Tools"子菜单"Preferences"弹出的界面"Appearance"选项面板来设置，如图 1-11 所示。

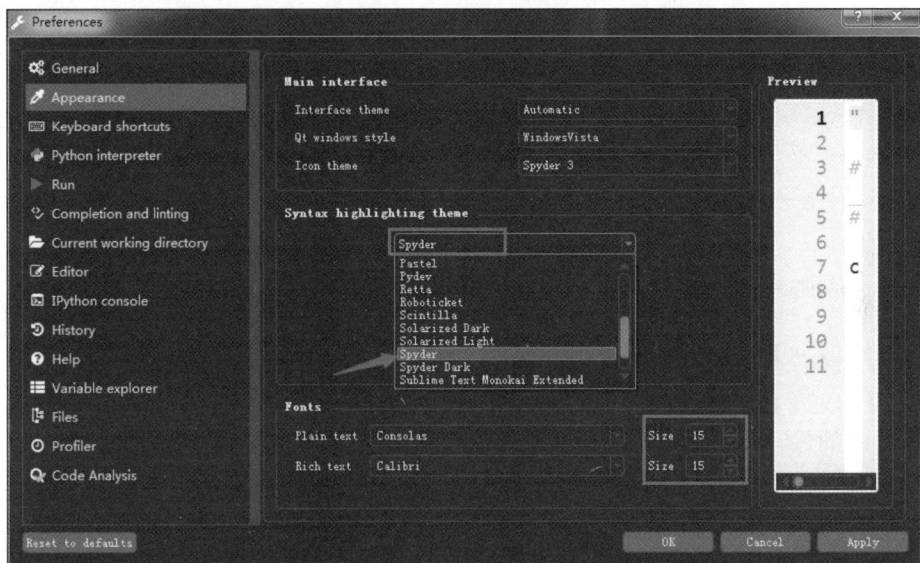

图 1-11

设置完成之后，单击"OK"按钮，软件会重新启动，重新启动后的编程界面背景为明亮的颜色，如图 1-12 所示。

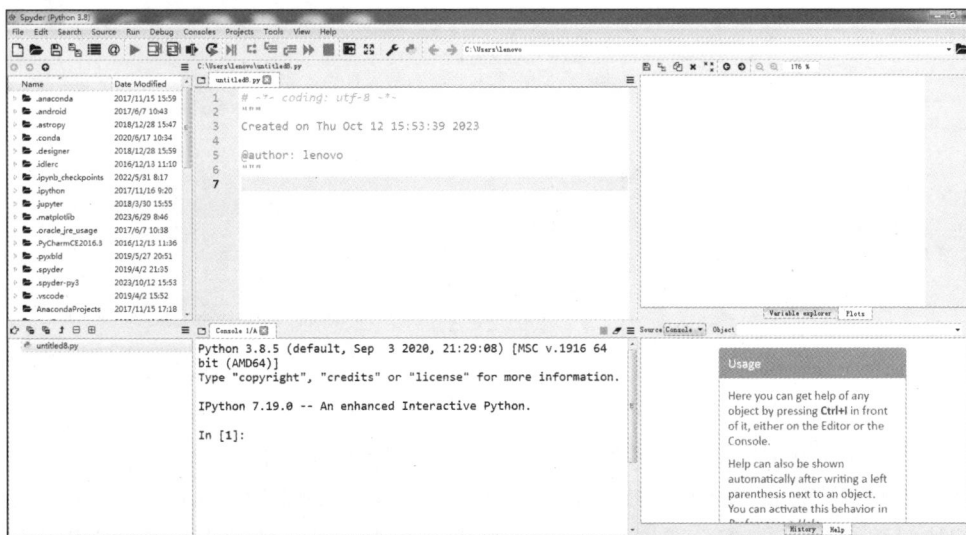

图 1-12

作为入门，在编写程序之前，我们先创建一个空的工作文件夹，然后为文件夹命名，并将该文件夹设置为 Python 当前文件夹。例如，在桌面上创建一个名为"mypython"的空文件夹，其文件夹路径为 C:\Users\lenovo\Desktop\mypython，将该文件夹路径复制至 Spyder 中的文件路径设置框，并按 Enter 键，即可完成设置，如图 1-13 所示。

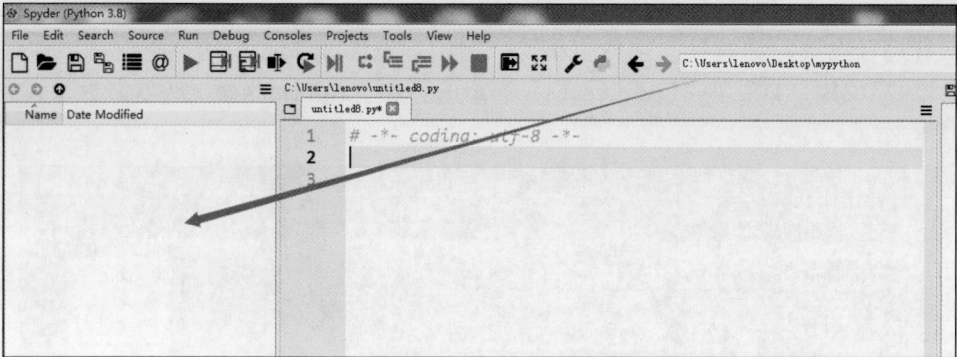

图 1-13

设置完 Python 当前文件夹后，就可以进行 Python 程序编写了（本书主要介绍在 Python 脚本中编写程序）。什么是 Python 脚本呢？它是一种 Python 文件，后缀名为.py。例如，创建一个 Python 脚本文件，编写程序代码并保存，将其命名为 test1.py，如图 1-14 所示。通过单击 Spyder 界面菜单栏最左边的图标 🗋，即可弹出脚本程序编辑器，输入两行 Python 程序，单击菜单栏中的保存按钮 💾，在弹出的文件保存对话框中输入文件名"test"并保存，即可完成 Python 脚本文件的保存。

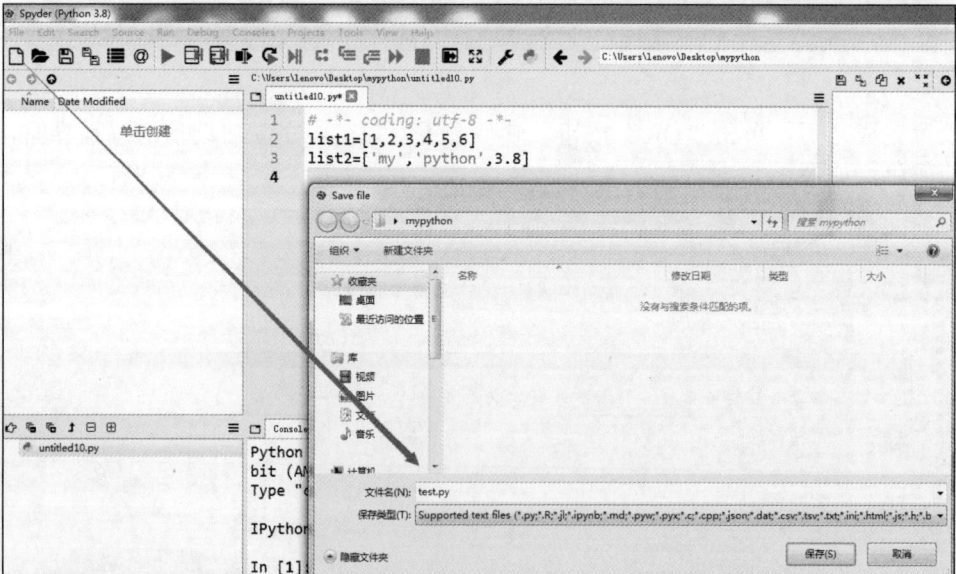

图 1-14

保存完成后，Python 当前文件夹中就会显示刚才创建的脚本文件 test.py，如图 1-15 所示。那么如何执行该脚本程序呢？有两种方法：一种是在脚本文件上单击鼠标右键，在弹出的快捷菜单中选择"Run"选项；另一种是双击脚本文件并打开，这时打开的脚本文件名及内容在右边以高亮状态显示，单击菜单栏中的"▶"图标按钮即可运行。

执行完毕，可以在 Spyder 界面最右边的变量资源管理器窗口（Variable explorer）查看脚本程序中定义的相关变量结果，包括变量名称、数据类型及详细信息，如图 1-16 所示。

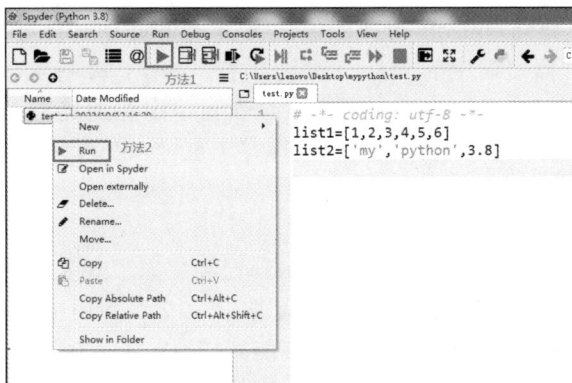

图 1-15

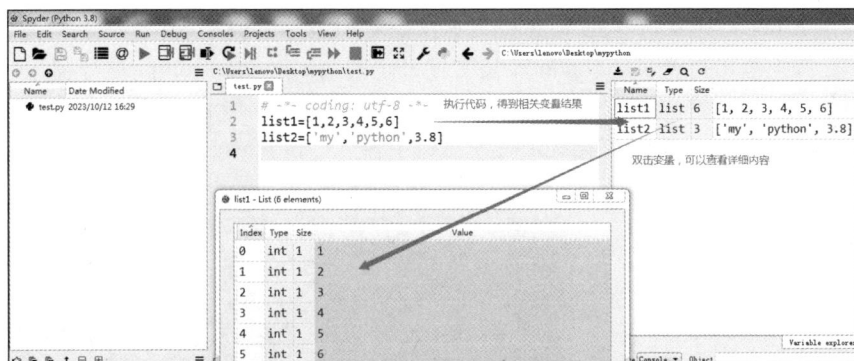

图 1-16

Spyder 变量资源管理器窗口一般只给出变量的名称、类型、尺寸、部分值结果。如果变量数据较大，需要了解数据的详细信息，可以双击变量名，其结果值将会以一个表格的形式详细展示出来，如图 1-17 所示。同时，这些变量属于全局变量，可以在 Python 控制台中对这些变量进行操作。当然，也可以在 Python 控制台中定义变量，并在变量资源管理器窗口中显示出来。这些功能及应用技巧在程序开发过程中往往会起到很重要的作用。例如，程序计算逻辑是否正确，变量结果测试等都可以通过 Python 控制台来进行查看。

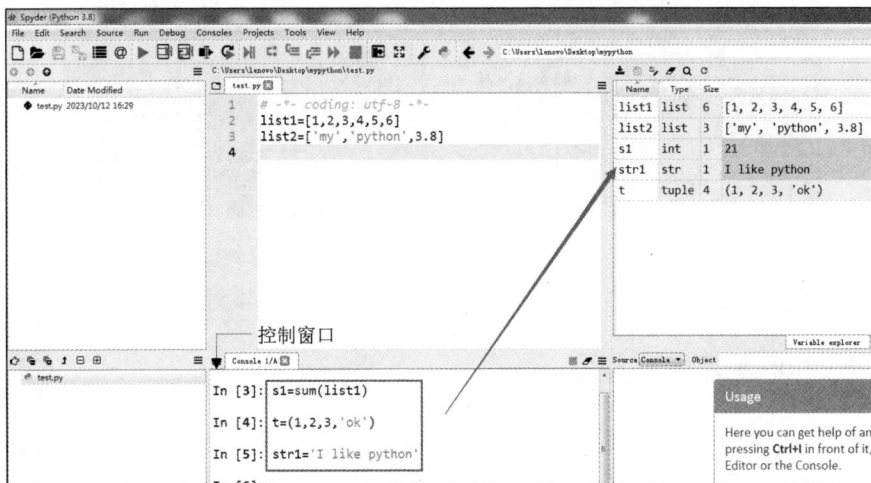

图 1-17

图 1-17 所示为 IPython console 所在的区域就是 Python 控制台窗口，In[3]所在的程序命令就是对变量资源管理器窗口中的 list1 变量进行求和操作，并将求和结果赋给变量 s1，按 Enter 键即可执行，执行完毕可以在变量资源管理器窗口中看到变量 s1 的结果。In[4]和 In[5]则分别定义一个元组 t 和一个字符串 str1，执行完毕也可以在变量资源管理器窗口中查看。

1.2.3　Python 安装扩展包

事实上，作为 Python 的发行版本，Anaconda 已经集成了众多的 Python 包，基本能满足大部分的应用，但是仍然有部分专用包没有集成进去。如果在应用中需要用到某个 Python 包，但是 Anaconda 又没有集成进来，这时就需要安装其扩展包了。查看 Andconda 中是否集成了所需的扩展包，可以参考第 1.2.1 节中的内容。安装扩展包的方法：单击打开 Anaconda 安装文件夹下的 Anaconda Prompt 命令，并在打开的命令窗口中输入安装命令："pip install"+安装包名称，按 Enter 键确认。下面以安装文本挖掘专用包"jieba"为例，介绍安装 Python 扩展包的方法。首先单击打开 Anaconda 安装文件夹下的 Anaconda Prompt 命令窗口，如图 1-18 所示。

然后，在打开的 Anaconda Prompt 命令窗口中输入"pip install jieba"，如图 1-19 所示。

图 1-18

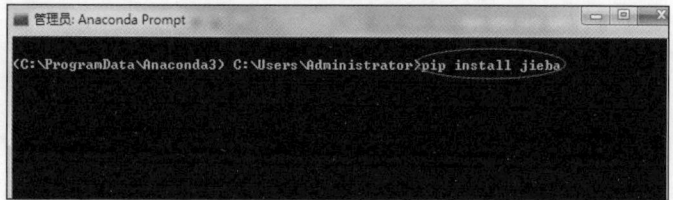

图 1-19

图 1-19 中椭圆框起来的内容就是安装 jieba 包的安装命令，按 Enter 键就将进入安装 jieba 包的进程，如图 1-20 所示。

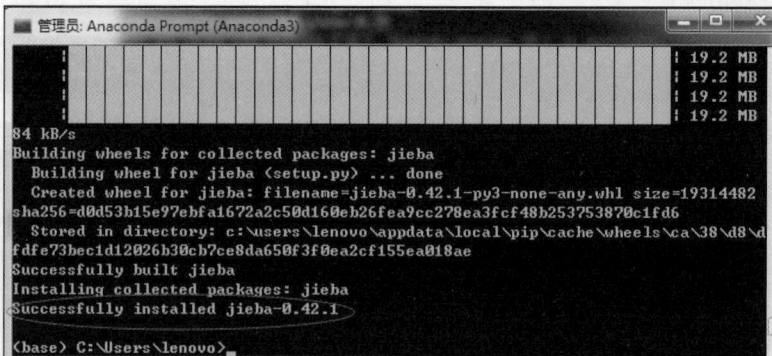

图 1-20

图 1-20 中椭圆框起来的内容显示成功安装了 jieba 包，其版本号为 0.42.1。

1.3　Python 基本数据类型

Python 基本数据类型包括数值、字符串、列表、元组、集合、字典。其中，列表、元组、集合、字典有时候也称为数据容器或者数据结构，通过数据容器

Python 基本数据类型与基本数据结构

或者数据结构可以把数据按照一定的规则存储起来。程序的编写或者应用就是通过操作数据容器中的数据来实现的，如利用数据容器本身的方法，利用顺序、条件、循环语句，或者程序块、函数等形式，实现数据的处理、计算，最终达到应用的目的。本节将主要介绍这些数据类型的定义，其相关的公有方法和特定数据类型的私有方法，将在第 1.4 节～第 1.6 节分别介绍。

1.3.1　数值的定义

数值在现实应用中较为广泛，常见的数值包括整型数据和浮点型数据。整型数据常用来表示整数，如 0、1、2、3、1002…；浮点型数据用来表示实数，如 1.01、1.2、1.3。布尔型数据可以看成是一种特殊的整型，只有 True 和 False，

分别对应整型的 1 和 0。示例代码如下：

```
n1=2              #整型
n2=1.3            #浮点型
n3=float(2)       #转换为浮点型
t=True            #布尔真
f=False           #布尔假
n4=t==1
n5=f==0
```

执行结果如图 1-21 所示。

Name	Type	Size	Value
f	bool	1	False
n1	int	1	2
n2	float	1	1.3
n3	float	1	2.0
n4	bool	1	True
n5	bool	1	True
t	bool	1	True

图 1-21

1.3.2　字符串的定义

字符串主要用来表示文本数据类型，字符串中的字符可以是数值、ASCII 字符、各种符号等。字符串的定义可以用一对单引号或者一对三引号括起来。示例代码如下：

```
s1='1234'
s2='''hello word!'''
s3='I Like python'
```

执行结果如图 1-22 所示。

Name	Type	Size	Value
s1	str	1	1234
s2	str	1	hello word!
s3	str	1	I Like python

图 1-22

1.3.3　列表的定义

列表作为 Python 中的一种数据结构，可以存放不同类型的数据，用中括号括起来进行定义。示例代码如下：

```
L1=[1,2,3,4,5,6]
L2=[1,2,'HE',3,5]
L3=['KJ','CK','HELLO']
```

执行结果如图 1-23 所示。

Variable explorer

Name	Type	Size	Value
L1	list	6	[1, 2, 3, 4, 5, 6]
L2	list	5	[1, 2, 'HE', 3, 5]
L3	list	3	['KJ', 'CK', 'HELLO']

图 1-23

1.3.4　元组的定义

元组与列表类似，也是 Python 中一种常用的数据结构，不同之处在于元组中的元素不能修改，元组采用圆括号括起来进行定义。示例代码如下：

```
t1=(1,2,3,4,6)
t2=(1,2,'kl')
t3=('h1','h2','h3')
```

执行结果如图 1-24 所示。

Variable explorer

Name	Type	Size	Value
t1	tuple	5	(1, 2, 3, 4, 6)
t2	tuple	3	(1, 2, 'kl')
t3	tuple	3	('h1', 'h2', 'h3')

图 1-24

1.3.5 集合的定义

集合也是 Python 中的数据结构，它是一种不重复元素的序列，用大括号括起来进行定义。示例代码如下：

```
J1={1,'h',2,3,9}
J2={1,'h',2,3,9,2}
J3={'KR','LY','SE'}
J4={'KR','LY','SE','SE'}
print(J1)
print(J2)
print(J3)
print(J4)
```

执行结果如下：

```
{1, 2, 3, 'h', 9}
{1, 2, 3, 'h', 9}
{'LY', 'SE', 'KR'}
{'LY', 'SE', 'KR'}
```

从执行结果可以看出，集合保持了元素的唯一性，对于重复的元素只取一个。

1.3.6 字典的定义

字典是 Python 中一种按键值定义的数据结构，其中键必须唯一，但值不必。字典用大括号括起来进行定义。字典中的元素由键和值两部分组成，键在前，值在后，键和值之间用冒号（:）来区分，元素之间用逗号隔开。键可以是数值、字符，值可以是数值、字符或者其他 Python 数据结构（如列表、元组等）。示例代码如下：

```
d1={1:'h',2:[1,2,'k'],3:9}
d2={'a':2,'b':'ky'}
d3={'q1':[90,100],'k2':'kkk'}
```

执行后的结果如图 1-25 所示。

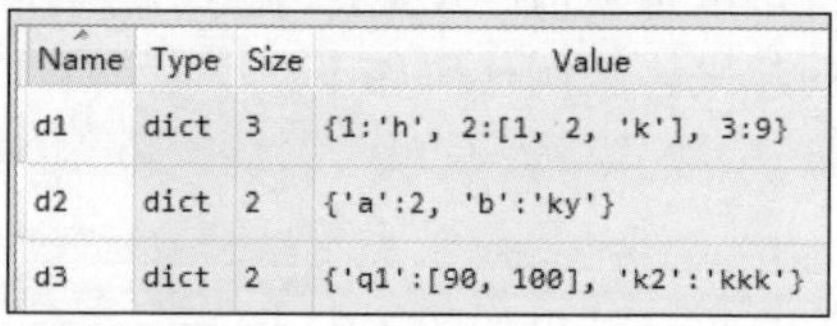

Name	Type	Size	Value
d1	dict	3	{1:'h', 2:[1, 2, 'k'], 3:9}
d2	dict	2	{'a':2, 'b':'ky'}
d3	dict	2	{'q1':[90, 100], 'k2':'kkk'}

图 1-25

1.3.7 列表、元组、集合与字典之间的比较

一般地，单个数值和字符串可以理解为构成数据的基本单元，多个数值或字符串如何有效组织、存储和操作，就是我们前面介绍的列表、元组、集合和字典等数据结构需要解决的问题，它们之间有何区别呢？又该如何选择合适的数据结构呢？本小节我们试着讨论这个问题。图 1-26 展示了这几个数据结构的细节。

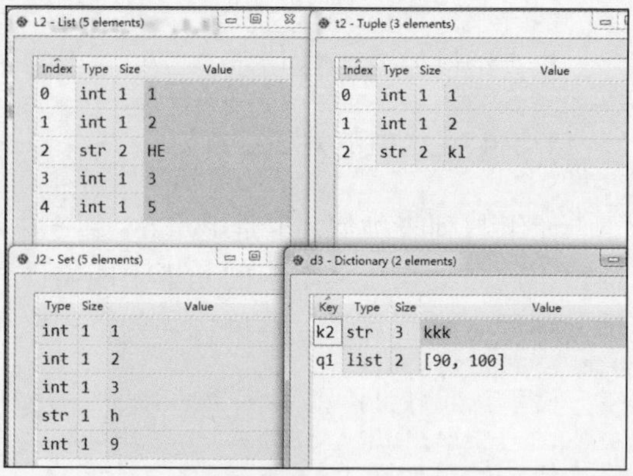

从图 1-26 可以看出，列表和元组对每个元素都进行了编号，称为索引（index），从 0 开始依次递增，它们的编号方式是系统默认的，不可以更改。从数据的存储上来看，它们没有本质区别，但是在操作上有区别，比如，列表的元素可以修改，执行 L2[1]=100，则原来值为 2 的元素，成功修改为 100，而

图 1-26

执行 t2[1]=100，则报错，说明元组具有"写保护"的功能，列表则没有。而字典的编号方式更加灵活，可以进行个性化设置，如可以用整数来编号，也可以用字符串来编号，这个编号要求具有唯一性，即"键"。集合数据结构则没有索引，仅保持了元素的唯一性，如果是集合之间运算，如取交集、并集、差集等，建议使用这个数据结构，否则不建议使用。

1.4　Python 相关的公有方法

Python 相关的公有方法是指 Python 中大部分的数据结构均可以通用的一种数据操作方法。下面主要介绍索引、切片、求长度、统计、成员身份确认、变量删除等常用的数据操作方法，这些操作在程序编写过程中会经常使用到，本节将对其进行统一介绍，方便后续的学习和使用。

Python 相关的公有
方法

1.4.1　索引

索引即通过下标位置定位来访问指定数据类型变量的值，示例代码如下：

```
s3='I Like python'
L1=[1,2,3,4,5,6]
t2=(1,2,'kl')
d1={1:'h',2:[1,2,'k'],3:9}
d3={'q1':[90,100],'k2':'kkk'}
print(s3[0],s3[1],L1[0],t2[2],d1[3],d3['k2'])
print('-'*40)
```

执行结果如下：

```
I  1 kl 9 kkk
----------------------------------------
```

事实上，字符串、列表、元组均可以通过其下标的位置访问元素，注意下标从 0 开始。字典则是通过其键值来访问元素。print('-'*40)表示输出 40 个"-"符号，注意 print 函数输出内容要用小括号括起来。需要说明的是，集合类型数据结构，不支持索引访问。

1.4.2　切片

切片是指定索引位置，对数据实现分块访问或提取的一种数据操作方式，在数据处理中具有广泛的应用。下面简单介绍字符串、列表、元组的切片方法，示例代码如下：

```
s2='''hello word!'''
L2=[1,2,'HE',3,5]
t2=(1,2,'kl')
s21=s2[0:]
s22=s2[0:4]
s23=s2[:]
s24=s2[1:6:2]
L21=L2[1:3]
L22=L2[2:]
L23=L2[:]
t21=t2[0:2]
t22=t2[:]
print(s21)
print(s22)
print(s23)
print(s24)
print(L21)
```

```
print(L22)
print(L23)
print(t21)
print(t22)
```
执行后的结果如下：
```
hello word!
hell
hello word!
el
[2, 'HE']
['HE', 3, 5]
[1, 2, 'HE', 3, 5]
(1, 2)
(1, 2, 'kl')
```
字符串的切片，针对字符串中的每个字符进行操作；列表、元组的切片，则是针对其中的元素。切片的方式：开始索引位置→结束索引位置+1。注意，开始索引从 0 开始，如果省掉开始索引位置或结束索引位置，则默认为 0 或者最后的索引位置。

1.4.3 长度

字符串的长度为字符串中所有字符的个数，空格也算一个字符；列表、元组、集合的长度，即为元素的个数；字典的长度为键的个数。求变量数据的长度在程序编写中经常被用到，Python 中提供了一个函数 len()来实现，示例代码如下：

```
s3='I Like python'
L1=[1,2,3,4,5,6]
t2=(1,2,'kl')
J2={1,'h',2,3,9}
d1={1:'h',2:[1,2,'k'],3:9}
k1=len(s3)
k2=len(L1)
k3=len(t2)
k4=len(J2)
k5=len(d1)
```

k1	int	1	13
k2	int	1	6
k3	int	1	3
k4	int	1	5
k5	int	1	3

输出结果如图 1-27 所示。

图 1-27

1.4.4 统计

统计包括求最大值、最小值、求和等，可以是列表、元组、字符串，示例代码如下：
```
L1=[1,2,3,4,5,6]
t1=(1,2,3,4,6)
s2='''hello word!'''
m1=max(L1)
m2=max(t1)
m3=min(L1)
m4=sum(t1)
m5=max(s2)
```

m1	int	1	6
m2	int	1	6
m3	int	1	1
m4	int	1	16
m5	str	1	w

执行后的结果如图 1-28 所示。其中，字符串求最大值，返回排序靠后的字符。

图 1-28

1.4.5 成员身份

成员身份的确认，使用 in 命令，用来判断某个元素是否属于指定的数据结构变量。示例代码如下：

```
L1=[1,2,3,4,5,6]
t1=(1,2,3,4,6)
s2='''hello word!'''
J2={1,'h',2,3,9,'SE'}
z1='I' in s2
z2='kj' in L1
z3=2 in t1
z4='SE' in J2
```

执行后的结果如图 1-29 所示。

z1	bool	1	False
z2	bool	1	False
z3	bool	1	True
z4	bool	1	True

图 1-29

返回结果用 True、False 表示，其中 False 表示假，True 表示真。

1.4.6　变量删除

程序运行过程中，存在大量的中间变量，这些变量一来占用空间，二来影响可读性，可以使用 del 命令删除不必要的中间变量。示例代码如下：

```
a=[1,2,3,4];
b='srt'
c={1:4,2:7,3:8,4:9}
del a,b
```

执行该程序代码，删除了 a、b 两个变量，而变量 c 保留。

1.5　列表、元组与字符串方法

1.5.1　列表方法

列表、元组与
字符串方法

这里主要介绍列表中一些常用的方法，包括空列表的产生、向列表中添加元素、列表扩展、列表中元素的统计、返回列表中的 index 下标、删除列表元素、对列表进行排序等。为方便说明相关方法的应用，下面定义几个列表，示例代码如下：

```
L1=[1,2,3,4,5,6]
L2=[1,2,'HE',3,5]
L3=['KJ','CK','HELLO']
L4=[1,4,2,3,8,4,7]
```

1．创建空列表：list()

在 Python 中，用 list 函数创建空的列表，也可以用 "[]" 来定义。在程序编写过程中，预定义变量是常见的，列表就是其中一种常见的方式。示例代码如下：

```
L=list()    #产生空列表 L
L=[]        #也可以用[]来产生空列表
```

执行后的结果如图 1-30 所示。

2．添加元素：append()

可以利用 append 函数依次向列表中添加元素。示

Name	Type	Size	Value
L	list	0	[]

图 1-30

例代码如下：

```
L1.append('H')       #向 L1 列表增加元素<H>
print(L1)
for t in L2:         #利用循环,将 L2 中的元素依次顺序添加到前面新建的空列表 L 中
    L.append(t)
print(L)
```

执行结果如下：

```
[1, 2, 3, 4, 5, 6, 'H']
[1, 2, 'HE', 3, 5]
```

3．扩展列表：extend()

与 append 函数不同，extend 函数在列表后面添加整个列表。示例代码如下：

```
L1.extend(L2)  # 在前面的 L1 基础上添加整个 L2 至其后面
print(L1)
```

执行后的结果如下：

```
[1, 2, 3, 4, 5, 6, 'H', 1, 2, 'HE', 3, 5]
```

4．元素计数：count()

可以利用 count 函数统计列表中某个元素出现的次数，示例代码如下：

```
print('元素 2 出现的次数：',L1.count(2))
```

执行后的结果如下：

```
元素 2 出现的次数：2
```

需要说明的是，这里的 L1 是在添加了 L2 列表之后更新的列表。

5．返回下标：index()

在列表中，可以通过 index 函数返回元素的下标。示例代码如下：

```
print('H 的索引下标：',L1.index('H'))
```

执行后的结果如下：

```
H 的索引下标：6
```

6．删除元素：remove()

在列表中，可以通过 remove 函数删除某个元素。示例代码如下：

```
L1.remove('HE') #删除 HE 元素
print(L1)
```

执行后的结果如下：

```
[1, 2, 3, 4, 5, 6, 'H', 1, 2, 3, 5]
```

7．元素排序：sort()

可以通过 sort 函数对列表元素进行排序，按升序排序。示例代码如下：

```
L4.sort()
print(L4)
```

执行后的结果如下：

```
[1, 2, 3, 4, 4, 7, 8]
```

特别说明的是，列表中的元素可以修改，但是元组中的元素不能修改。示例代码如下：

```
L4[2]=10
print(L4)
```

执行后的结果如下：

```
[1, 2, 10, 4, 4, 7, 8]
```

而以下示例程序会报错：

```
t=(1,2,3,4)
t[2]=10        #报错
```

1.5.2　元组方法

元组作为 Python 的一种数据结构，与列表有相似之处，其最大的区别是列表的元素可以修改，而元组中的元素不能修改。本节主要介绍元组中几个常用的方法，包括空元组的产生、元组元素统计、返回元组元素 index 下标和元组的连接。下面通过定义两个元组 T1 和 T2，对元组中的常用方法进行说明。

```
T1=(1,2,2,4,5)
T2=('H2',3,'KL')
```

1. 创建空元组：tuple()

通过 tuple 函数，可以创建空元组。示例代码如下：

```
t1=tuple()    #产生空元组
t=()          #产生空元组
```

执行后的结果如图 1-31 所示。

Name	Type	Size	Value
t	tuple	0	()
t1	tuple	0	()

图 1-31

2. 元素计数：count()

通过 count 函数，可以统计元组中某个元素出现的次数。示例代码如下：

```
print('元素2出现的次数: ',T1.count(2))
```

执行后的结果如下：

```
元素2出现的次数: 2
```

3. 返回下标：index()

与列表类似，通过 index 函数，可以返回元组某个元素的索引下标。示例代码如下：

```
print('KL的下标索引: ',T2.index('KL'))
```

执行后的结果如下：

```
KL的下标索引: 2
```

4. 元组连接

可以直接用 "+" 号来完成两个元组的连接。示例代码如下：

```
T3=T1+T2
print(T3)
```

执行后的结果如下：

```
(1, 2, 2, 4, 5, 'H2', 3, 'KL')
```

1.5.3 字符串方法

字符串作为基本的数据类型，也可以看作一种特殊的数据结构。对字符串的操作是数据处理、编程过程中必不可少的环节。下面介绍几种常见的字符串处理方法，包括空字符串的产生、字符串的查找、字符串的替换、字符串的连接和比较。

1. 创建空字符串：str()

通过 str 函数可以创建空的字符串。示例代码如下：

```
S=str()    #产生空字符串
```

执行后的结果如图 1-32 所示。

Name	Type	Size	Value
S	str	1	

图 1-32

2. 查找子串：find()

用 find 函数查找子串出现的开始索引位置，如果没有找到，则返回-1。示例代码如下：

```
st='hello word!'
z1=st.find('he',0,len(st)) #返回包含子串的开始索引位置,否则返回-1
z2=st.find('he',1,len(st))
print(z1,z2)
```

执行后的结果：

```
0 -1
```

其中，find 函数第一个参数为需要查找的子串，第二个参数是待查字符串指定的开始位置，第三个参数为指定待查字符串的长度。

3. 替换子串：replace()

通过 replace 函数，可以替换指定的子串。示例代码如下：

```
stt=st.replace('or','kl') #原来的st不变
print(stt)
print(st)
```
执行后的结果如下：
```
hello wkld!
hello word!
```
其中，replace 函数第一个参数为被替换子串，第二个参数为替换子串。

4. 字符串连接

字符串的连接，可以通过"+"来实现。示例代码如下：
```
st1='joh'
st2=st1+' '+st
print(st2)
```
执行后的结果如下：
```
joh hello word!
```

5. 字符串比较

字符串的比较也很简单，可以直接通过等号（==）或不等号（!=）来进行判断。示例代码如下：
```
str1='jo'
str2='qb'
str3='qb'
s1=str1!=str2
s2=str2==str3
print(s1,s2)
```
执行后的结果如下：
```
True True
```

1.6 字典方法

字典作为 Python 中非常重要的一种数据结构，在编程中应用极为广泛。本小节主要介绍字典中几种常用的方法，包括字典的定义、字典取值、字典赋值。

1. 创建字典：dict()

通过 dict 函数可以创建字典，也可以将嵌套列表转换为字典。示例代码如下：
```
d=dict()    #产生空字典
D={}        #产生空字典
list1=[('a','ok'),('1','lk'),('001','lk')]    #嵌套元素为元组
list2=[['a','ok'],['b','lk'],[3,'lk']]        #嵌套元素为列表
d1=dict(list1)
d2=dict(list2)
print('d=: ',d)
print('D=: ',D)
print('d1=: ',d1)
print('d2=: ',d2)
```
执行后的结果如下：
```
d= {}
D= {}
d1= {'a': 'ok', '1': 'lk', '001': 'lk'}
d2= {'a': 'ok', 'b': 'lk', 3: 'lk'}
```

2．获取字典值：get()

通过 get 方法可以获取对应键的值。示例代码如下：

```
print(d2.get('b'))
```

输出结果如下：

```
lk
```

3．字典赋值：setdefault()

通过 setdefault 方法可以对预定义的空字典进行赋值。示例代码如下：

```
d.setdefault('a',0)
D.setdefault('b',[1,2,3,4,5])
print(d)
print(D)
```

执行后的结果如下：

```
{'a': 0}
{'b': [1, 2, 3, 4, 5]}
```

1.7　条件语句

条件语句、循环
语句与函数

条件判断语句是指满足某些条件，才能做某件事情，而不满足条件时是不允许做的。条件语句在各类编程语言中均作为基本的语法或者基本语句使用，Python 语言也不例外。这里主要介绍 if…，if…else…，if…elif…else…3 种条件语句形式。

1.7.1　if…语句

条件语句 if…，其使用方式如下：

```
if 条件:
    执行代码块
```

注意，条件后面的冒号（英文格式输入），同时执行代码块均需要缩进并对齐。示例代码如下：

```
x=10
import math                    #导入数学函数库
if x>0:                        #冒号
    s=math.sqrt(x)            #求平方根,缩进
    print('s= ',s)           #打印结果,缩进
```

执行后的结果如下：

```
s= 3.1622776601683795
```

1.7.2　if…else…语句

条件分支语句 if…else…，其使用方式如下：

```
if 条件:
    执行语句块
else:
    执行语句块
```

同样需要注意冒号及缩进对齐语法。示例代码如下：

```
x=-10
import math                    #导入数学函数库
if x>0:                        #冒号
    s=math.sqrt(x)            #求平方根,缩进
    print('s= ',s)           #打印结果,缩进
```

```
else:
    s='负数不能求平方根'                    #提示语,缩进
    print('s= ',s)                         #打印结果,缩进
```
执行后的结果如下：
```
s= 负数不能求平方根
```

1.7.3　if…elif…else…语句

条件分支语句 if…elif…else…用法如下：
```
if 条件:
    执行语句块
elif 条件:
    执行语句块
else:
    执行语句块
```
同样，需要注意冒号及缩进对齐这两种语法。示例代码如下：
```
weather = 'sunny'
if weather =='sunny':
    print ("shopping")
elif weather =='cloudy':
    print ("playing football")
else:
    print ("do nothing")
```
执行后的结果如下：
```
shopping
```

1.8　循环语句

循环语句，即循环地执行某一个过程或者一段程序代码的语句。与其他语言类似，在 Python 语言中，主要有 while 和 for 两种循环语句方式。与其他语言不同的是，Python 中的循环语句也通过缩进语法来区分执行的循环语句块。

1.8.1　while 语句

循环语句 while，其使用方式如下：
```
while 条件:
    执行语句块
```
注意，执行语句块中的程序全部都要缩进并对齐。一般 while 循环需要预定义条件变量，当满足条件的时候，循环执行语句块的内容。以求 1 到 100 的和为例，采用 while 循环实现，示例代码如下：
```
t = 100
s = 0
while t:
    s=s+t
    t=t-1
print ('s= ',s)
```
执行后的结果如下：
```
s= 5050
```

1.8.2　for 循环

循环语句 for，其使用方式如下：

```
for 变量 in 序列:
    执行语句块
```

注意，执行语句块中的程序全部需要缩进并对齐，其中序列为任意序列，可以是数组、列表、元组等。示例代码如下：

```
list1=list()
list2=list()
list3=list()
for a in range(10):
    list1.append(a)
for t in ['a','b','c','d']:
    list2.append(t)
for q in ('k','j','p'):
    list3.append(q)
print(list1)
print(list2)
print(list3)
```

执行后的结果如下：

```
[0, 1, 2, 3, 4, 5, 6, 7, 8, 9]
['a', 'b', 'c', 'd']
['k', 'j', 'p']
```

示例程序首先创建了 3 个空列表 list1、list2 和 list3，通过 for 循环的方式，依次将循环序列中的元素添加到预定义的空列表中。

1.9　函数

在实际开发应用中，如果若干段程序代码实现逻辑相同，那么可以考虑将这些代码定义为函数的形式。下面我们介绍无返回值函数、有返回值函数和有多个返回值函数的定义及调用方法。

1.9.1　无返回值函数的定义与调用

无返回值函数的定义格式如下：

```
def 函数名(输入参数):
    函数体
```

注意冒号及缩进，函数体中的程序均需要缩进并对齐。示例代码如下：

```
#定义函数
def sumt(t):
    s = 0
    while t:
        s=s+t
        t=t-1
#调用函数并打印结果
s=sumt(50)
print(s)
```

执行后的结果如下：

```
None
```

执行后的结果为 None，表示没有任何结果，因为该函数没有任何返回值。

1.9.2　有返回值函数的定义与调用

有返回值的函数定义如下：
```
def 函数名称(输入参数):
    函数体
    return 返回变量
```
示例代码如下：
```
#定义函数
def sumt(t):
    s = 0
    while t:
        s=s+t
        t=t-1
    return s
#调用函数并打印结果
s=sumt(50)
print(s)
```
执行后的结果如下：
```
1275
```
该示例程序仅是在第 1.9.1 节无返回值函数定义的基础上增加了返回值。

1.9.3　有多返回值函数的定义与调用

多返回值函数可以用一个元组来存放返回结果，元组中的元素数据类型可以不相同，其定义如下：
```
def 函数名称(输入参数):
    函数体
    return (返回变量1,返回变量2,…)
```
示例代码如下：
```
#定义函数
def test(r):
    import math
    s=math.pi*r**2
    c=2*math.pi*r
    L=(s,c)
    D=[s,c,L]
    return (s,c,L,D)
#调用函数并打印结果
v=test(10)
s=v[0]
c=v[1]
L=v[2]
D=v[3]
print(s)
print(c)
print(L)
print(D)
```
执行后的结果如下：
```
314.1592653589793
62.83185307179586
(314.1592653589793, 62.83185307179586)
[314.1592653589793, 62.83185307179586, (314.1592653589793, 62.83185307179586)]
```

1.10　Python 在金融大数据中的应用

相信大家经常会听到"大数据"这个词，那么到底什么是大数据呢？根据麦肯锡全球研究所给出的定义，一种规模大到在获取、存储、管理、分析方面极大地超出了传统数据库软件工具能力范围的数据集可以称为大数据。大数据具有"5V"特点（IBM 提出）：Volume（大量）、Velocity（高速）、Variety（多样）、Value（低价值密度）、Veracity（真实性）。

在金融信息服务业，存在"金融就是数据"的提法，那么金融数据到底包括哪些呢？它是否属于大数据范畴？首先，从内容上来看，宏观层面主要有银行市场、货币市场、宏观经济统计方面的数据；中观层面主要是行业方面的指标数据，如房地产、汽车、保险、能源等；微观层面主要包括上市公司研究、股票市场、基金、债券方面的数据。大致内容如图 1-33 所示。

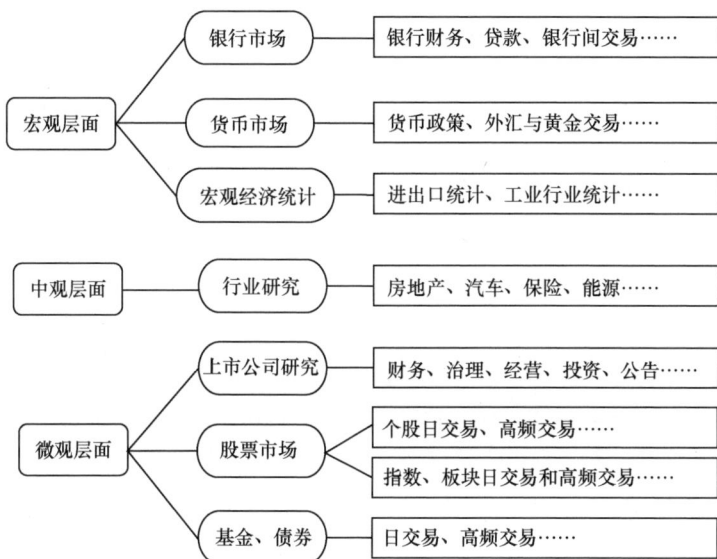

图 1-33

其次，从数据来源上来看，金融数据可能源自新闻、股吧、股评、电视、博客，也可能源自指定披露的官方网站。

最后，从数据类型和数据结构上来看，金融数据可能是数值、文本和标准的结构化数据（Excel、数据库等），也可能是非结构或者半结构化的数据（文本、网页、图片、视频等）。

事实上，金融行业是我国信息化程度较高的行业，其产生与积累的数据量非常庞大，其更新速度也非常快速，数据呈类型多样化、低价值密度等特点。因此，金融数据实际上属于大数据范畴，金融领域是大数据应用非常广泛的一个领域。

大数据技术及其应用，最终归结为对相关业务数据的分析、挖掘和实际应用。目前，可用于数据分析、挖掘的平台工具和语言非常多，如 SPSS、SAS、Matlab、R、Python 等。在众多语言中，Python 由于其功能强大且免费开源，深受广大企业和开发者的喜爱，堪称人工智能与大数据时代较有前途的语言。

Python 在数据科学领域中具有极其重要的地位，那么 Python 在金融大数据分析与挖掘中有哪些应用呢？在回答这个问题之前，我们先了解一些金融科技相关的概念。金融科技就是金融+科技，但不是简单的组合，而是指利用各种科技手段创新传统金融行业所提供的产品和服务，提升效率并降低成本，同时对金融风险进行识别、监控，保障金融系统的安全、稳定运行。在金融科技中，量化投资就是应用较为广泛的一个分支。根据《量化投资策略与技术》一书中的定义，量化投资就是利用计算机技术和数学模型，践行投资理念的过程。这里的计算机技术，主要是指量化投资过程中所涉及的编程技能。Python 在量化投资及金融大数据挖掘分析中同样具有极其广泛的应用，不仅是因为其免费开源，更是缘于 Python 自身的特点及生态圈。

Python 本身是一门简单易学且功能强大的编程语言，拥有高效的数据结构，其完全支持面向对象，具有开发效率高、可移植性强等特点。Python 具有丰富的第三方包用于支持各种复杂的数据处理，特别是金融数据。在国内，基于 Python 开发的量化投资平台，较知名的就有深圳市数字动能信息技术有限公司开发的 Auto-Trader、北京小龙虾科技有限公司开发的 JoinQuant、深圳市米筐科技有限公司开发的 RiceQuant、浙江核新同花顺网络信息股份有限公司开发的 Mind Go、新格网络科技（深圳）有限公司开发的大鱼金融平台、通联数据股份公司开发的优矿平台、紫金天风期货股份有限公司开发的 OpenQuant、广州新博庭网络信息科技股份有限公司开发的中量金融平台等。选择 Python 进行金融数据挖掘与量化投资研究的公司、研究机构和个人比比皆是。

本章小结

本章作为 Python 的基础知识部分，首先介绍了 Python 及其发行版 Anaconda 的安装与启动、集成开发工具 Spyder 的基本使用方法和查看 Anaconda 集成的 Python 包及安装新扩展包的方法；其次介绍了 Python 基本语法，包括数值、字符串、列表、元组、字典和集合等 Python 基本数据类型，以及其公有方法和私有方法；在流程控制语句方面，介绍了条件语句和循环语句；在 Python 自定义函数方面，介绍了无返回值函数、有返回值和有多个返回值函数的定义及调用方法；最后介绍了 Python 在金融大数据方面的应用前景。

本章练习

1．创建一个 Python 脚本，将其命名为 test1.py，实现以下功能：

（1）定义一个元组 t1=(1,2,'R','py','Matlab')和一个空列表 list1。

（2）以 while 循环的方式，用 append()函数依次向 list1 中添加 t1 中的元素。

（3）定义一个空字典，命名为 dict1。

（4）定义一个嵌套列表 Li=['k',[3,4,5],(1,2,6),18,50],采用 for 循环的方式，用 setdefault()函数依次将 Li 中的元素添加到 dict1 中，其中 Li 元素对应的键依次为 a、b、c、d、e。

2．创建一个 Python 脚本，命名为 test2.py，实现以下功能：

（1）定义一个函数，用于计算圆柱体的表面积、体积，函数名为 comput，输入参数为 r（底半径）、h（高），返回值为 S（表面积）、V（体积），返回多值的函数，可以用元组来表示。

（2）调用定义的函数 comput，计算底半径（r）=10、高（h）=11 的圆柱体表面积和体积，并输出其结果。

本章实验

1. 基本数据类型

```
def return_values():
    #定义浮点型数值变量a
    #定义字符类型变量b
    #********** Begin *********#
    在此输入程序代码
    #********** End **********#
    return(a,b)
```

2. 基本数据结构

```
def return_values():
    #定义一个字典d,键分别为a1、a2,值分别为列表[1,3,4]和元组(3,5,6)
    #********** Begin *********#
    在此输入程序代码
    #********** End **********#
    return d
```

3. 基本数据结构访问

```
def return_values():
    #对列表a切片,分别切出1、[1,2]、[1,3],请将以下程序代码补充完整
    a=[1,2,3,4,5,6]
    a1=
    a2=
    a3=
    #对元组b切片,分别切出1、(1,2)、(1,3),请将以下程序代码补充完整
    b=(1,2,3,4,5,6)
    b1=
    b2=
    b3=
    #对字符串c切片,分别切出'h'、'he'、'hlo',请将以下程序代码补充完整
    c='hello world!'
    c1=
    c2=
    c3=
    #对字典d切片,分别切出a、c键对应的值,请将以下程序代码补充完整
    d={'a':[1,4,5],'b':(1,2,3),'c':[7,8,9],'d':'hello world'}
    d1=
    d2=
    return (a1,a2,a3,b1,b2,b3,c1,c2,c3,d1,d2)
```

4. 列表 append 和 extend 方法

```
def return_values():
    #建立含有数字"3"和字符串"Python"的列表L1,并将L2添加到L1后面
    L2=[1,2,3,4]
    #********** Begin **********#
    在此输入程序代码
    #********** End **********#
    return(L1,L2)
```

5. 循环语句 for 和字典 setdefault 方法

请完成以下任务:

(1)给出一个嵌套列表 L。

(2)定义一个空字典 D。

（3）用 for 循环方式将列表 L 中的元素作为值依次填充至字典 D 中，其中标识键用 a、b、c、d 来表示，并返回计算结果 D。

```
def return_values():
    L=[5,[4,'myself'],(1,2,4),'learn']
    #********** Begin **********#
    在此输入程序代码
        #********** End **********#
    return D
```

6. 循环语句 while

请完成以下任务：

某银行一年定期存款利率为 3%，期末本金和利息一起存入下一个年度，如果现存入 1 万元，需要经过多少年才使得本金和利息达到 1.8 万元。运用 while 循环语句实现计算，并返回计算结果 a（需要多少年）。

```
def return_values():
    #********** Begin **********#
    在此输入程序代码
    #********** End **********#
    return(a)
```

7. 条件语句 if

请完成以下任务：

（1）利用条件语句实现成绩的分级，其中 90～100 分为优秀，80～89 分为良好，70～79 分为中等，60～69 分为及格，0～59 分为不及格。

（2）今有成绩为 85 分，请输出成绩等级，在函数内编写程序。

```
def return_values():
    #********** Begin **********#
    t=85
    在此输入程序代码
    #********** End **********
```

8. 函数定义及应用

请完成以下任务：

（1）定义一个函数，用于计算长方体的表面积和体积，其中函数的输入参数为长 L，宽 K 和高 H，返回结果为表面积 S 和体积 V。

（2）调用定义的函数计算长、宽、高分别为 1、2、3 的长方体，并返回计算结果 t。

```
def return_values():
    #********** Begin **********#
    在此输入程序代码
    #********** End **********#
    return(t)
```

9. 字符串连接

请完成以下任务：

（1）用 for 循环语句依次获得 2017 年 11 月和 2017 年 12 月的自然日期，并分别用列表 L1 和 L2 来存储。

（2）注意日期格式为长度 10 的字符串，如"2017-11-02"。

```
def return_values():
    L1=[]
    L2=[]
    #********** Begin **********#
```

```
        在此输入程序代码
        #********** End **********#
        return(L1,L2)
```

10. 字符串拆分和子串查找

```
def return_values():
        #将列表 L 中的经、纬度字符型数据按经度和纬度拆分出来并转换为数值类型
        #分别存储为两个不同的列表 L1 和 L2
        L=['113.980 22.566', '113.940 22.686', '113.957 22.576', '114.244 22.564']
        #********** Begin **********#
        在此输入程序代码
        #********** End **********#
        return (L1,L2)
```

第2章 科学计算包 NumPy

上一章主要介绍了 Python 的基本知识，对于从事数据挖掘分析工作的人员来说，这些知识是远远不够的，需要引入第三方 Python 数据挖掘与分析包，这些包专门为某种特定的数据挖掘或者分析而开发，能够极大地提高开发效率。本章主要介绍用于科学计算和数据分析的基础包 NumPy（Numerical Python），它是绝大部分数据挖掘分析包的基础。下面介绍 NumPy 的主要内容。

2.1 NumPy 简介

NumPy 是 Python 用于科学计算的基础包，也是大量 Python 数学和科学计算包的基础，不少数据处理及分析包都是在 NumPy 的基础上开发的，如后面介绍的 Pandas 包。NumPy 的核心基础是 $ndarray$（N-dimensional array，N 维数组），即由数据类型相同的元素组成的 N 维数组。本章主要介绍一维数组和二维数组，包括数组的创建、运算、切片、连接、数据存取和矩阵及线性代数运算等，它与 Matlab 的向量与矩阵使用非常相似。

在 Anaconda 发行版中，NumPy 包已集成在系统中，无须另外安装。那么如何使用该包呢？下面介绍如何在 Python 脚本文件中导入该包并使用。首先在打开的 Spyder 界面中新建一个脚本文件，如图 2-1 所示。

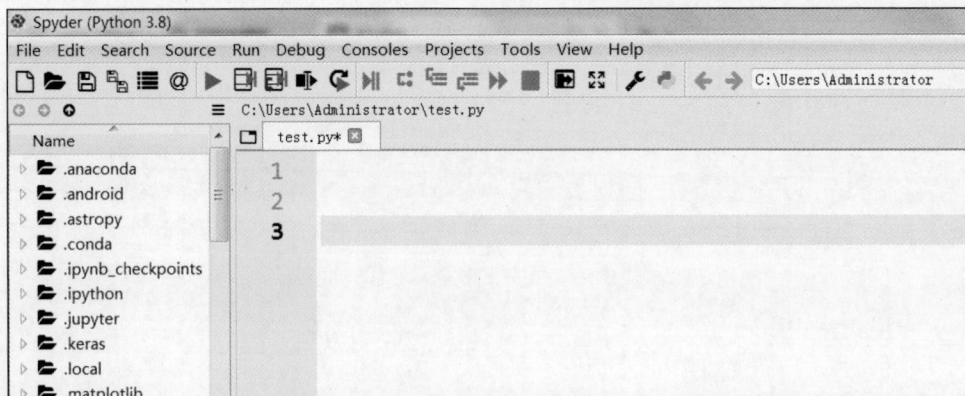

图 2-1

图 2-1 中新建了一个 Python 脚本文件，名称为 test.py，并且处于编辑状态（文件名后面带 "*" 表示可编辑）。使用 import numpy 命令即可将该包导入脚本文件中并使用。作为一个例子，下面介绍如何利用 NumPy 包提供的数组定义函数 array()，将嵌套列表 L=[[1,2],[3,4]]

转化为二维数组。在 test.py 脚本文件中，输入以下示例代码：

```
L=[[1,2],[3,4]]            #定义待转化的嵌套列表 L
import numpy               #导入 Numpy 包
A=numpy.array(L)           #调用 Numpy 包中提供的函数 array()，将 L 转化为二维数组并赋给 A
```

执行 test.py 脚本文件，通过 Spyder 变量资源管理器双击变量 A，即可查看其执行结果，如图 2-2 所示。

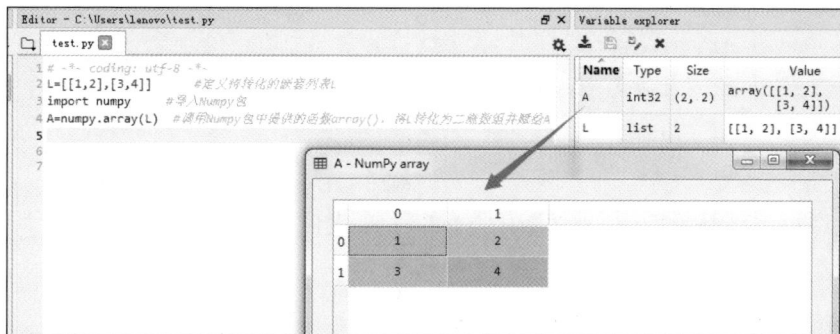

图 2-2

从图 2-2 可以看出，A 的尺寸为 2×2，即 2 行 2 列。数组中元素的数据类型为整型（int32）。双击 A 弹出详细的表格形式，表格标题也显示了 A 为 NumPy array（数组）。

有时候，Python 包的名称字符较长，在使用过程中不太方便，所以 Python 也提供了简写机制。例如，常见的是将 NumPy 包简写为 np，使用方法：import numpy as np，即用关键词 as 对 NumPy 进行重命名。以上的示例代码可以做如下修改：

```
L=[[1,2],[3,4]]            #定义待转化的嵌套列表 L
import numpy as np         #导入 Numpy 包
A=np.array(L)              #调用 Numpy 包中提供的函数 array()，将 L 转化为二维数组并赋给 A
```

更多的 NumPy 使用方法可以参考本章后面的章节。

2.2 创建数组

本节主要介绍两种创建数组的方法，一种是利用 NumPy 中的 array 函数将特定的数据类型转换为数组，另一种是利用内置函数创建指定尺寸的数组。下面分别给予介绍。

数组创建与操作

2.2.1 利用 array()函数创建数组

基于 array()函数，可以将列表、元组、嵌套列表、嵌套元组等给定的数据结构转化为数组。注意，利用 array 函数之前，要先导入 NumPy。示例代码如下：

```
#1.先预定义列表 d1,元组 d2,嵌套列表 d3、d4 和嵌套元组 d5
d1=[1,2,3,4,0.1,7]         #列表
d2=(1,2,3,4,2.3)           #元组
d3=[[1,2,3,4],[5,6,7,8]]   #嵌套列表,元素为列表
d4=[(1,2,3,4),(5,6,7,8)]   #嵌套列表,元素为元组
d5=((1,2,3,4),(5,6,7,8))   #嵌套元组
#2.导入 Numpy,并调用其中的 array 函数,创建数组
import numpy as np
d11=np.array(d1)
d21=np.array(d2)
```

```
d31=np.array(d3)
d41=np.array(d4)
d51=np.array(d5)
#3．删除 d1、d2、d3、d4、d5 变量
del d1,d2,d3,d4,d5
```

执行后的结果如图 2-3 所示。

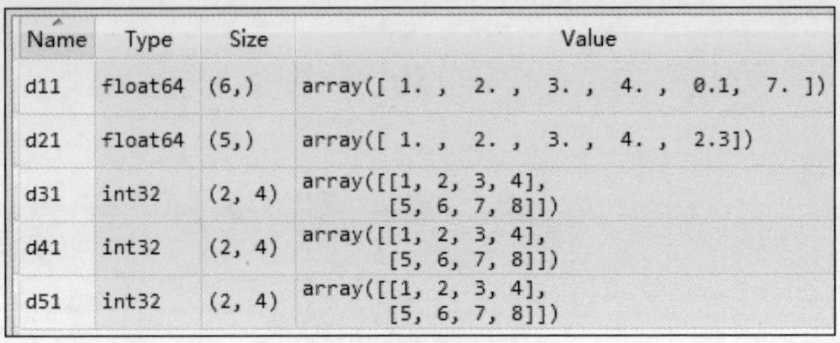

Name	Type	Size	Value
d11	float64	(6,)	array([1. , 2. , 3. , 4. , 0.1, 7.])
d21	float64	(5,)	array([1. , 2. , 3. , 4. , 2.3])
d31	int32	(2, 4)	array([[1, 2, 3, 4], [5, 6, 7, 8]])
d41	int32	(2, 4)	array([[1, 2, 3, 4], [5, 6, 7, 8]])
d51	int32	(2, 4)	array([[1, 2, 3, 4], [5, 6, 7, 8]])

图 2-3

2.2.2 利用内置函数创建数组

利用内置函数可以创建一些特殊的数组。例如，可以利用 ones(n,m)函数创建 n 行 m 列元素全为 1 的数组，利用 zeros(n,m)函数创建 n 行 m 列元素全为 0 的数组，利用 arange(a,b,c) 创建以 a 为初始值，$b-1$ 为末值，c 为步长的一维数组。其中 a 和 c 参数可省略，这时 a 取默认值为 0，c 取默认值为 1。示例代码如下：

```
z1=np.ones((3,3))        #创建 3 行 3 列元素全为 1 的数组
z2=np.zeros((3,4))       #创建 3 行 4 列元素全为 0 的数组
z3=np.arange(10)         #创建默认初始值为 0,默认步长为 1,末值为 9 的一维数组
z4= np.arange(2,10)      #创建默认初始值为 2,默认步长为 1,末值为 9 的一维数组
z5= np.arange(2,10,2)    #创建默认初始值为 2,步长为 2,末值为 9 的一维数组
```

执行后的结果如图 2-4 所示。

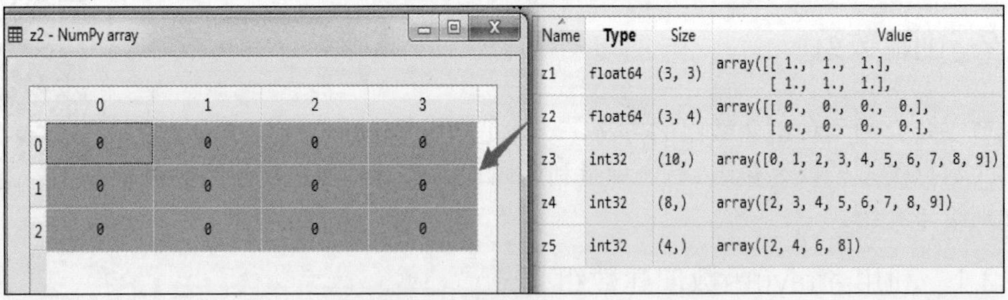

Name	Type	Size	Value
z1	float64	(3, 3)	array([[1., 1., 1.], [1., 1., 1.],
z2	float64	(3, 4)	array([[0., 0., 0., 0.], [0., 0., 0., 0.],
z3	int32	(10,)	array([0, 1, 2, 3, 4, 5, 6, 7, 8, 9])
z4	int32	(8,)	array([2, 3, 4, 5, 6, 7, 8, 9])
z5	int32	(4,)	array([2, 4, 6, 8])

图 2-4

2.3 数组尺寸

数组尺寸也称为数组的大小，通过行数和列数来表现。通过数组中的 shape 属性，可以返回数组的尺寸，其返回值为元组。如果是一维数组，返回的元组中仅一个元素，代表这个数组的长度。如果是二维数组，元组中有两个值，第一个值代表数组的行数，第二个值代表数组的列数。示例代码如下：

```
d1=[1,2,3,4,0.1,7]              #列表
d3=[[1,2,3,4],[5,6,7,8]]        #嵌套列表,元素为列表
```

```
import numpy as np
d11=np.array(d1)        #将 d1 列表转换为一维数组,结果赋给变量 d11
d31=np.array(d3)        #将 d3 嵌套列表转换为二维数组,结果赋给变量 d31
del d1,d3               #删除 d1、d3
s11=d11.shape           #返回一维数组 d11 的尺寸,结果赋给变量 s11
s31=d31.shape           #返回二维数组 d31 的尺寸,结果赋给变量 s31
```

执行后的结果如图 2-5 所示。

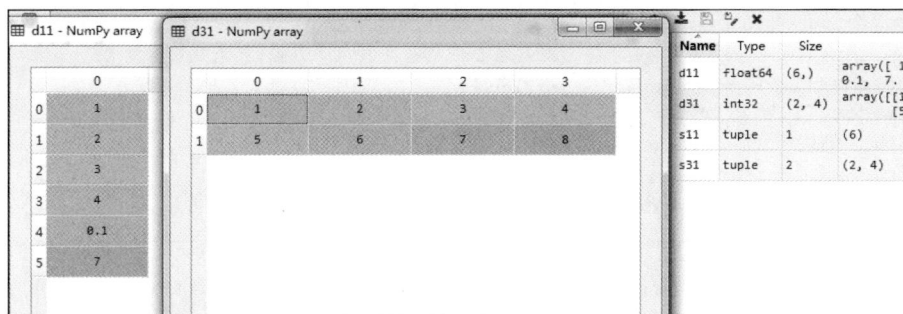

图 2-5

从结果可以看出一维数组 d11 的长度为 6,二维数组 d31 的行数为 2,列数为 4。在程序应用过程中,有时候需要将数组进行重排,可以通过 reshape() 函数来实现。示例代码如下:

```
r=np.array(range(9))   #一维数组
r1=r.reshape((3,3))    #重排为 3 行 3 列
```

执行后的结果如图 2-6 所示。

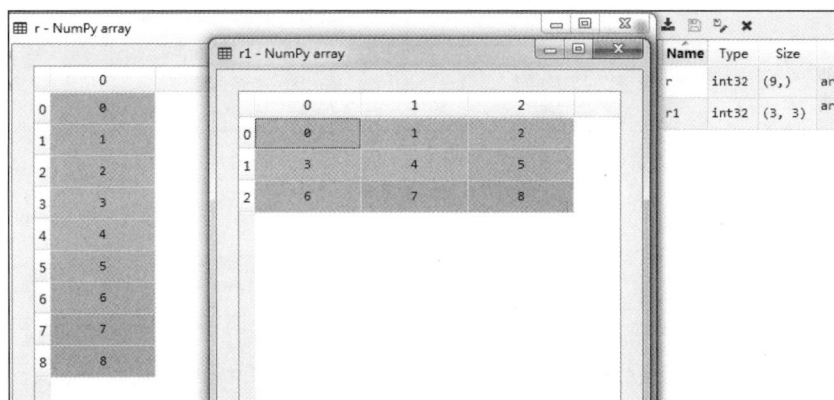

图 2-6

图 2-6 显示了通过 reshape 函数,将一维数组 r 转换成了 3 行 3 列的二维数组。

2.4　数组运算

数组的运算主要包括数组之间的加、减、乘、除运算,数组的乘方运算,以及数组的数学函数运算。示例代码如下:

```
import numpy as np
A=np.array([[1,2],[3,4]])      #定义二维数组 A
B=np.array([[5,6],[7,8]])      #定义二维数组 B
C1=A-B                         #A、B 两个数组元素之间相减,结果赋给变量 C1
C2=A+B                         #A、B 两个数组元素之间相加,结果赋给变量 C2
```

```
C3=A*B                                    #A、B 两个数组元素之间相乘,结果赋给变量 C3
C4=A/B                                    #A、B 两个数组元素之间相除,结果赋给变量 C4
C5=A/3                                    #A 数组所有元素除以 3,结果赋给变量 C5
C6=1/A                                    #1 除以 A 数组所有元素,结果赋给变量 C6
C7=A**2                                   #A 数组所有元素取平方,结果赋给变量 C7
C8=np.array([1,2,3,3.1,4.5,6,7,8,9])     #定义数组 C8
C9=(C8-min(C8))/(max(C8)-min(C8))        #对 C8 中的元素做极差化处理,结果赋给变量 C9
D=np.array([[1,2,3,4],[5,6,7,8],[9,10,11,12],[13,14,15,16]])  #定义数组 D
#数学运算
E1=np.sqrt(D)                             #对数组 D 中所有元素取平方根,结果赋给变量 E1
E2=np.abs([1,-2,-100])                    #取绝对值
E3=np.cos([1,2,3])                        #取 cos 值
E4=np.sin(D)                              #取 sin 值
E5=np.exp(D)                              #取指数函数值
```

相关结果变量可以在 Spyder 变量资源管理器中查看，如图 2-7 所示。

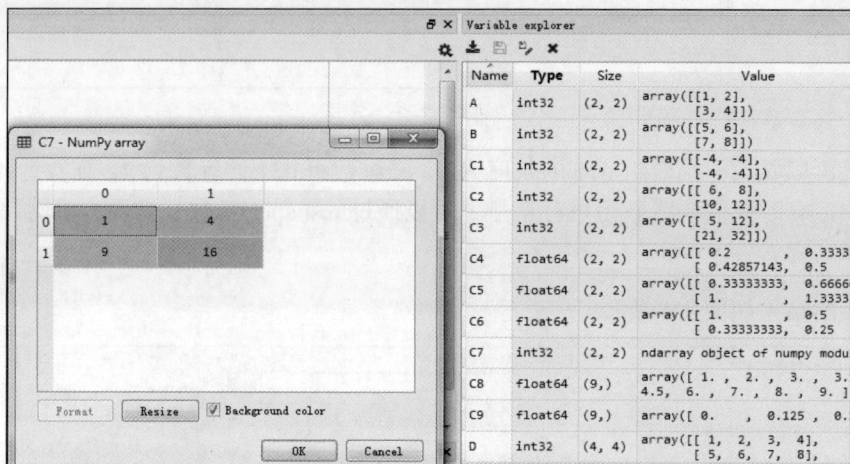

图 2-7

2.5 数组切片

数组切片即抽取数组中部分元素构成新的数组，那么如何抽取呢？主要通过指定数组中的行下标和列下标来抽取其元素，从而组成新的数组。下面介绍两种切片方法，一种是直接利用数组本身的索引机制来切片，另一种是利用函数 ix_() 构建索引器进行切片，前一种方法也称为常见的数组切片方法。

2.5.1 常见的数组切片方法

一般地，假设 D 为待访问或切片的数据变量，则访问或者切片的数据=D[①,②]。其中①为对 D 的行下标控制，②为对 D 的列下标控制，行和列下标控制通过整数列表来实现。但是需要注意①整数列表中的元素不能超出 D 中的最大行数，而②不能超过 D 中的最大列数。为了更灵活地操作数据，取所有的行或者列，可以用"："来实现。同时，行控制还可以通过逻辑列表来实现。示例代码如下：

```
import numpy as np
D=np.array([[1,2,3,4],[5,6,7,8],[9,10,11,12],[13,14,15,16]])  #定义数组 D
#访问 D 中行为 1,列为 2 的数据,注意下标是从 0 开始的
```

```
D12=D[1,2]
#访问 D 中第 1、3 列数据
D1=D[:,[1,3]]
#访问 D 中第 1、3 行数据
D2=D[[1,3],:]
#取 D 中满足第 0 列大于 5 的所有列数据,本质上行控制为逻辑列表
Dt1=D[D[:,0]>5,:]
#取 D 中满足第 0 列大于 5 的 2、3 列数据,本质上行控制为逻辑列表
#Dt2=D[D[:,0]>5,[2,3]]
TF=[True,False,False,True]
#取 D 中第 0、3 行的所有列数据,本质上行控制为逻辑列表,取逻辑值为真的行
Dt3=D[TF,:]
#取 D 中第 0、3 行的 2、3 列数据
#Dt4=D[TF,[2,3]]
#取 D 中大于 4 的所有元素
D5=D[D>4]
```

执行后的结果可以通过 Spyder 变量资源管理器查看，如图 2-8 所示。

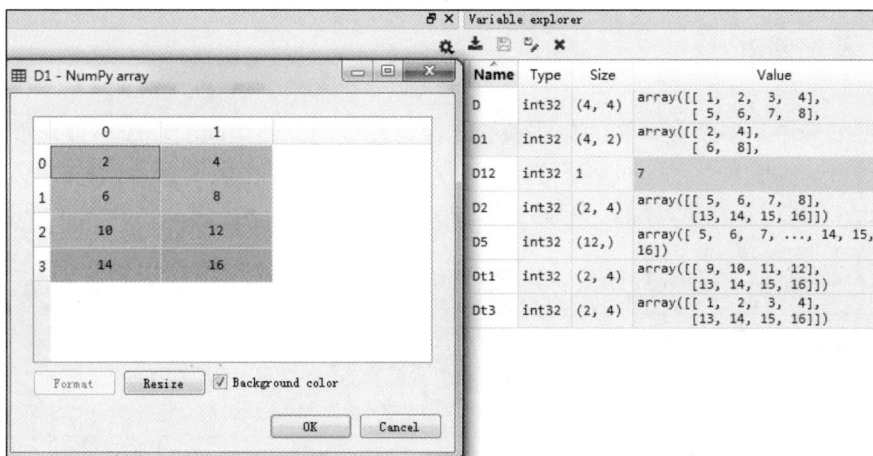

图 2-8

2.5.2　利用 ix_() 函数进行数组切片

数组的切片也可以通过 ix_() 函数构造行、列下标索引器实现。示例代码如下：

```
import numpy as np
D=np.array([[1,2,3,4],[5,6,7,8],[9,10,11,12],[13,14,15,16]])   #定义数组 D
#提取 D 中行数为 1、2,列数为 1、3 的所有元素
D3=D[np.ix_([1,2],[1,3])]
#提取 D 中行数为 0、1,列数为 1、3 的所有元素
D4=D[np.ix_(np.arange(2),[1,3])]
#提取以 D 中第 1 列小于 11 得到的逻辑数组作为行索引,列数为 1、2 的所有元素
D6=D[np.ix_(D[:,1]<11,[1,2])]
#提取以 D 中第 1 列小于 11 得到的逻辑数组作为行索引,列数为 2 的所有元素
D7=D[np.ix_(D[:,1]<11,[2])]
#提取以第 2.5.1 节中的 TF=[True,False,False,True]逻辑列表为行索引,列数为 2 的所有元素
TF=[True,False,False,True]
D8=D[np.ix_(TF,[2])]
#提取以第 2.5.1 节中的 TF=[True,False,False,True]逻辑列表为行索引,列数为 1、3 的所有元素
D9=D[np.ix_(TF,[1,3])]
```

执行后的结果可以通过 Spyder 变量资源管理器查看，如图 2-9 所示。

31

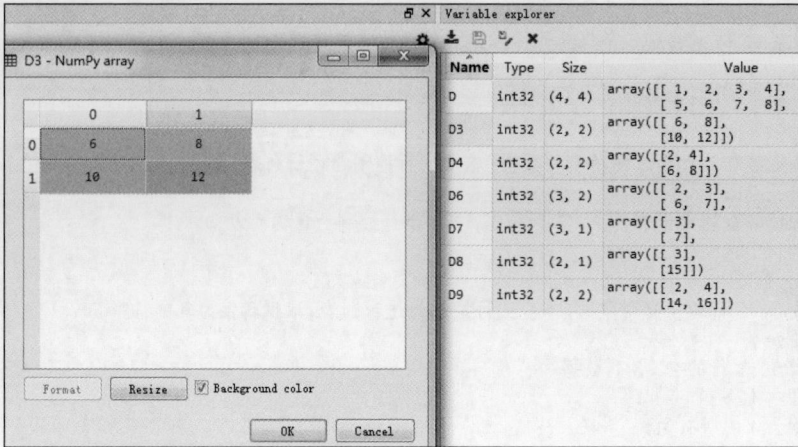

图 2-9

2.6　数组连接

在数据处理中，多个数据源的集成整合是经常发生的。数组间的集成与整合主要体现在数组间的连接，包括水平连接和垂直连接两种方式。水平连接函数用 hstack()实现，垂直连接函数用 vstack()实现。注意，输入参数为两个待连接数组组成的元组。示例代码如下：

```
import numpy as np
A=np.array([[1,2],[3,4]])      #定义二维数组 A
B=np.array([[5,6],[7,8]])      #定义二维数组 B
C_s=np.hstack((A,B))           #水平连接要求行数相同
C_v=np.vstack((A,B))           #垂直连接要求列数相同
```

执行后的结果如图 2-10 所示。

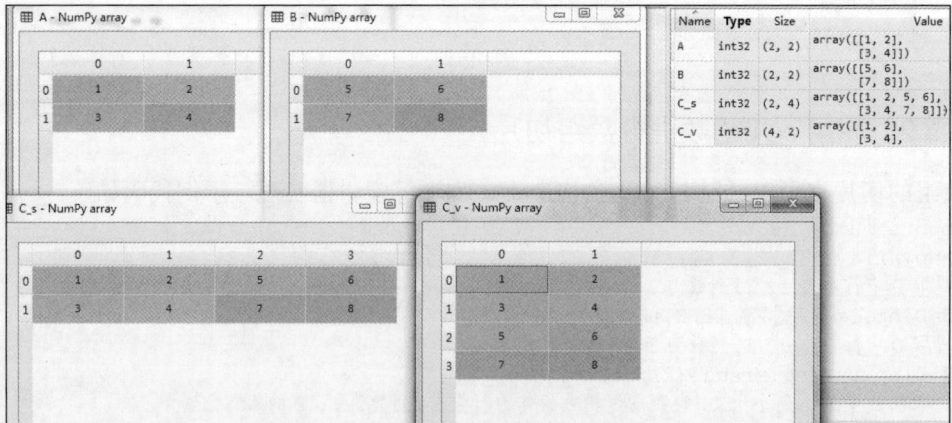

图 2-10

2.7　数据存取

利用 NumPy 包中的 save 函数，可以将数据集保存为二进制数据文件，数据文件后缀名为.npy。示例代码如下：

```
import numpy as np
A=np.array([[1,2],[3,4]])        #定义二维数组 A
B=np.array([[5,6],[7,8]])        #定义二维数组 B
C_s=np.hstack((A,B))             #水平连接
np.save('data',C_s)
```
执行后的结果如图 2-11 所示。

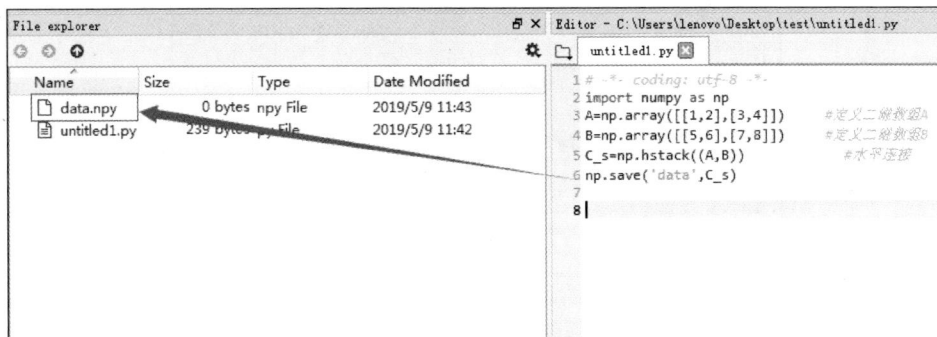

图 2-11

图 2-11 显示了将 C_s 数据集保存为二进制数据文件：data.npy。通过 load 函数，可以将该数据集加载，示例代码如下：

```
import numpy as np
C_s=np.load('data.npy')
```
执行后的结果如图 2-12 所示。

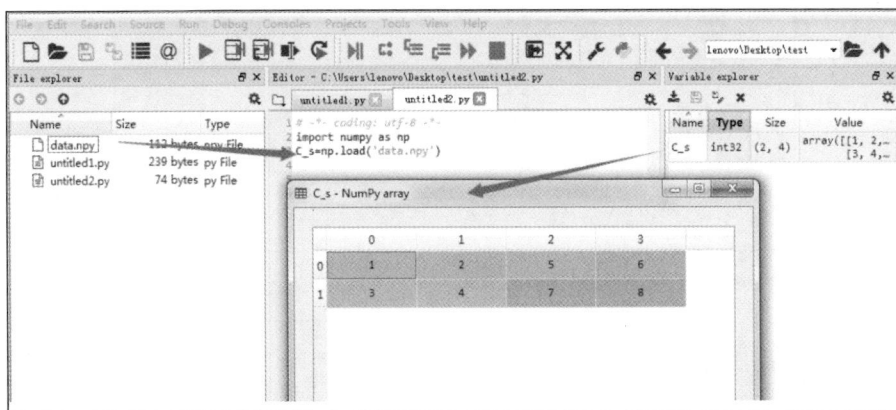

图 2-12

图 2-12 显示了将 data.npy 这个数据文件加载下来，并通过 Spyder 变量资源管理器查看其结果的过程。数据的存取机制提供了数据传递及使用的便利，特别是在有些程序运行结果需要花费大量时间的时候，保存其结果以便后续使用是非常有必要的。

2.8　数组形态变换

NumPy 提供了 reshape 方法用于改变数组的形状，reshape 方法仅改变原始数据的形状，不改变原始数据的值。示例代码如下：

```
import numpy as np
arr = np.arange(12)   # 创建一维 ndarray
```

33

```
arr1 = arr.reshape(3, 4)  # 设置 ndarray 的维度,改变其形态
```

执行后的结果如图 2-13 所示。

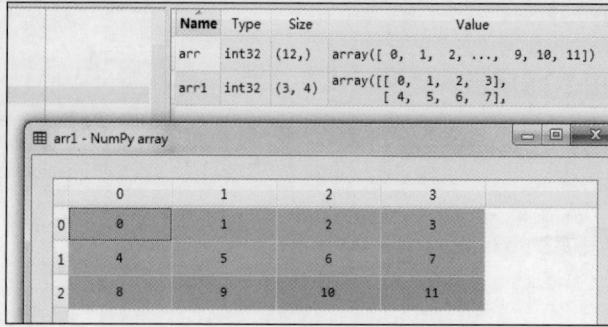

图 2-13

以上示例代码将一维数组形态变换为二维数组，事实上也可以将二维数组形态展平变换为一维数组，通过 ravel()函数即可实现。示例代码如下：

```
import numpy as np
arr = np.arange(12).reshape(3, 4)
arr1=arr.ravel()
```

执行后的结果如图 2-14 所示。

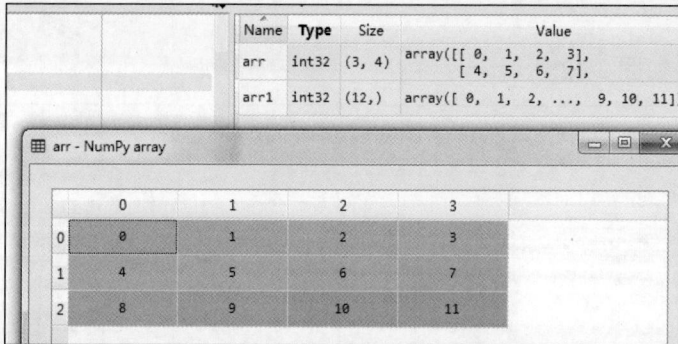

图 2-14

2.9 数组排序与搜索

通过 NumPy 提供的 sort 函数，可以将数组元素值按从小到大进行直接排序，示例代码如下：

```
import numpy as np
arr = np.array([5,2,3,3,1,9,8,6,7])
arr1=np.sort(arr)
```

执行后的结果如图 2-15 所示。

Name	Type	Size	Value
arr	int32	(9,)	array([5, 2, 3, 3, 1, 9, 8, 6, 7])
arr1	int32	(9,)	array([1, 2, 3, 3, 5, 6, 7, 8, 9])

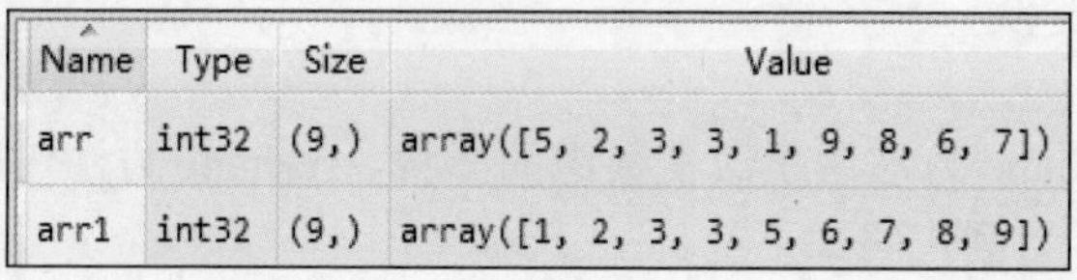

图 2-15

通过 NumPy 提供的 argmax 和 argmin 函数，可以返回待搜索数组最大值和最小值元素的索引值，如果存在多个最大值或最小值，则返回第一次出现的索引。对于二维数组，可以通过设置 axis=0 或 1 返回各列或各行最大值或最小值索引。注意，索引从 0 开始。示例代码如下：

```
import numpy as np
arr = np.array([5,2,3,3,1,1,9,8,6,7,8,8])
arr1=arr.reshape(3,4)
maxindex=np.argmax(arr)
minindex=np.argmin(arr)
maxindex1=np.argmax(arr1,axis=0)#返回各列最大值索引
minindex1=np.argmin(arr1,axis=1)#返回各行最小值索引
```

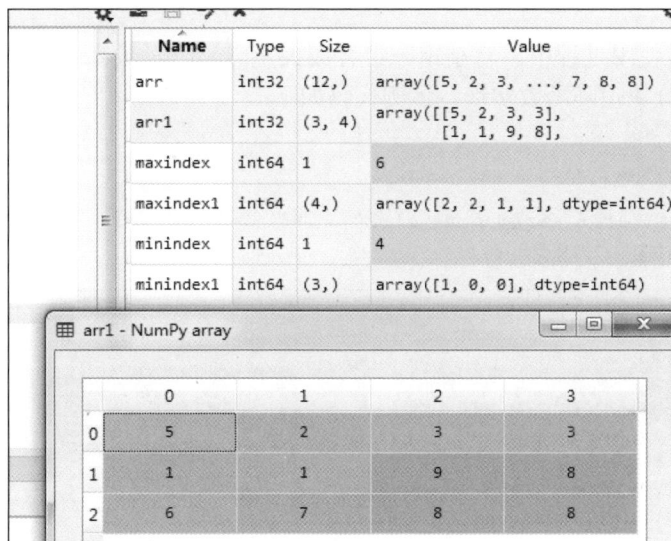

执行后的结果如图 2-16 所示。

图 2-16

2.10　矩阵与线性代数运算

NumPy 的 matrix 是继承自 NumPy 的二维 ndarray 对象，不仅拥有二维 ndarray 的属性、方法与函数，还拥有诸多特有的属性与方法。同时，NumPy 中的 matrix 和线性代数中的矩阵概念几乎完全相同，同样含有转置矩阵、共轭矩阵、逆矩阵等概念。

矩阵与线性代数运算

2.10.1　创建 NumPy 矩阵

在 NumPy 中可使用 mat、matrix 或 bmat 函数来创建矩阵。使用 mat 函数创建矩阵时，若输入 matrix 或 ndarray 对象，则不会为它们创建副本。因此，调用 mat 函数与调用 matrix(data, copy=False)等价，示例代码如下：

```
import numpy as np
mat1 = np.mat("1 2 3; 4 5 6; 7 8 9")
mat2 = np.matrix([[1, 2, 3], [4, 5, 6], [7, 8, 9]])
```

执行后的结果如图 2-17 所示。

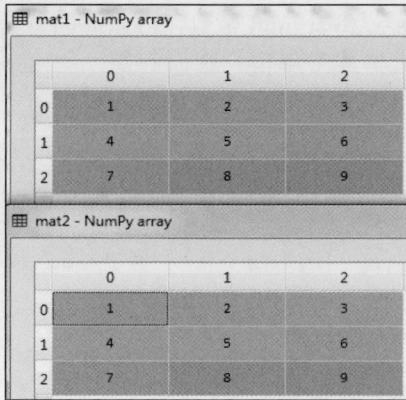

图 2-17

在矩阵的日常使用过程中，将小矩阵组合成大矩阵是一种频率极高的操作。在 NumPy 中可以使用 bmat 分块矩阵函数实现，示例代码如下：

```
import numpy as np
arr1 = np.eye(3)
arr2 = 3*arr1
mat = np.bmat("arr1 arr2; arr1 arr2")
```

执行后的结果如图 2-18 所示。

图 2-18

2.10.2　矩阵的属性和基本运算

矩阵有其特有的属性，如表 2-1 所示。

表 2-1　　　　　　　　　　　矩阵特有属性及其说明

属性	说明
T	返回自身的转置
H	返回自身的共轭转置
I	返回自身的逆矩阵

矩阵属性的具体查看方法，示例代码如下：

```
import numpy as np
mat = np.matrix(np.arange(4).reshape(2, 2))
mT=mat.T
mH=mat.H
mI=mat.I
```

执行后的结果如图 2-19 所示。

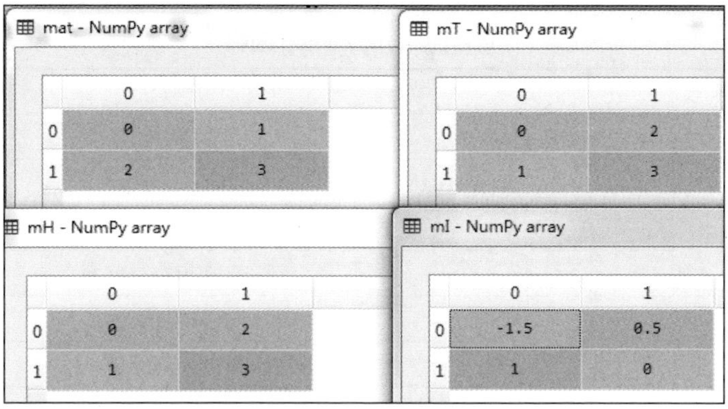

图 2-19

在 NumPy 中，矩阵计算和 ndarray 计算类似，都能够作用于每个元素，比起使用 for 循环进行计算，速度更快，示例代码如下：

```
import numpy as np
mat1 = np.mat("1 2 3; 4 5 6; 7 8 9")
mat2 = mat1*3
mat3=mat1+mat2
mat4=mat1-mat2
mat5=mat1*mat2
mat6=np.multiply(mat1, mat2) #点乘
```

执行后的结果如图 2-20 所示。

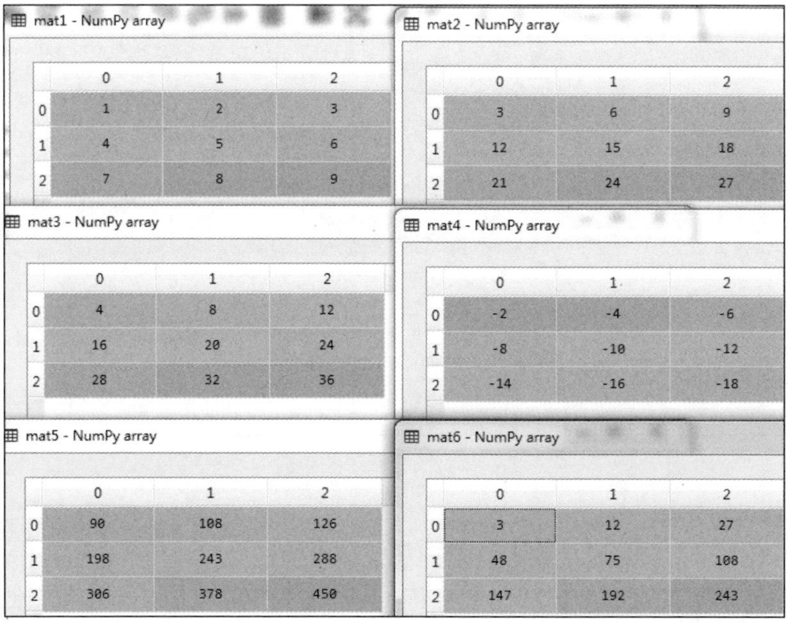

图 2-20

37

2.10.3　线性代数运算

线性代数是数学的一个重要分支。NumPy 包含 numpy.linalg 模块，提供线性代数所需的功能，如计算逆矩阵、求解线性方程组、求特征值、奇异值分解和求解行列式等。numpy.linalg 模块中的一些常用函数，如表 2-2 所示。

表 2-2　　　　　　　　　　　　　常用的 numpy.linalg 函数

函数名称	说明
dot	矩阵相乘
inv	求逆矩阵
solve	求解线性方程组 $Ax=b$
eig	求特征值和特征向量
eigvals	求特征值
svd	计算奇异值分解
det	求行列式

1．计算逆矩阵

在线性代数中，矩阵 A 与其逆矩阵 A^{-1} 相乘得到一个单位矩阵 I，即 $A \times A^{-1} = I$。使用 numpy.linalg 模块中的 inv 函数可以计算逆矩阵，示例代码如下：

```
import numpy as np
mat = np.mat('1 1 1; 1 2 3; 1 3 6')
inverse = np.linalg.inv(mat)
A=np.dot(mat, inverse)
```

执行后的结果如图 2-21 所示。

图 2-21

2．求解线性方程组

矩阵可以对向量进行线性变换，这对应于数学中的线性方程组。numpy.linalg 模块中的 solve 函数可以求解形如 $Ax=b$ 的线性方程组，其中 A 为矩阵，b 为一维或二维数组，x 是未知变量，示例代码如下：

```
import numpy as np
A = np.mat("1,-1,1; 2,1,0; 2,1,-1")
b = np.array([4, 3, -1])
x = np.linalg.solve(A, b)#线性方程组 Ax=b 的解
```
执行后的结果如图 2-22 所示。

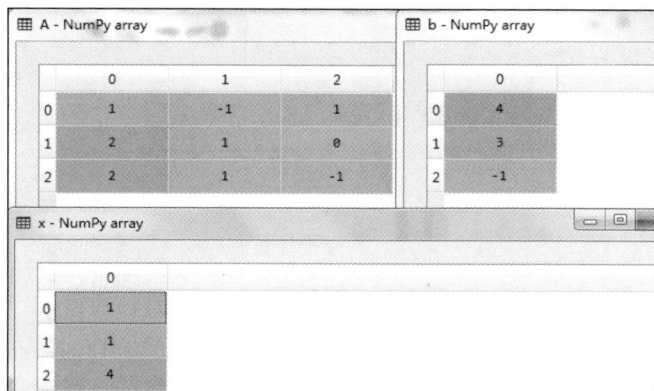

图 2-22

3．求解特征值与特征向量

设 *A* 是 *n* 阶方阵，如果存在数 *a* 和非零 *n* 维列向量 *x*，使得 $Ax = ax$ 成立，则称 *a* 是 *A* 的一个特征值，非零 *n* 维列向量 *x* 称为矩阵 *A* 的对应于特征值 *a* 的特征向量。numpy.linalg 模块中的 eigvals 函数可以计算矩阵的特征值，eig 函数可以返回一个包含特征值和对应的特征向量的元组，示例代码如下：

```
import numpy as np
A = np.matrix([[1, 0, 2], [0, 3, 0], [2, 0, 1]])
#A_value= np.linalg.eigvals(A)
A_value, A_vector = np.linalg.eig(A)
```
执行后的结果如图 2-23 所示。

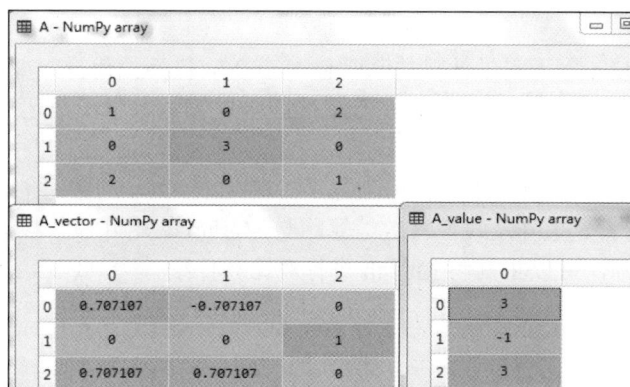

图 2-23

4．奇异值分解

奇异值分解是线性代数中一种重要的矩阵分解，将一个矩阵分解为 3 个矩阵的乘积。numpy.linalg 模块中的 svd 函数可以对矩阵进行奇异值分解，返回 *U*、*Sigma*、*V* 这 3 个矩阵，其中，*U* 和 *V* 是正交矩阵，*Sigma* 是一维矩阵，其元素为进行奇异值分解的矩阵的非零奇异值，可使用 dig 函数生成对角矩阵，示例代码如下：

```
import numpy as np
A = np.mat("4.0,11.0,14.0;  8.0,7.0,-2.0")
U, Sigma, V = np.linalg.svd(A, full_matrices=False)
```
执行后的结果如图 2-24 所示。

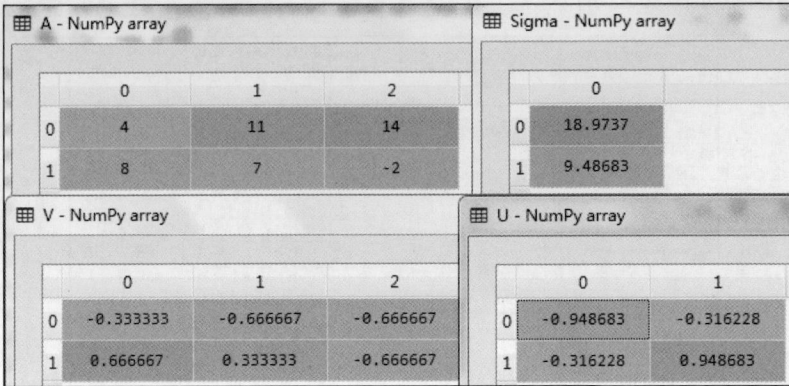

图 2-24

5. 计算矩阵行列式的值

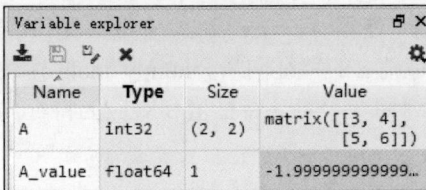

图 2-25

矩阵行列式是指矩阵的全部元素构成的行列式，但构成行列式的矩阵为方阵时，行列式存在值。numpy.linalg 模块中的 det 函数可以计算矩阵行列式的值，示例代码如下：

```
import numpy as np
A = np.mat("3,4; 5,6")
A_value=np.linalg.det(A)
```
执行后的结果如图 2-25 所示。

本章小结

本章介绍了 Python 用于科学计算的基础包 NumPy，包括如何导入并使用 NumPy 创建数组、相关的数组运算、获得数组的尺寸、数组的四则运算与数学函数运算、数组的切片、数组连接和数据的存取、数组形态变换、数组元素的排序与搜索、矩阵及线性代数运算等相关知识。由于 NumPy 借鉴了 Matlab 矩阵开发思路，因此 NumPy 的数组创建、运算、切片、连接及存取、排序与搜索、矩阵及线性代数运算均与 Matlab 的矩阵操作极为相似，如果读者具有一定的 Matlab 基础，可以将其与 Matlab 进行对比和仔细体会，相信一定会有所收获。

本章练习

1. 创建一个 Python 脚本，将其命名为 test1.py，完成以下功能。
（1）定义一个列表 list1=[1,2,4,6,7,8]，将其转化为数组 N1。
（2）定义一个元组 tup1=(1,2,3,4,5,6)，将其转化为数组 N2。
（3）利用内置函数，定义一个 1 行 6 列元素全为 1 的数组 N3。
（4）将 N1、N2、N3 垂直连接，形成一个 3 行 6 列的二维数组 N4。
（5）将 N4 保存为 Python 二进制数据文件（.npy 格式）。

2．创建一个 Python 脚本，将其命名为 test2.py，完成以下功能。

（1）加载练习 1 中生成的 Python 二进制数据文件，获得数组 N4。

（2）提取 N4 第 1 行中的第 2 个、第 4 个元素，第 3 行中的第 1 个、第 5 个元素，组成一个新的二维数组 N5。

（3）将 N5 与练习 1 中的 N1 进行水平合并，生成一个新的二维数组 N6。

3．创建一个 Python 脚本，将其命名为 test3.py，完成以下功能。

（1）生成两个 2×2 矩阵，并计算矩阵的乘积。

（2）求矩阵 $A = \begin{pmatrix} 3 & -1 \\ -1 & 3 \end{pmatrix}$ 的特征值和特征向量。

（3）设有矩阵 $A = \begin{pmatrix} 4 & 11 & 14 \\ 8 & 7 & -2 \end{pmatrix}$，试对其进行奇异分解。

（4）设有行列式 $D = \begin{vmatrix} 4 & 6 & 8 \\ 4 & 6 & 9 \\ 5 & 6 & 8 \end{vmatrix}$，求其转置行列式 D^{T}，并计算 D 和 D^{T}。

本章实验

1. 赋值定义较复杂的数据结构

请完成以下问题：

（1）将列表 L1 定义为一维数组 l1。

（2）将嵌套列表 L2 定义为二维数组 l2。

```
def return_values():
    L1=[1,2,3,4,0.1,7]
    L2=[[1,2,3,4],(5,6,7,8)]
    #********** Begin **********#
    在此输入程序代码
    #********** End **********#
    return(l1,l2)
```

2. 内嵌函数定义较复杂的数据结构

请完成以下任务：

（1）定义一个 3 行 3 列元素全为 1 的数组 A。

（2）定义一个 3 行 3 列元素全为 0 的数组 B。

（3）定义一个初始值为 2、末值为 9、步长为 2 的数组 C。

（4）定义一个默认初始值为 0，步长为 1、末值为 9 的一维数组 D。

```
def return_values():
    A=
    B=
    C=
    D=
    #********** Begin **********#
    在此输入程序代码
    #********** End **********#
    return(A,B,C,D)
```

3. 数组运算

现给出数组 A 和 B，请按顺序完成以下任务：

（1）求解 A 的最大值、最小值、余弦值、正弦值、长度。

（2）求 A 乘 B。

（3）返回计算结果 Max_A,Min_A,cos_A,sin_A,le_A,result。

```python
def return_values():
    #导入 numpy 包
    A=np.array([[1,3,3.1,4.5]])
    B=np.array([[1,2,3,4],(5,6,7,8),(9,10,11,12)])
    #********** Begin **********#
    在此输入程序代码
    #********** End **********#
    return(Max_A,Min_A,cos_A,sin_A,le_A,result)
```

4. 数组切片

```python
def return_values():
    #1.导入 numpy 包
    #2.定义数组 A
    A=np.array([[1,2,3,4],[5,6,7,8],[9,10,11,12],[13,14,15,16]])
    #3.对数组 A 切片取出 6,7,14,16
    #4.用切出的数构造一个 2*2 的数组
    #********** Begin **********#
    在此输入程序代码及将以下程序补充完整
    #构造逻辑索引（筛选第 0 列大于 5 的元素）
    I=
    #逻辑索引 I 对数组 1,3 列切片，并返回计算结果 B
    B=
    #********** End **********#
    return(B)
```

5. 数组连接

```python
def return_values():
    #1.导入 numpy 包
    #2.定义数组 A 和数组 B
    A=np.array([[1,2,3,4],[5,6,7,8],[9,10,11,12],[13,14,15,16]])
    B=np.array([1,1,1,1])
    #3.水平连接数组 A 和数组 B，获得数组 C，并返回计算结果 C
    #注意：数组 A 和 B 水平连接要求列数相同，因此 B 要转换成矩阵
    #********** Begin **********#
    在此输入程序代码并将以下程序补充完整
    C=
    #********** End **********#
    return(C)
```

第 3 章 数据处理包 Pandas

前一章中介绍了数组的基本概念及相关数据操作方法。从数组的定义可以看出，数组中的元素要求同质，即数据类型相同，这对数据处理与分析来说具有较大的局限性。本章介绍数据处理与分析挖掘中功能更加强大的另外一个包：Pandas，它基于 NumPy 而构建，可以处理不同的数据类型，同时又含有非常利于数据处理分析的数据结构：序列（Series）和数据框（DataFrame）。下面进行详细的介绍。

3.1 Pandas 简介

Pandas 是基于 NumPy 开发的一个 Python 数据分析包，由 AQR Capital Management 于 2008 年 4 月开发，并于 2009 年底开源。Pandas 作为 Python 数据分析的核心包，提供了大量的数据分析函数，包括数据处理、数据抽取、数据集成、数据计算等基本的数据分析手段。Pandas 核心数据结构包括序列和数据框，序列存储一维数据，而数据框则可以存储更复杂的多维数据，这里主要介绍二维数据（类似于数据表）及其相关操作。Python 是面向对象的语言，序列和数据框本身是一种数据对象，因此序列和数据框有时也称为序列对象和数据框对象，它们具有自身的属性和方法。本章我们主要介绍序列和数据框的创建，相关属性的介绍和主要方法的使用，以及数据的访问、切片及运算。在数据读取方面，我们主要介绍了利用 Pandas 库中的函数读取外部文件的方法，包括 Excel、TXT 和 CSV 文件的读取方法。在函数计算方面，主要介绍了时间处理函数、数据框合并和关联函数。最后介绍了滚动计算、时间元素提取、映射与离散化、分组计算等常见数据处理与计算任务。

在 Anaconda 发行版中，Pandas 包已经集成在系统中，无须再另外安装。在使用过程中直接导入该包即可，导入的方法为 import pandas as pd，其中 import 和 as 为关键词，pd 为其简称。在 Spyder 程序脚本编辑器中，导入 Pandas 包示例如图 3-1 所示。

事实上，Pandas 包是一种类库，Spyder 程序脚本编辑器提供了一种模糊搜索机制，方便程序的编写。比如，通过包名称后面加点 "." 实现模糊搜索，即 "pd." 可从下拉列表中选择所需的对

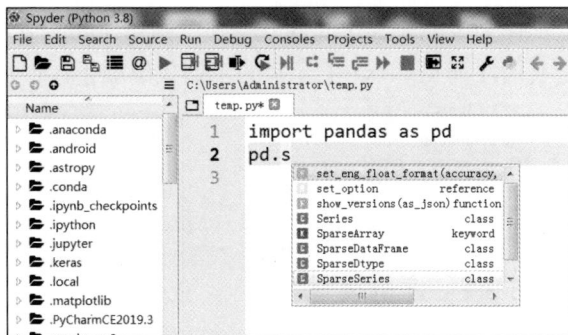

图 3-1

象、方法或者属性。例如，图 3-1 中脚本文件 temp.py 的第 4 行。

序列

3.2 序列

序列是 Pandas 中非常重要的一个数据结构，由两部分组成，一部分是索引 index，另一部分是对应的值。序列不仅能实现一维数组的功能，还增加了丰富的数据操作与处理功能。下面分别介绍序列的创建、序列的属性和方法，以及序列切片和聚合运算等相关的数据操作知识。

3.2.1 序列创建及访问

序列由索引 index 和对应的值构成，在默认情况下，索引从 0 开始从小到大顺序排列，每个索引对应一个值。可以通过指定列表、元组、数组创建默认序列，也可以通过指定索引创建个性化序列，还可以通过字典来创建序列，其中字典的键转化为索引，值即为序列的值。序列对象的创建通过 Pandas 包中的 Series()函数来实现。示例代码如下：

```
import pandas as pd          #导入 Pandas 库
import numpy as np           #导入 NumPy 库
s1=pd.Series([1,-2,2.3,'hq'])  #指定列表创建默认序列
s2=pd.Series([1,-2,2.3,'hq'],index=['a','b','c','d'])  #指定列表和索引,创建个性化序列
s3=pd.Series((1,2,3,4,'hq'))              #指定元组创建默认序列
s4=pd.Series(np.array([1,2,4,7.1]))       #指定数组创建默认序列
#通过字典创建序列
mydict={'red':2000,'bule':1000,'yellow':500}  #定义字典
ss=pd.Series(mydict)                      #指定字典创建序列
```
执行后的结果如图 3-2 所示。

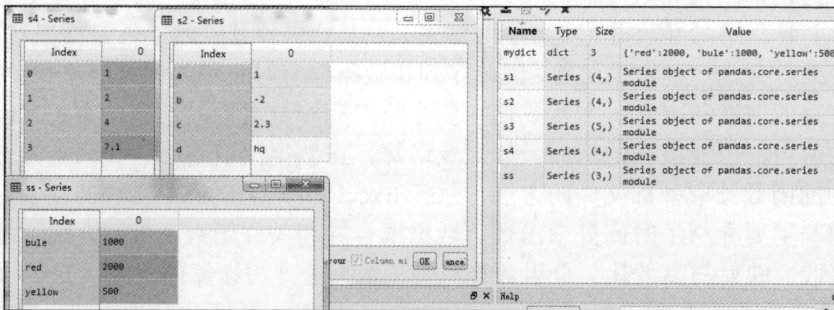

图 3-2

序列中的元素访问非常简单，通过 index 索引即可访问对应的元素值。例如，访问前面定义的序列 s1 和 s2 中元素的示例代码如下：
```
print(s1[3])
print(s2['c'])
```
执行后的结果如下：
```
hq
2.3
```

3.2.2 序列属性

序列有两个属性，分别为值（Values）和索引（Index）。通过序列中的 values 属性和 index 属性可以获取其内容。示例代码如下：

```python
import pandas as pd
s1=pd.Series([1,-2,2.3,'hq'])          #创建序列 s1
va1=s1.values                          #获取序列 s1 中的值,将值赋给变量 va1
in1=s1.index                           #获取序列 s1 中的索引,将值赋给变量 in1
print(va1)                             #打印变量结果
print(in1)                             #打印变量结果
```
执行后的结果如下:
```
[1 -2 2.3 'hq']
RangeIndex(start=0, stop=4, step=1)
```

在 Spyder 界面中,在控制台可以看到 va1 和 in1 的打印结果,但是在变量资源管理器窗口看不到这两个变量。事实上,它们是序列中的属性变量,属于内部值,不在资源管理器中展现。但是如何才能够实现在变量资源管理器中查看呢?可以将它们转化为列表的形式,示例代码如下:

```python
va2=list(va1)          #将 va1 变量通过 list 命令转化为列表,给变量 va2 赋值
in2=list(in1)          #将 in1 变量通过 list 命令转化为列表,给变量 in2 赋值
```
执行后的结果如图 3-3 所示。

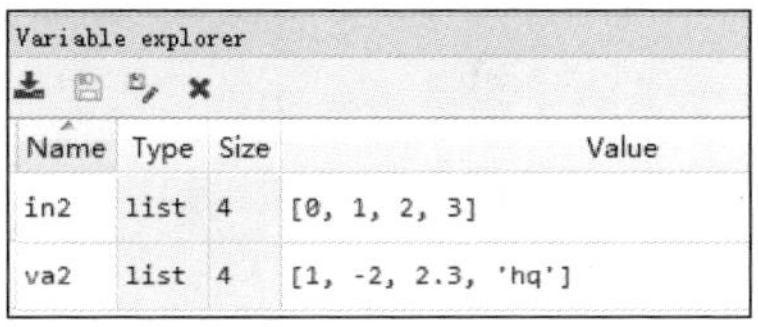

3.2.3 序列方法

1. unique()

使用序列中的 unique()方法,可以去掉序列中重复的元素值,使元素值唯一。示例代码如下:

图 3-3

```python
import pandas as pd
s5=[1,2,2,3,'hq','hq','he']          #定义列表 s5
s5=pd.Series(s5)                     #将定义的列表 s5 转换为序列
s51=s5.unique()                      #调用 unique()方法去重
print(s51)                           #打印结果
```
执行后的结果如下:
```
[1 2 3 'hq' 'he']
```

2. isin()

使用 isin()方法判断元素值的存在性。如果存在,则返回 True;否则返回 False。例如,判断元素 0 和 "he" 是否存在于前面定义的 s5 序列中。示例代码如下:

```python
s52=s5.isin([0,'he'])
print(s52)
```
执行后的结果如下:
```
0    False
1    False
2    False
3    False
4    False
5    False
6     True
dtype: bool
```

3. value_counts()

使用序列中的 value_counts()方法可以统计序列元素值出现的次数。例如,统计 s5 序列中每个元素值出现的次数,示例代码如下:

```python
s53=s5.value_counts()
```
执行后的结果如图 3-4 所示。

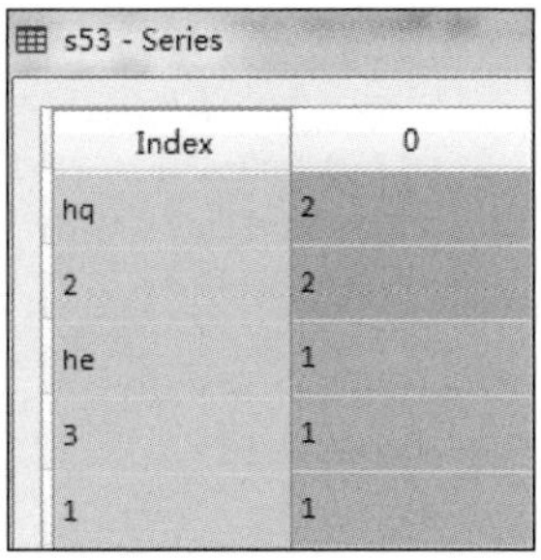

图 3-4

其中，索引（index）为原序列元素的值，其值部分为出现的次数。本函数在实际应用中，有时也起到与 unique 相同的效果，即去掉序列数据中的重复值，保障了数据的唯一性，而且还获得了重复的次数，在金融数据处理中用得非常广泛。

4．空值处理方法

在序列中处理空值有 isnull()、notnull()、dropna()这 3 个函数。它们的使用方法如下：isnull()判断序列中是否有空值（nan 值），如果有空值，则返回 True，否则返回 False；notnull()判断序列中的非空值（nan 值），如果非空值，则返回 True，否则返回 False，与 isnull 方法刚好相反；dropna()清洗序列中的空值（nan 值），可以配合使用空值处理函数。示例代码如下：

```
import pandas as pd
import numpy as np
ss1=pd.Series([10,'hq',60,np.nan,20])  #定义序列 ss1,其中 np.nan 为空值（nan 值）
tt1=ss1[~ss1.isnull()]    #~为取反,采用逻辑数组进行索引获取数据
```

执行后的结果如图 3-5 所示。

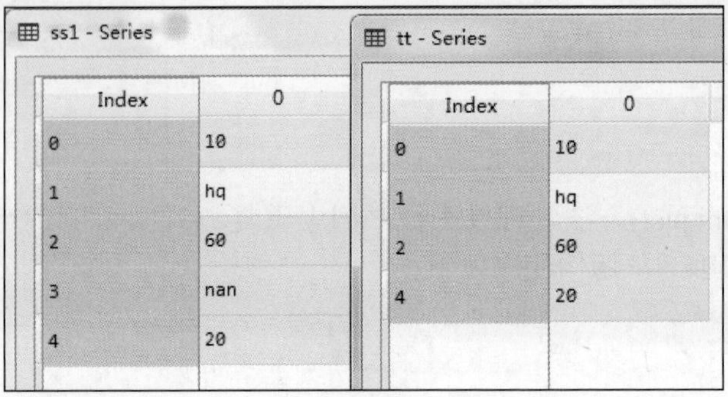

图 3-5

在以上代码的后面继续输入下列示例代码：

```
tt2=ss1[ss1.notnull()]
tt3=ss1.dropna()
```

tt2 和 tt3 的执行结果与 tt1 一样。

3.2.4 序列切片

序列元素的访问是通过索引来完成的，切片即连续或者间断地批量获取序列中的元素，可以通过给定一组索引来实现切片的访问。一般地，给定的一组索引可以用列表或者逻辑数组来表示。示例代码如下：

```
import pandas as pd
import numpy as np
s1=pd.Series([1,-2,2.3,'hq'])
s2=pd.Series([1,-2,2.3,'hq'],index=['a','b','c','d'])
s4=pd.Series(np.array([1,2,4,7.1]))
s22=s2[['a','d']]        #取索引号为字符 a、d 的元素
s11=s1[0:2]            #索引为连续的数组
s12=s1[[0,2,3]]         #索引为不连续的数组
s41=s4[s4>2]           #索引为逻辑数组
print(s22)
print('-'*20)
print(s11)
print('-'*20)
print(s12)
```

```
print('-'*20)
print(s41)
```
执行后的结果如下：
```
a    1
d    hq
dtype: object
--------------------
0    1
1    -2
dtype: object
--------------------
0    1
2    2.3
3    hq
dtype: object
--------------------
2    4.0
3    7.1
dtype: float64
```

3.2.5　序列聚合运算

序列的聚合运算，主要包括对序列中的元素求和、平均值、最大值、最小值、方差、标准差等。示例代码如下：
```
import pandas as pd
s=pd.Series([1,2,4,5,6,7,8,9,10])
su=s.sum()
sm=s.mean()
ss=s.std()
smx=s.max()
smi=s.min()
```
执行后的结果如图 3-6 所示。

Name	Type	Size	Value
s	Series	(9,)	Series object of pandas.core.serie
sm	float	1	5.777777777777778
smi	int64	1	1
smx	int64	1	10
ss	float	1	3.0731814857642954
su	int	1	52

图 3-6

3.3　数据框

Pandas 中另一个重要的数据对象为数据框，由多个序列按照相同的 index 组织在一起形成一个二维表。事实上，数据框的每一列为序列。数据框的属性包括 index、列名和值。由于数据框是更为广泛的一种数据组织形式，在将外部数据文件读取到 Python 中时大部分会采用数据框的形式进行存取，如数据库、Excel、TXT 和 CSV 文件。同时，数据框也提供了极为丰富的方法用于处理数据及完成计算任务。数据框是 Python 完成数据处理和分析的重要数据结构，下面我们主要介绍数据框的创建、属性、方法和切片等内容。

3.3.1　数据框创建

基于字典，利用 Pandas 库中的 DataFrame 函数，可以创建数据框。其中，字典的键转化为列名，字典的值转化为列值，而索引为默认值，即从 0 开始从小到大排列。示例代码如下：
```
import pandas as pd
import numpy as np
data={'a':[2,2,np.nan,5,6],'b':['kl','kl','kl',np.nan,'kl'],'c':[4,6,5,np.nan,6],'d':[7,9,np.nan,9,8]}
```

47

```
df=pd.DataFrame(data)
```

执行后的结果如图 3-7 所示。

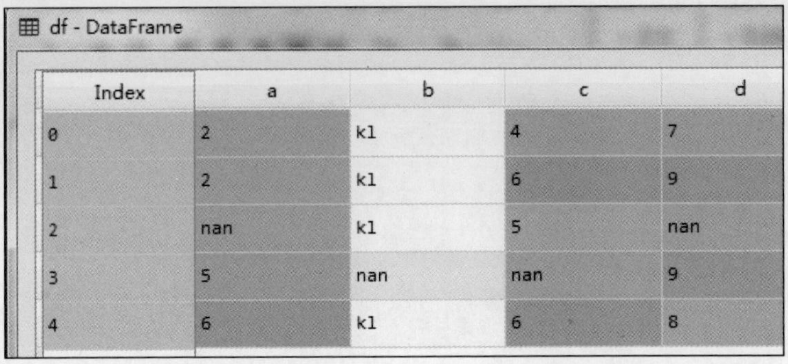
df - DataFrame

Index	a	b	c	d
0	2	kl	4	7
1	2	kl	6	9
2	nan	kl	5	nan
3	5	nan	nan	9
4	6	kl	6	8

图 3-7

3.3.2 数据框属性

数据框对象具有 3 个属性，分别为列名、索引和值。例如，第 3.3.1 节定义的数据框 df，可以通过以下示例代码获取并打印其属性结果。

```
print('columns= ')
print(df.columns)
print('-'*50)
print('index= ')
print(df.index)
print('-'*50)
print('values= ')
print(df.values)
```

输出结果如下：

```
columns=
Index(['a', 'b', 'c', 'd'], dtype='object')
--------------------------------------------------
index=
RangeIndex(start=0, stop=5, step=1)
--------------------------------------------------
values=
[[2.0 'kl' 4.0 7.0]
 [2.0 'kl' 6.0 9.0]
 [nan 'kl' 5.0 nan]
 [5.0 nan nan 9.0]
 [6.0 'kl' 6.0 8.0]]
```

3.3.3 数据框方法

数据框作为数据处理及挖掘分析的重要基础数据结构，提供了非常丰富的方法用于数据处理及计算。下面介绍其常用的方法，包括去掉空值（nan 值）、对空值（nan 值）进行填充、基于字段列值进行排序、基于 index 进行排序、取前 *n* 行数据、删除列、数据框之间的连接、数据导出到 Excel、相关统计分析等。下面分别给出详细的介绍。

1. dropna()

使用 dropna()方法，可以去掉数据集中的空值（nan 值）。注意，原来的数据集不会发生改变，新数据集需要重新定义。以第 3.3.1 节定义的数据框 df 为例，示例代码如下：

```
df1=df.dropna()
```

执行后的结果如图 3-8 所示。

df1 - DataFrame

Index	a	b	c	d
0	2	kl	4	7
1	2	kl	6	9
4	6	kl	6	8

图 3-8

2．fillna()

使用 fillna()方法可以对数据框中的空值（nan 值）进行填充。默认情况下所有空值可以填充同一个元素值（数值或者字符串），也可以指定不同的列填充不同的值。以第 3.3.1 节定义的数据框 df 为例，示例代码如下：

```
df2=df.fillna(0)               #所有空值元素填充 0
df3=df.fillna('kl')            #所有空值元素填充 kl
df4=df.fillna({'a':0,'b':'kl','c':0,'d':0})  #全部列填充
df5=df.fillna({'a':0,'b':'kl'})              #部分列填充
```

执行后的结果如图 3-9 所示。

df2 - DataFrame

Index	a	b	c	d
0	2	kl	4	7
1	2	kl	6	9
2	0	kl	5	0
3	5	0	0	9
4	6	kl	6	8

df3 - DataFrame

Index	a	b	c	d
0	2	kl	4	7
1	2	kl	6	9
2	Kl	kl	5	Kl
3	5	Kl	Kl	9
4	6	kl	6	8

df4 - DataFrame

Index	a	b	c	d
0	2	kl	4	7
1	2	kl	6	9
2	0	kl	5	0
3	5	kl	0	9
4	6	kl	6	8

df5 - DataFrame

Index	a	b	c	d
0	2	kl	4	7
1	2	kl	6	9
2	0	kl	5	nan
3	5	kl	nan	9
4	6	kl	6	8

图 3-9

3．sort_values()

利用 sort_values()方法，可以指定列按值进行排序，示例代码如下：

```
import pandas as pd
data={'a':[5,3,4,1,6],'b':['d','c','a','e','q'],'c':[4,6,5,5,6]}
Df=pd.DataFrame(data)
Df1=Df.sort_values('a',ascending=False) #默认按升序,这里设置为降序
```

执行后的结果如图 3-10 所示。

Df - DataFrame

Index	a	b	c
0	5	d	4
1	3	c	6
2	4	a	5
3	1	e	5
4	6	q	6

Df1 - DataFrame

Index	a	b	c
4	6	q	6
0	5	d	4
2	4	a	5
1	3	c	6
3	1	e	5

图 3-10

4．sort_index()

有时候需要按索引进行排序，这时候可以使用 sort_index()方法，以前面定义的 Df1 为例，示例代码如下：

```
Df2=Df1.sort_index(ascending=False)  #默认按升序，这里设置为降序
```

执行后的结果如图 3-11 所示。

Df1 - DataFrame

Index	a	b	c
4	6	q	6
0	5	d	4
2	4	a	5
1	3	c	6
3	1	e	5

Df2 - DataFrame

Index	a	b	c
4	6	q	6
3	1	e	5
2	4	a	5
1	3	c	6
0	5	d	4

图 3-11

5．head()

使用 head(n)方法，可以取数据集中的前 *n* 行。例如，取前面定义的数据框 Df2 中的前 4 行，示例代码如下：

```
H4=Df2.head(4);
```

执行后的结果如图 3-12 所示。

6．drop()

利用 drop()方法，可以删掉数据集中的指定列。例如，删除前面定义的 H4 中的 b 列，示例代码如下：

```
H41=H4.drop('b',axis=1)  #需指定轴为 1
```

执行后的结果如图 3-13 所示。

H4 - DataFrame

Index	a	b	c
4	6	q	6
3	1	e	5
2	4	a	5
1	3	c	6

图 3-12

H41 - DataFrame

Index	a	c
4	6	6
3	1	5
2	4	5
1	3	6

图 3-13

7．join()

利用 join()方法，可以实现两个数据框之间的水平连接，示例代码如下：

```
Df3=pd.DataFrame({'d':[1,2,3,4,5]})
Df4=Df.join(Df3)
```

执行后的结果如图 3-14 所示。

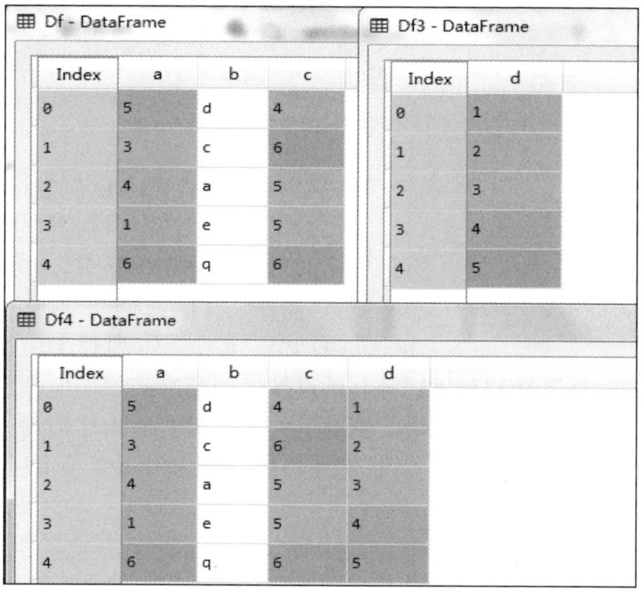

Index	a	b	c
0	5	d	4
1	3	c	6
2	4	a	5
3	1	e	5
4	6	q	6

Index	d
0	1
1	2
2	3
3	4
4	5

Index	a	b	c	d
0	5	d	4	1
1	3	c	6	2
2	4	a	5	3
3	1	e	5	4
4	6	q	6	5

图 3-14

8．to_excel()

Excel 作为常用的数据处理软件，在日常工作中经常被用到，使用 to_excel()方法可以将数据框导出到 Excel 文件中。例如，将定义的 D 和 G 两个数据框导出到 Excel 文件中。示例代码如下：

```
import pandas as pd
list1=['a','b','c','d','e','f']
list2=[1,2,3,4,5,6]
list3=[1.4,3.5,2,6,7,8]
list4=[4,5,6,7,8,9]
list5=['t',5,6,7,'k',9.6]
D={'M1':list1,'M2':list2,'M3':list3,'M4':list4,'M5':list5}
G={'M1':list2,'M2':list3,'M3':list4}
D=pd.DataFrame(D)                          #将字典 D 转化为数据框
G=pd.DataFrame(G)                          #将字典 G 转化为数据框
D.to_excel('D.xlsx')
G.to_excel('G.xlsx')
```

执行后的结果如图 3-15 所示。

	M1	M2	M3	M4	M5
0	a	1	1.4	4	t
1	b	2	3.5	5	5
2	c	3	2	6	6
3	d	4	6	7	7
4	e	5	7	8	k
5	f	6	8	9	9.6

	M1	M2	M3
0	1	1.4	4
1	2	3.5	5
2	3	2	6
3	4	6	7
4	5	7	8
5	6	8	9

图 3-15

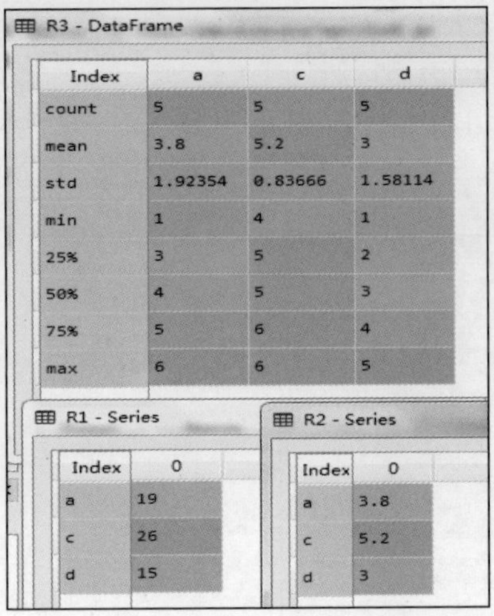
R3 - DataFrame

Index	a	c	d
count	5	5	5
mean	3.8	5.2	3
std	1.92354	0.83666	1.58114
min	1	4	1
25%	3	5	2
50%	4	5	3
75%	5	6	4
max	6	6	5

R1 - Series

Index	0
a	19
c	26
d	15

R2 - Series

Index	0
a	3.8
c	5.2
d	3

图 3-16

9．统计方法

可以对数据框中各列求和、求平均值或者进行描述性统计，以前面定义的 Df4 为例，示例代码如下：

```
Dt=Df4.drop('b',axis=1)  #Df4 中删除 b 列
R1=Dt.sum()              #各列求和
R2=Dt.mean()             #各列求平均值
R3=Dt.describe()         #各列做描述性统计
```

执行后的结果如图 3-16 所示。

3.3.4 数据框切片

1．利用数据框中的 iloc 属性进行切片

与数组切片类似，利用数据框中的 iloc 属性可以实现下标值或者逻辑值定位索引，并进行切片操作。假设 DF 为待访问或切片的数据框，则访问或者切片的数据=DF.iloc[①,②]。其中，①为对 DF 的行下标控制，②为对 DF 的列下标控制，行下标和列下标控制通过数值列表来实现，但是需要注意的是列表中的元素不能超出 DF 中的最大行数和最大列数。为了更灵活地操作数据，获取所有数据的行或者列，可以用“:”来实现。同时，行控制还可以通过逻辑列表来实现。以第 3.3.3 节中定义的 df2 为例，示例代码如下：

```
# iloc for positional indexing
c3=df2.iloc[1:3,2]
c4=df2.iloc[1:3,0:2]
c5=df2.iloc[1:3,:]
c6=df2.iloc[[0,2,3],[1,2]]
TF=[True,False,False,True,True]
c7=df2.iloc[TF,[1]]
```

执行后的部分结果如图 3-17 所示。

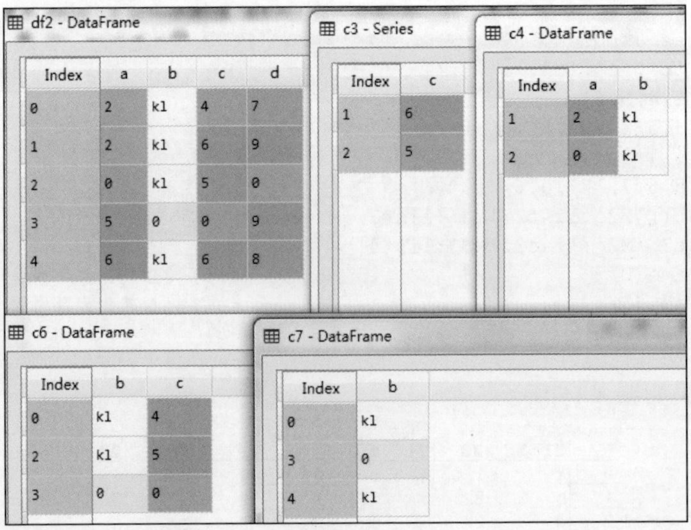
df2 - DataFrame

Index	a	b	c	d
0	2	k1	4	7
1	2	k1	6	9
2	0	k1	5	0
3	5	0	0	9
4	6	k1	6	8

c3 - Series

Index	c
1	6
2	5

c4 - DataFrame

Index	a	b
1	2	k1
2	0	k1

c6 - DataFrame

Index	b	c
0	k1	4
2	k1	5
3	0	0

c7 - DataFrame

Index	b
0	k1
3	0
4	k1

图 3-17

2．利用数据框中的 loc 属性进行切片

数据框中的 loc 属性主要基于列标签进行索引，即对列值进行筛选实现行定位，再通过

指定列，从而实现数据切片操作。如果获取数据的所有列，可以用"："来表示。切片操作获得的数据还可以筛选前 *n* 行。示例代码如下：

```
# loc for label based indexing
c8=df2.loc[df2['b'] == 'kl',:];
c9=df2.loc[df2['b'] == 'kl',:].head(3);
c10=df2.loc[df2['b'] == 'kl',['a','c']].head(3);
c11=df2.loc[df2['b'] == 'kl',['a','c']];
```

执行后的部分结果如图 3-18 所示。

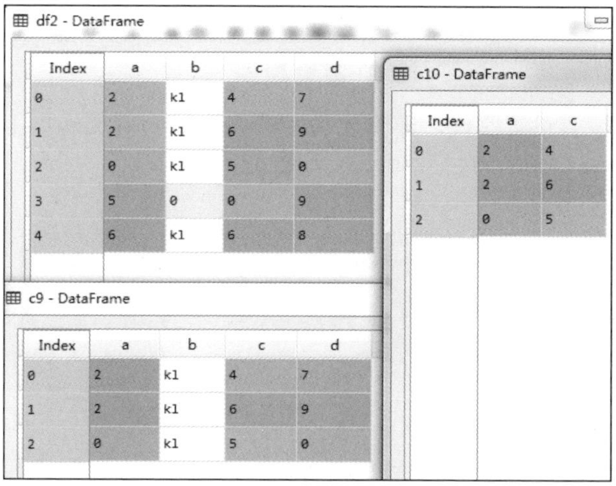

图 3-18

3.4 外部文件读取

在数据挖掘分析中，业务数据大多存储在外部文件中，如 Excel、TXT、CSV 等，因此，需要将外部文件读取到 Python 中进行分析。Pandas 包提供了非常丰富的函数来读取各种类型的外部文件，下面主要介绍 Excel、TXT 和 CSV 文件的读取。

外部文件读取

3.4.1 Excel 文件读取

使用 read_excel()函数读取 Excel 文件，可以读取指定的工作簿（Sheet），也可以设置读取有表头或无表头的数据表。示例代码如下：

```
path='一、车次上车人数统计表.xlsx';
data=pd.read_excel(path);
```

执行后的结果如图 3-19 所示。

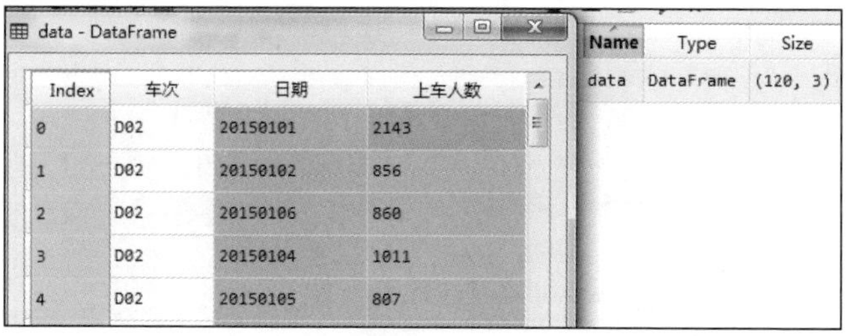

图 3-19

读取 Sheet2 里的数据，示例代码如下：

```
data=pd.read_excel(path,'Sheet2')  #读取 sheet 里面的数据
```

执行后的结果如图 3-20 所示。

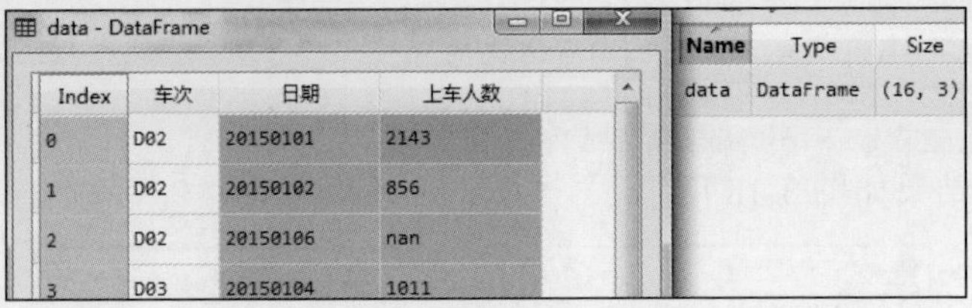

图 3-20

有时候数据表中没有设置字段，即无表头，读取格式示例代码如下：

```
dta=pd.read_excel('dta.xlsx',header=None)  #无表头
```

执行后的结果如图 3-21 所示。

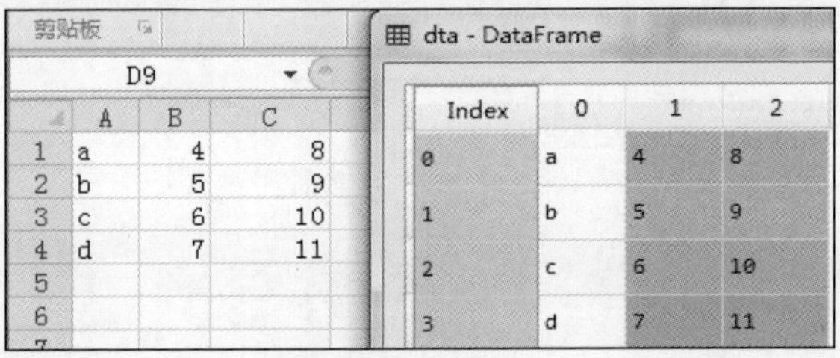

图 3-21

3.4.2　TXT 文件读取

使用 read_table()函数可以读取 TXT 文件。注意，TXT 文件中数据列之间会存在特殊字符作为分隔，常见的有 Tab 键、空格和逗号。同时还需注意有些文本数据文件是没有设置表头的。示例代码如下：

```
import pandas as pd
dta1=pd.read_table('txt1.txt',header=None)  #分隔默认为 Tab 键,设置无表头
```

执行后的结果如图 3-22 所示。

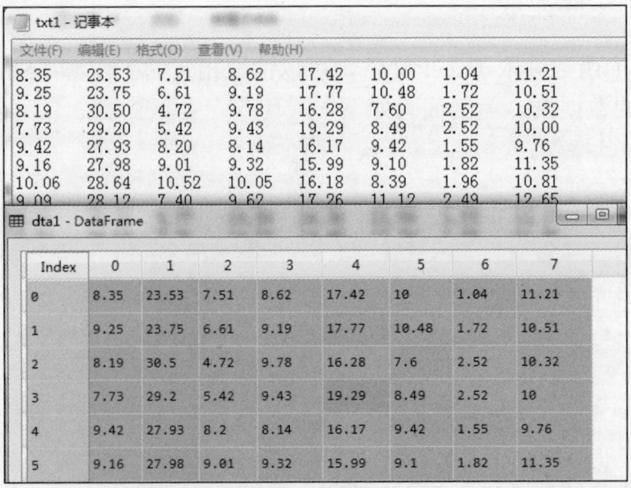

图 3-22

```
dta2=pd.read_table('txt2.txt',sep='\s+')          #分隔为空格,带表头
```
执行后的结果如图 3-23 所示。
```
dta3=pd.read_table('txt3.txt',sep=',',header=None)     #分隔为逗号,设置无表头
```
执行后的结果如图 3-24 所示。

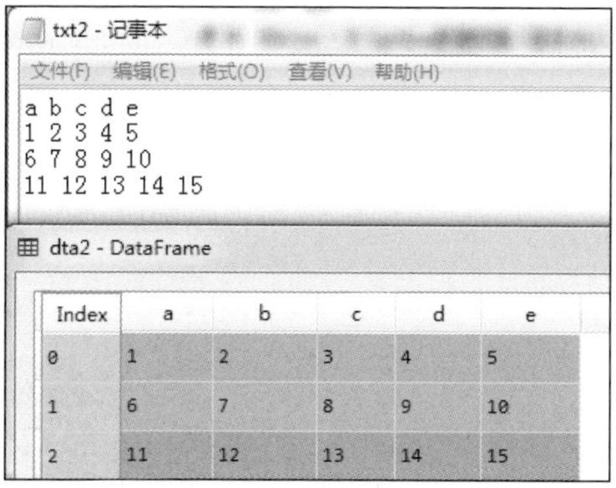

图 3-23

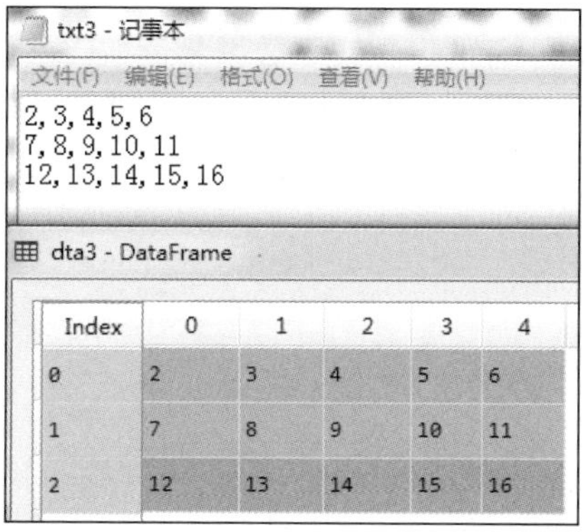

图 3-24

3.4.3　CSV 文件读取

CSV 文件也是一类广泛使用的外部数据文件,特别是大规模的数据文件尤为常见。对于大规模的数据文件,我们采用分块读取的方法;对于一般的 CSV 数据文件,可以通过 read_csv() 函数读取,示例代码如下:
```
import pandas as pd
A=pd.read_csv('data.csv',sep=',');#逗号分隔
```
执行后的结果如图 3-25 所示。

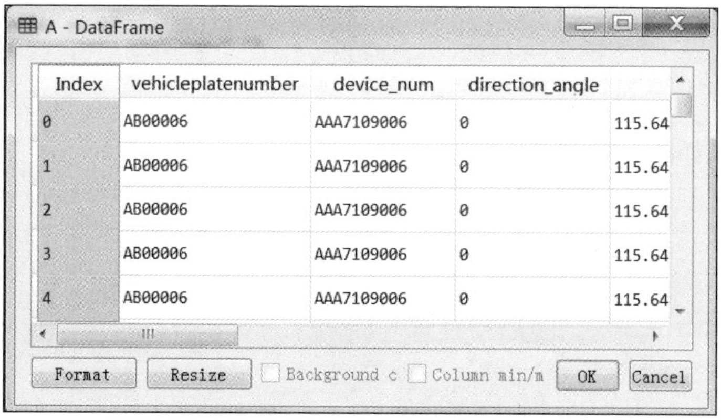

图 3-25

可以看出,其读取方式与 Excel、TXT 文件读取方式没有太大区别,但是要特别注意的是,CSV 文件可以存储大规模的数据文件,比如,单个数据文件大小可达数吉字节、数十吉字节,这时候可以采用分块的方式进行读取。示例代码如下:
```
import pandas as pd
reader=pd.read_csv('data.csv',sep=',',chunksize=50000,usecols=[3,4,10])
k=0
for A in reader:
    k=k+1
    print('第'+str(k)+'次读取数据规模: ',len(A))
```

执行后的结果如下：

```
第1次读取数据规模：  50000
第2次读取数据规模：  50000
第3次读取数据规模：  33699
```

本案例介绍了对数据文件每次读取 50000 行记录，读取字段为指定的第 3、4、10 列，不足 50000 行的，按实际数据量读取。其中，reader 为一个数据阅读器，可以通过循环的方式依次把每次读取的数据取出来并进行处理。实际上，对于大规模的 CSV 数据文件，读取该文件的部分数据也是很有必要的，如读取其前 1000 行，示例代码如下：

```python
import pandas as pd
A=pd.read_csv('data.csv',sep=',',nrows=1000)
```

3.5 常用函数

常用函数

Pandas 包除了提供序列、数据框的数据存储及操作方法之外，还提供丰富的函数，如 3.4 节介绍的外部文件读取函数。本节另外介绍一些常用的数据计算及处理函数，包括时间处理函数、数据框合并函数和数据框关联函数。

3.5.1 时间处理函数

本节主要介绍 to_datetime()函数的使用方法。本函数主要是将字符串型的日期转换为时间戳的格式，方便后续的数据处理。比如，提取其所属年份、月份、周数、日期、小时、分钟、秒、星期几等，这些内容我们将在第 3.6 节详细介绍，本节我们主要学习该函数的简单用法。

本函数的简单调用形式为 to_datetime(S,format)，其中 S 为待求的日期字符串或日期字符串列表或日期字符串序列，format 为日期字符串格式，默认缺省。示例代码如下：

```python
import pandas as pd
t1=pd.to_datetime('2015-08-01 05:50:43.000001',format='%Y-%m-%d %H:%M:%S.%')
t2=pd.to_datetime(['2015-08-01 05:50:43','2015-08-01 05:51:40'])
t3=pd.to_datetime(['2015-08-01','2015-08-02'])
t4=pd.to_datetime(pd.Series(['2015-08-01','2015-08-02']))
```

执行后的结果如图 3-26 所示。

Name	Type	Size	Value
t1	_libs.tslibs.tim... 1		2015-08-01 05:50:43.000001
t2	DatetimeIndex	(2,)	DatetimeIndex: 2 entries, 2015-08-0
t3	DatetimeIndex	(2,)	DatetimeIndex: 2 entries, 2015-08-0
t4	Series	(2,)	Series object of pandas.core.series

t2 - DatetimeIndex			t3 - DatetimeIndex	
Index	0		Index	0
0	2015-08-01 05:50:43		0	2015-08-01 00:00:00
1	2015-08-01 05:51:40		1	2015-08-02 00:00:00

t4 - Series	
Index	0
0	2015-08-01 00:00:00
1	2015-08-02 00:00:00

图 3-26

3.5.2 数据框合并函数

对两个数据框进行水平合并、垂直合并是数据处理与整合中常见的操作，这里介绍 concat()函数，可以通过设置轴（Axis）为 1 或 0 实现。为了保持数据的规整性，一般情况下，水平合并要求两个数据框的行数相同，而垂直合并要求两个数据框的字段名称相同，同时垂直合并后的数据框的index属性伴随原来的数据框，可以重新设置index属性而保障其连贯性。示例代码如下：

```
import pandas as pd
import numpy as np
dict1={'a':[2,2,'kt',6],'b':[4,6,7,8],'c':[6,5,np.nan,6]}
dict2={'d':[8,9,10,11],'e':['p',16,10,8]}
dict3={'a':[1,2],'b':[2,3],'c':[3,4],'d':[4,5],'e':[5,6]}
df1=pd.DataFrame(dict1)
df2=pd.DataFrame(dict2)
df3=pd.DataFrame(dict3)
del dict1,dict2,dict3
df4=pd.concat([df1,df2],axis=1)#水平合并
df5=pd.concat([df3,df4],axis=0)#垂直合并，有相同的列名，index属性伴随原数据框
df5.index=range(6) #重新设置index属性
```

执行后的结果如图 3-27 所示。

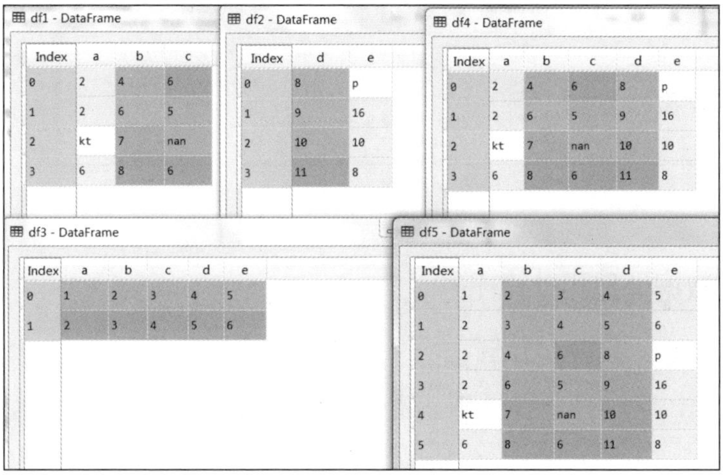

图 3-27

3.5.3　数据框关联函数

前文介绍了两个数据框之间的水平合并、垂直合并操作方法。除此之外，在数据处理中也经常会遇到数据框之间的关联操作，它们类似于数据库中的 SQL 关联操作语句。比如，指定关联字段之后进行的内连接（Inner Join）、左连接（Left Join）和右连接（Right Join）等数据操作。其中，内连接可以理解为对两个指定数据框中的关联字段取交集进行连接操作，而左（右）连接则是以左（右）边的数据框关联字段为基准的连接操作。示例代码如下：

```
import pandas as pd
#定义两个字典
dict1={'code':['A01','A01','A01','A02','A02','A02','A03','A03'],
      'month':['01','02','03','01','02','03','01','02'],
      'price':[10,12,13,15,17,20,10,9]}
dict2={'code':['A01','A01','A01','A02','A02','A02'],
      'month':['01','02','03','01','02','03'],
      'vol':[10000,10110,20000,10002,12000,21000]}
#对两个字典转换为数据框
df1=pd.DataFrame(dict1)
```

```
df2=pd.DataFrame(dict2)
del dict1,dict2
df_inner=pd.merge(df1,df2,how='inner',on=['code','month'])      #内连接
df_left=pd.merge(df1,df2,how='left',on=['code','month'])        #左连接
df_right=pd.merge(df1,df2,how='right',on=['code','month'])      #右连接
```
执行后的结果如图 3-28 所示。

图 3-28

3.6 常见数据处理和计算任务

高效的数据处理和计算,在数据分析与挖掘过程中具有重要的促进作用。本节主要介绍滚动计算、时间元素提取、映射与离散化、分组计算等常见的应用场景。

常用计算任务

3.6.1 滚动计算

滚动计算也称为移动计算,给定一个数据序列,按指定的前移长度进行统计计算。比如,求和、平均值、最大值、最小值、中位数、方差、标准差等。这里前移长度的计算包含自身,如果待计算的数据序列小于指定的前移长度,则无法计算,用空值"nan"来表示。滚动计算通过序列中的 rolling()方法实现,简单调用形式：S.rolling(N).统计函数,其中 S 表示序列,N 表示指定的前移长度,统计函数包括 sum()、mean()、max()、min()、median()、var()、std()等。示例代码如下：

```
import pandas as pd
list_data=[10,4,3,8,15,26,17,80,12,5]
series_data=pd.Series(list_data)
rolling_sum=series_data.rolling(5).sum()
rolling_mean=series_data.rolling(5).mean()
rolling_max=series_data.rolling(5).max()
rolling_min=series_data.rolling(5).min()
rolling_median=series_data.rolling(5).median()
rolling_var=series_data.rolling(5).var()
rolling_std=series_data.rolling(5).std()
```
执行后的结果如图 3-29 所示。这里 $N=5$,即指定的前移长度为 5 个单位。其中,series_data

序列的前 4 个元素（index 分别为 0、1、2、3）都不满足前移 5 个单位的条件，故移动求和结果 rolling_sum 均为空值（nan），从 index 等于 4 的元素开始计算，即 rolling_sum[4]=10+4+3+8+15，rolling_sum[5]=4+3+8+15+26，……，依次类推。

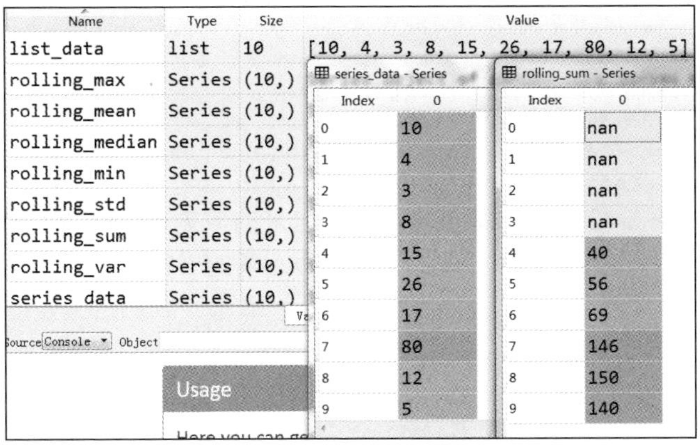

图 3-29

3.6.2　时间元素提取

本节基于第 3.5.1 节的 to_datetime()函数，对地铁刷卡数据集"dat.xlsx"中的字符串型时间数据进行时间元素提取，包括年份、月份、周数、日期、小时、分钟、秒、星期几等。该数据集仅有两个字段，分别为刷卡类型、刷卡时间。首先读取该数据集，先对数据有一定的了解，示例代码如下：

```
import pandas as pd
data=pd.read_excel('dat.xlsx')
```

执行后的结果如图 3-30 所示。该数据集有 19192 条记录，"刷卡类型"字段有两个取值：进站和出站，"刷卡时间"属于高频刷卡时间，精确到毫秒。这两个字段的取值类型都是字符串类型。

接下来，我们将"刷卡时间"这个字段的字符串数据转换为时间戳类型。同时，将转换后的字段替换为原来的数据。示例代码：

```
data['刷卡时间']=pd.to_datetime(data.iloc[:,1],format='%Y-%m-%d %H:%M:%S.%')
```

执行后的结果如图 3-31 所示。

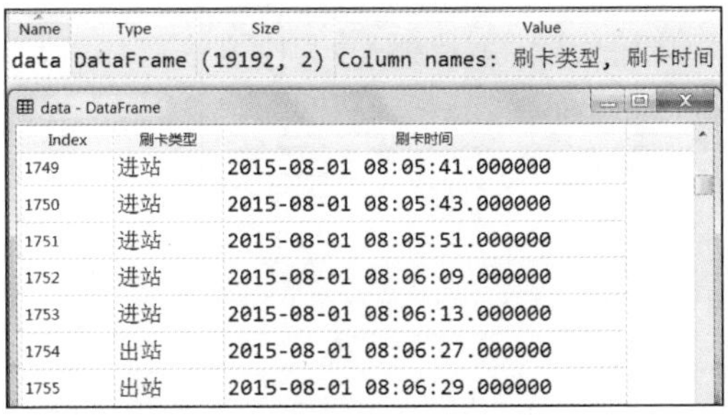

图 3-30

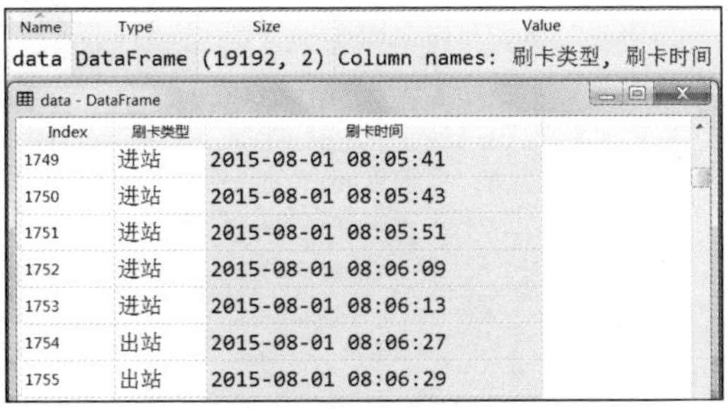

图 3-31

图 3-31 所示的结果，与图 3-30 的原始数据类似，但是"刷卡时间"这个字段的数据类型转变为了时间戳类型。基于时间戳类型的序列，可以对整个序列提取每个元素的时间元素。注意，只有将字符串类型的时间序列转化为时间戳类型，才能实现时间元素的提取。提取格

式："时间戳类型序列.dt.时间元素"，返回的结果依然是序列。下面将提取的时间元素结果依次添加到图 3-31 所示数据框 data 的"刷卡时间"字段之后，示例代码如下：

```
data['year']=data['刷卡时间'].dt.year
data['month']=data['刷卡时间'].dt.month
data['day']=data['刷卡时间'].dt.day
data['hour']=data['刷卡时间'].dt.hour
data['minute']=data['刷卡时间'].dt.minute
data['second']=data['刷卡时间'].dt.second
data['week']=data['刷卡时间'].dt.isocalendar().week
data['weekday']=data['刷卡时间'].dt.weekday
```

执行后的结果如图 3-32 所示。结果显示，在原来的数据框 data 基础上，增加了年份、月份、周数、日期、小时、分钟、秒、星期几等时间元素的字段。

Index	刷卡类型	刷卡时间	year	month	day	hour	minute	second	week	weekday
1749	进站	2015-08-01 08:05:41	2015	8	1	8	5	41	31	5
1750	进站	2015-08-01 08:05:43	2015	8	1	8	5	43	31	5
1751	进站	2015-08-01 08:05:51	2015	8	1	8	5	51	31	5
1752	进站	2015-08-01 08:06:09	2015	8	1	8	6	9	31	5
1753	进站	2015-08-01 08:06:13	2015	8	1	8	6	13	31	5
1754	出站	2015-08-01 08:06:27	2015	8	1	8	6	27	31	5
1755	出站	2015-08-01 08:06:29	2015	8	1	8	6	29	31	5

图 3-32

3.6.3 映射与离散化

接着第 3.6.2 节的例子，地铁刷卡数据集的"刷卡类型"字段，有两个取值："进站"和"出站"，属于字符串类型。我们的任务是把"进站"和"出站"这两个取值，全部转化为"1"和"0"两个数值类型，这里主要介绍通过序列中的映射方法来实现，简单的调用方法：序列.map(映射参数)，其中映射参数一般为字典类型，格式如：{原值 1:映射值 1,原值 2:映射值 2,...}。示例代码如下：

```
dict_map={'进站':1,'出站':0}
data['刷卡类型']=data['刷卡类型'].map(dict_map)
```

执行后的结果如图 3-33 所示，字段取值转换为了 1 和 0。

Index	刷卡类型	刷卡时间	year	month	day	hour	minute	second	week	weekday
1749	1	2015-08-01 08:05:41	2015	8	1	8	5	41	31	5
1750	1	2015-08-01 08:05:43	2015	8	1	8	5	43	31	5
1751	1	2015-08-01 08:05:51	2015	8	1	8	5	51	31	5
1752	1	2015-08-01 08:06:09	2015	8	1	8	6	9	31	5
1753	1	2015-08-01 08:06:13	2015	8	1	8	6	13	31	5
1754	0	2015-08-01 08:06:27	2015	8	1	8	6	27	31	5
1755	0	2015-08-01 08:06:29	2015	8	1	8	6	29	31	5

图 3-33

基于映射后的数据集，我们计算每个小时的进站客流数据，即对"刷卡类型"为 1 的记录数据，按小时进行分组统计计算。这里用到分组计算函数 groupby()，其使用方法见第 3.6.4 节，本节暂不对该函数进行详细介绍。示例代码如下：

```
data1=data.iloc[data['刷卡类型'].values==1,[0,5,6]]  #取刷卡类型、hour、minute列
data1_hour=data1.groupby('hour')['刷卡类型'].sum()   #按hour分组，对刷卡类型列求和
```

执行后的结果如图 3-34 所示，其中 index 为小时，“刷卡类型”这列为求和值，即对应小时内有多少条“进站”刷卡记录，如 index 为 5，表示在 5:00:00.000000 至 5:59:59.999999 范围内，有 45 条进站刷卡记录，即进站人数为 45。

离散化主要针对连续型的数值数据，进行区间分割并做符号化或类别化处理。例如，针对图 3-34 的进站客流数据，作区间(0,100],(100,500],(500,1000]分割，并且每一个分割区间分别用 0、1、2 表示，即 3 个类别。数据分割可以使用 pandas 库中的 cut 函数来实现，其简单调用形式：pd.cut(S,bins)或 pd.cut(S,bins,labels)，其中 S 为数据序列，bins 为分割区间列表，labels 为分割区间的类别表示列表，返回值为分割区间或分割区间的类别。示例代码如下：

```
bins=[0,100,500,1000]
dt1=pd.cut(data1_hour,bins)
dt2=pd.cut(data1_hour,bins,labels=[0,1,2])
dt_cut=pd.DataFrame({'c1':data1_hour.values,'c2':dt1.values,'c3':dt2.values})
dt_cut.index=data1_hour.index
```

执行后的结果如图 3-35 所示。

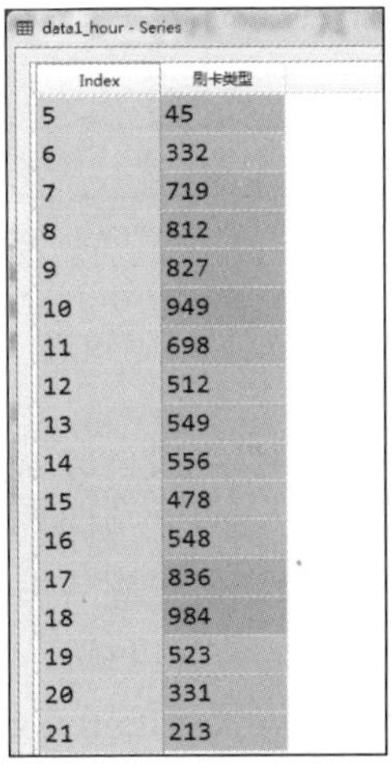
data1_hour - Series

Index	刷卡类型
5	45
6	332
7	719
8	812
9	827
10	949
11	698
12	512
13	549
14	556
15	478
16	548
17	836
18	984
19	523
20	331
21	213

图 3-34

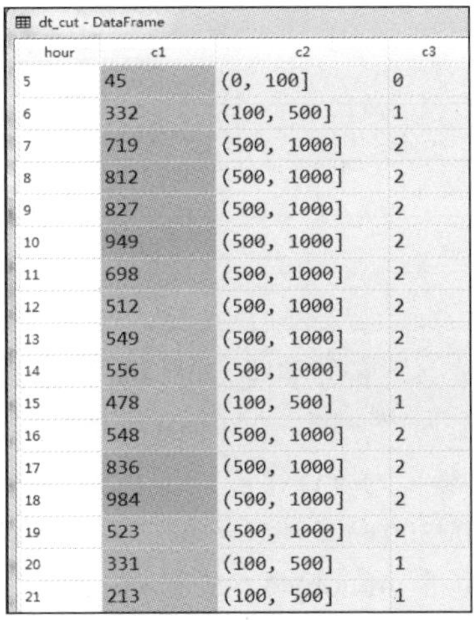
dt_cut - DataFrame

hour	c1	c2	c3
5	45	(0, 100]	0
6	332	(100, 500]	1
7	719	(500, 1000]	2
8	812	(500, 1000]	2
9	827	(500, 1000]	2
10	949	(500, 1000]	2
11	698	(500, 1000]	2
12	512	(500, 1000]	2
13	549	(500, 1000]	2
14	556	(500, 1000]	2
15	478	(100, 500]	1
16	548	(500, 1000]	2
17	836	(500, 1000]	2
18	984	(500, 1000]	2
19	523	(500, 1000]	2
20	331	(100, 500]	1
21	213	(100, 500]	1

图 3-35

如图 3-35 所示，c1 列为 data1_hour 的值，c2 列为分割区间，c3 列为分割区间的类别表示，index 为 data1_hour 的 index 值。

3.6.4 分组计算

分组计算是数据处理中常见的一种计算任务。首先是分组（Groupby），可以按单个字段的取值来分组，也可以按多个字段的组合取值来分组。其次是确定统计字段，一般来说分组字段和统计字段是分开的，通过分组字段和统计字段就可以确定统计范围了。最后是计算，在确定的统计范围内可以进行求和（sum）、求平均值（mean）、求中位数（median）、求最大值（max）、求最小值（min）、求方差（var）、求标准差（std）等运算。下面通过表 3-1 来进行具体介绍。

表 3-1 用户消费数据

姓名	日期	消费类型	消费额
张明	2018-01	旅游	200
张明	2018-01	餐饮	300

续表

姓名	日期	消费类型	消费额
张明	2018-01	服装	300
张明	2018-02	旅游	100
张明	2018-02	餐饮	250
张明	2018-02	服装	250
李红	2018-01	旅游	50
李红	2018-01	餐饮	200
李红	2018-01	服装	400
李红	2018-02	旅游	100
李红	2018-02	餐饮	250
李红	2018-02	服装	500
王周	2018-01	旅游	500
王周	2018-01	餐饮	200
王周	2018-01	服装	100
王周	2018-02	旅游	650
王周	2018-02	餐饮	180
王周	2018-02	服装	80

如果按"姓名"字段，可以分为三组；如果按"姓名"和"日期"字段，可以分为 6 组，比如第一组为"张明、2018-01"，第二组为"张明、2018-02"。以"姓名、日期"为分组字段，"消费额"为统计字段，即可确定统计范围。例如，对第一组的"消费额"作求和统计，结果为 200+300+300=800，第二组求和统计结果为 100+250+250=600。分组统计计算，可以通过数据框的 groupby()方法和相关统计函数组合完成，其简单调用形式：df.groupby([分组字段])[统计字段].统计函数，其中，常用的统计函数如 sum()、mean()、median()、max()、min()、var()、std()等，其含义如前文所示。分组求和的示例代码如下：

```
import pandas as pd
B=pd.read_excel('表 3-1 用户消费数据.xlsx')
B1=B.groupby(['姓名','日期'])['消费额'].sum()
```

执行后的结果如图 3-36 所示。返回结果为序列。其中，index（索引）为分组情况，如第 0 组为('张明', '2018-01')，第 1 组为('张明', '2018-02')，依次类推。注意，返回的结果在展示形式上类似数据框，但实际上是序列，如果需要提取分组信息，如第 0 组，可以通过 B1.index[0]实现，返回结果为元组('张明', '2018-01')。

从图 3-36 所示的结果可以看出，分组统计后的结果数据长度与分组个数相同，与原始数据的长度不相同，对某些计算任务不太友好，如要计算张明，2018-01，在旅游、餐饮和服装上的消费占比。事实上，分组统计计算有另外一种形式，其统计结果与原始数据规模相同，其简单调用形式为 df.groupby([分组字段])[统计字段].transform('统计函数')。下面我们利用该形式，计算其在旅游、餐饮和服装上的消费占

	姓名	日期	消费额
0	张明	2018-01	800
1	张明	2018-02	600
2	李红	2018-01	650
3	李红	2018-02	850
4	王周	2018-01	800
5	王周	2018-02	910

图 3-36

比，思路是在原来数据表基础上扩建"总消费额"和"消费占比"两列，示例代码如下：

```
B['总消费额']=B.groupby(['姓名','日期'])['消费额'].transform('sum')
B['消费占比']=B['消费额'].values/B['总消费额'].values
```

执行后的结果如图 3-37 所示。

Index	姓名	日期	消费类型	消费额	总消费额	消费占比
0	张明	2018-01	旅游	200	800	0.25
1	张明	2018-01	餐饮	300	800	0.375
2	张明	2018-01	服装	300	800	0.375
3	张明	2018-02	旅游	100	600	0.166667
4	张明	2018-02	餐饮	250	600	0.416667
5	张明	2018-02	服装	250	600	0.416667
6	李红	2018-01	旅游	50	650	0.0769231
7	李红	2018-01	餐饮	200	650	0.307692
8	李红	2018-01	服装	400	650	0.615385
9	李红	2018-02	旅游	100	850	0.117647
10	李红	2018-02	餐饮	250	850	0.294118
11	李红	2018-02	服装	500	850	0.588235
12	王周	2018-01	旅游	500	800	0.625
13	王周	2018-01	餐饮	200	800	0.25
14	王周	2018-01	服装	100	800	0.125
15	王周	2018-02	旅游	650	910	0.714286
16	王周	2018-02	餐饮	180	910	0.197802
17	王周	2018-02	服装	80	910	0.0879121

图 3-37

本章小结

本章介绍了 Python 数据处理与分析中较重要的包 Pandas，包括 Pandas 包的导入及使用方法，Pandas 包中有两个非常重要的数据结构序列和数据框，以及相关的数据访问、切片及计算。注意，读者需要掌握数据框、序列和 NumPy 数组之间的关系。从数据框中取出一列，将它变为序列，取序列中的 values 属性得到序列的值，它其实是 NumPy 数组。从数据框中切片出来多个数据列，它仍然是数据框。取数据框中的 values 属性得到数据框中的元素值，它是一个 NumPy 数组。同时我们还应该注意数据框与外部文件的读写，特别是 Excel 文件，它为数据报表的产生提供了极大的便利。在程序编写过程中，我们还应该注意不同数据类型之间的转换。例如，通过字典可以转换为数据框，其中字典的键转化为数据框中的列名，字典的值转化为数据框中的元素值，而字典的值可以是列表或者数组。这样就实现了列表、字典、数组、序列、数据框等各种数据类型和数据结构之间的相互转化，从而完成各种计算任务。事实上，不同数据结构之间的相互转化也是一种非常重要的编程技能和应用技巧，后续在案例篇中会有具体应用，请读者注意领会。在本章的最后还介绍了 Pandas 包中外部文件的读取方法和如何利用 Pandas 包中的函数完成计算任务和数据处理。Pandas 包的内容非常丰富，本章只是介绍了基本内容，更多的内容请查找相关文献或者借助网络资源进行学习。

本章练习

1. 创建一个 Python 脚本，将其命名为 test1.py，完成以下功能。

（1）读取以下 4 位同学的成绩并用一个数据框变量 pd 保存，其中成绩保存在一个 TXT

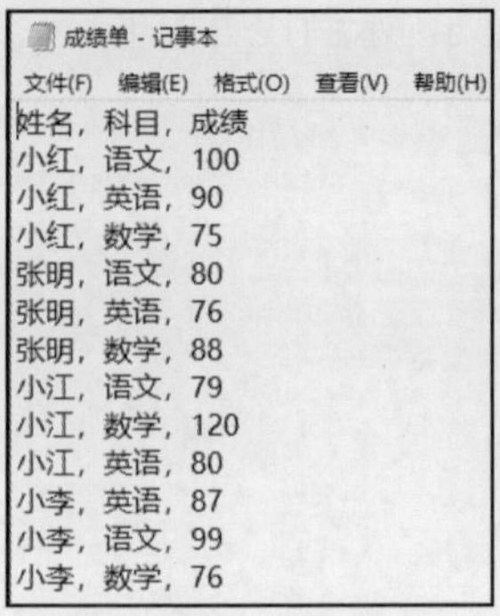
成绩单 - 记事本
文件(F) 编辑(E) 格式(O) 查看(V) 帮助(H)
姓名，科目，成绩
小红，语文，100
小红，英语，90
小红，数学，75
张明，语文，80
张明，英语，76
张明，数学，88
小江，语文，79
小江，数学，120
小江，英语，80
小李，英语，87
小李，语文，99
小李，数学，76

图 3-38

文件中，如图 3-38 所示。

（2）对数据框变量 pd 进行切片操作，分别获得小红、张明、小江、小李的各科成绩，它们是 4 个数据框变量，分别记为 pd1、pd2、pd3、pd4。

（3）利用数据框中自身的聚合计算方法，计算并获得每个同学各科成绩的平均分，记为 M1、M2、M3、M4。

2. 创建一个 Python 脚本，将其命名为 test2.py，完成以下功能。

（1）读取以下 Excel 表格的数据并用一个数据框变量 df 保存，数据内容如表 3-2 所示。

表 3-2

股票代码	交易日期	收盘价	交易量
600000	2017-01-03	16.3	16237125
600000	2017-01-04	16.33	29658734
600000	2017-01-05	16.3	26437646
600000	2017-01-06	16.18	17195598
600000	2017-01-09	16.2	14908745
600000	2017-01-10	16.19	7996756
600000	2017-01-11	16.16	9193332
600000	2017-01-12	16.12	8296150
600000	2017-01-13	16.27	19034143
600000	2017-01-16	16.56	53304724
600000	2017-01-17	16.4	12555292
600000	2017-01-18	16.48	11478663
600000	2017-01-19	16.54	12180687
600000	2017-01-20	16.6	14288268

（2）对 df 第 3 列、第 4 列进行切片，切片后得到一个新的数据框，将其记为 df1，并对 df1 利用自身的方法将其转换为 NumPy 数组 Nt。

（3）基于 df 第 2 列，构造一个逻辑数组 TF，即满足交易日期小于等于 2017-01-16 且大于等于 2017-01-05 为真，否则为假。

（4）以逻辑数组 TF 为索引，取数组 Nt 中的第 2 列交易量数据并求和，记为 S。

本章实验

1. 序列和数据框

请完成以下任务：

（1）导入 Pandas 包。

（2）定义列表 L1、L2，元组 T1、T2。

```
L1=[1,-2,2.3,'hq']
```

```
L2=['kl','ht','as','km']
T1=(1,8,8,9)
T2=(2,4,7,'hp')
```

（3）基于定义的列表和元组构造数据框，默认索引，列名依次为 a,b,c,d，返回计算结果 A。

（4）基于定义的列表和元组构造数据框，索引为 a,b,c,d，列名为 L1,L2,T1,T2，返回计算结果 B。

```
def return_values():
    #********** Begin **********#
    在此输入程序代码
    #********** End **********#
    return(A,B)
```

2. 外部数据文件读取

请完成以下任务：

（1）导入 Pandas 包。

（2）read_excel()函数读取"一、车次上车人数统计表.xlsx"数据表，用数据框 df1 来存储。

（3）通过 read_table()函数读取"txt1.txt"文件中的数据（不带表头），用数据框 df2 来表示。

（4）通过 read_csv()函数分块读取的方式读取"data.csv"文件，每次读取 20000 行，并输出每次读取的数据集行数和数据集的尺寸，其格式为

```
"第 n 次读取数据的规模：数据集行数（举例：第 1 次读取数据集的规模：20000）"
"数据集尺寸（举例：(20000,13) ）"
def return_values():
    #********** Begin **********#
    在此输入程序代码
    #********** End **********#
```

3. 逻辑索引、切片方法，groupby 分组计算函数应用

请完成以下任务：

（1）请读取地铁站点进出站客流数据表（Data.xlsx），表结构字段如下：站点编号、日期、时刻、进站人数、出站人数。

（2）取出第 0 列，通过去重的方式获得地铁站点编号列表，记为 code。

（3）采用数据框中的 groupby 分组计算函数，统计出每个地铁站点每天的进站人数和出站人数，计算结果采用一个数据框 sat_num 来表示，其中列标签依次为站点编号、日期、进站人数和出站人数。

（4）计算出每个站点国庆节期间（10 月 1 日～10 月 7 日）的进站人数和出站人数，计算结果用一个数据框 sat_num2 来表示，其中列标签依次为 A1_站点编号、A2_进站人数、A3_出站人数。

```
def return_values():
    #********** Begin **********#
    在此输入程序代码
    #********** End **********#
return(code,sat_num,sat_num2)
```

4. 数据框关联操作

```
def return_values():
    #********** Begin **********#
    在此输入程序代码，并按以下要求补充完整
    #1.导入 Pandas 包
    #2.定义 2 个字典 dict1 和 dict2
    dict1={'code':['A01','A01','A01','A02','A02','A02','A03','A03'],
        'month':['01','02','03','01','02','03','01','02'],
        'price':[10,12,13,15,17,20,10,9]}
```

```
        dict2={'code':['A01','A01','A01','A02','A02','A02'],
               'month':['01','02','03','01','02','03'],
               'vol':[10000,10110,20000,10002,12000,21000]}
        #3.将两个字典转化为数据框
        df1=
        df2=
        #4.对2个数据框完成内连接、左连接、右连接
        df_inner=
        df_left=
        df_right=
#********** End **********#
        return(df_inner,df_left,df_right)
```

5. 数据框合并操作

```
def return_values():
    #********** Begin **********#
    在此输入程序代码，并按以下要求补充完整
    #1.定义3个字典dict1、dict2和dict3
    dict1={'a':[2,2,'kt',6],'b':[4,6,7,8],'c':[6,5,np.nan,6]}
    dict2={'d':[8,9,10,11],'e':['p',16,10,8]}
    dict3={'a':[1,2],'b':[2,3],'c':[3,4],'d':[4,5],'e':[5,6]}
    #2.将3个字典转化为数据框df1、df2、df3
    #3.df1和df2进行水平合并，合并后的数据框记为df4
    #4.df3和df4垂直合并，并修改合并后的index为按默认顺序排列，修改合并后的数据框记为df5
    #********** End **********#
return(df4,df5)
```

6. 序列移动计算方法应用

```
def return_values():
    #********** Begin **********#
    在此输入程序代码，并按以下要求补充完整
    #1.导入Pandas包
    #2.定义列表L
    L=[1,2,3,4,5,6,7,8,9,10,11,12,13,14,15]
    #3.把列表L转化为序列S
    #4.针对S实现周期为10的移动求和、求平均值、求最大值、求最小值的计算
    Sum=
    mean=
    max1=
    min1=
        #********** End **********#
return(L,S,Sum)
```

7. 数据框切片（iloc、loc）方法

请完成以下任务：

（1）导入Pandas包。

（2）读取地铁站点进出站客流数据表（Data.xlsx），字段依次为站点编号、日期、时刻、进站人数、出站人数。

（3）采用索引（iloc）实现的方式，获取135站点10月1日~10月2日9：00~11：00中3个时刻的进站客流量数据（取所有字段），记为A。

（4）采用列标签（loc）实现方式，获取135站点10月1日~10月2日9：00~11：00中3个时刻的进站客流量数据（取所有字段），记为B。

```
def return_values():
    #********** Begin **********#
    在此输入程序代码
    #********** End **********#
    return(A,B)
```

8. 数据框排序

请完成以下任务：

（1）导入 Pandas 包。

（2）用 read_excel()函数读取"data.xlsx"表，用数据框 read 表示。

（3）提取 600000.SH 代码交易数据，并按交易日期从小到大进行排序，记为 data。

（4）对整个数据框 read，按代码、交易日期从小到大进行排序。

```
def return_values():
    #********** Begin **********#
    在此输入程序代码
    #********** End **********#
    return(data,da2)
```

9. 数据框综合应用案例

请完成以下任务：

读取地铁站点进出站客流数据表（Data.xlsx），统计计算获得每个站点每个时刻（除去国庆节期间）的总进站客流量和总出站客流量，用一个数据框 R 来表示，结果返回 R，列名依次为 A1_站点编号、A2_时刻、A3_总进站客流、A4_总出站客流。

```
def return_values():
    #********** Begin **********#
    在此输入程序代码
    #********** End **********#
return(R)
```

10. 序列及简单随机抽样

请完成以下任务：

（1）定义一个列表 code，编号为 1～30。

（2）对 code，按 30 个元素一次随机抽样，记为 A。

（3）返回结果，为序列 s，其中 index 为编号，值为抽样结果。

```
def return_values():
    #********** Begin **********#
    在此输入程序代码
    #********** End **********#
    return s
```

11. 序列及较复杂抽样

题目背景：某题库有选择、填空、判断、计算和应用 5 种题型，每种题型题号从 1 开始依次按顺序编号，其中选择题 70 道，填空题 80 道，判断题 50 道，计算题 30 道，应用题 20 道。现有 40 位同学参加考试，要求每位同学从 5 种题型中随机抽取 1 道题目组成试卷，请编程实现给出每位同学试卷的具体题目编号。请完成以下任务：

（1）定义一个数据框 A，index 为默认序号（0～39），代表每位同学。

（2）数据框 A 的第 0 列表示每位同学随机抽签的第 1 种题型的序号，第 1、2、3、4 列依次类推。

注意：考查 random.randint()，随机整数的生成应用。

```
def return_values():
    #********** Begin **********#
    在此输入程序代码
    #********** End **********#
    return A
```

第 4 章　数据可视化包 Matplotlib

数据可视化是数据分析与挖掘中一个非常重要的任务。数据可视化是通过各种类型的图像来展现数据的分析结果或者分析过程，从而提高分析的效率和可读性。本章将介绍 Python 中用于数据可视化的一个非常重要的包 Matplotlib，并通过 Matplotlib 包中的 pyplot 模块实现常见图像的绘制，如散点图、线性图、柱状图、直方图、饼图、箱线图及子图。

4.1　Matplotlib 绘图基础

Matplotlib 是 Python 中的一个二维绘图包，能够非常简单地实现数据可视化。Matplotlib 最早由 John Hunter 于 2002 年启动开发，其目的是构建一个 Matlab 式的绘图函数接口。下面详细介绍 Matplotlib 图像构成、Matplotlib 图像基本绘图流程、中文字符显示、坐标轴字符刻度标注等基本绘图知识。

绘图基础

4.1.1　Matplotlib 图像构成

Matplotlib 图像大致可以分为如下 4 个层次结构。

（1）canvas（画板）。位于最底层，导入 matplotlib 包时就自动存在。

（2）figure（画布）。建立在 canvas 之上，从这一层就能开始设置其参数。

（3）axes（子图）。将 figure 分成不同块，实现分面绘图。

（4）图表信息（构图元素）。添加或修改 axes 上的图形信息，优化图表的显示效果。

为了方便快速绘图，Matplotlib 通过 pyplot 模块提供了一套和 Matlab 类似的 API，将众多绘图对象所构成的复杂结构隐藏在 API 中，这些绘图对象对应每一个图形的图形元素（如坐标轴、曲线、文字等），pyplot 模块给每个绘图对象分配函数，以此对该图形元素进行操作，而不影响其他元素。创建好画布后，只需调用 pyplot 模块所提供的函数，仅几行代码就可以实现添加、修改图形元素或在原有图形上绘制新图形。

4.1.2　Matplotlib 绘图基本流程

Anaconda 发行版已经集成了 Matplotlib 包，直接导入 pyplot 模块就可以使用了。导入方法：import matplotlib.pyplot as plt，如图 4-1 所示。

图 4-1 所示为 temp.py 脚本文件中导入了 Matplotlib 包的 pyplot 模块，并简称为 plt。导入 pyplot 模块后就可以绘图了，利用 pyplot 模块绘图的基本流程如图 4-2 所示。

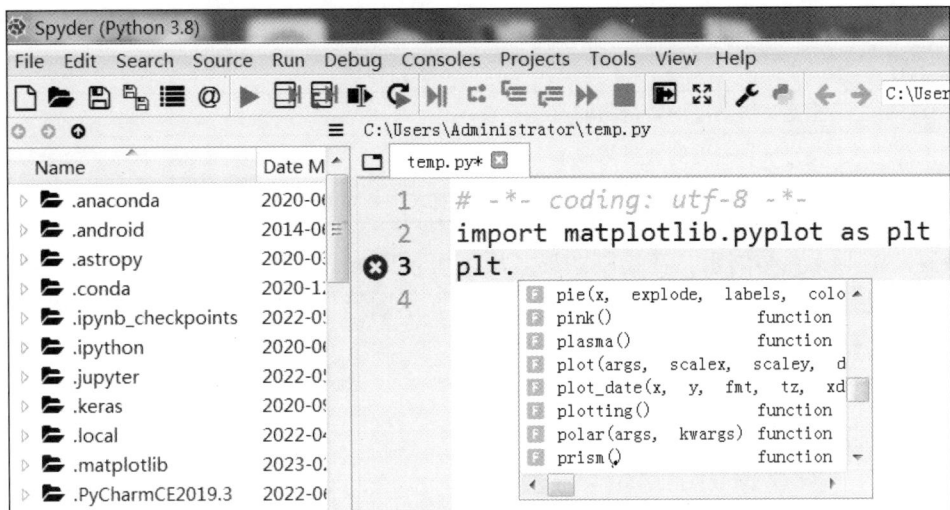

图 4-1

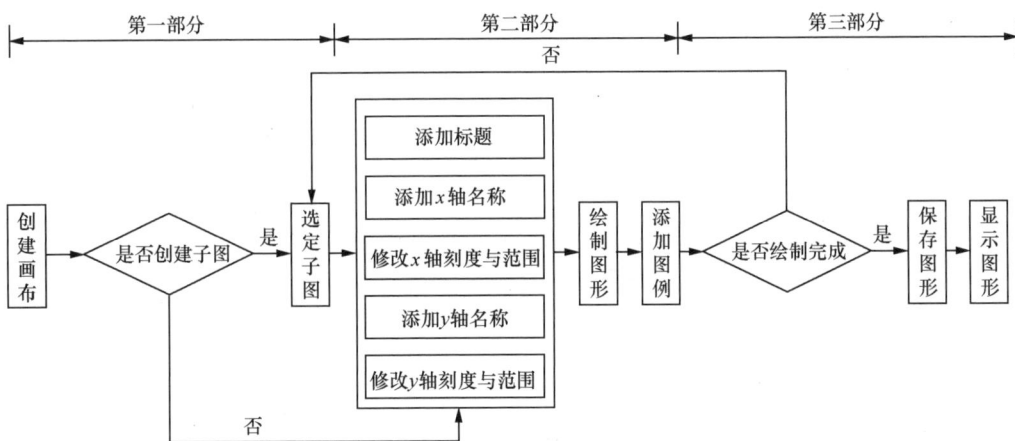

图 4-2

首先,创建画布与创建子图。第一部分主要是构建出一张空白的画布,如果需要同时展示几个图形,可将画布划分为多个部分。再使用对象方法完成其余的工作,示例代码如下:

```
plt.figure(1)              #创建第一个画布
plt.subplot(2,1,1)         #画布划分为 2×1 图形阵,选择第 1 张图片
```

其次,添加画布内容。第二部分是绘图的主体部分。添加标题、坐标轴名称等步骤与绘制图形是并列的,没有先后顺序,可以先绘制图形,也可以先添加各类标签,但是添加图例一定要在绘制图形之后。pyplot 模块中添加各类标签的常用函数如表 4-1 所示。

表 4-1   pyplot 模块中添加各类标签的常用函数

函数名称	函数作用
title	在当前图形中添加标题,可以指定标题的名称、位置、颜色、字体大小等参数
xlabel	在当前图形中添加 x 轴名称,可以指定位置、颜色、字体大小等参数
ylabel	在当前图形中添加 y 轴名称,可以指定位置、颜色、字体大小等参数
xlim	指定当前图形 x 轴的范围,只能确定一个数值区间,而无法使用字符串标识
ylim	指定当前图形 y 轴的范围,只能确定一个数值区间,而无法使用字符串标识

续表

函数名称	函数作用
xticks	指定 x 轴刻度的数目与取值
yticks	指定 y 轴刻度的数目与取值
legend	指定当前图形的图例，可以指定图例的大小、位置、标签

最后，图形保存与展示。在绘制图形之后，可使用 matplotlib.pyplot.savefig()函数保存图片到指定路径，使用 matplotlib.pyplot.show()函数展示图形。综合整体流程绘制函数"y=x^2"与"y=x"图像示例代码如下：

```
import matplotlib.pyplot as plt
import numpy as np
plt.figure(1)  # 创建画布
x = np.linspace(0, 1, 1000)
plt.subplot(2, 1, 1)  # 分为 2×1 图形阵,选择第 1 张图片绘图
plt.title('y=x^2 & y=x')  # 添加标题
plt.xlabel('x')  # 添加 x 轴名称 "x"
plt.ylabel('y')  # 添加 y 轴名称 "y"
plt.xlim((0, 1))  # 指定 x 轴范围（0,1）
plt.ylim((0, 1))  # 指定 y 轴范围（0,1）
plt.xticks([0, 0.3, 0.6, 1])  # 设置 x 轴刻度
plt.yticks([0, 0.5, 1])  # 设置 y 轴刻度
plt.plot(x, x ** 2)
plt.plot(x, x)
plt.legend(['y=x^2', 'y=x'])  # 添加图例
plt.savefig('1.png')  # 保存图片
plt.show()
```

执行后的结果如图 4-3 所示。

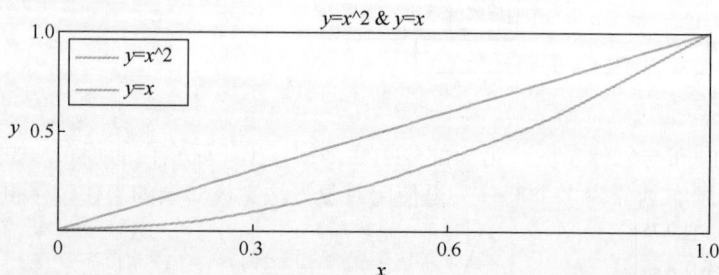

图 4-3

4.1.3 中文字符显示

注意，默认的 pyplot 字体并不支持中文字符的显示，因此需要通过修改 font.sans-serif 参数来修改绘图时的字体，使得图形可以正常显示中文。同时，修改字体后，会导致坐标轴中负号"−"无法正常显示，因此需要同时修改 axes.unicode_minus 参数。示例代码如下：

```
import numpy as np
import matplotlib.pyplot as plt
x = np.arange(0, 10, 0.2)
y = np.sin(x)
plt.title('sin 曲线')
```

```
plt.plot(x, y)
plt.savefig('2.png')
plt.show()
```
执行后的结果如图 4-4 所示。

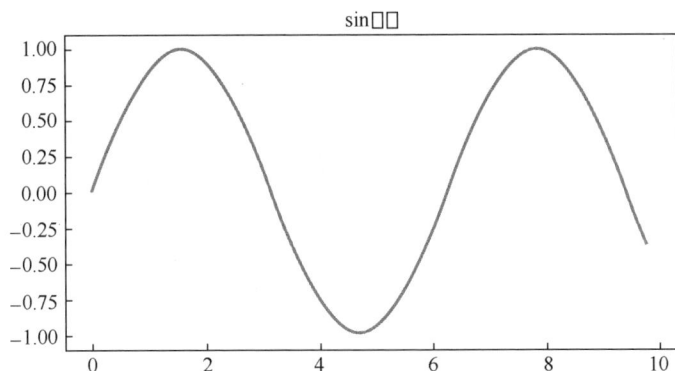

图 4-4

从图 4-4 可以看出，中文字符没有显示出来。同时应该注意到在示例代码中，并没有创建画布的命令，实际上只要调用了绘图命令，系统就会默认创建一个画布，并在该画布上绘图。为了显示中文字符，可以修改成如下的示例代码：

```
import numpy as np
import matplotlib.pyplot as plt
x = np.arange(0, 10, 0.2)
y = np.sin(x)
plt.rcParams['font.sans-serif'] = 'SimHei'  # 设置字体为 SimHei
plt.rcParams['axes.unicode_minus'] = False  # 解决负号 "-" 显示异常
plt.title('sin 曲线')
plt.plot(x, y)
plt.savefig('2.png')
plt.show()
```
修改后的代码执行结果如图 4-5 所示。

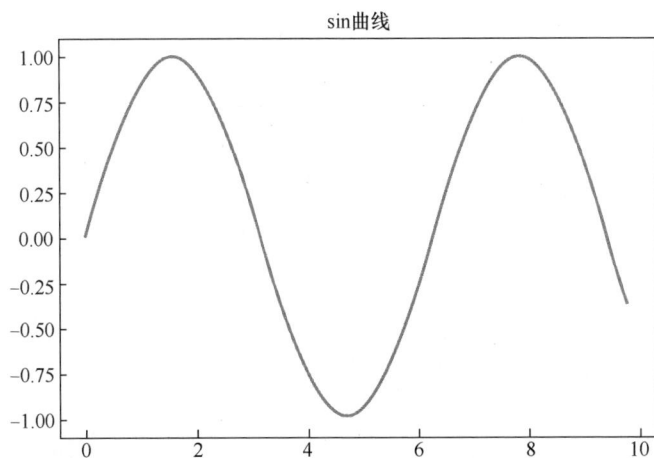

图 4-5

从图 4-5 可以看出，修改字体设置参数后中文字符可以正常显示了。

4.1.4 坐标轴字符刻度标注

在绘图过程中还有一个关键的问题就是坐标轴的字符刻度表示问题。例如，绘制 2018—2019 年某产品各季度的销售额走势图，两年内各季度的销售数据依次为 100、104、106、95、103、105、115、100（单位：万元）。绘图代码示例如下：

```
import numpy as np
import matplotlib.pyplot as plt
x = np.array([1,2,3,4,5,6,7,8])                    #季度标号
y = np.array([100,104,106,95,103,105,115,100])     #销售额
plt.rcParams['font.sans-serif'] = 'SimHei'         #设置字体为 SimHei
plt.title('某产品 2018—2019 各季度销售额走势图')
plt.plot(x, y)
plt.xlabel('季度标号')
plt.ylabel('销售额（万元）')
plt.show()
```

执行后的结果如图 4-6 所示。

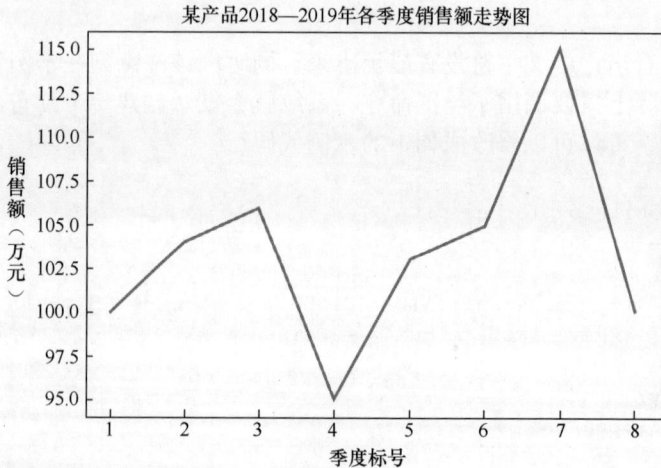

图 4-6

从图 4-6 可以看出，横轴的意义没有突显出来，造成了图像的可读性比较差。实际上可以用××年××季度来表示，这样图像的可读性就更强。对横轴进行字符刻度标注可以通过 xticks 函数来实现。示例代码如下：

```
import numpy as np
import matplotlib.pyplot as plt
x = np.array([1,2,3,4,5,6,7,8])                    #季度标号
y = np.array([100,104,106,95,103,105,115,100])     #销售额
v=['2018 年第一季度','2018 年第二季度','2018 年第三季度','2018 年第四季度',
    '2019 年第一季度','2019 年第二季度','2019 年第三季度','2019 年第四季度']
plt.rcParams['font.sans-serif'] = 'SimHei'         #设置字体为 SimHei
plt.title('某产品 2018—2019 各季度销售额')
plt.plot(x, y)
plt.xlabel('季度')
plt.xticks(x, v, rotation = 90) #v 为与 x 对应的字符刻度,rotation 为旋转角度
plt.ylabel('销售额（万元）')
plt.show()
```

执行后的结果如图 4-7 所示。

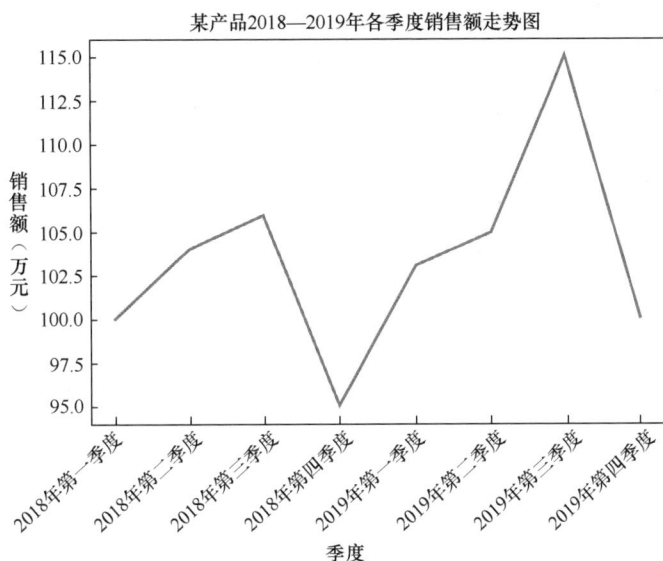

图 4-7

从图 4-7 可以看出，通过对坐标轴进行字符刻度标注之后，其图像的可读性增强了，表现的形式也更加丰富了。

4.2 Matplotlib 常用图形绘制

Matplotlib 绘制的常用图形包括散点图、线性图、柱状图、直方图、饼图、箱线图和子图。本节中绘图使用的数据文件为"车次上车人数统计表.xls"，其表结构如表 4-2 所示。

表 4-2 车次上车人数统计表

车次	日期	上车人数
D02	20150101	2143
D02	20150102	856
D02	20150106	860
D02	20150104	1011
D02	20150105	807
D02	20150103	761
D02	20150107	803
D02	20150108	732
D02	20150109	753
D03	20150110	888
……	……	……

表中一共有 D02～D06 车次 2015 年 1 月 1 日—2015 年 1 月 24 日的上车人数统计数据。

4.2.1 散点图

散点图又称为散点分布图，是以利用坐标点（散点）的分布形态反映特征间的相关关

73

系的一种图形。散点图的绘图函数为 scatter(x, y, [可选项])。其中，x 表示横轴坐标数据列，y 表示纵轴坐标数据列，可选项包含颜色、透明度等。使用 scatter 函数绘制 D02 车次每日上车人数散点图的示例代码如下：

```
import pandas as pd
import numpy as np
import matplotlib.pyplot as plt
path='一、车次上车人数统计表.xlsx';
data=pd.read_excel(path);
tb=data.loc[data['车次'] == 'D02',['日期','上车人数']].sort_values('日期');
x=np.arange(1,len(tb.iloc[:,0])+1)
y1=tb.iloc[:,1]
plt.rcParams['font.sans-serif'] = 'SimHei'     # 设置字体为 SimHei
plt.scatter(x,y1)
plt.xlabel('日期')
plt.ylabel('上车人数')
plt.xticks([1,5,10,15,20,24], tb['日期'].values[[0,4,9,14,19,23]], rotation = 90)
plt.title('D02 车次上车人数散点图')
```

执行后的结果如图 4-8 所示。

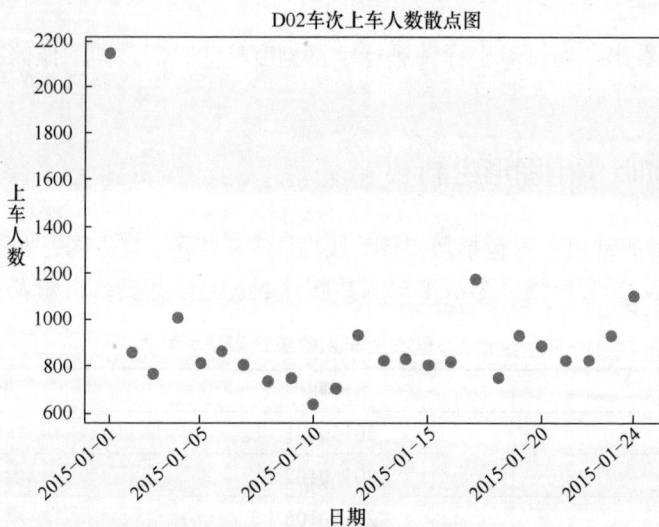

图 4-8

图 4-8 显示了 D02 车次 2015 年 1 月 1 日～2015 年 1 月 24 日的每日上车人数散点图，其中 1 月 1 日上车人数较多，主要原因是 1 月 1 日为元旦。本例中没有创建画布的命令，在绘图中系统默认创建。

4.2.2 线性图

线性图的绘图函数为 plot(x,y,[可选项])，其中 x 表示横轴坐标数据列，y 表示纵轴坐标数据列，可选项为绘图设置，包括图形类型：散点图、虚线图、实线图等；线条颜色：红、黄、蓝、绿等；数据点形状：星型、圆圈、三角形等。可选项的一些示例说明如下。

r*--　　表示数据点为星型，图形类型为虚线图，线条颜色为红色。

b*--　　表示数据点为星型，图形类型为虚线图，线条颜色为蓝色。

bo　　表示数据点为圆圈，图形类型为实线图（默认），线条颜色为蓝色。

.　　　表示散点图

更多的设置说明及 plot()函数的使用方法，可以通过 help()函数查看系统帮助，如图 4-9 所示。

```
In [4]: import matplotlib.pyplot as plt

In [5]: help(plt.plot)
Help on function plot in module matplotlib.pyplot:

plot(*args, **kwargs)
    Plot lines and/or markers to the
    :class:`~matplotlib.axes.Axes`.  *args* is a variable length
    argument, allowing for multiple *x*, *y* pairs with an
    optional format string.  For example, each of the following is
    legal::

        plot(x, y)        # plot x and y using default line style and color
        plot(x, y, 'bo')  # plot x and y using blue circle markers
        plot(y)           # plot y using x as index array 0..N-1
        plot(y, 'r+')     # ditto, but with red plusses
```

图 4-9

图 4-9 显示了先执行导入 pyplot 包命令：import matplotlib.pyplot as plt，接着以待查询函数 plt.plot 为参数，调用 help()函数，按 Enter 键获得 plt.plot()函数的详细使用方法。绘制 D02、D03 车次上车人数线性图的示例代码如下：

```
import pandas as pd
import numpy as np
import matplotlib.pyplot as plt  #导入绘图库中的 pyplot 模块,并且简称为 plt
#读取数据
path='一、车次上车人数统计表.xlsx';
data=pd.read_excel(path);
#筛选数据
tb=data.loc[data['车次'] == 'D02',['日期','上车人数']];
tb=tb.sort_values('日期');
tb1=data.loc[data['车次'] == 'D03',['日期','上车人数']];
tb1=tb1.sort_values('日期');
#构造绘图所需的横轴数据列和纵轴数据列
x=np.arange(1,len(tb.iloc[:,0])+1)
y1=tb.iloc[:,1]
y2=tb1.iloc[:,1]
#定义绘图 figure 界面
plt.figure(1)
#在 figure 界面上绘制两个线性图
plt.rcParams['font.sans-serif'] = 'SimHei'     #设置字体为 SimHei
plt.plot(x,y1,'r*--')  #红色"*"号连续图,绘制 D02 车次
plt.plot(x,y2,'b*--')  #蓝色"*"号连续图,绘制 D03 车次
#对横轴和纵轴打上中文标签
plt.xlabel('日期')
plt.ylabel('上车人数')
#定义图像的标题
plt.title('上车人数走势图')
#定义两个连续图的区别标签
plt.legend(['D02','D03'])
plt.xticks([1,5,10,15,20,24], tb['日期'].values[[0,4,9,14,19,23]], rotation = 45)
#保存图片,命名为 myfigure1
plt.savefig('myfigure1')
```

执行后的结果如图 4-10 所示。

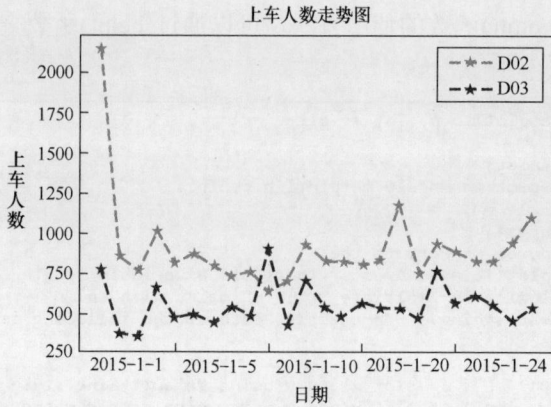

图 4-10

通过图 4-10 可以看到，图标题为"上车人数走势图"，可以通过 pyplot 包中的 title()函数来设置。横轴和纵轴的标签分别为日期和上车人数，可以通过 pyplot 包中的 xlabel()和 ylabel()函数来设置。图中有两条线性图，其图例可以通过 pyplot 包中的 legend()函数设置。最后是关于图像的保存，可以通过 pyplot 包中的 savefig()函数实现。注意，在绘图之前需要先定义一个绘图界面，可以通过 pyplot 包中的 figure()函数定义，中文字符的显示及横轴坐标的刻度可以通过 rcParams 参数和 xticks()函数设置。这些函数的简单使用方法可以参考以上示例代码，更多的使用详情可以参考图 4-9 通过 help（函数名）进行查询。

4.2.3　柱状图

与 Matlab 类似，柱状图的绘图函数为 bar(x,y,[可选项])，其中 x 表示横轴坐标数据列，y 表示纵轴坐标数据列，可选项为绘图设置。绘图设置的详细使用方法可以参考图 4-9 通过 help(plt.bar)函数进行查询，一般情况下我们采用默认设置即可（默认方式，具体见示例代码）。绘制 D02 车次柱状图的示例代码如下：

```
plt.figure(2)
plt.bar(x,y1)
plt.xlabel('日期')
plt.ylabel('上车人数')
plt.title('D02 车次上车人数柱状图')
plt.xticks([1,5,10,15,20,24], tb['日期'].values[[0,4,9,14,19,23]], rotation = 45)
plt.savefig('myfigure2')
```

执行后的结果如图 4-11 所示。

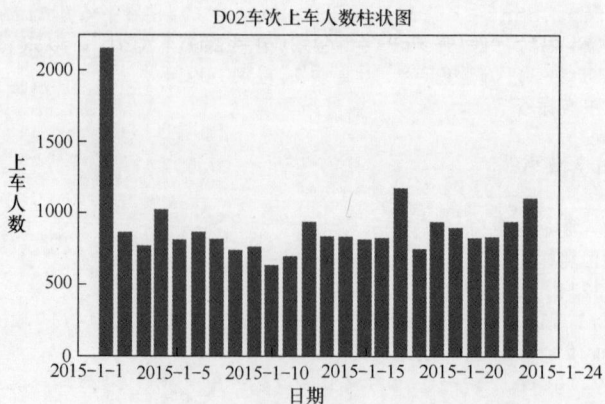

图 4-11

76

图 4-11 显示了绘制 D02 车次上车人数的简单柱状图。说明，绘制柱状图的示例代码是在 4.2.2 节绘制线性图示例代码之后，为了避免后面的柱状图界面覆盖前面的线性图界面，需要重新定义一个不同的绘图界面，即通过 plt.figure(2) 来实现。

4.2.4　直方图

与 Matlab 类似，直方图的绘图函数为 hist(x,[可选项])，其中 x 表示横轴坐标数据列，可选项为绘图设置。绘图设置的详细使用方法可以参考图 4-9 通过 help(plt.hist) 进行查询，一般情况下我们采用默认设置即可（默认方式，具体见示例代码）。注意，直方图中的 y 轴往往表示对应 x 的统计频数。绘制 D02 车次直方图的示例程序如下：

```
plt.figure(3)
plt.hist(y1)
plt.xlabel('上车人数')
plt.ylabel('频数')
plt.title('D02 车次上车人数直方图')
plt.savefig('myfigure3')
```

执行后的结果如图 4-12 所示。

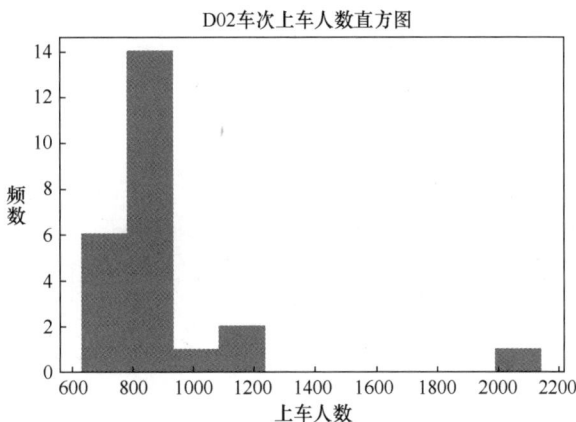

图 4-12

与图 4-11 类似，绘制直方图的示例代码也是在 4.2.3 节绘制柱状图示例代码之后，为了避免后面的直方图界面覆盖前面的柱状图界面，通过 plt.figure(3) 重新定义一个绘图界面。

4.2.5　饼图

与 Matlab 类似，饼图的绘制函数为 pie(x,y,[可选项])，其中 x 表示待绘制的数据序列，y 表示对应的标签，可选项表示绘图设置。这里常用的绘图设置为百分比的小数位，可以通过 autopct 属性类设置。这里先计算 D02～D06 共 5 个车次同期的上车人数，然后绘制饼图展示出来，示例代码如下：

```
plt.figure(4)
# 1.计算 D02～D06 车次同期的上车人数总和,并用 list1 来保存其结果
D=data.iloc[:,0]
D=list(D.unique())  #车次号 D02～D06
list1=[]    #预定义每个车次的上车人数列表
for d in D:
    dt=data.loc[data['车次'] == d,['上车人数']]
    s=dt.sum()
```

```
      list1.append(s['上车人数']) #或者 s[0]
# 2.绘制饼图
plt.pie(list1,labels=D,autopct='%1.2f%%') #绘制饼图,百分比保留小数点后两位
plt.title('各车次上车人数百分比饼图')
plt.savefig('myfigure4')
```

各车次上车人数百分比饼图

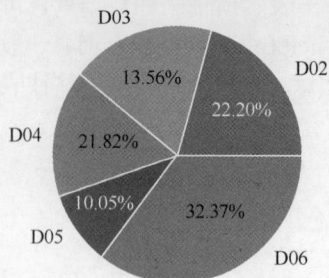

图 4-13

执行后的结果如图 4-13 所示。

与图 4-12 类似，绘制饼图的示例代码也是在第 4.2.4 节绘制直方图示例代码之后，为了避免后面的饼图界面覆盖前面的直方图界面，可通过 plt.figure(4)重新定义一个绘图界面。

4.2.6　箱线图

箱线图是利用数据中的上边缘（最小值）、上四分位数、中位数、下四分位数与下边缘（最大值）这 5 个统计量描述连续型特征变量的一种方法。它也可以粗略地看出数据是否具有对称性、分布的分散程度等信息，特别是可以用于对几个样本的比较。箱线图的构成与含义如图 4-14 所示。

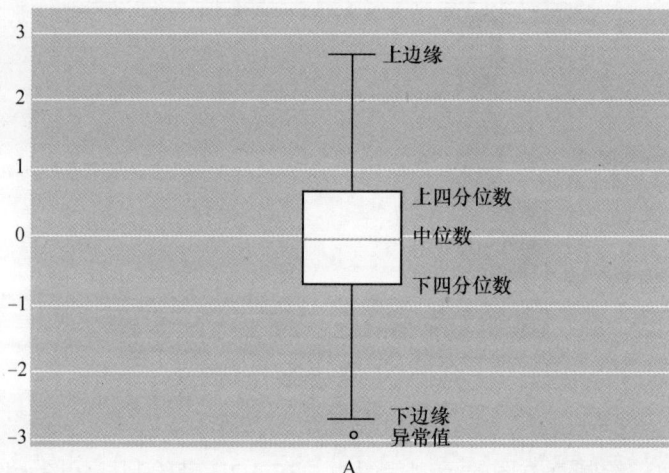

图 4-14

箱线图的上边缘为最大值，下边缘为最小值，但范围不超过盒型各端加 1.5 倍 IQR（四分位距，即上四分位数与下四分位数的极差）的距离。超出上下边缘的值即视为异常值。箱线图的绘图函数为 boxplot(x,[可选项])，其中 x 为待绘图的数据数组列表。绘制 D02、D03 车次上车人数箱线图的示例代码如下：

```
plt.figure(5)
plt.boxplot([y1.values,y2.values])
plt.xticks([1,2], ['D02','D03'], rotation = 0)
plt.title('D02、D03 车次上车人数箱线图')
plt.ylabel('上车人数')
plt.xlabel('车次')
plt.savefig('myfigure5')
```

执行后的结果如图 4-15 所示。

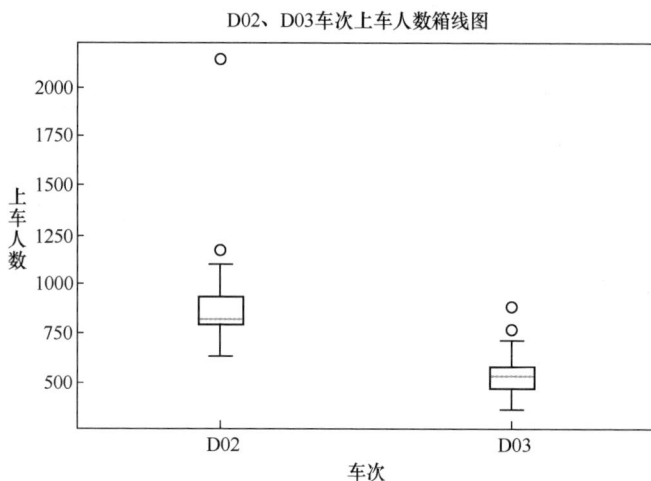

图 4-15

从图 4-15 可以看出，这两个车次的上车人数有两个异常值，这些异常值主要是由于节假日出行人数突然增多造成的。

4.2.7　子图

子图是指在同一个绘图界面上，绘制不同类型的图像。通过子图，可以在同一个界面上实现多种不同类型图像之间的比较，从而提高了数据的可读性和可视化效果。在 Matplotlib 绘图的基本流程中已经简单介绍了子图的命令 subplot()，本节进一步对其进行详细介绍，并给出具体的实现例子。subplot()函数使用方法如下：

```
subplot(a,b,c)
```

其调用形式为将 figure 画布分成 *a* 行 *b* 列矩阵形式的方格图形，并在第 *c* 个方格图形（按行顺序数）上绘制图像。这里我们将前面介绍的散点图、线性图、柱状图、直方图、饼图、箱线图 6 种不同的图形在一个 3×2 的 figure 画布中绘制出来，示例代码如下：

```
import pandas as pd
import numpy as np
import matplotlib.pyplot as plt  #导入绘图包中的 pyplot 模块,并且简称为 plt
#读取数据
path='一、车次上车人数统计表.xlsx';
data=pd.read_excel(path);
#筛选数据
tb=data.loc[data['车次'] == 'D02',['日期','上车人数']];
tb=tb.sort_values('日期');
tb1=data.loc[data['车次'] == 'D03',['日期','上车人数']];
tb1=tb1.sort_values('日期');
#构造绘图所需的横轴数据列和纵轴数据列
x=np.arange(1,len(tb.iloc[:,0])+1)
y1=tb.iloc[:,1]
y2=tb1.iloc[:,1]
plt.rcParams['font.sans-serif'] = 'SimHei'     # 设置字体为 SimHei
plt.figure('子图')
plt.figure(figsize=(10,8))

plt.subplot(3,2,1)
plt.scatter(x,y1)
```

```
    plt.xlabel('日期')
    plt.ylabel('上车人数')
    plt.xticks([1,5,10,15,20,24], tb['日期'].values[[0,4,9,14,19,23]], rotation =
90)
    plt.title('D02 车次上车人数散点图')

    plt.subplot(3,2,2)
    plt.plot(x,y1,'r*--')
    plt.plot(x,y2,'b*--')
    plt.xlabel('日期')
    plt.ylabel('上车人数')
    plt.title('上车人数走势图')
    plt.legend(['D02','D03'])
    plt.xticks([1,5,10,15,20,24], tb['日期'].values[[0,4,9,14,19,23]], rotation =
90)

    plt.subplot(3,2,3)
    plt.bar(x,y1)
    plt.xlabel('日期')
    plt.ylabel('上车人数')
    plt.title('D02 车次上车人数柱状图')
    plt.xticks([1,5,10,15,20,24], tb['日期'].values[[0,4,9,14,19,23]], rotation =
90)

    plt.subplot(3,2,4)
    plt.hist(y1)
    plt.xlabel('上车人数')
    plt.ylabel('频数')
    plt.title('D02 车次上车人数直方图')

    plt.subplot(3,2,5)
    D=data.iloc[:,0]
    D=list(D.unique())   #车次号 D02~D06
    list1=[]      #预定义每个车次的上车人数列表
    for d in D:
        dt=data.loc[data['车次'] == d,['上车人数']]
        s=dt.sum()
        list1.append(s['上车人数']) #或者 s[0]
    plt.pie(list1,labels=D,autopct='%1.2f%%') #绘制饼图,百分比保留小数点后两位
    plt.title('各车次上车人数百分比饼图')

    plt.subplot(3,2,6)
    plt.boxplot([y1.values,y2.values])
    plt.xticks([1,2], ['D02','D03'], rotation = 0)
    plt.title('D02、D03 车次上车人数箱线图')
    plt.ylabel('上车人数')
    plt.xlabel('车次')
    plt.tight_layout()
    plt.savefig('子图')
```
执行后的结果如图 4-16 所示。

图 4-16 显示了将散点图、线性图、柱状图、直方图、饼图和箱线图 6 种不同图形在一个 figure 画布中采用子图的形式展现出来。在绘制子图过程中需要注意的是 figure 画布尺寸设置不能太小，可以通过 plt.figure(figsize())命令来设置大小。同时不同子图之间可能存在重叠现象，可以通过 plt.tight_layout()命令进行界面布局。

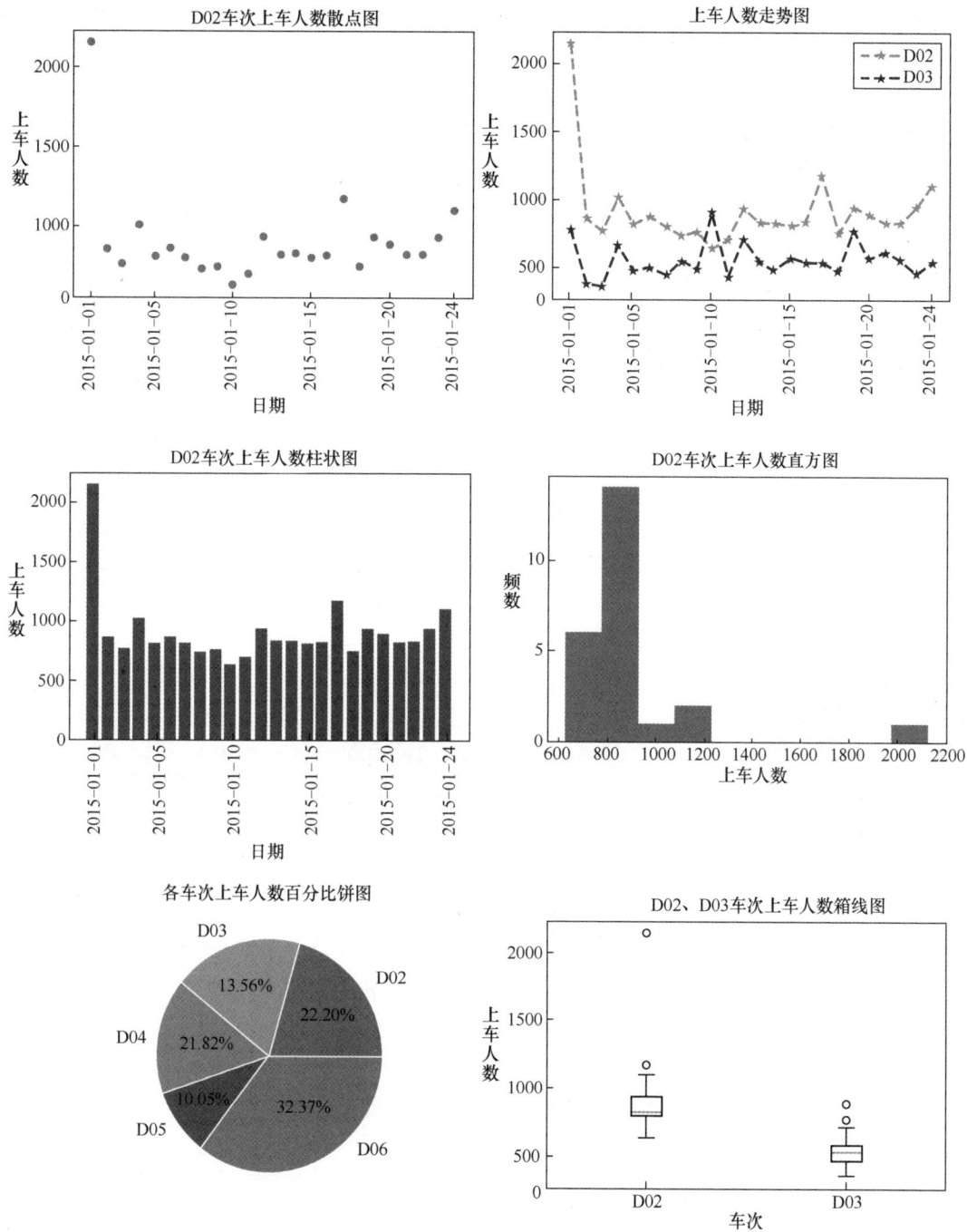

图 4-16

本章小结

绘图是数据分析实现数据可视化的一个非常重要的手段。本章介绍了 Python 绘图包 Matplotlib 中的 pyplot 模块，如何导入 Python 及常用图像的绘制，包括散点图、线性图、柱状图、直方图、饼图、箱线图和子图。特别是子图，能够将几种不同类型的图像在一个 figure 界面中展示，便于图像之间的对比，这在金融数据分析中尤为重要。需要特别注意的是 pyplot 模块的绘图命令与 Matlab 非常相似，如果读者具备一定的 Matlab 基础，学习起来将非常轻松。

本章练习

创建一个 Python 脚本，将其命名为 test1.py，完成以下功能。

（1）今有 2018 年 1 月 1 日—1 月 15 日的猪肉价格和牛肉价格的数据，它们存在于一个 Excel 表格中，如表 4-3 所示。将其读入 Python 中并用一个数据框变量 df 保存。

表 4-3

日期	猪肉价格	牛肉价格
2018/1/1	11	38
2018/1/2	12	39
2018/1/3	11.5	41.3
2018/1/4	12	40
2018/1/5	12	43
2018/1/6	11.2	44
2018/1/7	13	47
2018/1/8	12.6	43
2018/1/9	13.5	42.3
2018/1/10	13.9	42
2018/1/11	13.8	43.1
2018/1/12	14	42
2018/1/13	13.5	39
2018/1/14	14.5	38
2018/1/15	14.8	37.5

（2）分别绘制 1 月 1 日—1 月 10 日的猪肉价格和牛肉价格走势图。

（3）在同一个 figure 界面中，用一个 2×1 的子图分别绘制 2018 年 1 月前半个月的猪肉价格和牛肉价格走势图。

本章实验

1. 散点图绘制

请完成以下任务：

（1）读取"各站点各时刻进出站客流数据.xlsx"，绘制站点 155 各时刻进站客流散点图。

（2）采用 plt.savefig 函数保存图片，文件路径如下："学员 4.1/155 各时刻进站客流散点图.png"。

```
import matplotlib
matplotlib.use("Agg")
import matplotlib.pyplot as plt
import numpy as np
import pandas as pd
```

```
plt.rcParams['font.sans-serif']=['simhei']
plt.rcParams['font.family']='sans-serif'
plt.rcParams['axes.unicode_minus']
plt.figure(figsize=(6,4))
def test():
#********** Begin *****
  请在此处输入程序代码
#********** End **********#
```

2. 线性图绘制

请完成以下任务：

（1）读取"各站点各时刻进出站客流数据.xlsx"，绘制站点 155 各时刻进站客流线性图。

（2）采用 plt.savefig 函数保存图片，文件路径如下："学员 4.2/155 各时刻进站客流线性图.png"。

```
import matplotlib
matplotlib.use("Agg")
import matplotlib.pyplot as plt
import numpy as np
import pandas as pd
plt.rcParams['font.sans-serif']=['simhei']
plt.rcParams['font.family']='sans-serif'
plt.figure(figsize=(6,4))
def test():
#********** Begin *****
  请在此处输入程序代码
#********** End **********#
```

3. 柱状图绘制

请完成以下任务：

（1）读取"各站点各时刻进出站客流数据.xlsx"，绘制站点 155 各时刻进站客流柱状图。

（2）采用 plt.savefig 函数保存图片，文件路径如下："学员 4.3/155 各时刻进站客流柱状图.png"。

```
import matplotlib
matplotlib.use("Agg")
import matplotlib.pyplot as plt
import numpy as np
import pandas as pd
plt.rcParams['font.sans-serif']=['simhei']
plt.rcParams['font.family']='sans-serif'
plt.figure(figsize=(6,4))
def test():
#********** Begin *****
  请在此处输入程序代码
#********** End **********#
```

4. 直方图绘制

请完成以下任务：

（1）读取"各站点各时刻进出站客流数据.xlsx"，绘制站点 155 各时刻进站客流直方图。

（2）采用 plt.savefig 函数保存图片，文件路径如下："学员 4.4/155 各时刻进站客流直方图.png"。

```
import matplotlib
matplotlib.use("Agg")
import matplotlib.pyplot as plt
import numpy as np
import pandas as pd
plt.rcParams['font.sans-serif']=['simhei']
plt.rcParams['font.family']='sans-serif'
plt.figure(figsize=(6,4))
def test():
#********** Begin *****
```

```
   请在此处输入程序代码
#********** End **********#
```

5. 饼图绘制

请完成以下任务：

（1）读取"各站点各时刻进出站客流数据.xlsx"，绘制站点 157 各时刻进站客流饼图。

（2）采用 plt.savefig 函数保存图片，文件路径如下："学员 4.5/157 各时刻进站客流饼图.png"。

```
import matplotlib
matplotlib.use("Agg")
import matplotlib.pyplot as plt
import numpy as np
import pandas as pd
plt.rcParams['font.sans-serif']=['simhei']
plt.rcParams['font.family']='sans-serif'
plt.figure(figsize=(6,4))
def test():
#********** Begin *****
   请在此处输入程序代码
#********** End **********#
```

6. 箱线图绘制

请完成以下任务：

（1）读取"各站点各时刻进出站客流数据.xlsx"，绘制站点 9 时刻的进站客流箱线图。

（2）采用 plt.savefig 函数保存图片，文件路径如下："学员 4.6/9 时刻各站点进站客流箱线图.png"。

```
import matplotlib
matplotlib.use("Agg")
import matplotlib.pyplot as plt
import numpy as np
import pandas as pd
plt.rcParams['font.sans-serif']=['simhei']
plt.rcParams['font.family']='sans-serif'
plt.figure(figsize=(6,4))
def test():
#********** Begin *****
   请在此处输入程序代码
#********** End **********#
```

7. 子图绘制

请完成以下任务：

（1）读取"各站点各时刻进出站客流数据.xlsx"，获得 155、157、151、123 四个站点在各时刻的进站客流，用一个 2*2 的子图，绘制其线性图。

（2）采用 plt.savefig 函数保存图片，文件路径如下："学员 4.7/4 个站点各时刻进站客流子图.png"。

```
import matplotlib
matplotlib.use("Agg")
import matplotlib.pyplot as plt
import numpy as np
import pandas as pd
plt.rcParams['font.sans-serif']=['simhei']
plt.rcParams['font.family']='sans-serif'
plt.figure(figsize=(6,4))
def test():
#********** Begin *****
   请在此处输入程序代码
#********** End **********#
```

第 **5** 章　机器学习与实现

Python 之所以能在数据科学与人工智能应用领域中占有重要的位置,不仅是因为它免费、开源、易用于数据处理,更重要的还是它提供了丰富且功能强大的机器学习模型与算法程序包。本章主要介绍 Python 中的机器学习包 scikit-learn,包括其经典模型的原理及实现方法,可帮助读者掌握其基本理论,并在实践中应用。由于 scikit-learn 包中没有关联规则相关内容,本章在 5.8 节单独给予介绍。

5.1　scikit-learn 简介

scikit-learn 是机器学习领域非常热门的一个开源包,它整合了众多机器学习的算法,是基于 Python 编写而成的,可以免费使用。scikit-learn 的基本功能主要分为 6 大部分:数据预处理、数据降维、回归、分类、聚类和模型选择。

（1）数据预处理。主要介绍缺失值的均值、中位数、最频繁值填充方法,数据的均值-方差规范化、极差规范化方法。

（2）数据降维。主要介绍主成分分析方法,本章也将其归为数据预处理部分。

（3）回归。主要介绍常用的线性回归、神经网络非线性回归等。

（4）分类。主要介绍逻辑回归、神经网络、支持向量机等分类方法。

（5）聚类。主要介绍常用的 K-均值聚类算法。

（6）模型选择。主要通过在实际案例中不同模型之间的比较来实现模型选择,在 Anaconda 发行版中已经集成了 scikit-learn 分析包,无须再进行安装,在 Spyder 脚本文件中直接导入即可使用。由于 scikit-learn 包的内容非常多,在使用过程中导入相关的模块即可,无须将整个机器学习包都导入。

图 5-1 所示为 temp.py 脚本文件中导入了包括数据预处理(缺失值处理、均值-方差规范

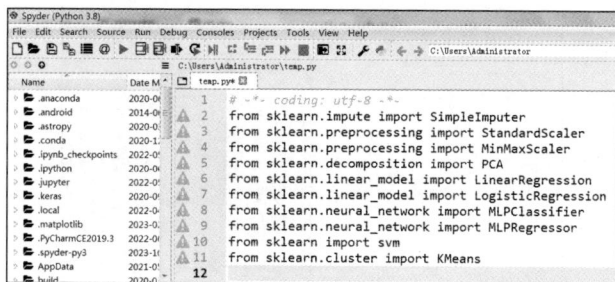

图 5-1

化、极差规范化、主成分分析）、线性回归、逻辑回归、神经网络、支持向量机、*K*-均值聚类相关模块。下面我们将逐一介绍这些模块的使用方法。

5.2 数据预处理

在数据分析与挖掘中，数据预处理是必不可少的环节，甚至会占用整个任务 60%以上的时间。同时经过数据预处理，可保障数据的质量，从而减少模型的误差。而在数据分析与挖掘中，如果数据质量得不到保障，模型挖掘出来的结果也是没有实际的使用价值的。因此在数据分析与挖掘中，需要特别注意数据的预处理。本节中，我们介绍的数据预处理方法包括：缺失值处理、数据规范化和主成分分析，下面将分别介绍。

5.2.1 缺失值处理

在数据处理过程中，缺失值是常见的，需要对其进行处理。前文已经介绍过利用 Pandas 包中的 fillna()函数对缺失值进行填充。但是这种填充方法是通过指定值进行的，并没有充分利用数据集中的信息。为了克服这种填充方法的不足，这里介绍 scikit-learn 包中能充分利用数据信息的 3 种常用填充方法，即均值填充、中位数填充和最频繁值填充。均值填充的填充方式主要是按列填充，即对某列中的所有缺失值用该列中非缺失部分的值的平均值来表示；中位数填充和最频繁值填充类似，即取某列中非缺失部分的值的中位数和出现频次最多的值来表示缺失值。

在介绍填充策略之前，我们先定义待填充的数据变量 data、c、C，其中 data 变量的值通过读取本书案例资源中的 Excel 数据文件 missing.xlsx 获得。示例代码如下：

```
import pandas as pd
import numpy as np
data=pd.read_excel('missing.xlsx')                          #数据框 data
c=np.array([[1,2,3,4],[4,5,6,np.nan],[5,6,7,8],[9,4,np.nan,8]])  #数组 c
C=pd.DataFrame(c)                                            #数据框 C
```

执行后的结果如图 5-2 所示。

注意，填充的数据结构要求为**数组**或**数据框**，类型为**数值类型**，因此 data 数据中的 b 列不能进行填充。使用 scikit-learn 中的数据预处理模块进行缺失值填充的基本步骤如下。

（1）导入数据预处理中的填充模块 SimpleImputer。示例代码如下：

```
from sklearn.impute import SimpleImputer
```

图 5-2

（2）利用 SimpleImputer 创建填充对象 imp。示例代码如下：

```
imp = SimpleImputer(missing_values=np.nan, strategy='mean') #创建按列均值填充策略对象
```

参数说明如下。

strategy：包括均值（mean）、中位数（median）、最频繁值（most_frequent）这 3 种填充方法。

（3）调用填充对象 imp 中的 fit()拟合方法，对待填充数据进行拟合训练。示例代码如下：

```
imp.fit(Data)  #Data 为待填充数据集变量
```

（4）调用填充对象 imp 中的 transform()方法，返回填充后的数据集。示例代码如下：

```
FData=imp.transform(Data) #返回填充后的数据集 FData
```

下面对 C 数据框中的数据采用按列均值填充，对 c 数组中的数据采用按行中位数填充，对 data 数据中的 a、c 列采用按列最频繁值填充。

（1）均值填充。示例代码如下：

```
from sklearn.impute import SimpleImputer
fC=C
imp = SimpleImputer(missing_values=np.nan, strategy='mean')
imp.fit(fC)
fC=imp.transform(fC)
```

执行后的结果如图 5-3 所示。

fC - NumPy array

	0	1	2	3
0	1	2	3	4
1	4	5	6	6.66667
2	5	6	7	8
3	9	4	5.33333	8

图 5-3

（2）中位数填充。示例代码如下：

```
imp = SimpleImputer(missing_values=np.nan,
strategy='median')
fc=c
imp.fit(fc)
fc=imp.transform(fc)
```

执行后的结果如图 5-4 所示。

（3）最频繁值填充。示例代码如下：

```
fD=data[['a','c']]
imp = SimpleImputer(missing_values=np.nan, strategy='most_frequent')
imp.fit(fD)
fD=imp.transform(fD)
```

执行后的结果如图 5-5 所示。

fc - NumPy array

	0	1	2	3
0	1	2	3	4
1	4	5	6	5
2	5	6	7	8
3	9	4	8	8

图 5-4

fD - NumPy array

	0	1
0	2	4
1	2	6
2	2	5
3	5	6
4	6	6

图 5-5

5.2.2 数据规范化

变量或指标的单位不同，导致有些指标数据值非常大，而有些指标数据值非常小，在模型运算过程中大的数据会把小的数据覆盖，导致模型失真。因此，需要对这些数据做规范化处理，或者说去量纲化。这里介绍两种常用的规范化处理方法：均值-方差规范化、极差规范化。

均值-方差规范化，是指变量或指标数据减去其均值再除以标准差得到新的数据。新的数据均值为 0，方差为 1，其公式如下：

$$x^* = \frac{x - \text{mean}(x)}{\text{std}(x)}$$

而极差规范化是指变量或指标数据减去其最小值，再除以最大值与最小值之差，得到新的数据。新的数据取值范围在[0,1]，其公式如下：

$$x^* = \frac{x - \min(x)}{\max(x) - \min(x)}$$

在介绍规范化方法之前，先将待规范化数据文件读入 Python 中。该数据文件在本书案例资源包中，是一个 Python 格式的二进制数据文件，文件名为 data.npy，可以采用 NumPy 包中的 load()函数读取。示例代码如下：

```
import numpy as np
data=np.load('data.npy')
data=data[:,1:]
```

执行后的结果如图 5-6 所示。

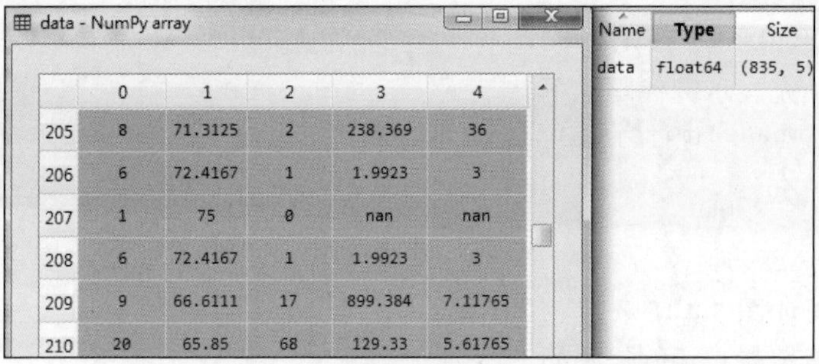

	0	1	2	3	4
205	8	71.3125	2	238.369	36
206	6	72.4167	1	1.9923	3
207	1	75	0	nan	nan
208	6	72.4167	1	1.9923	3
209	9	66.6111	17	899.384	7.11765
210	20	65.85	68	129.33	5.61765

图 5-6

从图 5-6 可以看出，不同指标的数据值差异是比较大的，需要做规范化处理。其中，存在空值（nan 值），在进行规范化操作之前需要先对其进行填充处理，这里采用按列均值填充策略进行填充。示例代码如下：

```
from sklearn.impute import SimpleImputer
imp = SimpleImputer(missing_values=np.nan, strategy='mean')
imp.fit(data)
data=imp.transform(data)
```

执行后的结果如图 5-7 所示。

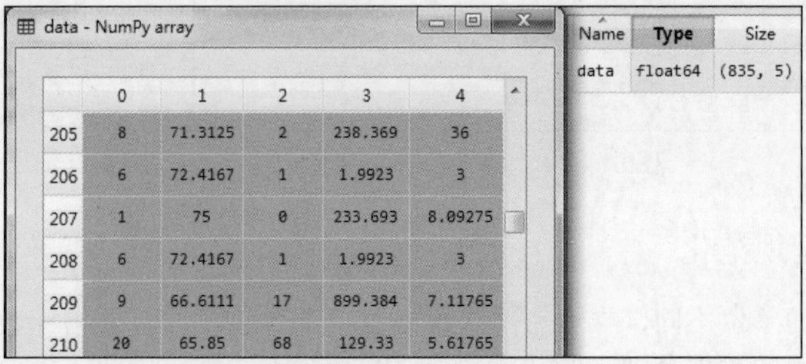

	0	1	2	3	4
205	8	71.3125	2	238.369	36
206	6	72.4167	1	1.9923	3
207	1	75	0	233.693	8.09275
208	6	72.4167	1	1.9923	3
209	9	66.6111	17	899.384	7.11765
210	20	65.85	68	129.33	5.61765

图 5-7

图 5-7 所示为填充后的数据，其变量名仍然为 data。为了区分，记 X=data，X1=data，对

X 做均值-方差规范化处理，对 X1 做极差规范化处理。下面分别对两种规范化方法进行介绍。

首先，对 X 做均值-方差规范化处理，基本步骤如下。

（1）导入均值-方差规范化模块 StandardScaler。

```
from sklearn.preprocessing import StandardScaler
```

（2）利用 StandardScaler 创建均值-方差规范化对象 scaler。

```
scaler = StandardScaler()
```

（3）调用 scaler 对象中的 fit()拟合方法，对待处理的数据 X 进行拟合训练。

```
scaler.fit(X)
```

（4）调用 scaler 对象中的 transform()方法，返回规范化后的数据集 X（覆盖原未规范化的 X）。

```
X=scaler.transform(X)
```

示例代码如下：

```
from sklearn.preprocessing import StandardScaler
X=data
scaler = StandardScaler()
scaler.fit(X)
X=scaler.transform(X)
```

执行后的结果如图 5-8 所示。

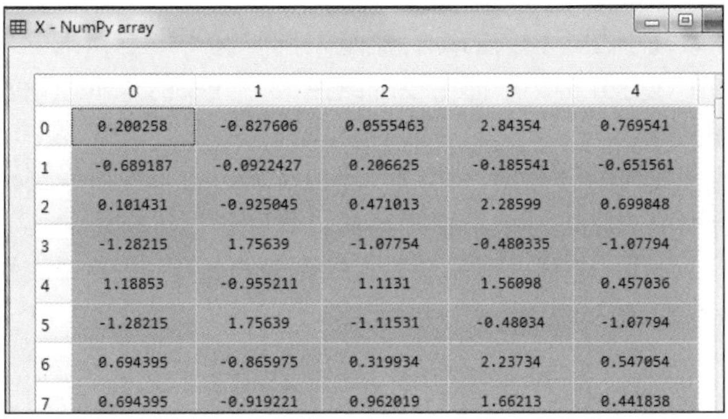

X - NumPy array

	0	1	2	3	4
0	0.200258	-0.827606	0.0555463	2.84354	0.769541
1	-0.689187	-0.0922427	0.206625	-0.185541	-0.651561
2	0.101431	-0.925045	0.471013	2.28599	0.699848
3	-1.28215	1.75639	-1.07754	-0.480335	-1.07794
4	1.18853	-0.955211	1.1131	1.56098	0.457036
5	-1.28215	1.75639	-1.11531	-0.48034	-1.07794
6	0.694395	-0.865975	0.319934	2.23734	0.547054
7	0.694395	-0.919221	0.962019	1.66213	0.441838

图 5-8

其次，对填充后的数据 X1 做极差规范化处理，基本步骤如下。

（1）导入极差规范化模块 MinMaxScaler。

```
from sklearn.preprocessing import MinMaxScaler   #导入极差规范化模块
```

（2）利用 MinMaxScaler 创建极差规范化对象 min_max_scaler。

```
min_max_scaler = MinMaxScaler()
```

（3）调用 min_max_scaler 中的 fit()拟合方法，对处理的数据 X1 进行拟合训练。

```
min_max_scaler.fit(X1)
```

（4）调用 min_max_scaler 中的 transform()方法，返回处理后的数据集 X1（覆盖原未处理的 X1）。

```
X1=min_max_scaler.transform(X1)
```

示例代码如下：

```
from sklearn.preprocessing import MinMaxScaler
X1=data
min_max_scaler = MinMaxScaler()
min_max_scaler.fit(X1)
x1=min_max_scaler.transform(X1)
```

执行后的结果如图 5-9 所示。

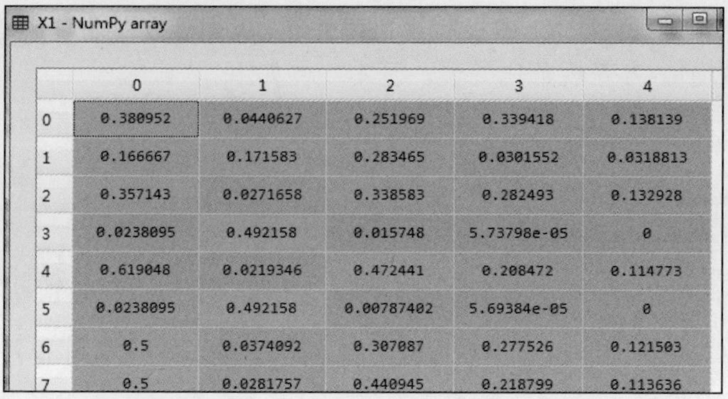

X1 - NumPy array

	0	1	2	3	4
0	0.380952	0.0440627	0.251969	0.339418	0.138139
1	0.166667	0.171583	0.283465	0.0301552	0.0318813
2	0.357143	0.0271658	0.338583	0.282493	0.132928
3	0.0238095	0.492158	0.015748	5.73798e-05	0
4	0.619048	0.0219346	0.472441	0.208472	0.114773
5	0.0238095	0.492158	0.00787402	5.69384e-05	0
6	0.5	0.0374092	0.307087	0.277526	0.121503
7	0.5	0.0281757	0.440945	0.218799	0.113636

图 5-9

5.2.3 主成分分析

在数据分析与挖掘中，通常会遇到众多变量，这些变量之间往往具有一定的相关性。例如身高、体重这两个指标，身高较高，其体重也相对较大；经营收入、净利润这两个指标，经营收入越高，其净利润也相对较高，这就是指标之间相关性的一种体现。如果众多指标之间具有较强的相关性，不仅会增加计算复杂度，也会影响模型的分析结果。一种思路就是把众多的变量转换为少数几个互不相关的综合变量，同时又不影响原来变量所反映的信息。这种方法在数学上称为主成分分析。下面主要介绍主成分分析的基本理论及 Python 实现方法。

1．主成分分析的理解

我们通常看到各种各样的排行榜，如综合国力排名、省市经济发展水平排名、大学综合排名等。这些排行榜不可能仅采用单个指标衡量，往往需要综合考虑各方面的因素，运用多方面的指标进行分析。例如，怎样对以下省、直辖市及自治区 2016 年农村居民人均可支配收入情况进行排名呢？（见表 5-1）

表 5-1　2016 年农村居民人均可支配收入情况　单位：元

省、直辖市及自治区	工资性收入	经营净收入	财产净收入	转移净收入
北京	16637.5	2061.9	1350.1	2260
天津	12048.1	5309.4	893.7	1824.4
河北	6263.2	3970	257.5	1428.6
山西	5204.4	2729.9	149	1999.1
内蒙古	2448.9	6215.7	452.6	2491.7
辽宁	5071.2	5635.5	257.6	1916.4
吉林	2363.1	7558.9	231.8	1969.1
黑龙江	2430.5	6425.9	572.7	2402.6
上海	18947.9	1387.9	859.6	4325
江苏	8731.7	5283.1	606	2984.8
浙江	14204.3	5621.9	661.8	2378.1
安徽	4291.4	4596.1	186.7	2646.2
福建	6785.2	5821.5	255.7	2136.9
江西	4954.7	4692.3	204.4	2286.4

省、直辖市及自治区	工资性收入	经营净收入	财产净收入	转移净收入
山东	5569.1	6266.6	358.7	1759.7
河南	4228	4643.2	168	2657.6
湖北	4023	5534	158.6	3009.3
湖南	4946.2	4138.6	143.1	2702.5
广东	7255.3	3883.6	365.8	3007.5
广西	2848.1	4759.2	149.2	2603
海南	4764.9	5315.7	139.1	1623.1
重庆	3965.6	4150.1	295.8	3137.3
四川	3737.6	4525.2	268.5	2671.8
贵州	3211	3115.8	67.1	1696.3
云南	2553.9	5043.7	152.2	1270.1
西藏	2204.9	5237.9	148.7	1502.3
陕西	3916	3057.9	159	2263.6
甘肃	2125	3261.4	128.4	1942
青海	2464.3	3197	325.2	2677.8
宁夏	3906.1	3937.5	291.8	1716.3
新疆	2527.1	5642	222.8	1791.3

注：数据来源于 2016 年《中国统计年鉴》。

关于排名，我们需要一个综合指标来衡量，但是这个综合指标该如何定义和计算呢？指标加权是一个通常的思路，例如：

$$Y_1 = a_{11}X_1 + a_{12}X_2 + a_{13}X_3 + a_{14}X_4$$

其中，$X_1 \sim X_4$ 是原来的指标，Y_1 是综合指标，$a_{11} \sim a_{14}$ 是对应的加权系数。那么如何确定系数 $a_{1j}(j=1,2,3,4)$ 呢？这里我们应该先将 $X_i(i=1,2,3,4)$ 看成一个随机变量，则 Y_1 由 X_i 线性加权获得，它也是一个随机变量。在本例中，X_i 反映了地区农村居民人均可支配收入某方面的指标，仅代表某方面的信息，它在综合指标 Y_1 中，其重要程度可以通过对应的 a_{1j} 来反映，可以称 a_{1j} 为信息系数。

X_i 是一个随机变量，Y_1 也是随机变量，考察随机变量主要考虑它的均值和方差。例如：

随机变量	X_1				X_2			
位	50	60	70	80	20	90	40	110
均值	65				65			
方差	166.66				1766.3			

因此，一个随机变量更多的是从方差的角度去考察，即其变异程度，故通常用方差去度量一个随机变量的"信息"。

多个随机变量的方差可以通过其协方差矩阵来考察。由于多个变量的单位不一样，为了消除量纲，通常需要对变量数据做规范化处理，规范化变量数据的协方差矩阵，即相关系数矩阵。本例的相关系数矩阵计算示例代码如下：

```
import pandas as pd
Data=pd.read_excel('农村居民人均可支配收入来源2016.xlsx')
X=Data.iloc[:,1:]
R=X.corr()
```

执行后的结果如图5-10所示。

Index	工资性收入	经营净收入	财产净收入	转移净收入
工资性收入	1	-0.388997	0.826683	0.401917
经营净收入	-0.388997	1	-0.205737	-0.314542
财产净收入	0.826683	-0.205737	1	0.297458
转移净收入	0.401917	-0.314542	0.297458	1

图 5-10

从相关系数矩阵可以看出，工资性收入与财产净收入相关程度较大，其他的变量之间相关程度不大。如何消除变量之间的相关性呢？一个想法就是通过某种变换生成新的变量，新的变量之间不相关，同时不丢失原来变量反映的信息（这里考虑其方差），如前面介绍的式子就是一种变换：

$$Y_1=a_{11}X_1+a_{12}X_2+a_{13}X_3+a_{14}X_4$$

不丢失原来变量反映的信息（方差），其数学表达式：

$$var(X_1)+\cdots+var(X_4)=var(Y_1)$$

如果 Y_1 还不足以保留原来的信息，则再构造一个 Y_2：

$$Y_2=a_{21}X_1+a_{22}X_2+a_{23}X_3+a_{24}X_4$$

使得 Y_1 和 Y_2 不相关，同时

$$var(X_1)+\cdots+var(X_4)=var(Y_1)+var(Y_2)$$

如果还不足以保留原来的信息，则继续构造 Y_3。总之，最多构造到 Y_4 一定能满足条件。一般地，前 k 个变换后的变量 $Y_1\cdots Y_k$，其方差之和与原变量总方差之比：

$$(var(Y_1)+var(Y_2)+\cdots+var(Y_k))/(var(X_1)+\cdots+var(X_4))$$

称其为 k 个变换后变量的信息占比。在实际应用中只需取少数几个变换后的变量。例如，它们的信息占比为90%，就可以说采用变换后的变量反映了原来变量90%的信息。

变量之间的相关性可以从相关系数矩阵来考察。以上的工作就是将原变量的相关系数矩阵通过变换，使得变换后的变量的相关系数矩阵非对角线上的元素变为0。同时，原变量相关系数矩阵的特征值等于变换后的变量的相关系数矩阵对角线之和。以上的讨论并不是严格的推导，选择什么样的变换？系数向量还有什么限制？并没有深入讨论这些，只是为了方便理解。下面我们将介绍严格的主成分分析数学模型。

2．主成分分析的数学模型

主成分分析是一种数学降维方法，其主要目的是找出几个综合变量来代替原来众多的变量，使得这些综合变量能尽可能地代表原来变量的信息且彼此互不相关。这种将多个变量转换为少数几个互不相关的综合变量的统计分析方法就称为主成分分析。

设 p 维随机变量 $X=(x_1,x_2,\cdots,x_p)^T$，其协方差矩阵为

$$\boldsymbol{\Sigma}=(\sigma_{ij})_p=E[(X-E(X))(X-E(X))^T]$$

变量 $x_1, x_2, \cdots, x_p$ 经过线性变换后得到新的综合变量 $Y_1,Y_2,\cdots,Y_p$，即

$$\begin{cases} Y_1 = l_{11}x_1 + l_{12}x_2 + \cdots + l_{1p}x_p \\ Y_2 = l_{21}x_1 + l_{22}x_2 + \cdots + l_{2p}x_p \\ \qquad\qquad \cdots \\ Y_p = l_{p1}x_1 + l_{p2}x_2 + \cdots + l_{pp}x_p \end{cases}$$

其中，系数 $\boldsymbol{l}_i = (l_{i1}, l_{i2}, \cdots, l_{ip})\,(i=1,2,\cdots,p)$ 为常数向量。要求满足以下条件：

$$l_{i1}^2 + l_{i2}^2 + \cdots + l_{ip}^2 = 1 \ \ (i=1,2,\cdots,p)$$
$$\mathrm{cov}(Y_i, Y_j) = 0 \ (i \neq j, i, j = 1, 2, \cdots, p)$$
$$\mathrm{var}(Y_1) \geqslant \mathrm{var}(Y_2) \geqslant \cdots \geqslant \mathrm{var}(Y_p) \geqslant 0$$

则称 Y_1 为第一主成分，Y_2 为第二主成分，依次类推，Y_p 为第 p 个主成分。这里 l_{ij} 称为主成分的系数。

3. 主成分分析的性质与定理

定理　设 p 维随机向量 $\boldsymbol{X}$ 的协方差矩阵 $\boldsymbol{\Sigma}$ 的特征值满足 $\lambda_1 \geqslant \lambda_2 \geqslant \cdots \geqslant \lambda_p$，相应的单位正交特征向量为 $\boldsymbol{e}_1, \boldsymbol{e}_2, \cdots, \boldsymbol{e}_p$，则 $\boldsymbol{X}$ 的第 i 个主成分为

$$Y_i = \boldsymbol{e}_i^{\mathrm{T}} \boldsymbol{X} = e_{i1}X_1 + e_{i2}X_2 + \cdots + e_{ip}X_p \quad (i=1,2,\cdots,p)$$

其中，$\boldsymbol{e}_i = (e_{i1}, e_{i2}, \cdots, e_{ip})^{\mathrm{T}}$，且

$$\begin{cases} \mathrm{var}(Y_k) = e_k^{\mathrm{T}} \boldsymbol{\Sigma} e_k = \lambda_k \ \ (k=1,2,\cdots,p) \\ \mathrm{cov}(Y_k, Y_j) = e_k^{\mathrm{T}} \boldsymbol{\Sigma} e_j = 0 \ \ (k \neq j, k, j = 1, 2, \cdots, p) \end{cases}$$

定理表明：求 $\boldsymbol{X}$ 的主成分等价于求它的协方差矩阵的所有特征值及相应的正交单位化特征向量。

推论　若记 $\boldsymbol{Y} = (Y_1, Y_2, \cdots, Y_p)^{\mathrm{T}}$ 为主成分向量，矩阵 $\boldsymbol{p} = (e_1, e_2, \cdots, e_p)$，则 $\boldsymbol{Y} = \boldsymbol{p}^{\mathrm{T}} \boldsymbol{X}$，且 $\boldsymbol{Y}$ 的协方差矩阵为

$$\boldsymbol{\Sigma}_Y = \boldsymbol{P}^{\mathrm{T}} \boldsymbol{\Sigma} \boldsymbol{P} = \boldsymbol{\Lambda} = \mathrm{Diag}(\lambda_1, \lambda_2, \cdots, \lambda_p)$$

主成分的总方差为

$$\sum_{i=1}^p \mathrm{var}(Y_i) = \sum_{i=1}^p \mathrm{var}(X_i)$$

此性质表明主成分分析是将 p 个原始变量的总方差分解为 p 个不相关变量 $Y_1, Y_2, \cdots, Y_p$ 的方差之和。$\lambda_k / \sum_{k=1}^p \lambda_k$ 描述了第 k 个主成分提取的信息占总信息的份额。我们称 $\lambda_k / \sum_{k=1}^p \lambda_k$ 为第 k 个主成分的贡献率，它表示第 k 个主成分提取的信息占总信息的份额。前 m 个主成分的贡献率之和，其公式如下：

$$\sum_{k=1}^m \lambda_k / \sum_{k=1}^p \lambda_k$$

这就是累计贡献率，它表示前 m 个主成分综合提供总信息的程度。通常，$m<p$ 且累计贡献率达到分析的要求，一般在 0.85 以上即可。

4．主成分分析的一般步骤

根据主成分分析的定理与推论，归纳出主成分分析的一般步骤如下：

（1）对原始数据进行标准化处理。

（2）计算样本相关系数矩阵。

（3）求相关系数矩阵的特征值和相应的特征向量。

（4）选择重要的主成分，并写出主成分表达式。

（5）计算主成分得分。

（6）依据主成分得分的数据，进一步从事统计分析。

5．Python 主成分分析应用举例

以表 5-1 所示的 2016 年农村居民人均可支配收入情况数据作为一个例子，讲解主成分分析，并基于主成分给出其综合排名，完整的计算思路及流程代码如下。

（1）数据获取及数据规范化处理，其中数据文件见本书的案例资源包。示例代码如下：

```
# 数据获取
import pandas as pd
Data=pd.read_excel('农村居民人均可支配收入来源2016.xlsx')
X=Data.iloc[:,1:]
# 数据规范化处理
from sklearn.preprocessing import StandardScaler
scaler = StandardScaler()
scaler.fit(X)
X=scaler.transform(X)
```

执行后的结果如图 5-11 所示。

	0	1	2	3
0	2.62268	-1.90653	3.65623	-0.0529033
1	1.52888	0.519942	2.00731	-0.752732
2	0.150156	-0.480833	-0.291211	-1.38862
3	-0.102189	-1.40741	-0.683209	-0.472061
4	-0.758911	1.19711	0.413664	0.319342
5	-0.133935	0.763598	-0.290849	-0.604926
6	-0.77936	2.20073	-0.384062	-0.520259
7	-0.763296	1.35417	0.847573	0.176196

图 5-11

（2）对标准化后的数据 **X** 做主成分分析，基本步骤如下。

① 导入主成分分析模块 PCA。

```
from sklearn.decomposition import PCA
```

② 利用 PCA 创建主成分分析对象 pca。

```
pca=PCA(n_components=0.95)          #这里设置累计贡献率为 0.95 以上
```

③ 调用 pca 对象中的 fit()方法，对待分析的数据进行拟合训练。

```
pca.fit(X)
```

④ 调用 pca 对象中的 transform()方法，返回提取的主成分。

```
Y=pca.transform(X)
```

⑤ 通过 pca 对象中的 components_属性、explained_variance_属性、explained_variance_ ratio_属性，返回主成分分析中对应的特征向量、特征值和主成分方差百分比（贡献率），比如：

```
tzxl=pca.components_               #返回特征向量
```

```
tz=pca.explained_variance_              #返回特征值
gxl=pca.explained_variance_ratio_       #返回主成分方差百分比（贡献率）
```

⑥ 主成分表达式及验证。由前面的分析我们知道，第 i 个主成分表示为

$$Y_i = l_{i1}x_1 + l_{i2}x_2 + \cdots + l_{ip}x_p$$

其中，$(l_{i1}, l_{i2}, \cdots, l_{ip})$ 代表第 i 个主成分对应的特征向量。例如，可以通过程序验证第 1 个主成分前面的 4 个分量的值。示例代码如下：

```
Y00=sum(X[0,:]*tzxl[0,:])
Y01=sum(X[1,:]*tzxl[0,:])
Y02=sum(X[2,:]*tzxl[0,:])
Y03=sum(X[3,:]*tzxl[0,:])。
```

主成分分析的示例代码如下：

```
from sklearn.decomposition import PCA
pca=PCA(n_components=0.95)
pca.fit(X)
Y=pca.transform(X)
tzxl=pca.components_
tz=pca.explained_variance_
gxl=pca.explained_variance_ratio_
Y00=sum(X[0,:]*tzxl[0,:])
Y01=sum(X[1,:]*tzxl[0,:])
Y02=sum(X[2,:]*tzxl[0,:])
Y03=sum(X[3,:]*tzxl[0,:])
```

执行后的结果如图 5-12 所示。

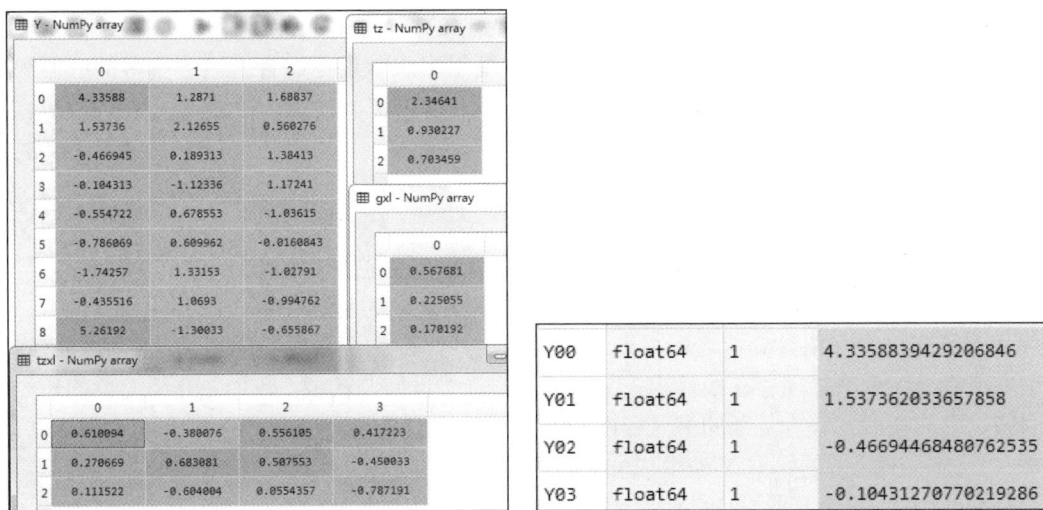

图 5-12

（3）基于主成分进行综合排名。记综合排名指标为 F，则 F 的计算公式如下：

$$F = g_1Y_1 + g_2F_2 + \cdots + g_mF_m$$

其中，m 表示提取的主成分个数，F_i 和 $g_i(i \leq m)$ 分别表示第 i 个主成分及其贡献率。综合排名示例代码如下：

```
F=gxl[0]*Y[:,0]+gxl[1]*Y[:,1]+gxl[2]*Y[:,2]    #综合得分=各主成分×贡献率之和
dq=list(Data['省、直辖市及地区'].values)           #提取省、直辖市及地区
Rs=pd.Series(F,index=dq)                       #以省、直辖市及地区作为索引，综合得分为值，构建序列
Rs=Rs.sort_values(ascending=False)             #按综合得分降序排序
```

执行后的结果如图 5-13 所示。

图 5-13

本例中原有 4 个变量，经过主成分分析提取了 3 个主成分变量，这 3 个主成分变量保留了 95%以上的信息。这种处理方法不仅可以降低数据的维度，还可以保留原来的大部分信息。后续的研究分析可以基于主成分展开，如本例中基于主成分进行综合排名，更多的应用还包括基于主成分回归、聚类、分类等。

5.3 线性回归

在数学中，变量之间可以用确定的函数关系来表示，这是比较常见的一种方式，然而在实际应用中，还存在许多变量之间不能用确定的函数关系来表示的例子。前文已经介绍过变量之间可能存在着相关性，那么变量之间的相关关系如何来表示呢？本节将介绍变量之间存在线性相关关系的模型：线性回归模型。我们先介绍简单的一元线性回归，进而拓展到较为复杂的多元线性回归，最后给出线性回归模型的 Python 实现方法。

线性回归

5.3.1 一元线性回归

一元线性回归就是自变量和因变量各只有一个的线性相关关系模型。下面我们先从一个简单的引例开始，介绍一元线性回归模型的提出背景，进而给出一元线性回归模型、一元线性回归方程、一元线性回归方程的参数估计和拟合优度等基本概念。

1. 引例

（1）有一则新闻：预计 20××年中国旅游业总收入将超过 3000 亿美元。这个数据是如何预测出来的呢？

旅游总收入（y）　　　　　居民平均收入（x）……

（2）身高预测问题：子女的身高（y），父母的身高（x），变量之间的相互关系主要有以下 3 种。

① 确定的函数关系，$y = f(x)$。

② 不确定的统计相关关系，$y = f(x) + \varepsilon$（随机误差）。

③ 没有关系，不用分析。

以上两个例子均属于第（2）种情况。

2．一元线性回归模型

$$y = \beta_0 + \beta_1 x + \varepsilon$$

y 为因变量（随机变量），x 为自变量（确定的变量），β_0 与 β_1 为模型系数，$\varepsilon \sim N(0, \sigma^2)$。每给定一个 x，就得到 y 的一个分布。

3．一元线性回归方程

对回归模型两边取数学期望，得到以下回归方程：

$$E(y) = \beta_0 + \beta_1 x$$

每给定一个 x，便有 y 的一个数学期望值与之对应，它们是一个函数关系。一般地，通过样本观测数据，可以估计出以上回归方程的参数，一般形式为

$$\hat{y} = \hat{\beta}_0 + \hat{\beta}_1 x$$

其中，$\hat{y}$、$\hat{\beta}_0$、$\hat{\beta}_1$ 为对期望值及两个参数的估计。

4．一元线性回归方程的参数估计

对总体 (x,y) 进行 n 次独立观测，获得 n 个样本观测数据，即 $(x_1,y_1),(x_2,y_2),\cdots,(x_n,y_n)$，将其绘制在图像上，如图 5-14 所示。

如何对这些观测值给出最合适的拟合直线呢？使用最小二乘法。其基本思路是真实的观测值与预测值（均值）总的偏差平方和最小，计算公式如下：

$$\min \sum_{i=1}^{n}[y_i - (\hat{\beta}_0 + \hat{\beta}_1 x_i)]^2$$

求解以上最优化问题，即得到

$$\hat{\beta}_0 = \overline{y} - \overline{x}\hat{\beta}_1$$

$$\hat{\beta}_1 = \frac{L_{xy}}{L_{xx}}$$

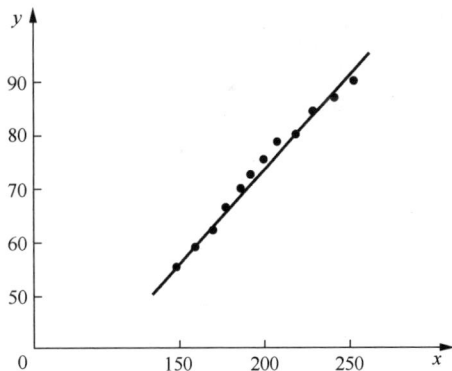

图 5-14

其中，

$$\overline{x} = \frac{1}{n}\sum_{i=1}^{n}x_i,\ \overline{y} = \frac{1}{n}\sum_{i=1}^{n}y_i,\ L_{xx} = \sum_{i=1}^{n}(x_i - \overline{x})^2,\ L_{xy} = \sum_{i=1}^{n}(x_i - \overline{x})(y_i - \overline{y})$$

于是就得到了基于经验的回归方程：

$$\hat{y} = \hat{\beta}_0 + \hat{\beta}_1 x$$

5．一元线性回归方程的拟合优度

经过前面的步骤我们获得了回归方程，那么这个回归方程的拟合程度如何？能否利用这个方程进行预测？可以通过拟合优度来判断。在介绍拟合优度概念之前，先介绍总离差平方和 TSS、回归平方和 RSS、残差平方和 ESS 这几个概念。计算公式分别如下：

$$TSS = \sum_{i=1}^{n}(y_i - \overline{y})^2$$

$$RSS = \sum_{i=1}^{n}(\hat{y}_i - \overline{y})^2$$

$$ESS = \sum_{i=1}^{n}(y_i - \hat{y}_i)^2$$

可以证明：$TSS = RSS + ESS$。x_i 取不同的值，$\hat{y}_i = \hat{\beta}_0 + \hat{\beta}_1 x_i (\hat{\beta}_1 \neq 0)$ 必然不同，由于 y 与 x 有显著线性关系，x 取值不同会引起 y 的变化。ESS 是由于 y 与 x 可能不是具有明显的线性关系及其他方面的因素而产生的误差。如果 RSS 远远大于 ESS，说明什么？说明回归的线性关系显著，可以用一个指标公式来计算：

$$R^2 = \frac{RSS}{TSS}$$

这称为拟合优度（判定系数），值越大，表明直线拟合程度越好。

5.3.2 多元线性回归

前文介绍了只有一个自变量和一个因变量的一元线性回归模型，然而在现实中自变量通常包含多个，这时称它为多元线性回归模型。下面我们给出多元线性回归模型、多元线性回归方程、多元线性回归方程参数估计和拟合优度等基本概念。

1．多元线性回归模型

$$Y = \beta_0 + \beta_1 X_1 + \beta_2 X_2 + \cdots + \beta_p X_p + \varepsilon$$

对于总体 $(X_1, X_2, \cdots, X_p; Y)$ 的 n 个观测值：

$$(x_{i1}, x_{i2}, \cdots, x_{ip}; y_i) \quad (i = 1, 2, \cdots, n; n > p)$$

它满足以下公式：

$$\begin{cases} y_1 = \beta_0 + \beta_1 x_{11} + \beta_2 x_{12} + \cdots + \beta_p x_{1p} + \varepsilon_1 \\ y_2 = \beta_0 + \beta_1 x_{21} + \beta_2 x_{22} + \cdots + \beta_p x_{2p} + \varepsilon_2 \\ \qquad\qquad\qquad \cdots \\ y_n = \beta_0 + \beta_1 x_{n1} + \beta_2 x_{n2} + \cdots + \beta_p x_{np} + \varepsilon_n \end{cases}$$

其中，ε_i 相互独立，且设 $\varepsilon_i \sim N(0, \sigma^2)(i = 1, 2, \cdots, n)$，记作：

$$Y = \begin{pmatrix} y_1 \\ y_2 \\ \vdots \\ y_n \end{pmatrix}, \quad X = \begin{pmatrix} 1 & x_{11} & x_{12} & \cdots & x_{1p} \\ 1 & x_{21} & x_{22} & \cdots & x_{2p} \\ \vdots & \vdots & \vdots & \cdots & \vdots \\ 1 & x_{n1} & x_{n2} & \cdots & x_{np} \end{pmatrix}, \quad \beta = \begin{pmatrix} \beta_0 \\ \beta_1 \\ \vdots \\ \beta_p \end{pmatrix}, \quad \varepsilon = \begin{pmatrix} \varepsilon_1 \\ \varepsilon_2 \\ \vdots \\ \varepsilon_n \end{pmatrix}$$

则多元线性回归模型的矩阵形式可以表示为 $Y = X\beta + \varepsilon$，其中，β 即为待估计的向量。

2．多元线性回归方程

两边取期望值，即得到以下回归方程：

$$E(Y) = X\beta$$

其一般的形式如下：

$$\hat{Y} = X\hat{\beta}$$

其中，$\hat{Y}$、$\hat{\beta}$ 分布为期望值及回归系数的估计。

3.多元线性回归方程参数估计

β 的参数估计（最小二乘法，过程略）：

$$\hat{\beta}=(\boldsymbol{X}^{\mathrm{T}}\boldsymbol{X})^{-1}\boldsymbol{X}^{\mathrm{T}}\boldsymbol{Y}$$

σ^2 的参数估计（推导过程略）：

$$\hat{\sigma}^2=\frac{1}{n-p-1}e^{\mathrm{T}}e$$

其中，$e=\boldsymbol{Y}-\hat{\boldsymbol{Y}}=(\boldsymbol{I}-\boldsymbol{H})\boldsymbol{Y},\boldsymbol{H}=\boldsymbol{X}(\boldsymbol{X}^{\mathrm{T}}\boldsymbol{X})^{-1}\boldsymbol{X}^{\mathrm{T}}$，$\boldsymbol{H}$ 称为对称幂等矩阵。

4.多元线性回归方程拟合优度

与一元线性回归模型类似，总离差平方和、回归平方和、残差平方和的公式如下：

$$TSS=\sum_{i=1}^{n}(y_i-\overline{y})^2=\boldsymbol{Y}^{\mathrm{T}}\left(\boldsymbol{I}-\frac{1}{n}\boldsymbol{J}\right)\boldsymbol{Y}$$

$$RSS=\sum_{i=1}^{n}(\hat{y}_i-\overline{y})^2=\boldsymbol{Y}^{\mathrm{T}}(\boldsymbol{I}-\boldsymbol{H})\boldsymbol{Y}$$

$$ESS=\sum_{i=1}^{n}(y_i-\hat{y}_i)^2=\boldsymbol{Y}^{\mathrm{T}}\left(\boldsymbol{H}-\frac{1}{n}\boldsymbol{J}\right)\boldsymbol{Y}$$

也可以证明：$TSS=RSS+ESS$。拟合优度（判定系数）公式如下：

$$R^2=\frac{RSS}{TSS}$$

5.3.3　Python 线性回归应用举例

在发电场中电能输出（PE）与温度（AT）、压力（V）、湿度（AP）、压强（RH）有关，相关测试数据（部分）如表 5-2 所示。

表 5-2　　　　　　　　　　　　　　　　发电场数据

AT	V	AP	RH	PE
8.34	40.77	1010.84	90.01	480.48
23.64	58.49	1011.4	74.2	445.75
29.74	56.9	1007.15	41.91	438.76
19.07	49.69	1007.22	76.79	453.09
11.8	40.66	1017.13	97.2	464.43
13.97	39.16	1016.05	84.6	470.96
22.1	71.29	1008.2	75.38	442.35
14.47	41.76	1021.98	78.41	464
31.25	69.51	1010.25	36.83	428.77
6.77	38.18	1017.8	81.13	484.31
28.28	68.67	1006.36	69.9	435.29
22.99	46.93	1014.15	49.42	451.41
29.3	70.04	1010.95	61.23	426.25

注：数据来源于 UCI 公共测试数据库。

需实现的功能如下：

（1）利用线性回归分析命令，求出 PE 与 AT、V、AP、RH 之间的线性回归关系式系数向量（包括常数项）和拟合优度（判定系数），并在命令窗口输出。

（2）现有某次测试数据 AT=28.4、V=50.6、AP=1011.9、RH=80.54，试预测其 PE 值。

计算思路及流程如下。

1．读取数据，确定自变量 *x* 和因变量 *y*

示例代码如下：

```
import pandas as pd
data = pd.read_excel('发电场数据.xlsx')
x = data.iloc[:,0:4].values
y = data.iloc[:,4].values
```

执行后的结果（部分）如图 5-15 所示。

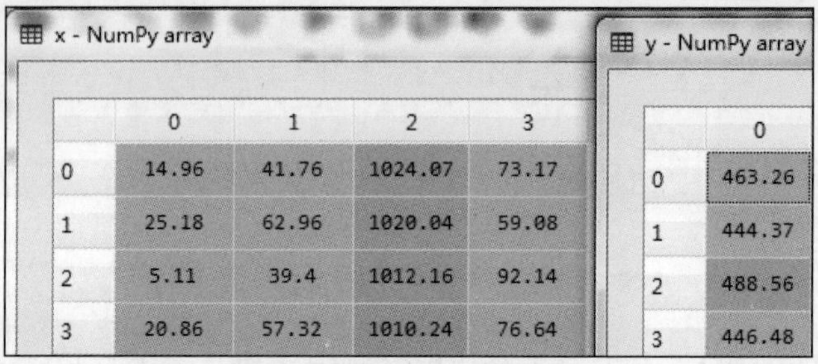
x - NumPy array

	0	1	2	3
0	14.96	41.76	1024.07	73.17
1	25.18	62.96	1020.04	59.08
2	5.11	39.4	1012.16	92.14
3	20.86	57.32	1010.24	76.64

y - NumPy array

	0
0	463.26
1	444.37
2	488.56
3	446.48

图 5-15

2．线性回归分析

线性回归分析基本步骤如下。

（1）导入线性回归模块（简称 LR）。

```
from sklearn.linear_model import LinearRegression as LR
```

（2）利用 LR 创建线性回归对象 lr。

```
lr = LR()
```

（3）调用 lr 对象中的 fit()方法，对数据进行拟合训练。

```
lr.fit(x, y)
```

（4）调用 lr 对象中的 score()方法，返回其拟合优度（判定系数），观察线性关系是否显著。

```
Slr=lr.score(x,y)    # 判定系数 R²
```

（5）取 lr 对象中的 coef_、intercept_属性，返回 *x* 对应的回归系数和回归系数常数项。

```
c_x=lr.coef_          # x 对应的回归系数
c_b=lr.intercept_     # 回归系数常数项
```

3．利用线性回归模型进行预测

（1）可以利用 lr 对象中的 predict()方法进行预测。

```
import numpy as np
x1=np.array([28.4,50.6,1011.9,80.54])
x1=x1.reshape(1,4)
R1=lr.predict(x1)
```

（2）也可以利用线性回归方程式进行预测，这个方法需要自行计算。

```
r1=x1*c_x
R2=r1.sum()+c_b    #计算预测值
```

线性回归完整的示例代码如下：

```
#1. 数据获取
import pandas as pd
data = pd.read_excel('发电场数据.xlsx')
```

```
x = data.iloc[:,0:4].values
y = data.iloc[:,4].values
#2. 导入线性回归模块（简称 LR）
from sklearn.linear_model import LinearRegression as LR
lr = LR()                    #创建线性回归模型类
lr.fit(x, y)                 #拟合
Slr=lr.score(x,y)            #判定系数 R²
c_x=lr.coef_                 #x 对应的回归系数
c_b=lr.intercept_            #回归系数常数项
#3. 预测
import numpy as np
x1=np.array([28.4,50.6,1011.9,80.54])
x1=x1.reshape(1,4)
R1=lr.predict(x1)            #采用自带函数预测
r1=x1*c_x
R2=r1.sum()+c_b              #计算预测值
print('x 回归系数：',c_x)
print('回归系数常数项：',c_b)
print('判定系数：',Slr)
print('样本预测值：',R1)
```

执行后的结果：

```
x 回归系数：[-1.97751311 -0.23391642  0.06208294 -0.1580541 ]
回归系数常数项：454.609274315
判定系数：0.928696089812
样本预测值：[ 436.70378447]
```

5.4　逻辑回归

逻辑回归

线性回归模型处理的因变量是数值型变量，描述的是因变量期望值与自变量之间的线性关系。然而在许多实际问题中，我们需要研究的因变量 y 不是数值型变量，而是名义变量或者分类变量，如 0、1 变量问题。如果我们继续使用线性回归模型预测 y 的值，那么会导致 y 的值并不是 0 或 1，最终问题得不到解决。下面我们介绍另一种称为逻辑回归的模型，用来解决此类问题。

5.4.1　逻辑回归模型

逻辑回归模型是使用一个函数来归一化 y 值，使 y 的取值在区间（0,1）内，这个函数称为 Logistic 函数，公式如下：

$$g(z) = \frac{1}{1+\mathrm{e}^{-z}}$$

其中，$z = \beta_0 + \beta_1 X_1 + \beta_2 X_2 + \cdots + \beta_k X_k + \varepsilon$，这样就将预测问题转化为一个概率问题。

一般以 0.5 为界，如果预测值大于 0.5，我们判断此时 y 更可能为 1，否则 $y=0$。

5.4.2　Python 逻辑回归模型应用举例

取 UCI 公共测试数据库中的澳大利亚信贷批准数据集作为本例的数据集，该数据集共有 14 个特征，1 个分类标签 y（1——同意贷款，0——不同意贷款），共 690 个申请者记录，部分数据如表 5-3 所示。

表 5-3 澳大利亚信贷批准数据（部分）

x_1	x_2	x_3	x_4	x_5	x_6	x_7	x_8	x_9	x_{10}	x_{11}	x_{12}	x_{13}	x_{14}	y
1	22.08	11.46	2	4	4	1.585	0	0	0	1	2	100	1213	0
0	22.67	7	2	8	4	0.165	0	0	0	0	2	160	1	0
0	29.58	1.75	1	4	4	1.25	0	0	0	1	2	280	1	0
0	21.67	11.5	1	5	3	0	1	1	11	1	2	0	1	1
1	20.17	8.17	2	6	4	1.96	1	1	14	0	2	60	159	1
0	15.83	0.585	2	8	8	1.5	1	1	2	0	2	100	1	1
1	17.42	6.5	1	3	4	0.125	0	0	0	0	2	60	101	0
0	58.67	4.46	2	11	8	3.04	1	1	6	0	2	43	561	1

......

以前 600 个申请者作为训练数据，后 90 个申请者作为测试数据，利用逻辑回归模型预测准确率。具体计算思路及流程如下。

1．数据获取

```
import pandas as pd
data = pd.read_excel('credit.xlsx')
```

2．训练样本与测试样本划分

训练样本与测试样本划分，其中训练用的特征数据用 x 表示，预测变量用 y 表示，测试样本则分别记为 $x1$ 和 $y1$。

```
x = data.iloc[:600,:14]
y = data.iloc[:600,14]
x1= data.iloc[600:,:14]
y1= data.iloc[600:,14]
```

3．逻辑回归分析

逻辑回归分析基本步骤如下。

（1）导入逻辑回归模块（简称 LR）。

```
from sklearn.linear_model import LogisticRegression as LR
```

（2）利用 LR 创建逻辑回归对象 lr。

```
lr = LR()
```

（3）调用 lr 中的 fit()方法进行训练。

```
lr.fit(x, y)
```

（4）调用 lr 中的 score()方法返回模型准确率。

```
r=lr.score(x, y);  # 模型准确率（针对训练数据）
```

（5）调用 lr 中的 predict()方法，对测试样本进行预测，获得预测结果。

```
R =lr.predict(x1)
```

逻辑回归分析完整的示例代码如下：

```
import pandas as pd
data = pd.read_excel('credit.xlsx')
x = data.iloc[:600,:14]
y = data.iloc[:600,14]
x1= data.iloc[600:,:14]
y1= data.iloc[600:,14]
from sklearn.linear_model import LogisticRegression as LR
lr= LR()    #创建逻辑回归模型类
lr.fit(x, y) #训练数据
r=lr.score(x, y); # 模型准确率（针对训练数据）
```

```
R=lr.predict(x1)
Z=R-y1
Rs=len(Z[Z==0])/len(Z)
print('预测结果: ',R)
print('预测准确率: ',Rs)
```

执行后的结果:

预测结果: [0 1 1 1 1 0 0 1 0 1 1 0 0 0 1 1 0 0 0 1 0 1 1 0 1 1 1 0 1 0 0 0 1 0 0
1 0
  0 0 1 0 1 1 0 1 0 1 0 1 0 1 1 1 0 0 1 0 0 1 0 0 0 1 0 1 1 0 0 0 1 0 0 1 1 0 1
  0 0 0 1 0 1 0 1 1 0 1 1 0 1 1 0]
预测准确率: 0.8333333333333334

5.5 神经网络

神经网络

人工神经网络是一种模拟大脑神经突触连接结构处理信息的数学模型，在工业界和学术界也常直接将其简称为神经网络。神经网络可以用于分类问题，也可以用于预测问题，特别是预测非线性关系问题。为了方便理解，下面通过一个简单例子来说明神经网络的模拟思想，进而给出其网络结构和数学模型。最后介绍利用神经网络解决分类问题和预测问题的示例及 Python 实现方法。

5.5.1 神经网络模拟思想

1．孩子的日常辨识能力

一个孩子从生下来，就开始不断地学习。他的大脑就好比一个能不断接受新事物，同时能识别事物的庞大而复杂的模型，大脑模型不断地接受外界的信息，并对其进行判断和处理。小孩会说话后，总喜欢问这问那，并不断地说出这是什么那是什么。即使很多是错误的，但经过大人的纠正后，小孩终于能辨识日常中一些常见的事物了，这就是一个监督学习的过程。某一天，大人带着小孩来到一个农场，远远地就看到一大片绿油油的稻田，小孩兴奋地说出"好大的一片稻田"，大人乐了。因为小孩的大脑已经是一个经过长时间学习训练的"模型"，具备了一定的辨识能力。

2．孩子大脑学习训练的模拟

大脑由非常多的神经元组成，各个神经元之间相互连接，形成一个非常复杂的神经网络。人工模拟大脑的学习训练模型称为人工神经网络模型。以下是大脑中一个神经元的学习训练模型，如图 5-16 所示。

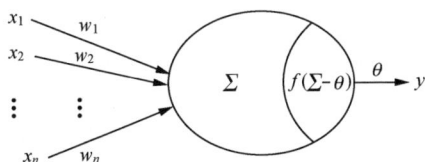

图 5-16

$x_1, x_2, \cdots, x_n$ 可以理解为 n 个输入信号（信息），$w_1, w_2, \cdots, w_n$ 可以理解为对 n 个输入信号的加权，从而得到一个综合信号 $\Sigma = \sum_{i=1}^{n} w_i x_i$（对输入信号进行加权求和）。神经元需要对这个综合信号做出反应，即引入一个阈值 θ 并与综合信号比较，根据比较的结果做出不同的反应，即输出 y。这里用一个称为激发函数的函数 $f(\Sigma - \theta)$ 来模拟其反应，从而获得反应值，并进行判别。

例如，你蒙上眼睛，要判断面前的人是男孩，还是女孩。我们可以做一个简单的假设（大脑只有一个神经元），只用一个输入信号 x_1=头发长度（如 50cm），权重为 1，则其综合信号

103

$\Sigma = x_1 = 50$，我们用一个二值函数作为激发函数：

$$f(x) = \begin{cases} 1, x > 0 \\ 0, x \leqslant 0 \end{cases}$$

假设阈值 $\theta = 12$，由于 $\Sigma = x_1 = 50$，因此 $f(\Sigma - 12) = f(38) = 1$，由此我们可以得到，输出 1 为女孩，输出 0 为男孩。

那么如何确定阈值是 12，输出 1 表示女孩，而输出 0 表示男孩呢？这就要通过日常生活中的大量实践来认识。

数学模型不像人可以通过日常中漫长的学习和实践训练，它只能通过样本数据来训练，从而获得模型的参数并应用。例如，可以选择 1000 个人，其中 500 个人是男孩，500 个人是女孩，分别量其头发长度，输入以上模型进行训练，训练的准则是判别正确率最大化。

（1）取 $\theta = 1$，这时判别正确率应该非常低。

（2）θ 取值依次增加，假设 $\theta = 12$ 时为最大，达到 0.95；当 $\theta > 12$ 时，判别的正确率开始下降，故可以认为 $\theta = 12$ 时达到判别正确率最大。这个时候，其中 95%的男孩对应的函数值为 0，同样 95%的女孩对应的函数值为 1。如果选用这个模型进行判别，其判别正确率达到 0.95。

以上两步训练完成即得到参数 $\theta = 12$，有 95%的可能性输出 1 表示判别为女孩，输出 0 表示判别为男孩。

以上的分析只是便于理解，实际情况比这复杂得多，人的大脑由上亿个神经元组成，其网络结构也非常复杂。借鉴人的大脑的工作机理和活动规律，简化其网络结构，并用数学模型来模拟，从而提出神经网络模型。比较常用的神经网络模型有 BP 神经网络模型等。

5.5.2　神经网络结构及数学模型

这里介绍目前常用的 BP 神经网络，其网络结构及数学模型如图 5-17 所示。

x 为 m 维向量，y 为 n 维向量，隐含层有 q 个神经元。假设有 N 个样本数据，$\{y(t), x(t), t = 1, 2, \cdots, N\}$。从输入层到隐含层的权重记为 $V_{jk}(j = 1, 2, \cdots, m; k = 1, 2, \cdots, q)$，从隐含层到输出层的权重记为 $W_{ki}(k = 1, 2, \cdots, q, i = 1, 2, \cdots, n)$。记第 t 个样本 $x(t) = \{x_1(t), x_2(t), \cdots, x_m(t)\}$ 输

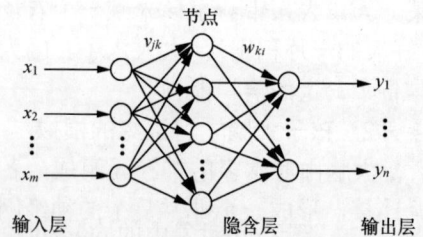

图 5-17

入网络时，隐含层单元的输出为 $H_k(t)$ $(k = 1, 2, \cdots, q)$，输出层单元的输出为 $\hat{f}_i(t)$ $(i = 1, 2, \cdots, n)$，即

$$H_k(t) = g(\sum_{j=0}^{m} V_{jk} x_j(t)) \, (k = 1, 2, \cdots, q)$$

$$\hat{f}_i(t) = f(\sum_{k=0}^{q} W_{ki} H_k(t)) \, (i = 1, 2, \cdots, n)$$

这里 V_{0k} 为对应输入神经元的阈值，$x_0(t)$ 通常为 1，W_{0i} 为对应隐含层神经元的阈值，$H_0(t)$ 通常为 1，$g(x)$ 和 $f(x)$ 分别为隐含层、输出层神经元的激发函数。常用的激发函数如下：

$$f(x) = \frac{1}{1 + e^{-ax}} \text{ 或 } f(x) = \tanh(x) \text{（双曲正切函数）}$$

由图 5-17 可以看出，我们选定隐含层及输出层神经元的个数和激发函数后，这个神经网络就只有输入层至隐含层、隐含层至输出层的参数未知了。一旦确定了这些参数，神经网络就可以工作了。如何确定这些参数呢？基本思路如下：通过输入层的 N 个样本数据，使得真实的 y 值与网络的预测值的误差最小即可，它变成了一个优化问题，记 $w = \{V_{jk}, W_{ki}\}$，则优化问题的函数如下：

$$\min E(w) = \frac{1}{2}\sum_{i,t}(y_i(t) - \hat{y}_i(t))^2 = \frac{1}{2}\sum_{i,t}[y_i(t) - f(\sum_{k=0}^{q}W_{ki}H_k(t))]^2$$

如何求解这个优化问题以获得最优的 w^* 呢？常用的有 BP 算法，这里不再介绍该算法的具体细节，本节着重介绍如何利用 Python 进行神经网络模型应用。

5.5.3 Python 神经网络分类应用举例

仍以 5.4.2 节的澳大利亚信贷批准数据集为例，介绍 Python 神经网络分类模型的应用。具体计算思路及流程如下。

1. 数据获取、训练样本与测试样本的划分

数据获取、训练样本与测试样本的划分同 5.4.2 节。

2. 神经网络分类模型构建

（1）导入神经网络分类模块 MLPClassifier。

```
from sklearn.neural_network import MLPClassifier
```

（2）利用 MLPClassifier 创建神经网络分类对象 clf。

```
clf = MLPClassifier(solver='lbfgs', alpha=1e-5,hidden_layer_sizes=(5,2), random_state=1)
```

参数说明如下。

solver：神经网络优化求解算法，包括 lbfgs、sgd、adam 这 3 种，默认值为 adam。

alpha：模型训练误差，默认值为 0.0001。

hidden_layer_sizes：隐含层神经元个数。如果是单层神经元，设置具体数值即可，本例中隐含层有两层，即 5×2。

random_state：默认设置为 1 即可。

（3）调用 clf 对象中的 fit()方法进行网络训练。

```
clf.fit(x, y)
```

（4）调用 clf 对象中的 score ()方法，获得神经网络的预测准确率（针对训练数据）。

```
rv=clf.score(x,y)
```

（5）调用 clf 对象中的 predict()方法可以对测试样本进行预测，获得预测结果。

```
R=clf.predict(x1)
```

示例代码如下：

```
import pandas as pd
data = pd.read_excel('credit.xlsx')
x = data.iloc[:600,:14].values
y = data.iloc[:600,14].values
x1 = data.iloc[600:,:14].values
y1 = data.iloc[600:,14].values
from sklearn.neural_network import MLPClassifier
clf = MLPClassifier(solver='lbfgs', alpha=1e-5,hidden_layer_sizes=(5,2), random_state=1)
clf.fit(x, y);
rv=clf.score(x,y)
R=clf.predict(x1)
```

```
Z=R-y1
Rs=len(Z[Z==0])/len(Z)
print('预测结果: ',R)
print('预测准确率: ',Rs)
```
执行后的结果如下。

预测结果: [0 1 1 1 1 0 0 1 0 1 1 0 0 0 1 1 0 0 0 1 0 1 1 0 1 0 0 0 0 0 0 0 0 0 0
0 0

　0 0 0 0 1 1 0 1 0 1 1 0 1 0 0 0 1 0 0 1 0 0 0 1 0 1 0 0 0 0 0 0 0 0 0 0
　0 0 0 0 0 1 0 0 1 0 1 1 0 0 1 0]

预测准确率: 0.8222222222222222

5.5.4　Python 神经网络回归应用举例

仍以 5.3.3 小节中的发电场数据为例，预测 AT=28.4，V=50.6，AP=1011.9，RH=80.54 时的 PE 值。计算思路及流程如下。

1. 数据获取及训练样本构建

训练样本的特征输入变量用 x 表示，输出变量用 y 表示。

```
import pandas as pd
data=pd.read_excel('发电场数据.xlsx')
x=data.iloc[:,0:4]
y=data.iloc[:,4]
```

2. 预测样本的构建

预测样本的输入特征变量用 $x1$ 表示。

```
import numpy as np
x1=np.array([28.4,50.6,1011.9,80.54])
x1=x1.reshape(1,4)
```

3. 神经网络回归模型构建

神经网络回归模型构建的方法如下。

（1）导入神经网络回归模块 MLPRegressor。

```
from sklearn.neural_network import MLPRegressor
```

（2）利用 MLPRegressor 创建神经网络回归对象 clf。

```
clf=MLPRegressor(solver='lbfgs', alpha=1e-5,hidden_layer_sizes=8, random_
state=1)
```

参数说明如下。

solver：神经网络优化求解算法，包括 lbfgs、sgd、adam 这 3 种，默认为 adam。

alpha：模型训练误差，默认为 0.0001。

hidden_layer_sizes：隐含层神经元个数。如果是单层神经元，设置具体数值即可。如果是多层，如隐含层有两层 5×2，则 hidden_layer_sizes=(5,2)。

random_state：默认设置为 1 即可。

（3）调用 clf 对象中的 fit()方法进行网络训练。

```
clf.fit(x, y)
```

（4）调用 clf 对象中的 score ()方法，获得神经网络回归的拟合优度（判决系数）。

```
rv=clf.score(x,y)
```

（5）调用 clf 对象中的 predict()可以对测试样本进行预测，获得预测结果。

```
R=clf.predict(x1)
```

示例代码如下：

```
import pandas as pd
data=pd.read_excel('发电场数据.xlsx')
```

```
x=data.iloc[:,0:4]
y=data.iloc[:,4]
from sklearn.neural_network import MLPRegressor
clf=MLPRegressor(solver='lbfgs', alpha=1e-5,hidden_layer_sizes=8, random_state=1)
clf.fit(x, y);
rv=clf.score(x,y)
import numpy as np
x1=np.array([28.4,50.6,1011.9,80.54])
x1=x1.reshape(1,4)
R=clf.predict(x1)
print('样本预测值: ',R)
```

输出结果如下。

样本预测值: [439.27258187]

支持向量机

5.6　支持向量机

支持向量机（Support Vector Machine，SVM）在小样本、非线性及高维模式识别中具有突出优势。支持向量机是机器学习中非常优秀的算法，主要用于分类问题，在文本分类、图像识别、数据挖掘领域中均具有广泛的应用。由于支持向量机的数学模型和数学推导比较复杂，下面主要介绍支持向量机的基本原理和利用 Python 中的支持向量机函数来解决实际问题。

5.6.1　支持向量机原理

支持向量机基于统计学理论，强调结构风险最小化。其基本思想：对于一个给定有限数量训练样本的学习任务，通过在原空间或投影后的高维空间中构造最优分离超平面，将给定的两类训练样本分开，构造分离超平面的依据是两类样本对分离超平面的最小距离最大化。它的思想可用图 5-18 说明，图中描述的是两类样本线性可分的情形，图中圆形和星形分别代表两类样本。

根据支持向量机原理，建立模型就是要找到最优分离超平面（最大间隔分离样本的超平面）分开两类样本。最优分离超平面可以记为

$$w^\mathrm{T}x+b=0$$

这样位于最优分离超平面上方的点满足：

$$w^\mathrm{T}x+b>0$$

位于最优分离超平面下方的点满足：

$$w^\mathrm{T}x+b<0$$

通过调整权重 w，边缘的超平面可以记为

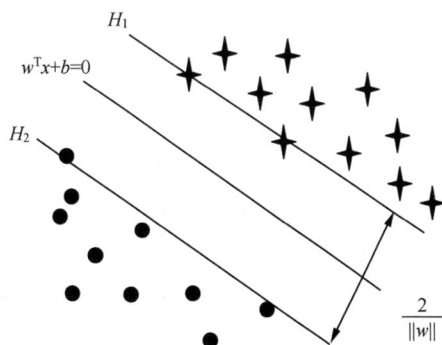

图 5-18

$$H_1:\quad w^\mathrm{T}x+b\geqslant 1 \qquad 对所有的 y_i=+1$$

$$H_2:\quad w^\mathrm{T}x+b\leqslant -1 \qquad 对所有的 y_i=-1$$

即落在 H_1 或者其上方的为正类，落在 H_2 或者其下方的为负类，综合以上得到：

$$y_i(w^\mathrm{T}x+b)\geqslant 1,\forall i$$

落在 H_1 或者 H_2 上的训练样本，称为支持向量。

从最优分离超平面到 H_1 上任意点的距离为 $\dfrac{1}{\|w\|}$，同理，到 H_2 上任意点的距离也为 $\dfrac{1}{\|w\|}$，则最大边缘间隔为 $\dfrac{2}{\|w\|}$。

如何寻找最优分离超平面和支持向量机，需要用到更高的数学理论知识及技巧，这里不再介绍。对于非线性可分的情形，可以通过非线性映射将原数据变换到更高维空间，在新的高维空间中实现线性可分。这种非线性映射可以通过核函数来实现，常用的核函数如下。

1. 高斯核函数

$$K(x_i, x_j) = e^{-\|x_i - x_j\|^2 / 2\delta^2}$$

2. 多项式核函数

$$K(x_i, x_j) = (x_i x_j + 1)^h$$

3. sigmoid 核函数

$$K(x_i, x_j) = \tanh(kx_i x_j - \delta)$$

本小节我们主要学习、理解支持向量机的基本原理，对于支持向量机更深层次的数学推导和技巧不做要求。下面主要学习如何利用 Python 机器学习包中提供的支持向量机求解命令来解决实际问题。

5.6.2　Python 支持向量机应用举例

取自 UCI 公共测试数据库中的汽车评价数据集作为本例的数据集，该数据集共有 6 个特征、1 个分类标签，共 1728 条记录，部分数据如表 5-4 所示。

表 5-4　　　　　　　　　　　　　汽车评价数据（部分）

a_1	a_2	a_3	a_4	a_5	a_6	d
4	4	2	2	3	2	3
4	4	2	2	3	3	3
4	4	2	2	3	1	3
4	4	2	2	2	2	3
4	4	2	2	2	3	3
4	4	2	2	2	1	3
4	4	2	2	1	2	3
4	4	2	2	1	3	3
4	4	2	2	1	1	3
4	4	2	4	3	2	3
4	4	2	4	3	3	3
4	4	2	4	3	1	3

······

其中，特征 a_1～a_6 的含义及取值依次为

```
buying      v-high, high, med, low
maint       v-high, high, med, low
doors       2, 3, 4, 5-more
persons     2, 4, more
```

```
lug_boot       small, med, big
safety         low, med, high
```

分类标签 d 的取值情况为

```
unacc          1
acc            2
good           3
v-good         4
```

取数据集的前 1690 条记录作为训练集，余下的作为测试集，计算预测准确率。计算流程及思路如下。

1. 数据获取

```
import pandas as pd
data = pd.read_excel('car.xlsx')
```

2. 训练样本与测试样本划分

训练用的特征数据用 x 表示，预测变量用 y 表示，测试样本则分别记为 $x1$ 和 $y1$。

```
x = data.iloc[:1690,:6].values
y = data.iloc[:1690,6].values
x1= data.iloc[1691:,:6].values
y1= data.iloc[1691:,6].values
```

3. 支持向量机分类模型构建

支持向量机分类模型构建的方法如下。

（1）导入支持向量机模块 svm。

```
from sklearn import svm
```

（2）利用 svm 创建支持向量机类 svm。

```
clf = svm.SVC(kernel='rbf')
```

其中，核函数可以选择线性核函数、多项式核函数、高斯核函数、sigmoid 核，分别用 linear、poly、rbf、sigmoid 表示，默认情况下选择高斯核函数。

（3）调用 svm 中的 fit()方法进行训练。

```
clf.fit(x, y)
```

（4）调用 svm 中的 score()方法，考查训练效果。

```
rv=clf.score(x, y); # 模型准确率（针对训练数据）
```

（5）调用 svm 中的 predict()方法，对测试样本进行预测，获得预测结果。

```
R=clf.predict(x1)
```

示例代码如下：

```
import pandas as pd
data = pd.read_excel('car.xlsx')
x = data.iloc[:1690,:6].values
y = data.iloc[:1690,6].values
x1= data.iloc[1691:,:6].values
y1= data.iloc[1691:,6].values
from sklearn import svm
clf = svm.SVC(kernel='rbf')
clf.fit(x, y)
rv=clf.score(x, y);
R=clf.predict(x1)
Z=R-y1
Rs=len(Z[Z==0])/len(Z)
print('预测结果: ',R)
print('预测准确率: ',Rs)
```

输出结果如下。

```
预测结果: [4 3 1 1 3 1 4 3 1 4 3 3 3 3 3 3 3 3 3 3 3 1 3 1 4 3 1 4 1 4 3 3 1 3 1 3 1 4 3 1 4]
预测准确率: 0.7027027027027027
```

5.7 *K*-均值聚类

聚类分析主要是使类内的样本尽可能相似，而类之间的样本尽可能相异。

聚类问题的一般提法是，设有 n 个样本的 p 维观测数据组成一个数据矩阵：

$$X = \begin{pmatrix} x_{11} & x_{12} & \cdots & x_{1p} \\ x_{21} & x_{22} & \cdots & x_{2p} \\ \vdots & \vdots & & \vdots \\ x_{n1} & x_{n2} & \cdots & x_{np} \end{pmatrix}$$

其中，每一行表示一个样本，每一列表示一个指标，x_{ij} 表示第 i 个样本关于第 j 项指标的观测值，并根据观测值矩阵 X 对样本进行聚类。聚类分析的基本思想：在样本之间定义距离，距离表明样本之间的相似度，距离越小，相似度越高，关系越紧密；将关系密切的聚集为一类，关系疏远的聚集为另一类，直到所有样本都聚集完毕。

聚类分析旨在找出数据对象之间的关系，对原数据进行分组并定义标签，标准是每个大组之间存在一定的差异性，而组内的对象存在一定的相似性。因此大组之间差异越大，组内的对象相似度越高，最终的聚类效果就越显著。

K-均值聚类算法是数据挖掘中的经典聚类算法，它是一种划分型聚类算法，简洁和高效使得它已成为所有聚类算法中较广泛使用的算法。下面我们详细介绍 *K*-均值聚类算法的原理、执行流程和 Python 实现方法。

5.7.1 *K*-均值聚类的基本原理

K-均值聚类是一种基于原型的、根据距离划分组的算法，其时间复杂度比其他聚类算法低，用户需指定划分组的个数 K。其中，*K*-均值聚类常见距离测度包括欧几里得距离（也称欧氏距离）、曼哈顿距离、切比雪夫距离等。通常情况下，*K*-均值聚类分析默认采用欧氏距离进行计算，不仅计算方便，而且很容易解释对象之间的关系。欧氏距离的公式如下：

$$d_{ij} = \sqrt{\sum_{m=1}^{n} (x_{im} - x_{jm})^2}$$

表示第 i 个样本与第 j 个样本之间的欧氏距离。

K-均值聚类算法的直观理解如下：

Step1：随机初始化 K 个聚类中心，即 K 个类中心向量。

Step2：对每个样本，计算其与各个类中心向量的距离，并将该样本指派给距离最小的类。

Step3：更新每个类的中心向量，更新的方法为取该类所有样本的特征向量均值。

Step4：直到各个类的中心向量不再发生变化为止，作为退出条件。

例如，有以下 8 个数据样本：

x_i	1.5	1.7	1.6	2.1	2.2	2.4	2.5	1.8
y_i	2.5	1.3	2.2	6.2	5.2	7.1	6.8	1.9

将 8 个数据样本聚为两类，其 *K*-均值聚类算法执行如下：

Step1：初始化两个类的聚类中心，这里取第 1 个、第 2 个样本分别为两个类的聚类中心。

C1=（1.5,2.5）

C2=（1.7,1.3）

Step2：分别计算每个样本到达各个聚类中心的距离如下：

到达 C1 的距离：0   1.22   0.32   3.75   2.79   4.69   4.41   0.67

到达 C2 的距离：1.22   0   0.91   4.92   3.93   5.84   5.56   0.61

各样本所属类：   1   2   1   1   1   1   1   2

Step3：更新聚类中心，更新方法为计算所属类的特征向量的均值。

例如，C1 聚类中心向量的 x 分量为样本 1、3、4、5、6、7 的特征 x 分量的均值，y 分量为样本 1、3、4、5、6、7 的特征 y 分量的均值。C2 聚类中心向量则分别为样本 2、8 的特征向量的均值。

C1=（（1.5+1.6+2.1+2.2+2.4+2.5）/6,（2.5+2.2+6.2+5.2+7.1+6.8）/6）=（2.05,5）

C2=（（1.7+1.8）/2,（1.3+1.9）/2）=（1.75,1.6）

返回 Step2，重新计算各样本到达各聚类中心的距离。

到达 C1 的距离：2.56   3.72   2.84   1.2   0.25   2.13   1.86   3.11

到达 C2 的距离：0.93   0.3   0.62   4.61   3.63   5.54   5.25   0.3

各样本所属类：   2   2   2   1   1   1   1   2

同理，更新聚类中心得

C1=(2.3,6.325)

C2=(1.65,1.975)

返回 Step2，重新计算各样本到达各聚类中心的距离。

到达 C1 的距离：3.91   5.06   4.18   0.24   1.13   0.78   0.52   4.45

到达 C2 的距离：0.55   0.68   0.23   4.25   3.27   5.18   4.9   0.17

各样本所属类：   2   2   2   1   1   1   1   2

同理，更新聚类中心得

C1=(2.3,6.325)

C2=(1.65,1.975)

Step4：这里我们发现，聚类中心不再发生变化，而且类归属也没有发生变化。其实正是因为类归属没有发生变化，才导致了聚类中心不再发生变化，达到算法终止条件。故样本 1、2、3、8 归为一类，样本 4、5、6、7 归为另一类。

我们可以使用 Python 编写 K-均值聚类算法程序，这样能更好地对 K-均值聚类算法进行理解，参考程序如下：

```
def K_mean(data,knum):
    #输入：data——聚类特征数据集，数据结构要求为 NumPy 数值数组
    #输入：knum——聚类个数
    #返回值，data 后面加一列类别，显示类别
    import pandas as pd
    import numpy as np
    p=len(data[0,:])                    #聚类数据维度
    cluscenter=np.zeros((knum,p))       #预定义元素为全 0 的初始聚类中心
    lastcluscenter=np.zeros((knum,p))   #预定义元素为全 0 的旧聚类中心
    #初始聚类中心和旧聚类中心初始化，取数据的前 knum 行作为初始值
    for i in range(knum):
      cluscenter[i,:]=data[i,:]
      lastcluscenter[i,:]=data[i,:]
    #预定义聚类类别一维数组，用于存放每次计算样本的所属类别
    clusindex=np.zeros((len(data)))
    while 1:
        for i in range(len(data)):
            #计算第 i 个样本到各个聚类中心的欧氏距离
```

```
#预定义 sumsquare，用于存放第 i 个样本到各个聚类中心的欧氏距离
sumsquare=np.zeros((knum))
for k in range(knum):
    sumsquare[k]=sum((data[i,:]-cluscenter[k,:])**2)
sumsquare=np.sqrt(sumsquare)
#对第 i 个样本到各个聚类中心的欧氏距离进行升序排序
s=pd.Series(sumsquare).sort_values()
#判断第 i 个样本的类归属（距离最小，即 s 序列中第 0 个位置的索引）
clusindex[i]=s.index[0]
#将聚类结果添加到聚类数据最后一列
clusdata=np.hstack((data,clusindex.reshape((len(data),1))))
#更新聚类中心，新的聚类中心为对应类别样本特征的均值
for i in range(knum):
    cluscenter[i,:]=np.mean(clusdata[clusdata[:,p]==i,:-1],0).reshape (1,p)
#新的聚类中心与旧的聚类中心相减
t=abs(lastcluscenter-cluscenter)
#如果新的聚类中心与旧的聚类中心一致，即聚类中心不发生变化
#返回聚类结果，并退出循环
if sum(sum(t))==0:
    return clusdata
    break
#如果更新的聚类中心与旧的聚类中心不一致
#将更新的聚类中心赋给旧的聚类中心，进入下一次循环
else:
    for k in range(knum):
        lastcluscenter[k,:]=cluscenter[k,:]
```

调用该算法函数，并绘制聚类效果图，代码如下：

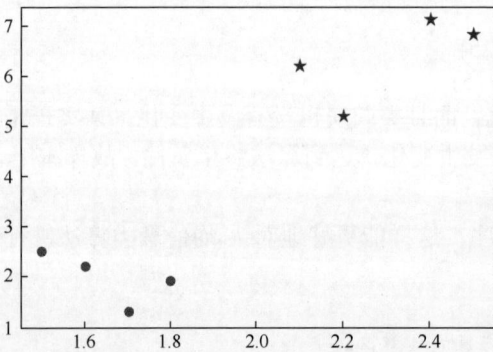

图 5-19

```
import pandas as pd
D=pd.read_excel('D.xlsx',header=None)
D=D.values
r=K_mean(D,2)
x0=r[r[:,2]==0,0]
y0=r[r[:,2]==0,1]
x1=r[r[:,2]==1,0]
y1=r[r[:,2]==1,1]
import matplotlib.pyplot as plt
plt.plot(x0,y0,'r*')
plt.plot(x1,y1,'bo')
```

执行后的结果如图 5-19 所示。

从图 5-19 可以看出，样本被明显地归结为星形为 1 类，圆形为 2 类两类。

5.7.2 Python K-均值聚类算法应用举例

对表 5-1 所示的 31 个地区 2016 年农村居民人均可支配收入情况做聚类分析，计算思路及流程如下。

1. 数据获取及标准化处理

```
import pandas as pd
data=pd.read_excel('农村居民人均可支配收入来源2016.xlsx')
X=data.iloc[:,1:]
from sklearn.preprocessing import StandardScaler
scaler = StandardScaler()
scaler.fit(X)
X=scaler.transform(X)
```

2. *K*-均值聚类分析

（1）导入 *K*-均值聚类模块 KMeans。

```
from sklearn.cluster import KMeans
```

（2）利用 KMeans 创建 *K*-均值聚类对象 model。

```
model = KMeans(n_clusters = K, random_state=0, max_iter = 500)
```

参数说明如下：

n_clusters：设置的聚类个数 *K*。

random_state：随机初始状态，设置为 0 即可。

max_iter：最大迭代次数。

（3）调用 model 对象中的 fit()方法进行拟合训练。

```
model.fit(X)
```

（4）获取 model 对象中的 labels_属性，可以返回其聚类的标签。

```
c=model.labels_
```

示例代码如下：

```
import pandas as pd
data=pd.read_excel('农村居民人均可支配收入来源 2016.xlsx')
X=data.iloc[:,1:]
from sklearn.preprocessing import StandardScaler
scaler = StandardScaler()
scaler.fit(X)
X=scaler.transform(X)
from sklearn.cluster import KMeans
model = KMeans(n_clusters = 4, random_state=0, max_iter = 500)
model.fit(X)
c=model.labels_
Fs=pd.Series(c,index=data['地区'])
Fs=Fs.sort_values(ascending=True)
```

执行后的结果如图 5-20 所示。

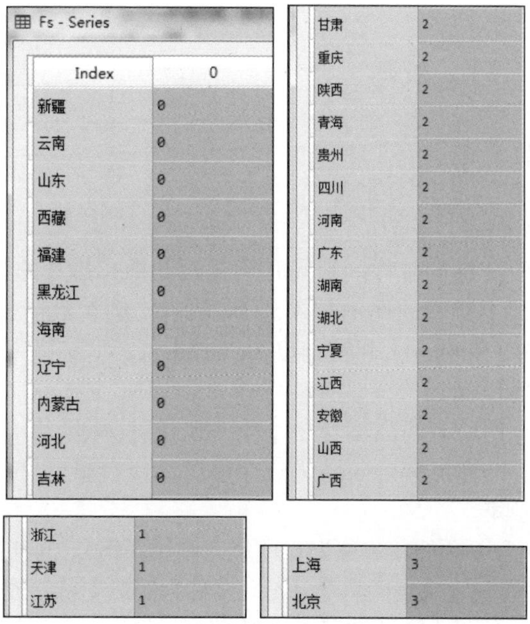

Fs - Series

Index	0
新疆	0
云南	0
山东	0
西藏	0
福建	0
黑龙江	0
海南	0
辽宁	0
内蒙古	0
河北	0
吉林	0
甘肃	2
重庆	2
陕西	2
青海	2
贵州	2
四川	2
河南	2
广东	2
湖南	2
湖北	2
宁夏	2
江西	2
安徽	2
山西	2
广西	2
浙江	1
天津	1
江苏	1
上海	3
北京	3

图 5-20

从图 5-20 可以看出，表 5-1 所示的 31 个地区分为 4 类，类标签分别为 0、1、2、3。例如，第 1 类为浙江、天津、江苏，第 3 类为上海、北京。说明，类标签的数值没有实际的意义，仅起到类标注的作用。

5.8 关联规则

关联规则

提到关联规则不得不先看一个有趣的故事："啤酒与尿布"。它发生在美国沃尔玛连锁超市。沃尔玛拥有很大的数据仓库系统。为了能够准确地了解顾客的购买习惯，沃尔玛对顾客购物行为进行了购物篮分析，想知道顾客经常一起购买的商品都有哪些。沃尔玛数据仓库系统里集中了详细的原始交易数据。在这些原始交易数据的基础上，沃尔玛利用数据挖掘方法对这些数据进行分析和挖掘。一个意外的发现：与尿布一起购买最多的商品竟是啤酒！大量实际调查分析揭示了一个隐藏的规律：在美国，一些年轻的父亲下班后经常要到超市去买婴儿尿布，而他们中有 30%～40%的人同时也为自己买一些啤酒。产生这一现象的原因：美国太太们常叮嘱她们的丈夫下班后为小孩买尿布，而丈夫们在买尿布后又随手带回了他们喜欢的啤酒。

我们先不讨论这个故事的真实性，但是这种"啤酒与尿布"的关联关系在现实中却广泛存在，如人们的穿衣搭配、产品交叉销售、各种营销推荐方案等，归结起来它们就是一种关联规则问题。本节主要介绍关联规则的基本概念、关联规则的挖掘方法和 Python 实现。

5.8.1 关联规则概念

假设有以下数据，每行代表一个顾客在超市的购买记录。

I1：西红柿、排骨、鸡蛋。

I2：西红柿、茄子。

I3：鸡蛋、袜子。

I4：西红柿、排骨、茄子。

I5：西红柿、排骨、袜子、酸奶。

I6：鸡蛋、茄子、酸奶。

I7：排骨、鸡蛋、茄子。

I8：土豆、鸡蛋、袜子。

I9：西红柿、排骨、鞋子、土豆。

假如有一条规则：西红柿—排骨，则同时购买西红柿和排骨的顾客比例为 4/9，而购买西红柿的顾客当中也购买了排骨的比例是 4/5。这两个比例参数在关联规则中是非常有意义的度量，分别称为支持度（Support）和置信度（Confidence）。支持度反映了规则的覆盖范围，置信度反映了规则的可信程度。

在关联规则中，如上例所有商品集合 $I=\{$西红柿,排骨,鸡蛋,茄子,袜子,酸奶,土豆,鞋子$\}$ 称作项集，每一个顾客购买的商品集合 I_i 称为一个事务，所有事务 $T=\{I_1,I_2,\cdots,I_9\}$ 称作事务集合，且满足 I_i 是 T 的真子集。

项集是项的集合。包含 k 项的项集称为 k 项集，例如，集合{西红柿,排骨,鸡蛋}是一个 3 项集。项集出现的频率是所有包含项集的事务计数，又称为绝对支持度或支持度计数。假设某项集 I 的相对支持度满足预定义的最小支持度阈值，则 I 是频繁项集。频繁 k 项集通常记作 k。

一对一关联规则的形式如下：

$A \Rightarrow B$，A、B 满足 A、B 是 T 的真子集，并且 A 和 B 的交集为空集。其中，A 称为前件，B 称为后件。

关联规则有时也表示形如"如果……那么……"，前者是规则成立的条件，后者是条件下发生的结果。支持度和置信度有以下计算公式：

$$\text{Support}(A \Rightarrow B) = \frac{A,B\text{同时发生的事务个数}}{\text{所有事务个数}} = \frac{\text{Support\_count}(A \cap B)}{\text{Total}}$$

$$\text{Confidence}(A \Rightarrow B) = P(B \mid A) = \frac{\text{Support}(A \cap B)}{\text{Support}(A)} = \frac{\text{Support\_count}(A \cap B)}{\text{Support\_count}(A)}$$

支持度表示为项集 A、B 同时发生的概率，而置信度则表示为项集 A 发生的条件下项集 B 发生的概率。

在现实应用中，还存在多对一的关联规则，其形式如下：

$A,B,\cdots \Rightarrow K$，A、B、$\cdots$、K 满足 A、B、$\cdots$、K 是 T 的真子集，并且 A、B、$\cdots$、K 的交集为空集。其中，$A,B,\cdots$ 称为前件，K 称为后件，多对一关联规则的支持度和置信度计算公式如下：

$$\text{Support}(A,B,\cdots \Rightarrow K) = \frac{A,B,\cdots,K\text{同时发生的事务个数}}{\text{所有事务个数}}$$

$$= \frac{\text{Support\_count}(A \cap B \cap \cdots \cap K)}{\text{Total}}$$

$$\text{Confidence}(A,B,\cdots \Rightarrow K) = P(K \mid A,B,\cdots) = \frac{\text{Support}(A \cap B \cap \cdots \cap K)}{\text{Support}(A \cap B \cdots)}$$

$$= \frac{\text{Support\_count}(A \cap B \cap \cdots \cap K)}{\text{Support\_count}(A \cap B \cdots)}$$

支持度表示项集 A、B、$\cdots$、K 同时发生的概率，而置信度则表示项集 A、B、$\cdots$、K 发生的条件下项集 K 发生的概率。

5.8.2　布尔关联规则挖掘

布尔关联规则挖掘是指将事务数据集转化为布尔值（0 或 1）数据集，并在布尔数据集基础上挖掘关联规则的一种方法。事实上在布尔数据集上挖掘关联规则很方便，由于取值要么是 0，要么是 1，计算关联规则的支持度和置信度仅通过求和运算即可完成。例如，将 5.8.1 节中的购买记录转换为布尔值数据集如表 5-5 所示。

表 5-5　　　　　　　　　　　　　　　布尔数据集示例

ID	土豆	排骨	茄子	袜子	西红柿	酸奶	鞋子	鸡蛋
I1	0	1	0	0	1	0	0	1
I2	0	0	1	0	1	0	0	0
I3	0	0	0	1	0	0	0	1
I4	0	1	1	0	1	0	0	0
I5	0	1	0	1	1	1	0	0
I6	0	0	1	0	0	1	0	1
I7	0	1	1	0	0	0	0	1
I8	1	0	0	0	0	0	0	1
I9	1	1	0	0	1	0	1	0

在布尔数据集中每一行仍然代表一个事务，即超市的购买记录；列为项，即购买的商品名称；值取 0 表示该事务在对应的项中没有出现，即该购买记录中没有购买该商品，否则为 1。下面我们介绍如何在布尔数据集基础上进行关联规则挖掘，包括一对一关联规则挖掘和多对一关联规则挖掘。

5.8.3　一对一关联规则挖掘及 Python 实现

一对一关联规则是指规则的前件和后件都只有一项，这种关联规则的挖掘相对简单，直接利用关联规则支持度和置信度的计算公式计算即可。下面我们介绍 Python 的实现方法。具体计算思路及流程如下。

1．事务数据集转化为布尔（0 或 1）值数据表

算法如下：

首先，定义一个空的字典 D 和包含所有商品的列表 item=['西红柿','排骨','鸡蛋','茄子','袜子','酸奶','土豆','鞋子']。

其次，定义一个长度与数据集长度（事务个数）相同的一维全零数组 z。循环操作商品列表 item，对每一个商品，搜索其所在事务序号（行号），并将事务序号对应的 z 位置修改为 1，同时以商品作为键，z 作为值，添加到字典 D 中。

最后，将 D 转化为数据框。

示例代码如下：

```
item=['西红柿','排骨','鸡蛋','茄子','袜子','酸奶','土豆','鞋子']
import pandas as pd
import numpy as np
data = pd.read_excel('tr.xlsx',header = None)
data=data.iloc[:,1:]
D=dict()
for t in range(len(item)):
    z=np.zeros((len(data)))
    li=list()
    for k in range(len(data.iloc[0,:])):
        s=data.iloc[:,k]==tiem[t]
        li.extend(list(s[s.values==True].index))
    z[li]=1
    D.setdefault(item [t],z)
Data=pd.DataFrame(D)  #布尔值数据表
```

执行后的结果如图 5-21 所示。

Index	土豆	排骨	茄子	袜子	西红柿	酸奶	鞋子	鸡蛋
0	0	1	0	0	1	0	0	1
1	0	0	0	0	1	0	0	0
2	0	0	0	1	0	0	0	1
3	0	1	1	0	1	0	0	0
4	0	1	0	1	0	1	0	0
5	0	0	1	0	0	1	0	1
6	0	1	1	0	0	0	0	1
7	1	0	0	0	0	0	0	1
8	1	1	0	0	1	0	1	0

图 5-21

2．挖掘两项之间的关联规则，并将结果导出到 Excel 文件中

利用关联规则的置信度定义和支持度定义，挖掘两项之间的关联规则，并将结果导出到
Excel 文件中，示例代码如下：

```
#获取字段名称,并转化为列表
c=list(Data.columns)
c0=0.5 #最小置信度
s0=0.2 #最小支持度
list1=[] #预定义列表 list1,用于存放规则
list2=[] #预定义列表 list2,用于存放规则的支持度
list3=[] #预定义列表 list3,用于存放规则的置信度
for k in range(len(c)):
    for q in range(len(c)):
        #对第 c[k]个项与第 c[q]个项挖掘关联规则
        #规则的前件为 c[k]
        #规则的后件为 c[q]
        #要求前件和后件不相等
        if c[k]!=c[q]:
            c1=Data[c[k]]
            c2=Data[c[q]]
            I1=c1.values==1
            I2=c2.values==1
            t12=np.zeros((len(c1)))
            t1=np.zeros((len(c1)))
            t12[I1&I2]=1
            t1[I1]=1
            sp=sum(t12)/len(c1) #支持度
            co=sum(t12)/sum(t1) #置信度
            #取置信度大于等于 c0 的关联规则
            if co>=c0 and sp>=s0:
                list1.append(c[k]+'--'+c[q])
                list2.append(sp)
                list3.append(co)
#定义字典,用于存放关联规则及其置信度、支持度
R={'rule':list1,'support':list2,'confidence':list3}
#将字典转化为数据框
R=pd.DataFrame(R)
#将结果导出到 Excel
R.to_excel('rule1.xlsx')
```

执行后的结果如表 5-6 所示。

表 5-6　　　　　　　　　　一对一关联规则挖掘示例结果

ID	rule	support	confidence
0	排骨—西红柿	0.444444444	0.8
1	茄子—排骨	0.222222222	0.5
2	茄子—西红柿	0.222222222	0.5
3	茄子—鸡蛋	0.222222222	0.5
4	袜子—鸡蛋	0.222222222	0.666666667
5	西红柿—排骨	0.444444444	0.8

5.8.4　多对一关联规则挖掘及 Python 实现

多对一关联规则是指前件有多个项，而后件只有一个项的关联规则。多对一关联规则在

应用中具有非常积极的意义，但是挖掘起来比较困难，特别是大规模的问题，寻找到感兴趣的关联规则可能需要耗费极大的计算精力。作为关联规则挖掘中的经典算法——Apriori 算法，针对中小规模的关联规则挖掘问题具有较好的适用性。下面介绍 Apriori 算法的基本原理及 Python 实现方法。

1. Apriori 算法：挖掘频繁项集

Apriori 算法的主要思路是找出存在于事务数据集中的最大频繁项集，再利用得到的最大频繁项集与预先设定的最小置信度阈值生成强关联规则。算法具体过程如下。

Step1：设置预定的最小支持度阈值和最小置信度阈值。

Step2：在研究数据中找出所有频繁项集（支持度必须大于等于给定的最小支持度阈值）。在这个过程中连接步和剪枝步互相融合，最终得到最大频繁项集 L_k。

（1）连接步。目的是找到 K 项集。对给定的最小支持度阈值，分别对 1 项候选集 C_1，剔除小于该阈值的项集得到 1 项频繁项集 L_1；下一步由 L_1 自身连接产生 2 项候选项集 C_2，保留 C_2 中满足约束条件的项集得到 2 项频繁项集，记为 L_2；再由 L_2 与 L_2 连接产生 3 项候选项集 C_3，保留 C_3 中满足约束条件的项集得到 3 项频繁项集，基于 L_3……这样循环下去得到最大频繁项集 L_k。

（这里运用到关联规则中的置信度和支持度的计算公式）。

（2）剪枝步。紧接着连接步，在产生候选项 C_k 的过程中起到减小搜索空间的目的。由于 C_k 是 L_{k-1} 与 L_{k-1} 连接产生的，根据 Apriori 算法的性质频繁项集的所有非空子集也必须是频繁项集，所有不满足该性质的项集不会存在于 C_k 中，该过程就是剪枝。

Step3：由频繁项集产生强关联规则，经 Step2 可知未超过预定的最小支持度阈值的项集已经被剔除，如果剩下的这些规则又满足了预定的最小置信度阈值，那么就挖掘出了强关联规则。

综合以上所述，根据支持度和置信度两个指标，我们可以准确并稳定地衡量某条关联规则，因此需要根据实际情况设定相应的最小支持度和最小置信度，就可以筛选出符合我们要求的关联规则。

下面基于表 5-5 所示的数据说明 Apriori 算法的执行流程，执行步骤如下。

Step1：扫描数据集，对每个候选计数，并设置最小支持度为 3，得到 1 项候选项集 C_1 和 1 项频繁项集 L_1。

Step2：由 L_1 与 L_1 连接，得到 2 项候选项集 C_2 和 2 项频繁项集 L_2。

Step3：由 L_2 与 L_2 连接，得到 3 项候选项集 C_3 和 3 项频繁项集 L_3，这里 L_3 为空集，算法终止。

其中，候选项集和频繁项集的产生过程如图 5-22 所示。

2. 基于频繁项集产生关联规则

关联规则置信度的计算公式：

$$\text{Confidence}(A \Rightarrow B) = P(B \mid A) = \frac{\text{Support}(A \cap B)}{\text{Support}(A)} = \frac{\text{Support\_count}(A \cap B)}{\text{Support\_count}(A)}$$

可以利用其支持度计数来计算关联规则的置信度。例如，由图 5-22 所示的 1 项频繁项集 L_1 和 2 项频繁项集 L_2 可以获得以下关联规则的置信度：

排骨—茄子　　　　　　　confidence=2/5

排骨—西红柿　　　　　　confidence=4/5

排骨—鸡蛋　　　　　confidence=2/5

茄子—西红柿　　　　confidence=2/5

茄子—鸡蛋　　　　　confidence=2/5

袜子—鸡蛋　　　　　confidence=2/3

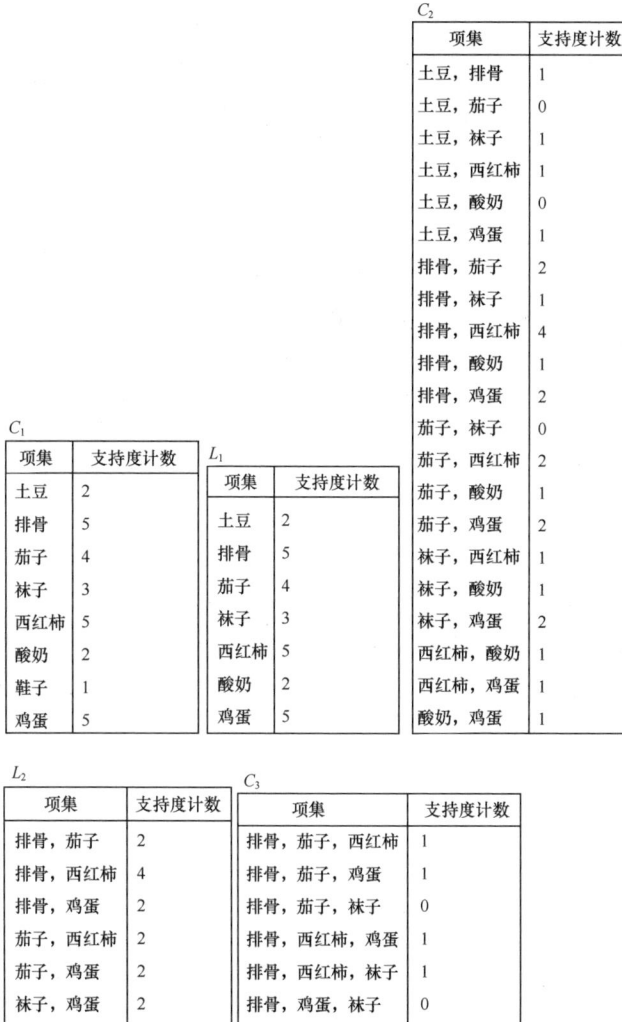

图 5-22

3．Python 实现 Apriori 关联规则挖掘算法

这里主要介绍由广州泰迪智能科技有限公司基于 Python 开发的 Apriori 算法函数应用案例，该函数的示例程序如下（文件为 apriori.py）：

```
from __future__ import print_function
import pandas as pd
#自定义连接函数，用于实现L_{k-1}到C_k的连接
def connect_string(x, ms):
  x = list(map(lambda i:sorted(i.split(ms)), x))
  l = len(x[0])
  r = []
  for i in range(len(x)):
```

```
      for j in range(i,len(x)):
        if x[i][:l-1] == x[j][:l-1] and x[i][l-1] != x[j][l-1]:
          r.append(x[i][:l-1]+sorted([x[j][l-1],x[i][l-1]]))
    return r
  #寻找关联规则的函数
  def find_rule(d, support, confidence, ms = u'--'):
    result = pd.DataFrame(index=['support', 'confidence']) #定义输出结果
    support_series = 1.0*d.sum()/len(d) #支持度序列
    column = list(support_series[support_series > support].index) #初步根据支持度筛选
    k = 0
    while len(column) > 1:
      k = k+1
      print(u'\n正在进行第%s次搜索...' %k)
      column = connect_string(column, ms)
      print(u'数目: %s...' %len(column))
      sf = lambda i: d[i].prod(axis=1, numeric_only = True) #新一批支持度的计算函数
      #创建连接数据
      d_2 = pd.DataFrame(list(map(sf,column)), index = [ms.join(i) for i in column]).T
      support_series_2 = 1.0*d_2[[ms.join(i) for i in column]].sum()/len(d)
      #计算连接后的支持度
      column = list(support_series_2[support_series_2 > support].index)
      #新一轮支持度筛选
      support_series = support_series.append(support_series_2)
      column2 = []
      for i in column: #遍历可能的推理，如{A, B, C}究竟是A+B-->C, B+C-->A, 还是C+A-->B
        i = i.split(ms)
        for j in range(len(i)):
          column2.append(i[:j]+i[j+1:]+i[j:j+1])
      cofidence_series = pd.Series(index=[ms.join(i) for i in column2])
      #定义置信度序列
      for i in column2: #计算置信度序列
        cofidence_series[ms.join(i)]= support_series[ms.join(sorted(i))]/support_
          series[ms.join(i[:len(i)-1])]
      for i in cofidence_series[cofidence_series > confidence].index: #置信度筛选
        result[i] = 0.0
        result[i]['confidence'] = cofidence_series[i]
        result[i]['support'] = support_series[ms.join(sorted(i.split(ms)))]
    result = result.T.sort_values(['confidence','support'], ascending = False)
    #结果整理，输出
    print(u'\n结果: ')
    print(result)
    return result
```

4．应用举例

以 5.8.1 节中的超市购买记录数据为例，利用关联规则挖掘算法挖掘其关联规则。将其数据整理到一个 Excel 表格中（文件命名为 tr.xlsx），其形式如表 5-7 所示。

表 5-7　　　　　　　　　　　　　　　　超市购买记录数据

I1	西红柿	排骨	鸡蛋	
I2	西红柿	茄子		
I3	鸡蛋	袜子		
I4	西红柿	排骨	茄子	

续表

I5	西红柿	排骨	袜子	酸奶
I6	鸡蛋	茄子	酸奶	
I7	排骨	鸡蛋	茄子	
I8	土豆	鸡蛋	袜子	
I9	西红柿	排骨	鞋子	土豆

首先我们利用 5.8.3 节中的 Python 程序代码，将以上事务数据转换为布尔值数据表，记为 Data，然后调用 apriori 函数即可挖掘其关联规则。示例代码如下：

```
import apriori                        #导入自行编写的 apriori 函数
outputfile = 'apriori_rules.xls'      #结果文件
support = 0.2                         #最小支持度
confidence = 0.4                      #最小置信度
ms = '---'                            #连接符，默认为'---'
apriori.find_rule(Data, support, confidence, ms).to_excel(outputfile)
#保存结果到 Excel
```

执行后的结果：

```
正在进行第 1 次搜索...
数目：21...
正在进行第 2 次搜索...
数目：4...
结果：
```

	support	confidence
西红柿---排骨	0.444444	0.800000
排骨---西红柿	0.444444	0.800000
袜子---鸡蛋	0.222222	0.666667
茄子---排骨	0.222222	0.500000
茄子---西红柿	0.222222	0.500000
茄子---鸡蛋	0.222222	0.500000

在输出结果中，"西红柿---排骨"代表规则"西红柿—排骨"的支持度为 0.444444，置信度为 0.800000，表示同时购买西红柿和排骨的顾客比例为 0.444444，而购买西红柿的顾客当中也购买了排骨的比例是 0.800000，与前文一致。

本章小结

本章介绍了 Python 数据分析与挖掘的核心模型包——机器学习包，即 scikit-learn。首先介绍了数据预处理模块，它包括缺失值处理、数据规范化和主成分分析等方法，其中主成分分析不仅可以用于数据降维，还可以基于主成分进行综合评价，后文将陆续介绍。其次介绍了数值线性回归模型，包括一元线性回归和多元线性回归，对于非线性回归模型，本章介绍了神经网络回归。再次，介绍了数据挖掘中的经典分类模型，包括逻辑回归模型、神经网络模型和支持向量机模型。最后，介绍了数据挖掘中的经典聚类算法——*K*-均值聚类算法。由于 scikit-learn 包没有关联规则内容，本章在第 5.8 节介绍了关联规则的概念及一对一关联规则和多对一关联规则的 Python 实现方法。

本章练习

1．油气藏的储量密度 Y 与生油门限以下平均地温梯度 X_1、生油门限以下总有机碳百分比 X_2、生油岩体积与沉积岩体积百分比 X_3、砂泥岩厚度百分比 X_4、有机转化率 X_5 有关，数据如表 5-8 所示。

表 5-8　　　　　　　　　　　　　　油气存储特征数据表

样本	X_1	X_2	X_3	X_4	X_5	Y
1	3.18	1.15	9.4	17.6	3	0.7
2	3.8	0.79	5.1	30.5	3.8	0.7
3	3.6	1.1	9.2	9.1	3.65	1
4	2.73	0.73	14.5	12.8	4.68	1.1
5	3.4	1.48	7.6	16.5	4.5	1.5
6	3.2	1	10.8	10.1	8.1	2.6
7	2.6	0.61	7.3	16.1	16.16	2.7
8	4.1	2.3	3.7	17.8	6.7	3.1
9	3.72	1.94	9.9	36.1	4.1	6.1
10	4.1	1.66	8.2	29.4	13	9.6
11	3.35	1.25	7.8	27.8	10.5	10.9
12	3.31	1.81	10.7	9.3	10.9	11.9
13	3.6	1.4	24.6	12.6	12.76	12.7
14	3.5	1.39	21.3	41.1	10	14.7
15	4.75	2.4	26.2	42.5	16.4	21.3

注：数据来源于《Matlab 数据分析方法》一书。

任务如下：

（1）利用线性回归分析命令，求出 Y 与 5 个因素之间的线性回归关系式系数向量（包括常数项），并在命令窗口输出该系数向量。

（2）求出线性回归关系的判定系数。

（3）今有一个样本 X_1=4，X_2=1.5，X_3=10，X_4=17，X_5=9，试预测该样本的 Y 值。

2．企业到金融商业机构贷款，金融商业机构需要对企业进行评估。评估结果为 0 和 1 两种形式，0 表示企业两年后破产，将拒绝贷款；而 1 表示企业 2 年后具备还款能力，可以贷款。如表 5-9 所示，已知前 20 家企业的 3 项评价指标值和评估结果，试建立逻辑回归模型、支持向量机模型、神经网络模型对剩余 5 家企业进行评估。

表 5-9　　　　　　　　　　　　　　企业贷款审批数据表

企业编号	X_1	X_2	X_3	Y
1	−62.8	−89.5	1.7	0
2	3.3	−3.5	1.1	0
3	−120.8	−103.2	2.5	0
4	−18.1	−28.8	1.1	0

续表

企业编号	X_1	X_2	X_3	Y
5	−3.8	−50.6	0.9	0
6	−61.2	−56.2	1.7	0
7	−20.3	−17.4	1	0
8	−194.5	−25.8	0.5	0
9	20.8	−4.3	1	0
10	−106.1	−22.9	1.5	0
11	43	16.4	1.3	1
12	47	16	1.9	1
13	−3.3	4	2.7	1
14	35	20.8	1.9	1
15	46.7	12.6	0.9	1
16	20.8	12.5	2.4	1
17	33	23.6	1.5	1
18	26.1	10.4	2.1	1
19	68.6	13.8	1.6	1
20	37.3	33.4	3.5	1
21	−49.2	−17.2	0.3	?
22	−19.2	−36.7	0.8	?
23	40.6	5.8	1.8	?
24	34.6	26.4	1.8	?
25	19.9	26.7	2.3	?

注：数据来源于《Matlab 在数学建模中的应用（第 2 版）》一书。

3．我国各地区普通高等教育发展状况数据（见表 5-10）：x_1 为每 100 万人口高等院校数，x_2 为每 10 万人口高等院校毕业生数，x_3 为每 10 万人口高等院校招生数，x_4 为每 10 万人口高等院校在校生数，x_5 为每 10 万人口高等院校教职工数，x_6 为每 10 万人口高等院校专职教师数，x_7 为高级职称占专职教师比例，x_8 为平均每所高等院校的在校生数，x_9 为国家财政预算内普通高教经费占国内生产总值比重，x_{10} 为平均教育经费。任务如下：

（1）对以上指标数据做主成分分析，并提取主成分（累计贡献率达到 0.9 以上即可）。

（2）基于提取的主成分，对以下 30 个省、直辖市及自治区做 K-均值聚类分析（K=4），并在命令窗口输出各类别的地区名称。

表 5-10   我国各省、直辖市及自治区普通高等教育发展状况数据

省、直辖市及自治区	x_1	x_2	x_3	x_4	x_5	x_6	x_7	x_8	x_9	x_{10}
北京	5.96	310	461	1557	931	319	44.36	2615	2.2	13631
上海	3.39	234	308	1035	498	161	35.02	3052	0.9	12665
天津	2.35	157	229	713	295	109	38.4	3031	0.86	9385
陕西	1.35	81	111	364	150	58	30.45	2699	1.22	7881
辽宁	1.5	88	128	421	144	58	34.3	2808	0.54	7733

续表

省、直辖市及自治区	x_1	x_2	x_3	x_4	x_5	x_6	x_7	x_8	x_9	x_{10}
吉林	1.67	86	120	370	153	58	33.53	2215	0.76	7480
黑龙江	1.17	63	93	296	117	44	35.22	2528	0.58	8570
湖北	1.05	67	92	297	115	43	32.89	2835	0.66	7262
江苏	0.95	64	94	287	102	39	31.54	3008	0.39	7786
广东	0.69	39	71	205	61	24	34.5	2988	0.37	11355
四川	0.56	40	57	177	61	23	32.62	3149	0.55	7693
山东	0.57	58	64	181	57	22	32.95	3202	0.28	6805
甘肃	0.71	42	62	190	66	26	28.13	2657	0.73	7282
湖南	0.74	42	61	194	61	24	33.06	2618	0.47	6477
浙江	0.86	42	71	204	66	26	29.94	2363	0.25	7704
新疆	1.29	47	73	265	114	46	25.93	2060	0.37	5719
福建	1.04	53	71	218	63	26	29.01	2099	0.29	7106
山西	0.85	53	65	218	76	30	25.63	2555	0.43	5580
河北	0.81	43	66	188	61	23	29.82	2313	0.31	5704
安徽	0.59	35	47	146	46	20	32.83	2488	0.33	5628
云南	0.66	36	40	130	44	19	28.55	1974	0.48	9106
江西	0.77	43	63	194	67	23	28.81	2515	0.34	4085
海南	0.7	33	51	165	47	18	27.34	2344	0.28	7928
内蒙古	0.84	43	48	171	65	29	27.65	2032	0.32	5581
西藏	1.69	26	45	137	75	33	12.1	810	1	14199
河南	0.55	32	46	130	44	17	28.41	2341	0.3	5714
广西	0.6	28	43	129	39	17	31.93	2146	0.24	5139
宁夏	1.39	48	62	208	77	34	22.7	1500	0.42	5377
贵州	0.64	23	32	93	37	16	28.12	1469	0.34	5415
青海	1.48	38	46	151	63	30	17.87	1024	0.38	7368

4. 公路运量主要包括公路客运量和公路货运量两方面。根据研究，某地区的公路运量主要与该地区的人数、机动车数量和公路面积有关，表 5-11 给出了某个地区 20 年的公路运量相关数据。根据相关部门数据，该地区 2010 年和 2011 年的人数分别为 73.39 万人和 75.55 万人，机动车数量分别为 3.9635 万辆和 4.0975 万辆，公路面积分别为 0.9880 万平方千米和 1.0268 万平方千米。请利用 BP 神经网络预测该地区 2010 年和 2011 年的公路客运量和公路货运量。

表 5-11　　　　　　　　　　　　　运力数据表

年份	人数 /万人	机动车数量 /万辆	公路面积 /万平方千米	公里客运量 /万人	公里货运量 /万吨
1990	20.55	0.6	0.09	5126	1237
1991	22.44	0.75	0.11	6217	1379
1992	25.37	0.85	0.11	7730	1385

年份	人数 /万人	机动车数量 /万辆	公路面积 /万平方千米	公里客运量 /万人	公里货运量 /万吨
1993	27.13	0.9	0.14	9145	1399
1994	29.45	1.05	0.2	10460	1663
1995	30.1	1.35	0.23	11387	1714
1996	30.96	1.45	0.23	12353	1834
1997	34.06	1.6	0.32	15750	4322
1998	36.42	1.7	0.32	18304	8132
1999	38.09	1.85	0.34	19836	8936
2000	39.13	2.15	0.36	21024	11099
2001	39.99	2.2	0.36	19490	11203
2002	41.93	2.25	0.38	20433	10524
2003	44.59	2.35	0.49	22598	11115
2004	47.3	2.5	0.56	25107	13320
2005	52.89	2.6	0.59	33442	16762
2006	55.73	2.7	0.59	36836	18673
2007	56.76	2.85	0.67	40548	20724
2008	59.17	2.95	0.69	42927	20803
2009	60.63	3.1	0.79	43462	21804

注：数据来源于《Matlab 在数学建模中的应用（第 2 版）》一书。

5. 假设有以下数据集，每行代表一个顾客在超市的购买记录。

I1：西红柿、排骨、鸡蛋、毛巾、水果刀、苹果。

I2：西红柿、茄子、水果刀、香蕉。

I3：鸡蛋、袜子、毛巾、肥皂、苹果、水果刀。

I4：西红柿、排骨、茄子、毛巾、水果刀。

I5：西红柿、排骨、酸奶、苹果。

I6：鸡蛋、茄子、酸奶、肥皂、苹果、香蕉。

I7：排骨、鸡蛋、茄子、水果刀、苹果。

I8：土豆、鸡蛋、袜子、香蕉、苹果、水果刀。

I9：西红柿、排骨、鞋子、土豆、香蕉、苹果。

任务如下：

（1）试利用关联规则支持度和置信度定义挖掘出任意两个商品之间的关联规则。

（2）试利用 Apriori 关联规则挖掘算法函数进行关联规则挖掘。

最小支持度和最小置信度分别为 0.2 和 0.4。

<h2 style="text-align:center">本章实验</h2>

1. 缺失值填充

请完成以下任务：

（1）读取"银行贷款审批数据.xlsx"表，自变量为 $x1\sim x15$，决策变量为 y（1 表示同意贷款，0 表示不同意贷款），其中，$x1\sim x6$ 为数值变量，$x7\sim x15$ 为名义变量。

（2）请对 $x1\sim x6$ 中存在的缺失值用均值策略填充，$x7\sim x15$ 用最频繁值策略填充。

（3）最后返回填充处理后的 X（即 $x1\sim x15$），以及决策变量 Y(即 y)。

```
def return_values():
    #********** Begin *****
    请在此处输入程序代码
    #********** End **********#
    return(X,Y)
```

2. 数据标准化

请完成以下任务：

（1）在上一个实验的基础上，对自变量 X 中的数值变量（$x1\sim x6$）作均值-方差标准化处理，需要注意的是 $x7\sim x15$ 名义变量不需要作标准化处理。

（2）返回结果 $X1$，数据结构为数组形式，$X1$ 中含有标准化后的 $x1\sim x6$ 和未标准化的 $x7\sim x15$。

```
def return_values():
    import numpy as np
    X=np.load('X.npy')
    #********** Begin *****
    请在此处输入程序代码
    #********** End **********#
    return X1
```

3. 缺失值填充

请完成以下任务：

（1）在第 2 个实验的基础上，对经过缺失值填充、数值变量标准化后的数据集，取前 600 条记录作为训练数据，后 90 条记录作为测试数据，构建支持向量机分类模型。

（2）返回计算结果为模型准确率 rv 和预测准确率 r。

```
def return_values():
    import numpy as np
    X1=np.load('X1.npy')  #经过缺失值填充、标准化处理后的数据集，numpy 数组 690*15
    Y=np.load('Y.npy')    #因变量，numpy 数组，690 个元素
    #********** Begin *****
    请在此处输入程序代码
    #********** End **********#
    return(rv,r)
```

4. 逻辑回归模型及其应用

请完成以下任务：

（1）在第 2 个实验的基础上，对经过缺失值填充、数值变量标准化后的数据集，取前 600 条记录作为训练数据，后 90 条记录作为测试数据，构建逻辑回归模型。

（2）返回计算结果为模型准确率 rv 和预测准确率 r。

```
def return_values():
    import numpy as np
    X1=np.load('X1.npy')  #经过缺失值填充、标准化处理后的数据集，numpy 数组 690*15
    Y=np.load('Y.npy')    #因变量，numpy 数组，690 个元素
    #********** Begin *****
    请在此处输入程序代码
```

```
#********** End **********#
    return(rv,r)
```

5. 神经网络分类模型及其应用

请完成以下任务：

（1）在第 2 个实验的基础上，对经过缺失值填充、数值变量标准化后的数据集，取前 600 条记录作为训练数据，后 90 条记录作为测试数据，构建神经网络分类模型。

（2）返回计算结果为模型准确率 rv 和预测准确率 r。

```
def return_values():
    import numpy as np
    X1=np.load('X1.npy')  #经过缺失值填充、标准化处理后的数据集，numpy 数组 690*15
    Y=np.load('Y.npy')     #因变量，numpy 数组，690 个元素
    #********** Begin *****
    请在此处输入程序代码
    #********** End **********#
    return(rv,r)
```

6. 线性回归模型及其应用

在发电场中电力输出（PE）与 AT（温度）、V（压力）、AP（湿度）、RH（压强）有关，相关测试数据见"发电场数据.xlsx"文件，请完成以下任务：

（1）求出 PE 与 AT、V、AP、RH 之间的线性回归关系式系数向量，用列表 b 表示，其元素依次为常数项、AT 回归系数、V 回归系数、AP 回归系数、RH 回归系数。

（2）求出回归方程的拟合优度（判定系数），用变量 r 表示。

（3）今有某次测试数据 AT=28.4、V=50.6、AP=1011.9、RH=80.54，试利用构建的线性回归模型预测其 PE 值。

```
def return_values():
    #********** Begin *****
    请在此处输入程序代码
    #********** End **********#
    return(b,r,PE)
```

7. 神经网络回归模型及其应用

请完成以下任务：

（1）基于上一个实验数据集，构建神经网络回归模型，返回计算结果模型准确率 r。

（2）并针对测试数据 AT=28.4、V=50.6、AP=1011.9、RH=80.54，预测其 PE 值。

```
def return_values():
    #********** Begin *****
    请在此处输入程序代码
    #********** End **********#
    return(r,PE)
```

8. 支持向量机回归模型及其应用

请完成以下任务：

（1）基于上一个实验数据集，构建支持向量机回归模型（采用线性核函数），返回计算结果模型的拟合优度 r。

（2）并针对测试数据 AT=28.4、V=50.6、AP=1011.9、RH=80.54，预测其 PE 值。

```
def return_values():
    #********** Begin *****
    请在此处输入程序代码
    #********** End **********#
    return(r,PE)
```

9. 基于主成分分析的综合评价

读取"农村居民人均可支配收入来源 2016.xlsx"数据表，其中数据来源于 2016 年《中国统计年鉴》。首先，对指标数据进行均值方差标准化处理；其次，对标准化处理后的指标数据做主成分分析，要求提取累计贡献率在 95% 以上；再次，基于提取的主成分计算综合得分，综合得分=提取的各主成分与对应贡献率之和；最后，基于综合得分获得各地区的排名，得分按从高到低排序，用一个序列 Rs 来表示，其中 index 为地区名称，值为综合得分。

```
def return_values():
    #********** Begin *****
    请在此处输入程序代码
    #********** End **********#
    return Rs
```

10. K-均值聚类算法及其应用

读取"农村居民人均可支配收入来源 2016.xlsx"数据表，数据来源于 2016 年《中国统计年鉴》。首先，对指标数据作均值-方差标准化处理，注意首列为地区名称，不用标准化；其次，对标准化后的指标数据作 K-均值聚类分析（K=4）；最后，给出聚类分析结果，用一个序列 Fs 来表示，其中 index 为地区名称，值为所属类别的标签值（0、1、2、3）。

```
def return_values():
    #********** Begin *****
    请在此处输入程序代码
    #********** End **********#
    return Fs
```

11. 布尔数据集构建

将以下超市的购买记录（已用一个"超市购买记录.txt"来存放，读取该文件即可），文件内容存放与下列展示一致，即顿号分隔，文件编码为 utf-8：

I1. 西红柿、排骨、鸡蛋、毛巾、水果刀、苹果

I2. 西红柿、茄子、水果刀、香蕉

I3. 鸡蛋、袜子、毛巾、肥皂、苹果、水果刀

I4. 西红柿、排骨、茄子、毛巾、水果刀

I5. 西红柿、排骨、酸奶、苹果

I6. 鸡蛋、茄子、酸奶、肥皂、苹果、香蕉

I7. 排骨、鸡蛋、茄子、水果刀、苹果

I8. 土豆、鸡蛋、袜子、香蕉、苹果、水果刀

I9. 西红柿、排骨、鞋子、土豆、香蕉、苹果

将其转换为布尔数据集，其中数据集用数据框 Data 来表示，数据框中的字段名称即为商品名称，如果商品在某个购买记录中出现用 1 来表示，否则用 0 来表示。

```
def return_values():
    item=['西红柿','排骨','鸡蛋','茄子','袜子','酸奶','土豆','鞋子']
    #********** Begin *****
    请在此处输入程序代码
    #********** End **********#
    return Data
```

12. 基于布尔数据集的一对一和多对一关联规则挖掘

针对以下布尔数据集（已用一个"test12.xlsx"表格来存取，直接读取即可，字段名称为A、B、C）：

A	B	C
1	1	0
0	1	1
1	0	0
1	1	1
1	1	1
1	0	0
1	1	1
0	1	1
1	0	0
1	1	1
1	1	0
1	1	1
1	1	0

请编程计算规则 "A->B" 和 "A,B->C" 的支持度和置信度，分别用 sp1 和 co1，sp2 和 co2 来表示

```
def return_values():
#********** Begin *****
    请在此处输入程序代码
#********** End **********#
    return (sp1,co1,sp2,co2)
```

第 **6** 章 金融数据基础

金融数据，主要包括证券、期货、外汇、宏观、行业等经济金融领域产生的信息及指标数据。本书涉及的金融数据主要是证券方面的，包括上市公司股东、公司治理、公告、财务报表、财务指标、股票交易、股票指数等数据。本章主要从上市公司及其约束规范、上市公司数据收集及生产、股票交易市场数据生产加工、主要数据及指标解读、金融数据开源接口等方面进行介绍。

6.1 上市公司及其约束规范

上市公司一般是行业的佼佼者，是我国经济的重要组成部分，根据东方财富网消息，2022年上市公司营收总额超过 70 万亿元，约占全国 GDP 的 60%。目前，全国有 5000 余家 A 股上市公司，就全国所有公司总量来说，其数量也是极少的，那么上市公司需要满足哪些条件呢？这里以《深圳证券交易所创业版股票上市规则（2023 年修订）》为例，发行人申请在本所创业板上市，应当符合下列条件：

（一）符合中国证券监督管理委员会规定的创业板发行条件；

（二）发行后股本总额不低于 3000 万元；

（三）公开发行的股份达到公司股份总数的 25% 以上；公司股本总额超过 4 亿元的，公开发行股份的比例为 10% 以上；

（四）市值及财务指标符合本规则规定的标准；

（五）本所要求的其他上市条件。

上市公司，我们可以理解为一家"公众公司"，需要接受公众的监督和国家相关部门的监管。根据中国证监会报送国务院审议的《上市公司监督管理条例（征求意见稿）》可以看出，从公司治理结构、控股股东和实际控制人、董事、监事、高级管理人员、关联交易和重大担保、发行证券、收购、重大资产重组、合并及分立、信息披露、监督管理、法律责任等方面，均作出了具体要求。

上市公司发行股票筹集资金，那么购买股票的人，无论购买数量的多少都称为投资者，他们都是公司股东。作为公司股东，除享有投票权外，还能获得公司分红或低买高卖利得收入等收益，同时也需要承担相应的风险，因为购买的股票是不能退还的，有可能存在经营不善无法获得公司分红，也有可能不被市场看好，股票价格长期低压购入价格而无法获得利得收入。因此，在购入股票之前，需要对宏观经济、货币政策、行业发展等有一定的了解，对公司的主营业务、运营情况、发展趋势有一定的研究，同时对股票交易市场有较为详细的掌握，这就需要丰富的金融数据支持。本章主要介绍上市公司及股票交易市场方面的相关数据，宏观经济、货币政策及行业发展等方面的数据，请读者查阅其他相关资料。

6.2　上市公司数据收集、生产及主要指标解读

上市公司方面的数据，主要包括公司治理结构、公司财务报表和财务分析指标，来源于上市公司主动披露的定期报告和不定期公告，其中定期报告为主要来源，如季报、年中报和年度报告，一般年度报告的披露信息最完整，官方指定披露网站为巨潮资讯网。如图 6-1 所示，通过巨潮资讯网，查询格力电器（000651）最近一年的年度报告。

图 6-1

设置好查询选项之后，单击"查询"即可查到最近一年的年度报告，即 2022 年的年度报告中文版、英文版和摘要版，如图 6-2 所示。单击所需的版本，可在线查看报告全文，也可下载年度报告。

图 6-2

年度报告给我们提供了上市公司相关的详细信息，包括"重要提示、目录和释义、公司

简介和主要财务指标、管理层讨论与分析、公司治理、环境和社会责任、重要事项、股份变动及股东情况、优先股相关情况、债券相关情况、财务报告"，全文 232 页。定期报告除年报之外，还有第一季度报告、第二季度报告（年中报）和第三季度报告。上市公司治理结构、财务报表和部分财务分析指标数据，均可以从这些定期报告中找到，另外部分财务分析指标数据是经过计算获得的。本节分别对公司治理结构、财务报表和财务分析指标数据进行具体介绍，包括数据概述和主要数据指标解读。

6.2.1　公司治理结构

1．数据概述

公司治理结构，包括上市公司基本信息、管理层人员基本情况、年薪报酬、持股数量、股权结构变动情况、股东股本、董事长和总经理变更情况及

公司治理结构

股东大会情况等信息或数据，主要分为基本信息、高管动态、股东股本和会议情况四部分。

基本信息反映了公司治理结构的基本内容，包括公司基本情况，如股票代码、股票简称、公司全称、所属行业、公司成立日期、上市日期、所属省份、所属城市、上市公司性质、股票发行价、发行数量、发行日期、市场类型等；治理综合信息，包括股本结构是否变化、股东总数、前十大股东是否存在关联、员工人数、离休职工人数、董事长持股数量与持股比例、总经理持股数量与持股比例、董事长与总经理是否兼任等；除此之外，还包括董事、监事和高管的年薪收入水平，公司的股权激励和实施情况等。

高管动态反映了"董监高"管理层的个人简历信息、职务、年龄、教育背景、持股情况、激励情况、活动情况、参会情况和个人投资行为。

股东股本反映了十大股东和十大流通股东的持股性质、持股数量和持股比例，股本结构（未流通股：国有股、法人股、内部职工股、基金配售股、转配股、优先股、监管层股、战略投资者股等，流通股：A 股、B 股和 H 股）及其变动情况。

会议情况反映了董事会、监事会、股东大会、战略委员会、审计委员会、薪酬与考核委员会、提名委员会相关会议情况。

2．主要数据指标解读

可以通过巨潮资讯网或东方财富网等官方指定披露网站或专业财经网站了解其主要数据指标。比如，通过巨潮资讯网的"个股 F10"搜索"爱尔眼科"，左边选择菜单罗列出了公司的主要指标数据及信息，包括公司概况、公司公告、财务数据、行情走势、股东股本、交易信息等模块，比如，"公司概况→公司高管""股东股本→股本结构""股东股本→十大股东""股东股本→十大流通股东""股东股本→股东人数""交易信息→高管增减持"等，提供了公司治理方面的主要数据指标。如图 6-3 所示，显示了公司高管相关的详细信息。

图 6-3 显示的高管信息，包括姓名、职务、学历、年薪、持股情况，详情还包括年龄、曾任上市公司情况和个人简历。基于这些信息，可以衍生出一些如董事长和总经理是否兼任，独立董事人数，管理层学历水平、专业能力水平、平均年龄、专业背景是否与公司业务相符、年薪水平、持股占比等指标，进而研究公司管理层的管理能力等维度。

图 6-4 显示的是高管增/减持股份的情况，包括变动日期、高管姓名、增/减持数量、成交均价、交易方式等。高管作为最了解公司管理和经营状况的知情人士，其一举一动都备受市场的关注，也是研究公司当前发展境况的一个重要参考方面。如果大量高管通过市场竞价密集增持本公司股份，说明可能看好公司发展或者有积极事件发生或能增加投资者信心，反之则是一个不良的信号。

图 6-3

图 6-4

图 6-5 显示了股本结构变动情况，主要包括变动日期、变动原因、已流通股份和流通受限股份。事实上，为了确保公司的稳定、持续经营和良好发展，公司控股股东或大股东（股份持有量较大者）、高管、战略投资者等持有的股份及股权激励股份和转增股份，是受到一定的流通限制的，即获得其股份之后，需经过一定的时间才能上市交易，可能是几个月、一年或几年。这些受到流通限制的股份，可能是低于市场价格获得的，而且一般是公司的管理和经营利益相关方或者战略投资方，为了保护广大投资者的利益而不得不采取的措施。

图 6-6 显示了十大股东的信息，包括股东名次、股东名称、持股数量、持股比例和股份性质。十大股东一般是公司经营管理决策的重要制定者、执行者和受益者，对公司的发展起到决定性作用，其持有公司股份比例反映了股权的集中程度。如果十大股东持股占比较低，如不到 5%，股权较为分散，股东凝聚力可能如"一盘散沙"，对公司发展则极为不利。十大流通股东则是仅针对流通的股份，其意义类似。

cninf 巨潮资讯　看公告快人一步　　首页　公告　资讯　数据　服务　　代码/简称/拼音/关键字/高管　Q　登录　注册

公司概况
公司公告
财务数据
行情走势
股东股本
　股本结构
　十大股东
　十大流通股东
　股东人数
　基金持股
　限售解禁
　股权质押
交易信息

股本结构　　　　　　　　　　　　　　　　　　　　　　　　　　　　单位：万股

变动日期	2023-11-06	2023-10-23	2023-07-10	2023-06-30	2023-06-08
变动原因	激励股份解禁	其他	限售股份上市	定期报告	转增
已流通股份	788507.4196	787855.702	787855.702	771780.6213	771779.2294
人民币普通股/CDR	788507.4196	787855.702	787855.702	771780.6213	771779.2294
境内上市外资股(B股)	--	--	--	--	--
境外上市外资股(H股)	--	--	--	--	--
流通受限股份	144333.7217	144985.4393	144985.4393	161060.52	161061.9119
总股本	932841.1413	932841.1413	932841.1413	932841.1413	932841.1413

图 6-5

cninf 巨潮资讯　看公告快人一步　　首页　公告　资讯　数据　服务　　代码/简称/拼音/关键字/数据　Q　登录　注册

公司概况
公司公告
财务数据
行情走势
股东股本
　股本结构
　十大股东
　十大流通股东
　股东人数
　基金持股
　限售解禁
　股权质押
交易信息

十大股东

2023-09-30　2023-06-30　2023-03-31　2022-12-31　2022-09-30

股东名次	股东名称	持股数量(万股)	持股比例(%)	股份性质
1	爱尔医疗投资集团有限公司	320232.36	34.33	流通A股
2	陈邦	144379.19	15.48	流通A股,流通受限股份
3	香港中央结算有限公司	43651.04	4.68	流通A股
4	李力	32301.5	3.46	流通A股,流通受限股份
5	中国工商银行股份有限公司-中欧医疗健康混合型证券投资基金	25876.99	2.77	流通A股
6	中国银行股份有限公司-华宝中证医疗交易型开放式指数证券投资基金	13645.39	1.46	流通A股
7	郭宏伟	10600	1.14	流通A股
8	TEMASEK FULLERTON ALPHA PTE LTD	8861.11	0.95	流通A股
9	中国建设银行股份有限公司-易方达沪深300医药卫生交易型开放式指数证券投资基金	7347.39	0.79	流通A股
10	中国工商银行股份有限公司-易方达创业板交易型开放式指数证券投资基金	5888.4	0.63	流通A股

图 6-6

图 6-7 显示了公司股东人数的变化情况，包括截止日期、股东人数、股东人数变动幅度。股东人数的变化，可以直观地感受到公司受欢迎的程度、市场环境变化等，进一步可以研究筹码的分散程度。一般地，股东人数越多，平均持股量越少，筹码越分散，就越难形成主流的意志，股价趋势越难以预测。

cninf 巨潮资讯　看公告快人一步　　首页　公告　资讯　数据　服务　　代码/简称/拼音/关键字/高管　Q　登录　注册

公司概况
公司公告
财务数据
行情走势
股东股本
　股本结构
　十大股东
　十大流通股东
　股东人数
　基金持股
　限售解禁
　股权质押
交易信息

股东人数　　　　　　　　　　　　　　　　　　　　　　　　　　此数据为最近五年数据

截止日期	股东人数(户)	股东人数变动幅度(%)
2023-09-30	298665	5.46
2023-06-30	283207	12.25
2023-03-31	252295	-1.58
2022-12-31	256346	-7.84
2022-09-30	278141	7.49
2022-06-30	258768	-19.9
2022-03-31	323039	9.2

图 6-7

巨潮资讯为官方披露的网站，主要提供的是基础类数据，而专业财经网站不仅提供了基础类数据，还衍生出了一些分析指标及可视化分析，如东方财务网，如图 6-8 显示了其对股东研究的分析和可视化结果，看起来更加直观和方便理解。

图 6-8

	2023-09-30	2023-06-30	2023-03-31	2022-12-31	2022-09-30	2022-06-30	2022-03-31	2021-12-31	2021-09-30	2021-06-30
股东人数(户)	29.87万	28.32万	25.23万	25.63万	27.81万	25.88万	32.30万	29.58万	27.06万	19.55万
较上期变化(%)	5.46	12.25	-1.58	-7.84	7.49	-19.90	9.20	9.25	38.50	-13.96
人均流通股(股)	2.638万	2.725万	2.300万	2.264万	2.081万	1.722万	1.380万	1.507万	1.647万	2.277万
较上期变化(%)	-3.20	18.48	1.61	8.78	20.87	24.74	-8.42	-8.46	-27.70	50.70
筹码集中度	非常分散	非常分散	非常分散	非常分散	非常分散	非常分散	非常分散	非常分散	非常分散	非常分散
股价(元)	17.97	18.55	23.81	23.81	21.97	26.33	18.56	24.87	31.41	41.75
人均持股金额(元)	47.40万	50.55万	54.76万	53.89万	45.72万	45.34万	25.61万	37.48万	51.71万	95.07万
十大股东持股合计(%)	65.69	66.01	65.81	64.68	65.98	65.44	65.63	68.12	67.44	68.26
十大流通股东持股合计(%)	60.96	62.44	63.32	61.98	62.25	61.50	61.35	64.42	63.50	64.86

6.2.2　公司财务报表

1. 数据概述

财务报表，主要包括上市公司资产负债表、利润表和现金流量表。下面简要介绍这几个表的关键信息字段。

资产负债表，是反映企业在某一特定日期（如月末、季末、年末）全部资产、负债和所有者权益情况的会计报表。资产又分为流动资产和非流动资产，流动资产为短期内能变现的资产，如货币资金、交易性金融资产、短期投资净额、应收票据、应收账款、合同资产等；非流动资产为短期内不能变现的资产，如债权投资、长期应收账款净额、投资性房地产净额、固定资产净额、在建工程净额、工程物资、无形资产净额、商誉净额等。负债分为流动负债和非流动负债，流动负债为短期内需偿还的负债，如短期借款、应付票据、应付账款、合同负债、应付职工薪酬、应交税费、应交利息等；非流动负债为短期内无需偿还的负债，如长期借款、租赁负债、长期应付款等。所有者权益即企业资产扣除负债后，由所有者享有的剩余权益。所有者权益也称为股东权益包括实收资本（或股本）、资本公积、盈余公积和未分配利润。

利润表，反映企业在一定会计期间经营成果的报表，主要包括收入、成本和费用相关数据信息。营业总收入=营业收入+利息净收入+其他业务收入。营业总成本=营业成本+税金及附加+业务及管理费+销售费用+管理费用+财务费用+研发费用+其他业务成本。营业利润=营业总收入-营业总成本+其他收益及利润。利润总额=营业利润+营业外收入-营业外支出。除

公司财务报表

此之外，还有一些常用的指标，如基本每股收益、归属于母公司所有者的净利润等。

现金流量表，反映在某固定期间内（如每月或每季），企业现金（包含银行存款）的增减变动情况表。主要包括三大块内容：经营活动产生的现金流量净额、投资活动产生的现金流量净额和筹资活动产生的现金流量净额。现金流量作为企业的生命线，对企业的生存和发展起到决定性作用，也是研究公司行业地位、资产和利润质量的有力数据支撑。事实上，资产负债表和利润表都是核算出来的，而现金流量表的数据是真实存在的银行资金流水，做不得半点虚假。

2．主要数据指标解读

仍然以巨潮资讯网的"个股 F10"搜索"爱尔眼科"为例，查找其"财务数据→财务报表"，查看资产负债表，如图 6-9 所示。资产类科目指标主要有货币资金、流动资产、非流动资产和总资产，其中，货币资金为流动资产中的一个重要方面的指标。总资产=流动资产+非流动资产；负债类科目指标主要包括流动负债、长期借款、非流动负债和总负债。长期借款属于非流动负债中的一个重要方面，总负债=流动负债+非流动负债。股东权益类科目指标包括股本、未分配利润和所有者权益，其中所有者权益=总资产–总负债，一般情况下，所有者权益在数值上等同于净资产。每股净资产=净资产/股本=1981565.52/932841.14=2.01，每股未分配利润类似计算。

资产负债表					单位：万元
	2023-09-30	2023-06-30	2023-03-31	2022-12-31	2022-09-30
资产类科目	-	-	-	-	-
货币资金	680835.27	629011.92	656274.07	600422.57	828426.79
流动资产	1082102.74	1034003.09	1029133.72	965721.47	1135521.88
非流动资产	1909320.22	1823281.99	1806885.21	1692163.1	1553809.54
总资产	2991422.96	2857285.08	2836018.93	2657884.56	2689331.41
负债类科目	-	-	-	-	-
流动负债	634747.13	639713.85	593681.96	536871.97	656345.64
长期借款	10751.15	10918.03	12536	11514.67	3454.5
非流动负债	375110.3	367051.91	382101.49	359465.66	316557.63
总负债	1009857.44	1006765.76	975783.45	896337.63	972903.27
股东权益类科目	-	-	-	-	-
实收资本（或股本）	932841.14	932841.14	717652.53	717652.53	717652.53
未分配利润	842704.53	695816.4	674450.57	596344.08	602148.39
所有者权益	1981565.52	1850519.32	1860235.48	1761546.94	1716428.15

图 6-9

可以查看其利润表，如图 6-10 所示，其主要指标包括营业总收入、营业总成本、营业利润、利润总额、所得税和归属母公司净利润。这些指标均不难理解，反应的是上市公司经营成果，其中归属母公司净利润，就是归属上市公司所有者（股东）的净利润，通常上市公司净利润也是指这个指标。

图 6-10

　　查看其现金流量表，如图 6-11 所示，其主要指标包括经营活动产生的现金流量净额、投资活动产生的现金流量净额、筹资活动产生的现金流量净额。投资活动包括实物投资（固定资产、在建工程等），也包括金融资产投资；筹资活动包括企业资本构成发生变化的活动，如股本扩张或股本溢价或股本结构发生变化等，也包括债务结构发生变化，如对外举债、向银行贷款或发行债券等行为。除投资活动和筹资活动之外，就是经营活动。一般来说，如果企业在高速成长期，其筹资活动和投资活动较多，这两项支出的金额可能大于经营活动收入的金额；如果企业在成熟期或稳定期，筹资活动及投资活动相对比较少，甚至没有，这时经营活动产生的现金流一般远大于后两者的支出。进一步地，如果公司在高速成长期，我们也可以仔细研究公司的定期报告，具体了解公司的投资项目是什么，项目前景如何等，这样有助于我们找到优质的高成长公司。

图 6-11

6.2.3　公司财务分析指标

1．数据概述

　　财务分析指标数据属于衍生指标，它们是基于财务报表数据和股票交易情况数据，利用相关的专业公式或算法计算出来的，一般包括偿债能力、运营能力、盈利能力、发展能力、每股指标和相关主要考察指标等。这里我们主要参考巨潮资讯网提供的财务分析指标来进行介绍，旨在起一个抛砖引玉的作用。

公司财务分析指标

2．主要数据指标解读

　　以通过巨潮资讯网的"个股 F10"搜索"爱尔眼科"为例，查找"财务数据→主要指标"，

提供了包括主要指标、偿还能力、运营能力、盈利能力、发展能力相关维度的重点指标数据，下面进行解读。

图 6-12 所示，其主要指标包括基本每股收益、每股净资产、每股资本公积金、净利润增长率、营业总收入增长率和加权净资产收益率。其中，前三者属于每股类指标，其计算方法分别为期末的净利润、所有者权益和资本公积金除以期末股本。净利润增长率和营业总收入增长率属于同比计算，即（本年度同期值–上年度同期值）/上年度同期值。净资产收益率，其计算方法为净利润除以加权平均股东权益，反映的是单位资产获利能力。比如，A、B 两个同行业的公司净资产分别为 1000 万元和 2000 万元，它们通过经营和投资活动，获利均为 200 万元，则 A 公司净资产收益率为 200/1000=0.2，B 公司的净资产收益率为 200/2000=0.1，故 A 公司的获利能力更强。一般地，不同行业公司的净资产收益率差异比较大，同行业之间的对比才更有意义。

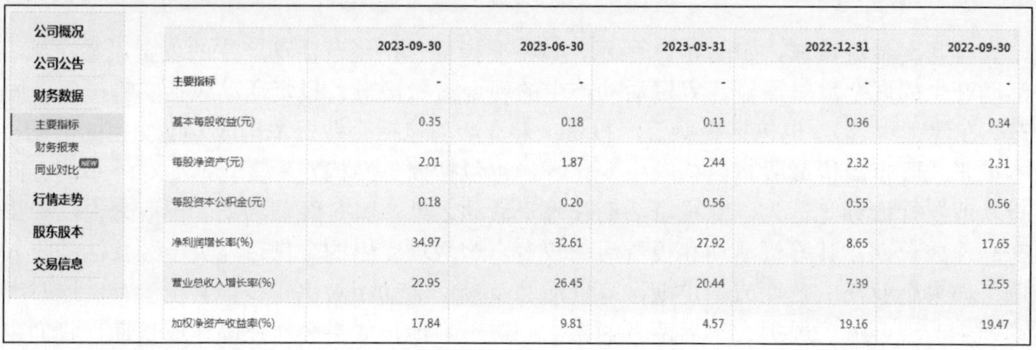

公司概况		2023-09-30	2023-06-30	2023-03-31	2022-12-31	2022-09-30
公司公告						
财务数据	主要指标	-	-	-	-	-
主要指标	基本每股收益(元)	0.35	0.18	0.11	0.36	0.34
财务报表	每股净资产(元)	2.01	1.87	2.44	2.32	2.31
同业对比	每股资本公积金(元)	0.18	0.20	0.56	0.55	0.56
行情走势	净利润增长率(%)	34.97	32.61	27.92	8.65	17.65
股东股本	营业总收入增长率(%)	22.95	26.45	20.44	7.39	12.55
交易信息	加权净资产收益率(%)	17.84	9.81	4.57	19.16	19.47

图 6-12

图 6-13 显示了偿还能力（也称偿债能力）的主要指标，包括流动比率、速动比率和资产负债率。其中流动比率=流动资产/流动负债，反映的是短期内能变现的资产与短期内需偿还的负债之间的比率。一般地，比率越大，企业资产变现能力越强，偿债能力也越强，但是并不是越大越好，比率太大一般认为流动资产占用过多，会影响企业的经营资金周转和获利能力。速动比率=（流动资产–存货–预付账款）/流动负债。相比流动比率，速动比率进一步扣除变现速度较慢的资产。资产负债率=总负债/总资产，反映了公司进行经营活动的能力和债权人发放贷款的安全程度。

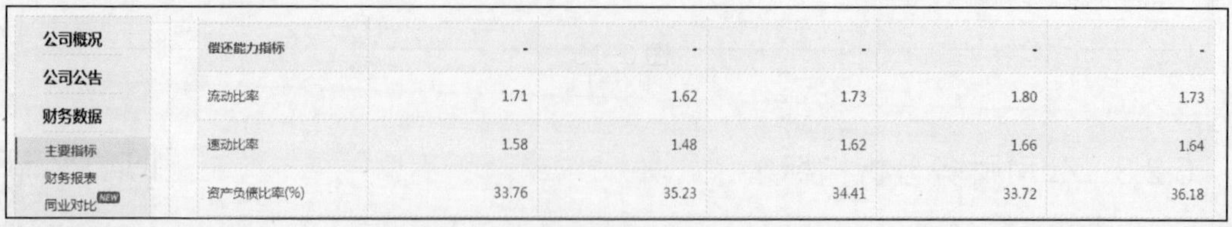

公司概况	偿还能力指标	-	-	-	-	-
公司公告						
财务数据	流动比率	1.71	1.62	1.73	1.80	1.73
主要指标	速动比率	1.58	1.48	1.62	1.66	1.64
财务报表	资产负债比率(%)	33.76	35.23	34.41	33.72	36.18
同业对比						

图 6-13

图 6-14 显示了公司运营能力的主要指标，包括应收账款周转率、存货周转率、流动资产周转率、固定资产周转率和总资产周转率。其中，应收账款周转率=期末营业收入/（应收账款期末余额+应收账款期初余额）×0.5；存货周转率=期末营业成本/（存货期末余额+存货期初余额）×0.5；流动资产周转率=期末营业收入/（流动资产期末余额+流动资产期初余额）×0.5；固定资产周转率=期末营业收入/（固定资产期末余额+固定资产期初余额）×0.5；总资产周转率=营业收入/（总资产期末余额+总资产期初余额）×0.5。

公司概况	运营能力指标	-	-	-	-	-
公司公告	应收账款周转率(次)	9.13	5.89	2.98	10.40	8.10
财务数据	存货周转率(次)	10.07	6.40	3.73	12.26	10.91
主要指标	流动资产周转率(次)	1.57	1.02	0.50	1.91	1.41
财务报表 同业对比 NEW	固定资产周转率(次)	4.50	2.90	1.43	5.46	4.83
行情走势 股东股本	总资产周转率(次)	0.57	0.37	0.18	0.67	0.54

图 6-14

周转率是衡量公司资产管理效率的指标,一般周转率越高越有利,越能反映公司的运营能力。这里从收账、存货、流动资产、固定资产和总资产等方面来进行考察,也可以更进一步地计算应付账款、营运资金、现金及等价物、非流动资产等方面的周转率,做出更全面的考察。

图 6-15 显示了公司盈利能力和发展能力方面的主要指标,包括营业利润率、净利润率、毛利率、总资产报酬率和营业收入增长率、总资产增长率、营业利润增长率、净利润增长率、净资产增长率;其中,营业利润率=营业利润/营业收入,净利润率=净利润/营业收入,毛利率=(营业收入–营业成本)/营业收入,总资产报酬率=(利润总额+利息支出)/(期末总资产+期初总资产)×0.5,类似地,总资产净利润率=净利润/(期末总资产+期初总资产)×0.5。而发展能力方面的指标主要是考察其增长率,即(当年同期指标值–上年同期指标值)/上年同期指标值。

公司概况	盈利能力指标	-	-	-	-	-
公司公告	营业利润率(%)	27.68	24.60	22.98	21.94	26.09
财务数据	净利润率(%)	19.82	16.70	15.56	15.67	18.06
主要指标	毛利率(%)	51.93	49.46	47.49	50.46	51.91
财务报表 同业对比 NEW	总资产报酬率(%)	11.26	6.21	2.84	10.43	9.67
行情走势	发展能力指标	-	-	-	-	-
股东股本	营业收入增长率(%)	22.95	26.45	20.44	7.39	12.55
交易信息	总资产增长率(%)	12.55	7.50	6.70	21.65	23.09
	营业利润增长率(%)	30.45	30.55	27.03	1.16	12.57
	净利润增长率(%)	34.97	32.61	27.92	8.65	17.65
	净资产增长率(%)	12.19	4.75	5.02	47.41	43.56

图 6-15

以上仅介绍了偿债能力、营运能力、发展能力和盈利能力的主要指标,更详细的指标可以查看参考文献[21]《中国上市公司财务指标分析数据库使用说明书》。除此之外,还有相对估值、风险水平、现金流量等方面的指标,如常见的市盈率(股价/每股收益)、经营杠杆、营业收入现金含量(销售商品、提供劳务收到的现金/营业收入)等,更多相关指标也可参考上市公司财务分析指标数据库说明书。

6.3 股票交易市场数据生产、加工及理解

股票交易市场方面的数据主要包括股票交易、股票指数相关的基本信息和交易统计数据,主要来源于深圳证券交易所、上海证券交易所、中国金融

股票交易数据与
股票价格指数

期货交易所、中证指数公司。我国 A 股（人民币结算）交易的股票，集中在上海和深圳两个证券交易所，但只能选择其一。下面我们主要介绍股票交易数据的基本知识、产生场景、不同频度的交易数据、股票价格指数交易数据等内容。

6.3.1 股票交易数据基本知识

股票交易数据较主要的是以下两方面：一方面是价，包括成交价、委托价；另一方面是量，包括成交量、委托量。一般地，以日为单位的交易数据（统计当天的交易情况，如开盘价、最高价、最低价、收盘价是多少，总成交量又是多少等），主要是成交价和成交量数据，没有委托价和量数据。而以秒、分钟为单位的交易数据（称为高频数据），则更为详细，不仅包括成交价、成交量数据，还包括委托量、委托价数据。

我们以一个买卖白菜的市场为例，形象地解释这些术语。为了公平起见，我们对日常的白菜市场制定一些规则。

首先，有卖白菜的，我们称为供应方，或者是卖方；同样地，也有买白菜的，我们称为需求方，或者是买方。

其次，这个菜市场有一个开放时间，如 9:30～15:00，在这个时间外是不能交易的。为了使买卖双方都有一个公平的价格，保护双方的利益，因此这个价格不能由买方单边决定，也不能由卖方单边决定，而是由市场决定。但这个价格怎么决定呢？我们这样假定，每天总有第一个成交的价格，该价格是这样产生的：9:15～9:25 这 10 分钟内在场的买方都报出自己需要购买的数量和单价，卖方也报出自己能供应的数量及单价。10 分钟结束后，不允许再报了，这时统计买方和卖方报出的数量和单价，我们需要找出这样一个价格，使得在这个价格下，买方报出的单价只要是大于等于该价格的，都以该价格成交；卖方报出的单价，只要是小于等于该价格的，都以该价格成交。该价格如何选择呢？原则是成交量最大化，即能促成最大成交量的价格就是第一笔成交价格，称为开盘价。这个过程就是集合竞价。

再次，从上一步可以看出，开盘价是一个比较公平的价格。但是，我们是否可以这样，以后每 10 分钟，做一次集合竞价，这样岂不是很公平？然而，等待时间又成了一个问题，这样使得 10 分钟内不能发生交易。一个折中的方案就是既要考虑价格的公平，又得考虑交易的持续性。因此，从产生开盘价之后，我们就进入了一个连续竞价交易的阶段，即买卖双方都可以随时报出自己的数量和单价，但又是如何促成交易的呢？这里有一个原则，即价格越好的报单就越排在前面，如果价格都一样，则先报的排在前面，即价格优先、时间优先原则。何为好的报价，对于买方，越高的报价就越好；对于卖方，越低的报价越好；这样，只要符合买卖双方的交易条件，就会连续成交，一直持续到结束。最后一笔交易的价格，即为收盘价。统计当天所有的交易，价格最高的即为最高价、最低的即为最低价。当然，交易也会产生交易量和交易金额等数据。

最后，一天交易结束之后统计的数据称为日频数据，一天只有一条记录，主要指标数据是当天的开盘价、最高价、最低价、收盘价、总成交量、总成交金额。如果以秒或分钟为频率统计的数据，称为高频数据。高频数据记录则较为详细，主要数据包括开盘价、截至当前统计时间的最高价、最低价、最新价、收盘价，截至当前统计时间的成交量、成交金额、每个价位上买方或卖方报出的未成交的量等，其中价位称为委托价，未成交的量称为委托量，进一步地分为买方和卖方的委托价和委托量。

如果把白菜比喻成股票等证券，白菜市场看成是证券交易所，买方和卖方看成投资者，产生的数据就是股票交易数据。

6.3.2　股票交易数据生产场景

我们可以想象这样一个场景，一个投资者在券商的行情软件提交委托订单，而券商的行情软件是与交易所交易系统联网的，从而投资者的委托订单被送达交易系统进行撮合成交。目前，市场上有数量众多的投资者、券商和相关交易所，他们共同构成了中国的证券期货场内交易市场。这里有两个微观数据：一个是投资者的委托订单数据，称为逐笔委托数据；一个是交易所系统的成交数据，称为逐笔成交数据。这两个数据是时间序列数据，时间精确到毫秒，详细、完整地记录了每一位投资者每一笔委托订单信息及交易系统每一笔交易的成交信息。高频数据则是由这两个微观数据加工而成的。高频数据分为两种：一种是超高频数据，比如以上的逐笔委托数据和逐笔成交数据，这是一类比较特殊的高频数据；一种是通常意义上的高频数据，属于等间隔取样（或者等间隔的整数倍取样，主要是因为取样的时候没有对应的委托数据或成交数据，则顺延至下一次取样，直到取样成功为止）。这里的取样是指截至当前时间，统计汇总逐笔委托数据和逐笔成交数据而形成的行情数据（或称为快照数据）。汇总统计过程是由交易所完成的，我们只需接收交易所发送的行情数据即可。

根据统计汇总的频率高低和内容的详细程度不同，交易所分为基本行情（5 档）和深度行情（10 档和超高频数据）两个品种。

6.3.3　股票高频交易数据

一般的高频交易数据都是基于逐笔委托数据和逐笔成交数据统计计算获得的。具体的计算细节交易所并不公开，但我们可以推导其生产原理，以 10 档行情数据为例，其主要字段及内容如下：

首先是证券代码，交易日期，数据生成时间，开盘价，截至当前数据生成时间的最高价、最低价、最新价、成交量（金额、笔数）与分笔期间的成交量（金额、笔数），其中，分笔期间是指相邻两条记录之间的时间间隔。证券代码和交易日期两个字段为静态数据，当天是不会发生变化的，而数据生成时间来源于逐笔成交数据表，即统计截止时间，成交类字段就是统计逐笔成交数据表的有效成交记录而得到的结果，如表 6-1 所示。

其次是证券代码，交易日期，数据生成时间，卖方总的委托量，卖方委托加权平均价，卖方 10 个委托档位的具体价格和对应的委托量，其中档位价格按 S10>S09…>S01 排序，如表 6-2 所示。

最后是证券代码，交易日期，数据生成时间，买方总的委托量，买方委托加权平均价，买方 10 个委托档位的具体价格和对应的委托量，其中档位价格按 B01>B02…>B10 排序，如表 6-3 所示。

表 6-2 和表 6-3 属于委托类字段，这些数据是根据统计截止时间，统计计算逐笔委托数据表的有效委托而得到的结果。卖（买）方申报的委托价格档位可能不止 10 个，10 档行情数据只统计最优的前 10 个档位的具体委托详情，也就是说，截至当前时间，买卖双方委托的前 10 个价格档位的具体价格是多少，每个价格下的具体委托量又是多少。注意，这两个表中有两个字段，总的委托量和委托加权平均价则是统计所有委托档位的。

假设数据生成时间是 0941230，这个时间通常是某笔交易发生的时间，则统计[0925.000, 0941230]该时间段内逐笔成交数据表的成交数据，形成本条记录的成交字段数据，同时再统计[0915, 0941230]该时间段内有效的逐笔委托数据（不包括撤单的记录），形成本条记录的委托字段数据。换言之，成交字段数据就是截至 0941230 时间点已经成交的事实，而委托字段数据则是可供选择的有望在下一刻成交的总量和可能获得的价格，为推断未来成交情况提供基础数据。

如表 6-1～表 6-3 所示，当天时间 091517070～092459590 为集合竞价申报时间，092502390 为集合竞价交易发生时间，这个时间节点产生了第一笔交易，即产生开盘价和交易量相关指标数据。093009980 这个时间节点产生了第一笔连续竞价交易记录，112958520 这个时间节点是上午最后一笔连续竞价交易记录，130009650 这个时间节点为下午第一笔连续竞价交易记录，150025760 这个时间节点为当天交易结束后产生的最后统计记录，是日频数据的来源。

表 6-1　　　　　　　　　　　10 档行情成交字段数据表

SECURITYID	TRDDATE	DATATIME	OPENPX	HIGHPX	LOWPX	LASTPX	TOTALVOLUME	CQ
000001	20130301	091517070	0	0	0	0	0	0
……	……	……	……	……	……	……	……	……
000001	20130301	091856810	0	0	0	0	0	0
……	……	……	……	……	……	……	……	……
000001	20130301	092149010	0	0	0	0	0	0
……	……	……	……	……	……	……	……	……
000001	20130301	092459590	0	0	0	0	0	0
000001	20130301	092502390	22.93	22.93	22.93	22.93	1062100	1E+06
000001	20130301	093009980	22.93	22.93	22.82	22.89	1879500	8E+05
000001	20130301	093013100	22.93	22.93	22.82	22.88	1889900	10400
000001	20130301	093016450	22.93	22.93	22.82	22.88	1893300	3400
……	……	……	……	……	……	……	……	……
000001	20130301	112958520	22.93	23.24	22.78	22.90	55174143	700
000001	20130301	130009650	22.93	23.24	22.78	22.88	55332043	2E+05
……	……	……	……	……	……	……	……	……
000001	20130301	150025760	22.93	23.24	22.37	23.06	103782380	0

表 6-2　　　　　　　　　　　10 档行情卖方委托字段数据表

SECURITYID	TRDDATE	DATATIME	OFFERQTY	WAVGPX	S10	…	S01	SV10	…	SV01
000001	20130301	091517070	0	0	0	…	23	0	…	3800
……	……	……	……	……	……	…	……	……	…	……
000001	20130301	091856810	0	0	0	…	23	0	…	251857
……	……	……	……	……	……	…	……	……	…	……
000001	20130301	092149010	0	0	0	…	23	0	…	581100
……	……	……	……	……	……	…	……	……	…	……
000001	20130301	092459590	0	0	0	…	22.93	0	…	1061100
000001	20130301	092502390	5646591	23.95	23.02	…	22.93	1500	…	296675
000001	20130301	093009980	6477452	23.89	22.98	…	22.89	16100	…	1700
000001	20130301	093013100	6470952	23.90	22.99	…	22.90	142020	…	372617
000001	20130301	093016450	6476162	23.90	22.99	…	22.90	141920	…	373017
……	……	……	……	……	……	…	……	……	…	……

续表

SECURITYID	TRDDATE	DATATIME	OFFERQTY	WAVGPX	S10	...	S01	SV10	...	SV01
000001	20130301	112958520	10464434	23.96	23.01	...	22.90	3900	...	845
000001	20130301	130009650	10993691	23.94	22.97	...	22.88	100	...	11383
......	......	......	......	......	......	...	......	......	...	......
000001	20130301	150025760	8752841	23.98	23.16	...	23.07	60700	...	40800

表 6-3　　　　　　　　　　　　10 档行情买方委托字段数据表

SECURITYID	TRDDATE	DATATIME	BIDQTY	WAVGBPX	B01	...	B10	BV01	...	BV10
000001	20130301	091517070	0	0	23	...	0	3800	...	0
......	......	......	......	......	......	...	......	......	...	......
000001	20130301	091856810	0	0	23	...	0	251857	...	0
......	......	......	......	......	......	...	......	......	...	......
000001	20130301	092149010	0	0	23	...	0	581100	...	0
......	......	......	......	......	......	...	......	......	...	......
000001	20130301	092459590	0	0	22.93	...	0	1061100	...	0
000001	20130301	092502390	1456600	22.36	22.91	...	22.81	11800	...	46100
000001	20130301	093009980	2088100	22.34	22.88	...	22.76	3000	...	7600
000001	20130301	093013100	2089300	22.34	22.88	...	22.76	2600	...	7600
000001	20130301	093016450	2096800	22.34	22.88	...	22.76	200	...	7600
......	......	......	......	......	......	...	......	......	...	...
000001	20130301	112958520	4589601	22.37	22.88	...	22.79	13600	...	17900
000001	20130301	130009650	4741101	22.37	22.85	...	22.76	11200	...	79800
......	......	......	......	......	......	...	......	......	...	...
000001	20130301	150025760	5416672	22.42	23.06	...	22.96	353810	...	3700

为了方便理解数据的产生过程，以 093013100 这个数据生产时间的记录为例，它表示的是平安银行（代码：000001）在 20130301 交易日（TRDDATE）内，截至 093013100 当前时间（DATATIME）的最高成交价（HIGHPX）为 22.93，最低成交价（LOWPX）为 22.82，最近一次交易的价格（最新价，LASTPX）为 22.88，累计发生的总成交量（TOTALVOLUME）为 1889900，分笔期间的成交量（与上一条记录之间的时间间隔发生的交易量，CQ）为 10400，可供购买的总量（即卖方的总供应量，TOTALOFFERQTY）为 6470952，其中卖方提供的最低价格（S01）为 22.90，卖方提供的最低价位上的供应量（SV01）为 372617……

6.3.4　股票日频交易数据

股票日频交易数据主要是统计当天交易情况的数据，第 6.3.3 节也提到，高频交易 10 档行情数据表最后一条记录数据就是日频交易数据的来源，字段包括股票代码、交易日期、收盘价、成交量、成交金额、开盘价、最高价、最低价。为了研究方便及价格可比性，有时也衍生计算出一些其他指标，比如，考虑现金红利再投资的收盘价可比价和不考虑现金红利再投资的收盘价可比价，有时候也称为复权价，如表 6-4 所示。

表 6-4　　　　　　　　　　　　　　　　　日频交易主要数据表

Stkcd	Trddt	Clsprc	Dnshrtrd	Dnvaltrd	Opnprc	Hiprc	Loprc	Adjprcwd	Adjprcnd
300015	2017-05-15	32.88	3314184	107995576.5	32.40	32.88	32.35	244.9883	236.3246
300015	2017-05-16	33.80	4746779	158048711	32.80	33.88	32.50	251.8433	242.9371
300015	2017-05-17	33.31	3732430	125112583	33.57	33.90	33.26	248.1923	239.4152
300015	2017-05-18	22.23	5758990	128095499.3	22.06	22.49	21.89	249.7941	239.6666
300015	2017-05-19	22.40	6449048	145514093.8	22.27	22.95	22.02	251.7044	241.4994
300015	2017-05-22	22.57	4798200	107396565.5	22.46	22.85	22.00	253.6146	243.3322
300015	2017-05-23	22.74	8114391	182205286.5	22.39	22.88	21.99	255.5249	245.1650

从表 6-4 可以看到，股价 5 月 18 日发生了剧烈下降，远远超出了正常交易的涨跌幅 10%的限制。事实上，是股票发生了除权行为。在 2016 年年度报告中，公司公告每 10 股送 5 股，每 10 股派息 1.8 元，股权登记日为 2017 年 5 月 17 日，除权除息日为 2017 年 5 月 18 日。何为除权除息呢？首先是送股，使得公司的股本增多，公司的资产不会发生变化，市值也不会发生变化，股价则会降低，比如，原来公司股本是 1000 万股，股价 10 元，公司总市值为股本×股价=1 亿元，执行 10 股送 5 股，送股比例为 0.5，送股后股本变为 1500 万股，而总市值 1 亿元是不变的，故股价变为 6.6667 元；其次是现金分红，公司资产则会减少，因此需要在股价中减去分红获得的收益（含税）。在金融数据分析与挖掘、量化投资研究中，由于分红送股转增股等行为，正常的收盘价是不具有可比性的，基于投资者权益不变的原则（假设投资者在除权之前购买了股票或者是一位长期投资者，公司的送股、转增股和分红等权益均享有，即个人的资产权益不发生变化），需要对这个收盘价做出调整，于是衍生出了常见的两个指标，即考虑现金红利再投资的收盘价可比价和不考虑现金红利再投资的收盘价可比价，可用于长期价值投资收益率的计算，具体的计算公式可参考股票交易数据库说明书，这里仅学会使用即可。

6.3.5　股票价格指数日频交易数据

股票价格指数反映多只股票或股票投资组合整体趋势的指标，比如，反映上海证券交易所 A 股整体趋势的上证 A 股指数，反映深圳证券交易所 A 股主板、中小板和创业板各板块整体趋势的深证主板指数、中小板指数和创业板指数，反映中国大陆 A 股市场整体趋势的沪深 300 指数（从上海、深圳两个证券交易所选取具有代表性的 300 只股票作为样本进行计算）。事实上，股票价格指数属于衍生性指标，其基础数据是个股交易数据，其计算公式为股票价格指数=指数所包含的股票总市值/指数所包含的股票基准日总市值。注意，不同的指数对其所包含的样本股有不同的规则约束和调整机制，总市值的计算也可能根据个股的差异赋予不同的权重，一般情况下只有指数的编制单位才知道具体计算细节。为了方便理解，我们基于深圳创业板的所有股票 2017 年个股交易数据（表结构字段见表 6-5），自建一个指数。

表 6-5　　　　　　　　　　　　　　　　创业板 2017 年个股交易数据

Stkcd	Trddt	Clsprc	Dnshrtrd	Dnvaltrd	Opnprc	Hiprc	Loprc
300001	2017-01-03	17.4	2814060	48985702	17.36	17.52	17.34
300001	2017-01-04	17.75	4800108	84651662	17.41	17.89	17.33
300001	2017-01-05	17.65	3394498	60086662	17.75	17.86	17.61
300001	2017-01-06	17.41	3002060	52432404	17.64	17.66	17.38
300001	2017-01-09	17.44	2414583	42058440	17.37	17.54	17.31

Stkcd	Trddt	Clsprc	Dnshrtrd	Dnvaltrd	Opnprc	Hiprc	Loprc
300001	2017-01-10	17.35	2072409	36043147	17.39	17.47	17.32
300001	2017-01-11	17.68	7757588	1.37E+08	17.35	18.16	17.12
300001	2017-01-12	18.05	10738684	1.93E+08	17.69	18.14	17.45
300001	2017-01-13	17.41	5879777	1.05E+08	17.96	18.10	17.40
……	……	……	……	……	……	……	……

字段依次表示股票代码、交易日期、收盘价、交易量、交易金额、开盘价、最高价和最低价。以 2017 年第一个交易日（2017-01-03）为基准日，基点设为 1000 点，其计算公式为每日总市值/基准日总市值×1000，进一步地，我们还将其指数趋势图绘制出来，示例代码如下：

```
import pandas as pd
import matplotlib.pyplot as plt
import numpy as np
plt.rcParams['font.sans-serif'] = 'SimHei'
df=pd.read_excel('创业板 2017 年个股交易数据.xlsx')
df1 = df.groupby(['Trddt'])['Dnvaltrd'].sum()#分组统计每日总市值
index=df1.values/df1.values[0]*1000    #计算指数
x=np.array(range(len(df1)))
plt.figure(figsize=(8,6))
plt.plot(x,index)
plt.xticks(x[0:len(x):40], df1.index[0:len(x):40], rotation = 45)
plt.ylabel('指数')
plt.title('2017 年创业板自建指数走势图')
plt.savefig('2017 年创业板自建指数走势图')
```

执行后的结果如图 6-16 所示。

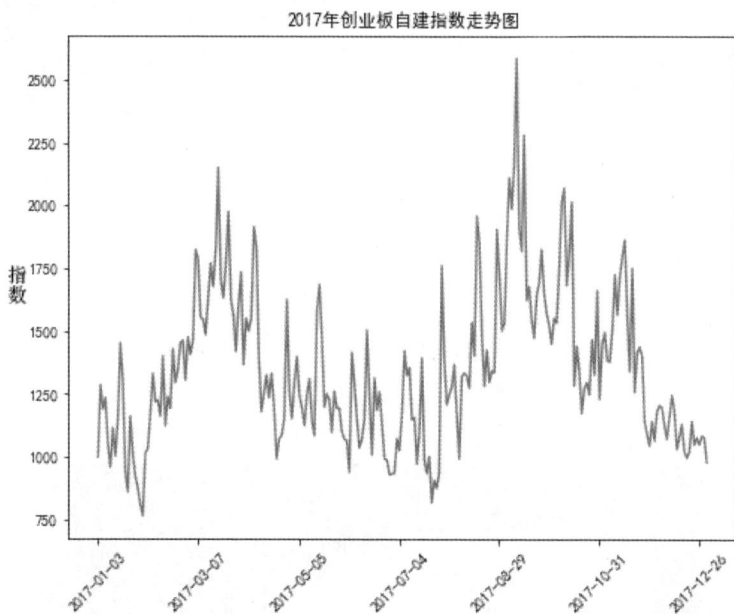

图 6-16

通过以上举例，我们认识了股票价格指数的衍生计算过程，对股票价格指数有了一定的认识。这里的总市值=各个股收盘价×股本，因此计算得到的指数也称为收盘指数。事实上，也可以通过股票的总开盘市值（各个股开盘价×股本）、最高市值（各个股最高价×股本）、最低市值（各个股最低价×股本）来计算，分别称为开盘指数、最高指数和最低指数。通常指数交易数据中还包括成交量、成交金额和回报率（收益率）字段，其中成交量=指数包含的所有股票成交量之和，成交金额=指数包含的所有股票成交金额之和，回报率（收益率）=（当日收盘指数−上一日收盘指数）/上一日收盘指数。

6.4　金融数据开源接口

前面我们对金融数据的收集、生产和主要指标数据进行了介绍，对金融数据相关专业知识及数据形态有了较好的认识，但是如何对不同股票进行横向对比，或者数据的纵向对比，或者对金融数据进行建模分析和量化研究，则需要丰富的金融数据库或便捷获取的数据源支持。本书所有案例均配套了历史数据作为学习支持，这里介绍一个可及时更新的开源金融数据接口，为读者继续研究提供一些数据源支持。本节主要介绍 Tushare 大数据社区提供的金融数据 Python API 接口。Tushare 大数据社区提供各类金融数据获取 API，通过注册社区会员、获得积分即可提取数据，提取权限与积分有关，获得积分及相关事项可与积分管理员联系。图 6-17 显示了其官网，金融数据信息、提取接口介绍和相关联系方式等，均可以从官网上获取。下面主要介绍开源数据接口 Tushare 安装和一些数据提取实例。

图 6-17

6.4.1　Tushare 安装

实际上 Tushare 已经作为一个 Python 扩展包，利用安装 Python 扩展包的方法直接安装即可，即 pip install tushare，如图 6-18 所示。成功安装后即可使用。

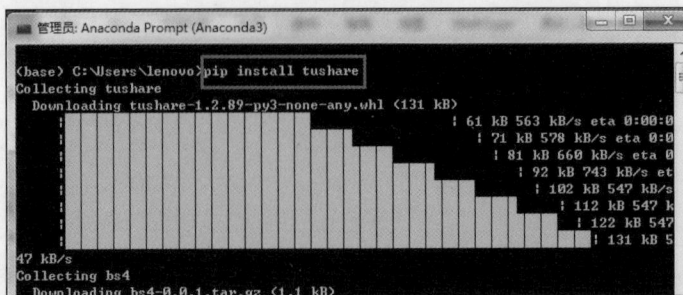

图 6-18

6.4.2 数据获取实例

获取的数据包括股票基本信息，并从利润表、资产负债表和财务指标表中获取部分指标数据。示例代码如下：

```
import tushare as ts
import pandas as pd
#tushare API 初始化
ts.set_token('you token')
pro = ts.pro_api()
#获取股票基本信息，并保存为 Excel 文件
stkcode = pro.stock_basic(exchange='', list_status='L', fields='ts_code,symbol,name,area,industry')
stkcode.to_excel('stkcode.xlsx')
#从利润表中获取营业收入、营业利润、利润总额、净利润等指标数据
income=pro.income_vip(period='20161231',fields='ts_code,revenue,operate_profit,total_profit,n_income_attr_p')
income=income.drop_duplicates(subset=['ts_code'])
#从资产负债表中获取资产总计、固定资产净额等指标数据
balance = pro.balancesheet_vip(period='20161231',fields='ts_code,total_assets,fix_assets')
balance=balance.drop_duplicates(subset=['ts_code'])
#从财务指标表中获取净资产收益率、每股净资产、每股资本公积、每股收益等指标数据
indicator=pro.fina_indicator_vip(period='20161231',fields='ts_code,roe,bps,capital_rese_ps,eps')
indicator=indicator.drop_duplicates(subset=['ts_code'])
#数据集成，以代码为键，内连接，并把集成后的数据导出为 Excel 文件
tempdata=pd.merge(income,balance,how='inner',on='ts_code')
Data=pd.merge(tempdata,indicator,how='inner',on='ts_code')
Data.to_excel('Data.xlsx')
```

执行后的结果如图 6-19 所示。

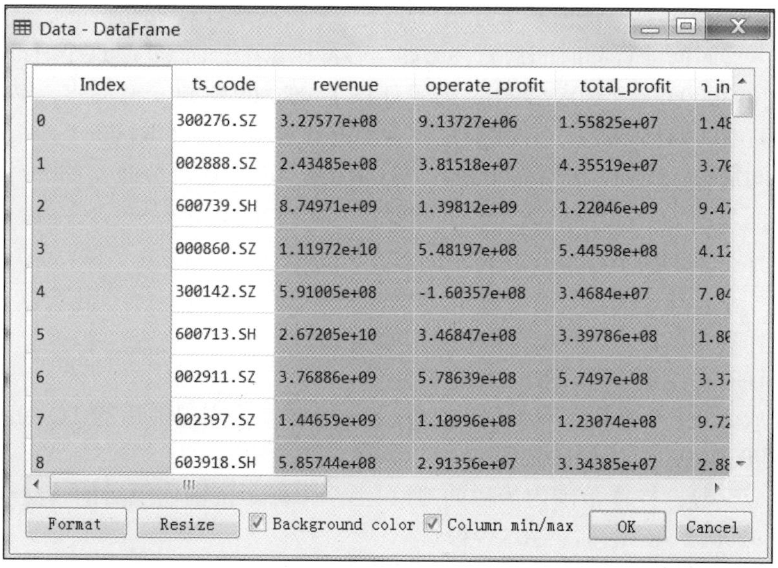

Index	ts_code	revenue	operate_profit	total_profit	n_in
0	300276.SZ	3.27577e+08	9.13727e+06	1.55825e+07	1.48
1	002888.SZ	2.43485e+08	3.81518e+07	4.35519e+07	3.76
2	600739.SH	8.74971e+09	1.39812e+09	1.22046e+09	9.47
3	000860.SZ	1.11972e+10	5.48197e+08	5.44598e+08	4.12
4	300142.SZ	5.91005e+08	-1.60357e+08	3.4684e+07	7.04
5	600713.SH	2.67205e+10	3.46847e+08	3.39786e+08	1.86
6	002911.SZ	3.76886e+09	5.78639e+08	5.7497e+08	3.37
7	002397.SZ	1.44659e+09	1.10996e+08	1.23074e+08	9.72
8	603918.SH	5.85744e+08	2.91356e+07	3.34385e+07	2.88

图 6-19

本章小结

本章主要介绍了上市公司治理结构、公司财务报表、财务分析指标相关数据的收集、生产和主要指标数据解读，以及股票交易市场的数据生产、加工和主要数据理解。本章的最大特色是揭示了股票高频交易数据的生产场景及加工过程，以及股票价格指数的计算原理，对理解股票交易数据和股票价格指数数据具有积极的参考价值。为了方便读者进一步开展金融数据分析、建模及量化研究，本章最后介绍了一个可持续更新的开源数据接口 API，本接口基于 Python 开发，可以较好地切换数据源及衔接本书的案例。

本章练习

通过网络或其他方式，收集同行业十家上市公司治理结构、财务报表、财务分析指标、股票日频交易相关的主要指标数据，并对指标数据进行对比分析，形成一份调研分析报告。

本章实验

今有基本行情（简称 level-1）部分数据，见配套数据表"SHL1_600000.xlsx"，字段依次为证券代码、交易日期、昨收盘价、当前时间、（开、高、低、最新）价、累计成交量、分笔期间成交量、累计成交额、分笔期间成交额、累计成交笔数、分笔期间成交笔数、卖方委托价格 5-1，买方委托价格 1-5，卖方委托量 5-1，买方委托量 1-5。根据该基本行情交易数据表，计算获得 1 分时交易数据表，其基本字段及计算思路如下。

静态字段：证券代码、交易日期。

时间字段：分时点。

成交字段：分时期间（开、高、低、收）价格、分时期间成交量、分时期间成交金额。

计算思路：1 分时数据是由基本行情（level-1）数据统计计算获得的。分时计算主要有两种计算方式，即时间前置和时间后置。比如，后置计算 1 分时 0931 这个时间点，其行情统计时间区间为[093000.000,093059.999]；前置计算 1 分时 0931 这个时间点，其行情统计时间区间为[093100.000,093159.999]。计算的规则主要有 4 种方式，即取区间头、取区间末、取区间最大、取区间最小。比如，计算 600000、20130301、0931 这个分时点的分时数据，其对应的分笔数据区间范围为 093002～093052（需要按时间排序），则

开盘价：样本范围内 CP 的第一个价格 11.070；

最高价：样本范围内 CP 的最高价格 11.080；

最低价：样本范围内 CP 的最低价格 11.060；

收盘价：样本范围内 CP 的最后价格 11.070。

分时期间成交量：样本范围内最后的 TQ-上一个样本范围内最后的 TQ=sum(样本范围内的 CQ)=10559900-4190571=6369329。

分时期间成交额：样本范围内最后的 TM-上一个样本范围内最后的 TM=sum(样本范围内的 CM)=116929015-46389621=70539394。

案 例 篇

第7章 基础案例

前面 6 章介绍了 Python 的基本知识、数据处理方法、数据可视化技能及数据挖掘分析的基本模型和算法。本章将通过 7 个基础案例，介绍如何利用 Python 实现基础指标的计算和完成金融数据基础挖掘任务。本章起到一个承上启下的作用，既是前面第 1~6 章内容的简单综合运用，也为后续的综合案例提供基础支持。

7.1 股票价格指数周收益率和月收益率的计算

在金融数据挖掘分析中，客户经常会遇到不同时间维度的分析。本案例的主要目的是介绍如何通过交易日历表和日交易数据，获得统计的周交易数据和月交易数据，并实现周收益率和月收益率的计算。在本案例中，我们介绍了利用交易日历表寻找每周最小交易日和最大交易日、每月最小交易日和最大交易日的两个算法，希望对读者有所启示。

股票价格指数周
收益率计算

7.1.1 案例介绍

计算上证 A 股指数（代码：000002）2017 年的周收益率和月收益率指标数据。其中，周收益率和月收益率指标计算公式如下：

周收益率=（周最大交易日收盘指数−周最小交易日收盘指数）/周最小交易日收盘指数
月收益率=（月最大交易日收盘指数−月最小交易日收盘指数）/月最小交易日收盘指数
本案例使用的交易日历表（表名：TRD_Cale）（见表 7-1）和指数日交易数据表（表名：IDX_Idxtrd）（见表 7-2）的数据均来源于 CSMAR 数据库。

表 7-1 交易日历表（TRD_Cale）

Markettype	Clddt	Daywk	State
1	2017-01-03	2	O
1	2017-01-04	3	O
1	2017-01-05	4	O

149

Markettype	Clddt	Daywk	State
1	2017-01-06	5	O
1	2017-01-09	1	O
1	2017-01-10	2	O
1	2017-01-11	3	O
1	2017-01-12	4	O
1	2017-01-13	5	O
……	……	……	……

字段依次表示市场类型（1 表示上海市场）、交易日期、星期、开市状态（O 表示开市），数据区间日期为 2017 年 1 月 1 日—2017 年 12 月 31 日。

表 7-2　　　　　　　　　　　　指数-交易数据表（IDX_Idxtrd）

Indexcd	Idxtrd01	Idxtrd05
000002	2017-01-03	3283.45
000002	2017-01-04	3307.45
000002	2017-01-05	3314.39
000002	2017-01-06	3302.79
000002	2017-01-09	3320.53
000002	2017-01-10	3310.49
000002	2017-01-11	3284.37
000002	2017-01-12	3266.04
000002	2017-01-13	3259.27
……	……	……

字段依次表示指数代码、交易日期、收盘指数。

7.1.2　周收益率计算

由于我们获取的数据为日行情交易数据，无法直接计算周收益率，需要对交易日历数据进行处理，即找出每周的最大交易日和最小交易日。从交易日历表的星期（Daywk）字段可以看出，当前星期值比下一个星期值大，其对应的交易日即为本周的最大交易日，下一个星期值对应的交易日即为下周的最小交易日。因此，寻找周最大交易日和最小交易日的算法如下。

输入：交易日历数据表 date。

输出：周最小交易日和最大交易日列表 list1 和 list2。

Step1：定义空的列表 list1 和 list2，将交易日历表中的首个交易日添加到 list1 中。

Step2：从第 2 个交易日开始至倒数第 2 个交易日，如果其星期值大于下一个交易日的星期值，则将其交易日添加到 list2 中，下一个交易日添加到 list1 中。

Step3：将最后的交易日添加到 list2 中。

示例代码如下：

```
import pandas as pd
x=pd.read_excel('TRD_Cale.xlsx')
```

```
list1=['2017-01-03']
list2=[]
for t in range(1,len(x)-1):
    p=x.iloc[t-1,[2]][0]
    q=x.iloc[t,[2]][0]
    if q<p:
        list1.append(x.iloc[t,[1]][0])
        list2.append(x.iloc[t-1,[1]][0])
list2.append('2017-12-29')
```

执行后的结果（部分）如图 7-1 所示。

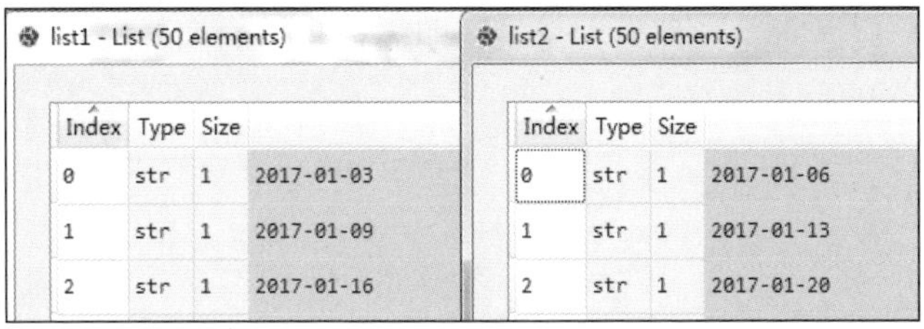

图 7-1

获得每周的最小交易日列表 list1 和最大交易日列表 list2 后，就可以通过循环的方式依次取最大交易日和最小交易日对应的收盘指数，利用前面介绍的公式计算即可获得周收益率指标数据。示例代码如下：

```
data=pd.read_excel('IDX_Idxtrd.xlsx')
import numpy as np
r=np.zeros(len(list1))
for i in range(len(list1)):
    p1=data.loc[data['Idxtrd01'].values==list1[i],'Idxtrd05'].values
    p2=data.loc[data['Idxtrd01'].values==list2[i],'Idxtrd05'].values
    r[i]=(p2-p1)/p1
```

执行后的结果（部分）如图 7-2 所示。

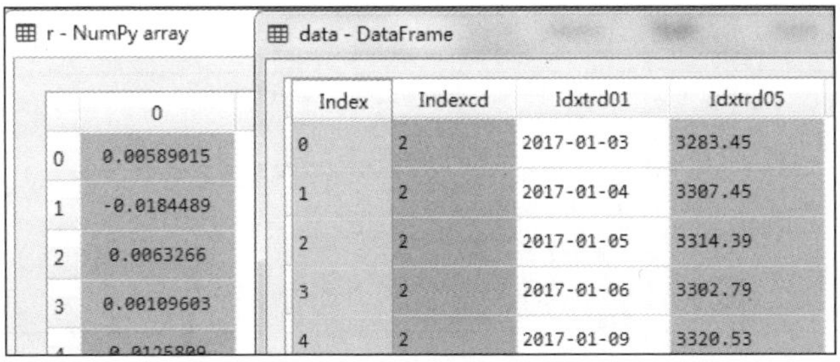

图 7-2

例如，计算第 0 周的收益率数据，结合图 7-1，取第 0 周的最大交易日 2017 年 1 月 6 日对应的收盘指数 3302.76，减去第 0 周最小交易日 2017 年 1 月 3 日对应的收盘指数 3283.45，再除以第 0 周最小交易日 2017 年 1 月 3 日对应的收盘指数 3283.45，就可以得到周收益率指标数据为 0.00589015。

7.1.3 月收益率计算

基于日指数行情交易数据无法直接计算月收益率，需要对交易日历数据进行处理。由于交易数据为 2017 年，则要找出 2017 年每月的最大交易日和最小交易日。具体算法如下。

输入：交易日历数据表 date。

输出：月最小交易日和最大交易日列表 list1_m 和 list2_m。

Step1：定义空的列表 list1_m 和 list2_m。

Step2： for month= 01 to 12

startdate=2017-month-01

enddate=2017-month-31

取 date 中，交易日期在 startdate 和 enddate 之间的数据，并按升序排序，则第 1 个数据即为当月最小交易日期，将其添加到 list1 中。

最后 1 个数据即为当月最大交易日期，将其添加到 list2 中。

示例代码如下：

```python
import pandas as pd
x=pd.read_excel('TRD_Cale.xlsx')
list1_m=[]
list2_m=[]
import numpy as np
for m in np.arange(1,13):
  if m<10:
    d1='2017-0'+str(m)+'-01'
    d2='2017-0'+str(m)+'-31'
  else:
    d1='2017-'+str(m)+'-01'
    d2='2017-'+str(m)+'-31'
  I1=x.iloc[:,1]>=d1
  I2=x.iloc[:,1]<=d2
  I=I1&I2
  xs=x.iloc[I.values,[1]]['Clddt'].sort_values()
  if len(xs)>1:
    list1_m.append(xs.values[0])
    list2_m.append(xs.values[len(xs)-1])
```

执行后的结果（部分）如图 7-3 所示。

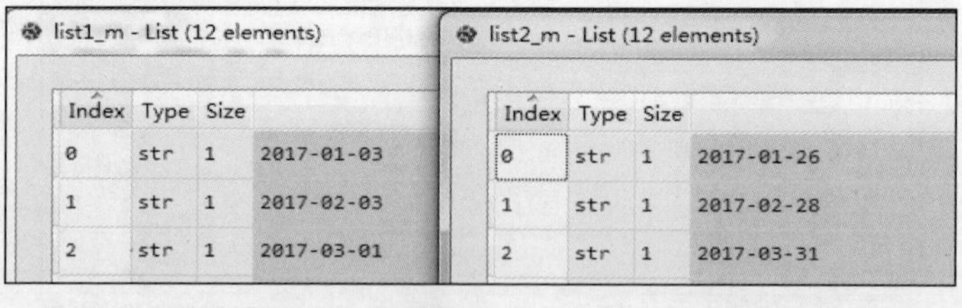

图 7-3

获得每月的最小交易日列表 list1_m 和最大交易日列表 list2_m 后，通过循环的方式依次取最大交易日和最小交易日对应的收盘指数，利用月收益率计算公式计算即可获得月收益率指标数据。示例代码如下：

```python
data=pd.read_excel('IDX_Idxtrd.xlsx')
import numpy as np
r=np.zeros(len(list1_m))
for i in range(len(list1_m)):
  p1=data.loc[data['Idxtrd01'].values==list1_m[i],'Idxtrd05'].values
  p2=data.loc[data['Idxtrd01'].values==list2_m[i],'Idxtrd05'].values
  r[i]=(p2-p1)/p1
```

执行后的结果（部分）如图 7-4 所示。

例如，要计算第 0 月的收益率数据，结合图 7-3，取第 0 月的最大交易日 2017 年 1 月 26 日对应的收盘指数 3308.06，减去第 0 月最小交易日 2017 年 1 月 3 日对应的收盘指数 3283.45，再除以第 0 月最小交易日 2017 年 1 月 3 日对应的收盘指数 3283.45，就可以得到月收益率指标数据为 0.00749517。

7.2 上市公司净利润增长率的计算

上市公司净利润增长率是公司基本面分析的重要参考指标，其指标的计算也是金融数据挖掘分析中的一个重要基础任务。本案例要求计算连续 3 年的净利润增长率，通过观察连续 3 年的净利润增长率情况，可以选出成长能力较好的上市公司，从而为投资者提供一定的参考价值。下面给出具体的计算实现方法。

图 7-4

7.2.1 案例介绍

找出"计算机、通信和其他电子设备制造业"所有上市公司 2015 年—2017 年连续 3 年净利润增长率都在 40%以上的公司。当期净利润增长率=（当期净利润–上期净利润）/上期净利润。本案例使用的数据表包括：计算机、通信和其他电子设备制造业公司利润表（data2.xlsx，见表 7-3）和股票行业基本信息表（info.xlsx，见表 7-4），数据均来源于 CSMAR 数据库。

上市公司净利润增长率的计算

表 7-3　　　　　　　　计算机、通信和其他电子设备制造业公司利润表

Stkcd	Accper	B002000101
000016	2014-12-31	52623527.86
000016	2015-12-31	−1256819315
000016	2016-12-31	95673028.03
000016	2017-12-31	5057025156
000020	2014-12-31	7687620.27
000020	2015-12-31	−4200845.61
……	……	……

字段依次表示股票代码、会计年度、归属于母公司所有者的净利润。

表 7-4　　　　　　　　股票行业基本信息表

Stkcd	Stknme	Nnindnmae
000016	深康佳 A	计算机、通信和其他电子设备制造业
000020	深华发 A	计算机、通信和其他电子设备制造业

Stkcd	Stknme	Nnindnmae
000021	深科技	计算机、通信和其他电子设备制造业
000045	深纺织 A	计算机、通信和其他电子设备制造业
000050	深天马 A	计算机、通信和其他电子设备制造业
000063	中兴通讯	计算机、通信和其他电子设备制造业
000066	中国长城	计算机、通信和其他电子设备制造业
000068	华控赛格	计算机、通信和其他电子设备制造业
……	……	……

7.2.2 指标计算

上市公司净利润增长率指标计算的基本思路如下：首先，需要选择满足 2014—2017 年都存在利润数据的上市公司，不满足条件的删除。其方法是将 data2.xlsx 中的 Stkcd 列转化为序列，采用值统计函数 value_counts() 即可实现筛选。其次，对满足条件的股票代码，采用循环的方式，依次取得 4 年的净利润数据，将其转化为 NumPy 数据组的形式，假设记为 d，则 3 年的净利润增长率=(d[1:]-d[0:-1])/d[0:-1]。最后，将结果整理为数据框的形式展现出来，其中 index 为股票名称。示例代码如下：

```python
import pandas as pd
dt=pd.read_excel('data2.xlsx')  #获取数据
#选择满足 2014—2017 年都存在利润数据的上市公司股票代码,即存在 4 个会计年度
code=dt['Stkcd'].value_counts()
code=list(code[code==4].index)
#将股票基本信息表转化为序列,其中 index 为股票代码,值为股票名称
info=pd.read_excel('info.xlsx')
S=pd.Series(info.iloc[:,1].values,index=info.iloc[:,0].values)
#预定义 4 个 list,依次存放股票名称、2015 年、2016 年、2017 年的净利润增长率
list1=[]
list2=[]
list3=[]
```

图 7-5

```python
list4=[]
for t in range(len(code)):
    d=dt.iloc[dt.iloc[:,0].values==
code[t],2].values
    r=(d[1:]-d[0:-1])/d[0:-1]
    if len(r[r>0.4])==3:
        list1.append(S[code[t]])
        list2.append(r[0])
        list3.append(r[1])
        list4.append(r[2])
#将净利润增长率数据定义为字典
D={'2015':list2,'2016':list3,'2017':list4}
#将字典转化为数据框,index 为股票名称
D=pd.DataFrame(D,index=list1)
```

执行后的结果如图 7-5 所示。

7.3 股票价、量走势图的绘制

在证券投资分析领域中价、量走势分布图是投资者常用的一个参考方面。本案例主要介绍股票每日收盘价格、成交量的走势图及月交易量分布饼图的绘制技能,并进一步介绍子图的绘制方法。

股票价、量
走势图的绘制

7.3.1 案例介绍

今有股票代码 600000 行情交易数据表(trd.xlsx),其表结构如表 7-5 所示。数据来源于 CSMAR 数据库。

表 7-5   股票代码 600000 行情交易数据

股票代码	交易日期	收盘价	交易量
600000	2017-01-03	16.3	16237125
600000	2017-01-04	16.33	29658734
600000	2017-01-05	16.3	26437646
600000	2017-01-06	16.18	17195598
600000	2017-01-09	16.2	14908745
600000	2017-01-10	16.19	7996756
600000	2017-01-11	16.16	9193332
600000	2017-01-12	16.12	8296150
600000	2017-01-13	16.27	19034143
600000	2017-01-16	16.56	53304724
……	……	……	……

问题如下:

(1)绘制股票代码 600000 日期为 2017 年 1 月 3 日—2017 年 1 月 20 日的收盘价格走势图。

(2)绘制股票代码 600000 日期为 2017 年 1 月 3 日—2017 年 1 月 24 日的交易量柱状图。

(3)计算股票代码 600000,2017 年 1 月—2017 年 11 月的交易量,并绘制其饼图。

(4)将以上的价格走势图、柱状图、饼图在同一个 figure 上以子图的形式绘制出来。

7.3.2 绘图数据计算

本节主要计算获得绘图所需的横轴和纵轴指标数据,包括股票代码 600000 2017 年 1 月 3 日—2017 年 1 月 20 日的收盘价格数据,2017 年 1 月 3 日—2017 年 1 月 24 日的交易量数据和 2017 年 1 月—11 月的交易量统计数据 D,这里主要涉及数据的筛选及简单循环计算的编程技能。示例代码如下:

```
import pandas as pd
import numpy as np
import matplotlib.pyplot as plt
data=pd.read_excel('trd.xlsx')
dt=data.loc[data['股票代码']==600000,['交易日期','收盘价','交易量']]
I1=dt['交易日期'].values>='2017-01-03'
```

```
I2=dt['交易日期'].values<='2017-01-20'
dta=dt.iloc[I1&I2,:]
y1=dta['收盘价']
x1=range(len(y1))
I3=dt['交易日期'].values>='2017-01-03'
I4=dt['交易日期'].values<='2017-01-24'
dta=dt.iloc[I3&I4,:]
y2=dta['交易量']
x2=range(len(y2))
D=np.zeros((11))
list1=list()
for m in range(11):
    m=m+1
    if m<10:
    m1='2017-0'+str(m)+'-01'
    m2='2017-0'+str(m)+'-31'
    mon='0'+str(m)
    else:
    m1='2017-'+str(m)+'-01'
    m2='2017-'+str(m)+'-31'
    mon=str(m)
    I1=dt['交易日期'].values>=m1
    I2=dt['交易日期'].values<=m2
    D[m-1]=dt.iloc[I1&I2,[2]].sum()[0]
    list1.append(mon)
```

7.3.3 绘图及图形保存

1. 股票价格走势图绘制

示例代码如下：

```
plt.figure(1)
plt.plot(x1,y1)
plt.xlabel(u'日期',fontproperties='SimHei')
plt.ylabel(u'收盘价',fontproperties='SimHei')
plt.title(u'收盘价走势图',fontproperties='SimHei')
plt.savefig('1')
```

执行后的结果如图 7-6 所示。

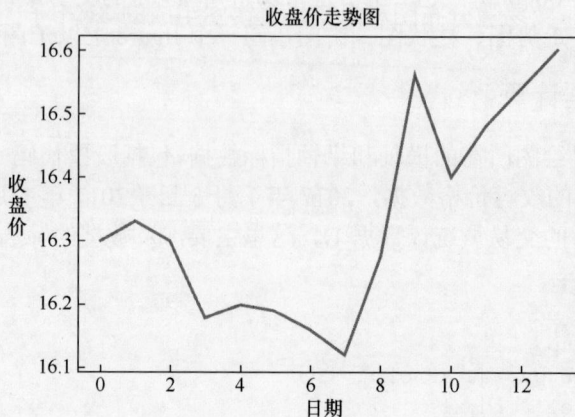

图 7-6

2. 交易量分布柱状图

示例代码如下：

```
plt.figure(2)
plt.bar(x2,y2)
plt.xlabel(u'日期',fontproperties='SimHei')
plt.ylabel(u'交易量 ',fontproperties='SimHei')
plt.title(u'交易量分布图',fontproperties='SimHei')
plt.savefig('2')
```

执行后的结果如图 7-7 所示。

3. 月交易量分布饼图

示例代码如下：

```
plt.figure(3)
plt.pie(D,labels=list1,autopct='%1.2f%%')    #保留小数点后两位
plt.title(u'月交易量分布图',fontproperties='SimHei')
plt.savefig('3')
```

执行后的结果如图 7-8 所示。

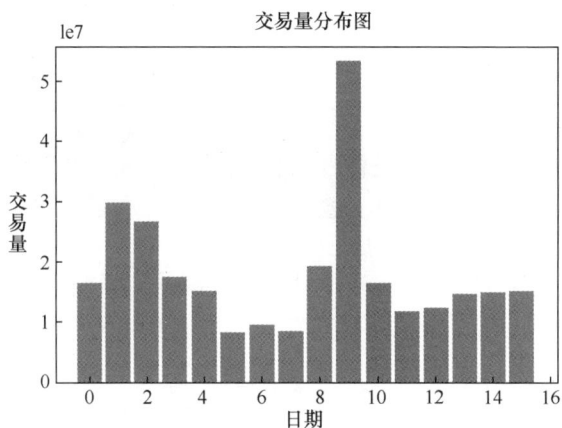

图 7-7

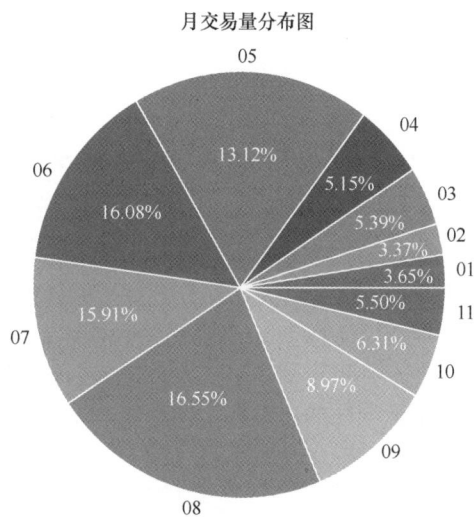

图 7-8

4. 收盘价走势图、交易量分布图和月交易量饼图组成的 3×1 子图

示例代码如下：

```
plt.figure(4)
plt.figure(figsize=(14,6))
plt.subplot(1,3,1)
plt.plot(x1,y1)
plt.xlabel(u'日期',fontproperties='SimHei')
plt.ylabel(u'收盘价',fontproperties='SimHei')
plt.title(u'收盘价走势图',fontproperties='SimHei')
plt.subplot(1,3,2)
plt.bar(x2,y2)
plt.xlabel(u'日期',fontproperties='SimHei')
plt.ylabel(u'交易量',fontproperties='SimHei')
plt.title(u'交易量分布图',fontproperties='SimHei')
```

```
plt.subplot(1,3,3)
plt.pie(D,labels=list1,autopct='%1.2f%%')     #保留小数点后两位
plt.title(u'月交易量分布图',fontproperties='SimHei')
plt.savefig('4')
```
执行后的结果如图 7-9 所示。

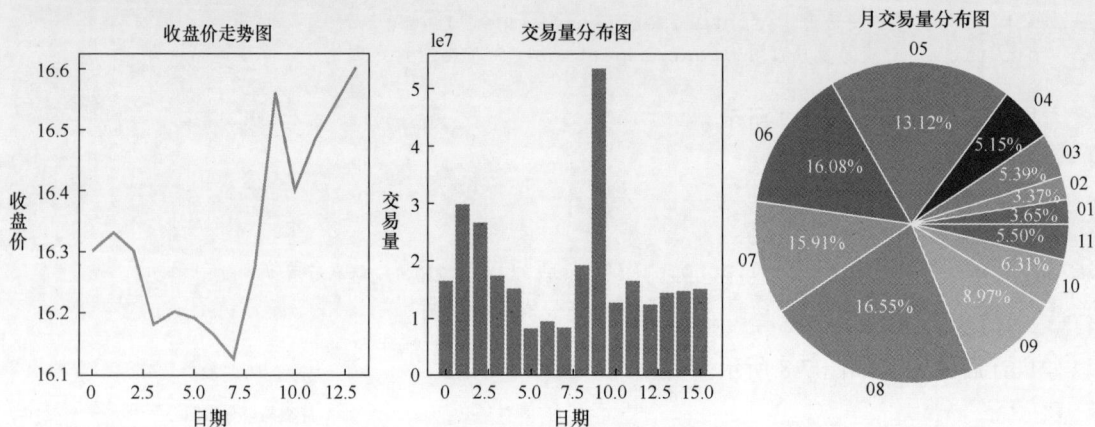

图 7-9

7.4 股票价格移动平均线的绘制

股票移动平均价反映了计算周期内的平均持有成本，对投资者具有一定的参考价值，也是广大证券投资分析软件或者技术分析的一个重要参考指标。本案例取 20 只股票 3 个月的交易数据绘制其原始价格走势图和 10 日移动平均线走势图，并用子图的形式表现出来。这里给出了程序自动根据股票数量和 figure 中子图数量，实现批量绘图的思路及实现程序，希望对读者有一定的帮助，同时在后续章节中也有使用。

股票价格移动
平均线的绘制

7.4.1 案例介绍

今有中小板股票 002001～002020 共 20 个，以及 2016 年 5 月 1 日—2016 年 8 月 1 日的交易数据，其表结构见表 7-6。数据来源于 CSMAR 数据库。

表 7-6   交易数据（trd.xlsx）

Stkcd	Trddt	Clsprc
002001	2016-05-03	20.99
002001	2016-05-04	20.42
002001	2016-05-05	20.49
002001	2016-05-06	18.7
002001	2016-05-09	18.67
002001	2016-05-10	19.07
……	……	……

其中，字段依次表示股票代码、交易日期、收盘价。

任务如下：

（1）计算每只股票 10 日移动平均收盘价格数据。

（2）绘制每只股票收盘价走势图和移动平均收盘价走势图，并用子图的形式表示出来。

说明：每个 figure 按照 2×2 划分，即每个 figure 绘制 4 只股票的收盘价走势图和移动平均价格走势图，20 只股票则需要 5 个 figure，使用循环的方式实现。

提示：可以考虑使用 Python 中的取余运算来实现，取余符号为%，例如：

```
0%4=0
1%4=1
2%4=2
3%4=3
4%4=0
5%4=1
6%4=2
7%4=3
8%4=0
9%4=1
……
```

凡是取余为 0 的时候都需要创建一个 figure，在这个 figure 中绘制 4 个子图。

7.4.2　图形绘制

根据以上的分析与算法，下面给出详细的示例代码：

```python
import pandas as pd
import numpy as np
import matplotlib.pyplot as plt
trd=pd.read_excel('trd.xlsx')
#获取股票代码,并转化为列表的形式
c=trd['Stkcd'].value_counts()
code=list(c.index)
#动态计算需要 q 个 figure,其中每个 figure 绘制 4 个子图,每个子图代表一个股票
#初始值设置 q=0
q=0
#循环对每一个股票绘制其图形
for i in range(20):
    #第 i 个股票的收盘价记为 p,并计算其移动平均价
    #构造绘图的横轴和纵轴坐标值
    p=trd.loc[trd['Stkcd'].values==code[i],'Clsprc']
    avg_p=p.rolling(10).mean()
    x1=np.arange(0,len(p))
    y1=p.values
    y2=avg_p[9:]
    x2=np.arange(9,len(p))
    #如果 i 与 4 整除,代表需要重新建一个 figure (因为每个 figure 有 4 个子图)
    if i%4==0:
        q=q+1
        plt.figure(q)
        plt.figure(figsize=(8,6))
    plt.subplot(2,2,i%4+1)
    plt.tight_layout()     #用于设置图像外部边缘自动调整
    plt.plot(x1,y1)
    plt.plot(x2,y2)
    plt.savefig(str(q))
```

执行后的结果如图 7-10～图 7-14 所示，分别为 1～4 只股票、5～8 只股票、9～12 只股票、13～16 只股票、17～20 只股票的价格图形。

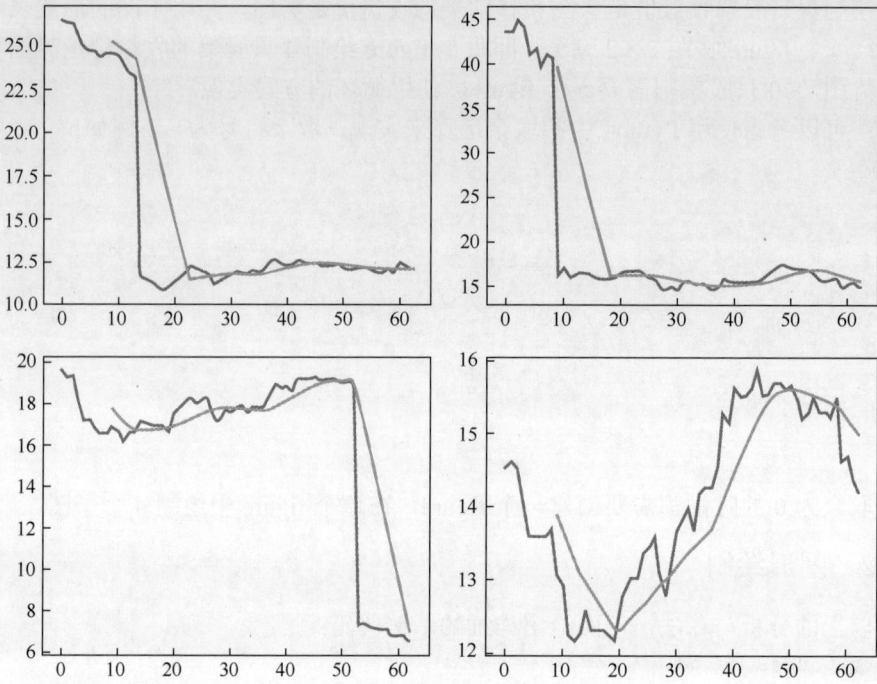

图 7-10

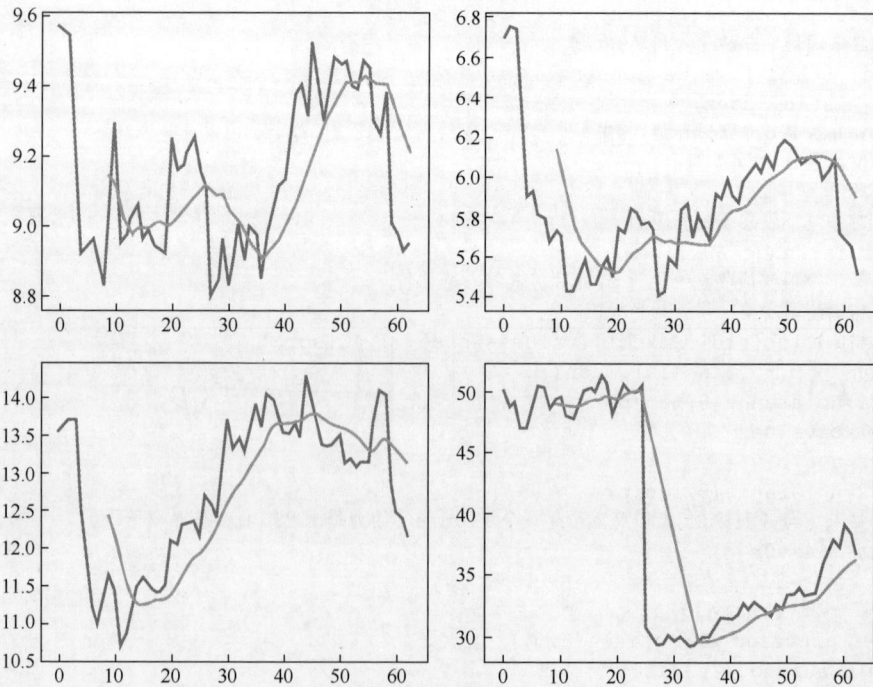

图 7-11

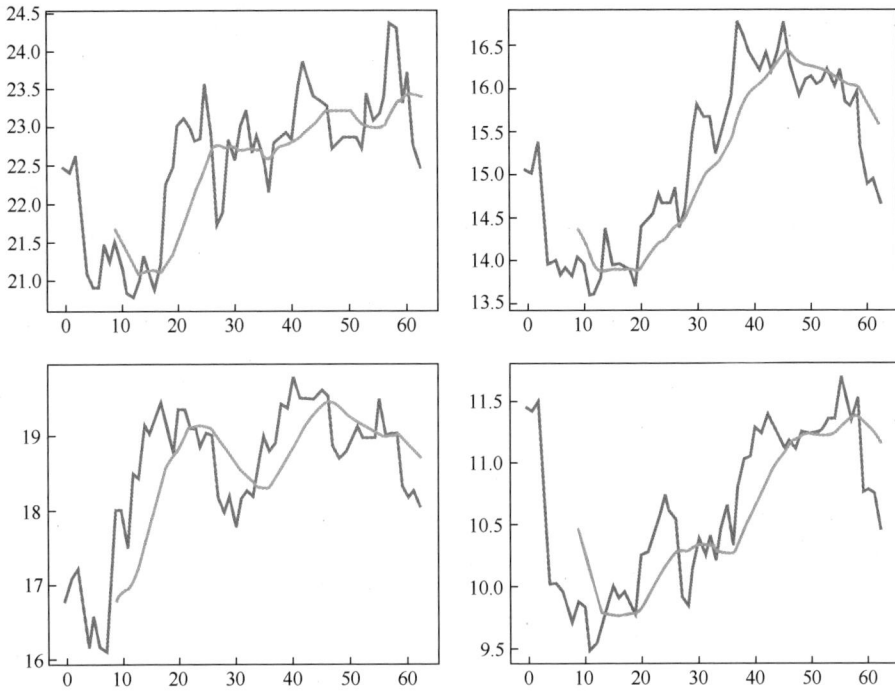

图 7-12

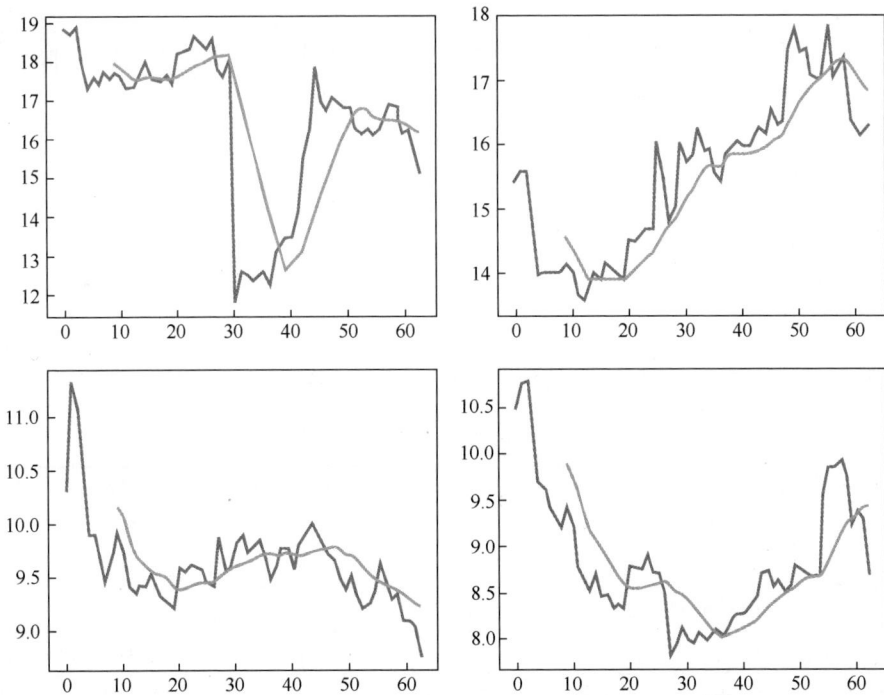

图 7-13

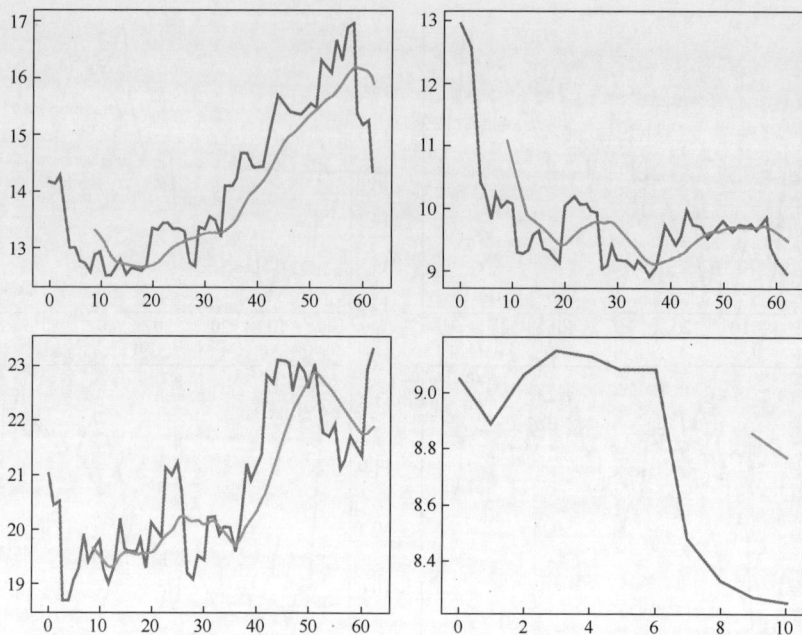

图 7-14

7.5 沪深 300 指数走势预测

沪深 300 指数作为中国股票价格指数的代表，也是中国股指期货的标的指数，对其走势预测具有积极的现实意义与应用价值。本案例通过计算交易特征指标和涨跌决策变量，其中涨用+1 表示，否则为-1，最终把问题转化为分类问题，并利用支持向量机、神经网络和逻辑回归进行涨跌趋势预测。这里介绍了如何将实际问题转化为分类问题，并利用分类模型进行预测，这种技能在实际数据挖掘中尤为重要，希望对读者有所启发。

沪深 300 指数走势
预测

7.5.1 案例介绍

今有沪深 300 指数 2014 年的交易数据，数据结构如表 7-7 所示。

表 7-7   沪深 300 指数 2014 年交易数据

Indexcd	Idxtrd01	Idxtrd02	Idxtrd03	Idxtrd04	Idxtrd05	Idxtrd06
000300	2014-01-02	2323.43	2325.99	2310.65	2321.98	451942.9
000300	2014-01-03	2311.97	2314.84	2280.89	2290.78	597826.5
000300	2014-01-06	2286.37	2286.37	2229.33	2238.64	663004
000300	2014-01-07	2222.31	2246.79	2218.65	2238	437531
000300	2014-01-08	2240.64	2262.58	2228.42	2241.91	513488.5
000300	2014-01-09	2236.97	2258.89	2220.8	2222.22	559870.4
000300	2014-01-10	2216.52	2224.49	2200.22	2204.85	541692.9
000300	2014-01-13	2207	2222.07	2183.6	2193.68	501227.7

Indexcd	Idxtrd01	Idxtrd02	Idxtrd03	Idxtrd04	Idxtrd05	Idxtrd06
000300	2014-01-14	2192.84	2214.12	2179.91	2212.85	540499.5
000300	2014-01-15	2210.02	2215.9	2193.8	2208.94	489624
……	……	……	……	……	……	……

字段依次表示指数代码、交易日期、开盘价、最高价、最低价、收盘价、成交量。

计算如下指标。

A1（收盘价/均价）：收盘价/过去 10 个交易日的移动平均收盘价。

A2（现量/均量）：成交量/过去 10 个交易日的移动平均成交量。

A3（收益率）：（当日收盘价-前日收盘价）/前日收盘价。

A4（最高价/均价）：最高价/过去 10 个交易日的移动平均收盘价。

A5（最低价/均价）：最低价/过去 10 个交易日的移动平均收盘价。

A6（极差）：最高价-最低价（衡量波动性）。

A7（瞬时收益）：收盘价-开盘价。

Y（决策变量）：后交易日收盘价-当前交易日收盘价，如果大于 0，则记为 1；如果小于等于 0，则记为-1。

同时，对指标 A1～A7 做标准化处理：（当前值-均值）/标准差，最终得到以下标准的数据结构形式。

ID	A1	A2	A3	A4	A5	A6	A7	Y
1								
2								
3								
4								
5								
6								
……								

取后 30 行数据作为测试样本，剩下的数据作为训练样本，分别利用神经网络、支持向量机、逻辑回归模型进行训练及测试，获得对应模型的准确率和预测准确率。

7.5.2 指标计算

1. 计算特征指标 X，即 A1～A7

示例代码如下：

```
import pandas as pd
td=pd.read_excel('index300.xlsx')
A1=td['Idxtrd05']/td['Idxtrd05'].rolling(10).mean()
A2=td['Idxtrd06']/td['Idxtrd06'].rolling(10).mean()
A3=td['Idxtrd08']
A4=td['Idxtrd03']/td['Idxtrd05'].rolling(10).mean()
A5=td['Idxtrd04']/td['Idxtrd05'].rolling(10).mean()
A6=td['Idxtrd03']-td['Idxtrd04']
A7=td['Idxtrd05']-td['Idxtrd02']
X={'A1':A1,'A2':A2,'A3':A3,'A4':A4,'A5':A5,'A6':A6,'A7':A7}
X=pd.DataFrame(X)
X=X.iloc[9:-1,] #注意 X 从第 10 行数据开始,至倒数第 1 行
```

163

执行后的结果（部分）如图 7-15 所示。

X - DataFrame

Index	A1	A2	A3	A4	A5	A6	A7
9	0.987286	0.924393	-0.1765	0.990397	0.98052	22.1	-1.08
10	0.993473	0.974316	0.1314	1.0004	0.988856	25.7	2.39
11	0.983454	0.953469	-1.5081	0.995859	0.982276	30.09	-25.33
12	0.981028	0.808735	-0.5736	0.988488	0.976712	26	-7.66
13	0.993005	0.809234	0.9888	0.997776	0.984385	29.5	18.99
14	1.01852	1.36539	2.5778	1.01867	0.992975	56.6	53.37
15	1.01267	1.08833	-0.5307	1.02039	1.01093	20.86	-10.36
16	1.01704	1.1657	0.6178	1.02233	1.00672	34.47	19.92
17	1.00255	1.29084	-1.3252	1.01038	1.00069	21.43	-17.1
18	1.00402	0.978907	0.1776	1.01008	0.997733	27.29	-0.93

图 7-15

2. 计算决策变量 Y

示例代码如下：

```
#错位相减,获得指数的涨跌额,即收盘指数序列中的第 2 个元素至最后一个元素对应减去第 1 个元素至倒数第 1 个元素
Y=td['Idxtrd05'].values[1:]-td['Idxtrd05'].values[:-1]
#Y 与 X 的下一个交易日对应,故 Y 的值从第 11 行数据开始
#由于错位相减是从第 2 行开始的,故指标从第 10 行开始取
Y=Y[9:]
#走势标识设置
Y[Y>0]=1
Y[Y<=0]=-1
#对应的 Y 值
Y=Y.reshape(len(Y),1)
```

7.5.3 模型求解

1. 训练样本与测试样本的划分

示例代码如下：

```
x_train=X.iloc[:len(X)-30,:]
Y_train=Y[:len(Y)-30]
x_test=X.iloc[len(X)-30:,:]
Y_test=Y[len(Y)-30:]
```

2. 模型训练与求解

示例代码如下：

```
#支持向量机模型
from sklearn import svm
clf=svm.SVC(kernel='rbf')
clf.fit(x_train, Y_train)
rv1=clf.score(x_train, Y_train);
R=clf.predict(x_test)
R=R.reshape(len(R),1)
Z=R-Y_test
Rs1=len(Z[Z==0])/len(Z)
#逻辑模型
from sklearn.linear_model import LogisticRegression as LR
lr=LR()   #创建逻辑回归模型类
```

```
lr.fit(x_train, Y_train) #训练数据
rv2=lr.score(x_train, Y_train); # 模型准确率（针对训练数据）
R=lr.predict(x_test)
R=R.reshape(len(R),1)
Z=R-Y_test
Rs2=len(Z[Z==0])/len(Z)
#神经网络模型
from sklearn.neural_network import MLPClassifier
clf=MLPClassifier(solver='lbfgs', alpha=1e-5,hidden_layer_sizes=(5,2),
random_state=1)
clf.fit(x_train, Y_train);
rv3=clf.score(x_train, Y_train)
R=clf.predict(x_test)
R=R.reshape(len(R),1)
Z=R-Y_test
Rs3=len(Z[Z==0])/len(Z)
print('支持向量机模型准确率: ',rv1)
print('逻辑模型准确率: ',rv2)
print('神经网络模型准确率: ',rv3)
print('----------------------------------------------')
print('支持向量机模型预测准确率: ',Rs1)
print('逻辑模型预测准确率: ',Rs2)
print('神经网络模型预测准确率: ',Rs3)
```

执行后的结果如下。

```
支持向量机模型准确率: 0.5707317073170731
逻辑模型准确率: 0.570731707317
神经网络模型准确率: 0.507317073171
----------------------------------------------
支持向量机模型预测准确率: 0.7666666666666667
逻辑模型预测准确率: 0.7666666666666667
神经网络模型预测准确率: 0.8
```

7.6 基于主成分聚类的上市公司盈利能力分析

找出盈利能力优秀的上市公司是广大投资者非常关心的问题。反映公司盈利能力的指标众多，而且变量之间会存在一定的相关性，如何利用这些指标进行分析是我们首先遇到的问题。本案例采用主成分分析法提取其主成分，并基于主成分进行上市公司盈利能力聚类分析。这里采用 K-均值聚类算法进行聚类，从而找出盈利能力比较好的上市公司。K-均值聚类返回的结果仅是类标签，没有实际意义，因此需要从聚类中心入手并进行分析，下面我们进行详细介绍。

基于主成分聚类的
上市公司盈利能力
分析

7.6.1 案例介绍

以申万行业分类表中"计算机"行业所有上市公司 2015 年的盈利能力指标数据为基础，其指标选择如表 7-8 所示。

表 7-8　　　　　　　　　　　　盈利能力指标数据

字段名称	指标名称	说明
F050502B	净资产收益率 B	净利润/股东权益平均余额（X_1）
F050102B	资产报酬率 B	（利润总额+财务费用）/平均资产总额（X_2）
F050202B	总资产净利润率 B	净利润/总资产平均余额（X_3）

续表

字段名称	指标名称	说明
F051201B	投入资本回报率	（净利润+财务费用 ）/（资产总计−流动负债+应付票据+ 短期借款+一年内到期的非流动负债）（X_4）
F051501B	营业净利率	净利润/营业收入（X_5）
F053301B	营业毛利率	（营业收入−营业成本）/营业收入（X_6）
F051401B	营业利润率	营业利润/营业收入（X_7）
F052101B	成本费用利润率	（利润总额）/（营业成本 +销售费用+管理费用+财务费用） （X_8）

注：指标数据来源于 CSMAR 数据库。

采用 *K*-均值聚类算法，将上市公司分为 5 类，并计算每类公司当年的总利润平均增长率。

$$每类公司当年的总利润平均增长率=\frac{该类公司当年总利润平均值-该类公司上年总利润平均值}{该类公司上年总利润平均值}$$

$$每类公司当年的总利润平均值=\frac{该类别中所有公司当年的利润之和}{该类别的公司数量}$$

这里的利润采用归属于母公司所有者的净利润（字段名称为 B002000101，数据也来源于国泰安 CSMAR 数据库）。

7.6.2　案例分析及计算

1．获取财务指标数据
指标数据为全部股票代码 2015 年的数据。示例代码如下：

```
import pandas as pd
import numpy as np
data=pd.read_excel('财务指标数据.xlsx')
data2=data.iloc[:,[ 0,2,3,4,5,6,7,8,9]]
```
执行后的结果（部分）如图 7-16 所示。

Index	Stkcd	F050502B	F050102B	F050202B	F051201B	F051501B	F053301B	F051401B	F052101B
0	667	0.072496	0.03063	0.025459	0.0453	0.090794	0.287946	0.125722	0.160675
1	838	0.075536	0.020626	0.019593	0.025699	0.116062	0.348287	0.066612	0.112519
2	600816	0.424511	0.28435	0.28435	0.188029	0.666531	nan	0.89236	nan
3	600358	0.042172	0.047514	0.017612	0.051383	0.145928	0.867484	0.393601	0.24122
4	601155	0.183725	0.04256	0.040358	0.093632	0.101813	0.268085	0.138837	0.172821
5	2231	0.007149	0.005577	0.005543	0.006671	0.012131	0.25183	0.003421	0.02186
6	600168	0.076847	0.058001	0.044048	0.066764	0.284305	0.313777	0.15034	0.408073
7	600209	-0.007239	-0.0063...	-0.006027	-0.0076...	-0.054061	0.177465	-0.29575	-0.0232...
8	300227	0.064072	0.050163	0.040862	0.055095	0.107758	0.393388	0.113676	0.129015

图 7-16

2．对财务指标数据进行清洗
对财务指标数据进行清洗，包括去掉小于 0 的指标值和 nan 值。示例代码如下：

```
data2=data2[data2>0]
data2=data2.dropna()
```

3. 对财务指标数据进行异常值处理

将数据转化为 NumPy 数组的形式，同时每个大于其均值 8 倍的指标视为异常值，将其处理掉。

```
data2=data2.values
for i in range(1,9):
    data2=data2[data2[:,i]<8*np.mean(data2[:,i]),:]
```

4. 选择“计算机”行业所有上市公司的数据

从预处理过的财务指标数据中选择申万行业分类表中“计算机”行业所有上市公司的数据。其处理过程分两步。

（1）获取申万行业分类表中“计算机”行业所有上市公司的股票代码。

```
dta=pd.read_excel('申万行业分类.xlsx')
#申万行业分类表中“计算机”行业所有上市公司股票代码
stkcd=dta.loc[dta['行业名称'].values=='计算机','股票代码'].values
```

申万行业分类数据如图 7-17 所示。

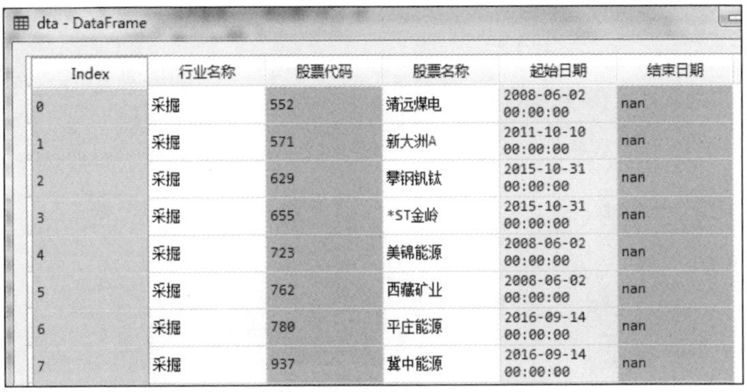
dta - DataFrame

Index	行业名称	股票代码	股票名称	起始日期	结束日期
0	采掘	552	靖远煤电	2008-06-02 00:00:00	nan
1	采掘	571	新大洲A	2011-10-10 00:00:00	nan
2	采掘	629	攀钢钒钛	2015-10-31 00:00:00	nan
3	采掘	655	*ST金岭	2015-10-31 00:00:00	nan
4	采掘	723	美锦能源	2008-06-02 00:00:00	nan
5	采掘	762	西藏矿业	2008-06-02 00:00:00	nan
6	采掘	780	平庄能源	2016-09-14 00:00:00	nan
7	采掘	937	冀中能源	2016-09-14 00:00:00	nan

图 7-17

（2）从预处理过的财务指标数据中选择满足条件的数据。

执行算法如下。

Step1：获取预处理过的财务指标数据 data2 中的所有代码，s=data2[:,0]。

Step2：s 循环地与申万行业分类表中“计算机”行业所有上市公司股票代码 stkcd 做存在性判断，即取或运算。

Step3：得到满足判断条件的逻辑数组 I，以 I 作为逻辑索引，取 data2 表中的元素即可。

示例代码如下：

```
s=data2[:,0]
I=s==stkcd[0]
for i in range(1,len(stkcd)):
    I1=s==stkcd[i]
    I=I|I1
ddata=data2[I,:] #申万行业分类表中“计算机”行业所有上市公司股票代码对应的财务数据
```

提取申万行业分类表中“计算机”行业所有上市公司股票代码对应的财务指标数据 X，用来做主成分分析。

```
X=ddata[:,1:]
```

5. 对指标数据 X 做标准化处理

这里采用极差法进行标准化。

```
from sklearn.preprocessing import MinMaxScaler
scaler=MinMaxScaler()
```

```
scaler.fit(X)
X=scaler.transform(X)
```

6. 对标准化后的 X 做主成分分析

获得主成分、主成分对应的系数（特征向量）和各主成分贡献率，为了后续 *K*-均值聚类算法的应用，这里再对提取的主成分做标准化处理（极差法）。

```
from sklearn.decomposition import PCA
pca=PCA(n_components=0.95)                    #累计贡献率为 95%
Y=pca.fit_transform(X)                        #提取的主成分
tzxl=pca.components_                          #返回特征向量
gxl=pca.explained_variance_ratio_             #返回主成分方差百分比（贡献率）
#对主成分 Y 做标准化处理（极差法）
scaler = MinMaxScaler()
scaler.fit(Y)
Y=scaler.transform(Y)
```

相关结果如图 7-18 所示。

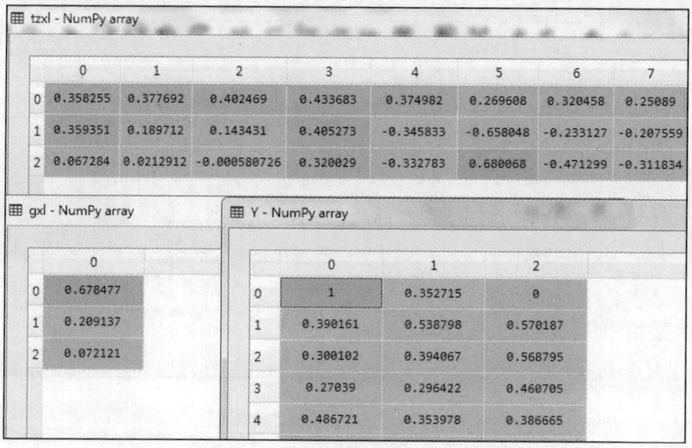

tzxl - NumPy array

	0	1	2	3	4	5	6	7
0	0.358255	0.377692	0.402469	0.433683	0.374982	0.269608	0.320458	0.25089
1	0.359351	0.189712	0.143431	0.405273	-0.345833	-0.658048	-0.233127	-0.207559
2	0.067284	0.0212912	-0.000580726	0.320029	-0.332783	0.680068	-0.471299	-0.311834

gxl - NumPy array

	0
0	0.678477
1	0.209137
2	0.072121

Y - NumPy array

	0	1	2
0	1	0.352715	0
1	0.390161	0.538798	0.570187
2	0.300102	0.394067	0.568795
3	0.27039	0.296422	0.460705
4	0.486721	0.353978	0.386665

图 7-18

从结果可以看出，对原来的 8 个变量进行主成分分析获得了 3 个主成分，这 3 个主成分提取的信息占比在 95%以上。其中，第 1 主成分贡献率为 67.8477%，第 2 主成分贡献率为 20.9137%，第三主成分贡献率为 7.2121%，三个主成分表达式为

$$Y_1=0.3583\times X_1+0.3777\times X_2+0.4025\times X_3+0.4337\times X_4+0.375\times X_5 +0.2696\times X_6+0.3205\times X_7+0.2508\times X_8$$

$$Y_2=0.3593\times X_1+0.1897\times X_2+0.1434\times X_3+0.4053\times X_4-0.3458\times X_5 -0.658\times X_6-0.2331\times X_7-0.2076\times X_8$$

$$Y_3=0.0673\times X_1+0.0213\times X_2-0.0006\times X_3+0.32\times X_4-0.3328\times X_5 +0.6801\times X_6-0.4713\times X_7-0.3118\times X_8$$

从表达式可以看出，Y_1 为各指标的加权和，反映了一个公司的综合盈利能力，可以称为**综合盈利能力因子**；Y_2 表达式中，X_1～X_4 指标系数为正，X_5～X_8 指标系数为负，而 X_5～X_8 依次表示营业净利率、营业毛利率、营业利润率、成本费用利润率，反映的是产品销售利润率方面的指标，当 Y_2 值较小时，X_5～X_8 指标值相对较大，反之较小，故可以称 Y_2 为**产品竞争力因子**；Y_3 表达式中，X_5、X_7、X_8 指标系数为较大的负值，指标依次表示营业净利率、营业利润率、成本费用利润率，与 Y_2 相比，系数为较大负值的指标少了营业毛利率，相反在 Y_3 中营业毛利率指标是最大的正系数，故 Y_3 可以称为**管理能力因子**。

7. *K*-均值聚类分析

基于提取的主成分 $Y_1 \sim Y_3$，将上市公司分为 5 类，并将每一类公司名称输出到 Excel 表格中，示例代码如下：

```
from sklearn.cluster import KMeans
model=KMeans(n_clusters = 5, random_state=0, max_iter = 1000)
model.fit(Y)
c=model.labels_                    #类标签
center=model.cluster_centers_      #聚类中心
center=pd.DataFrame(center)
center.columns=['Y1','Y2','Y3']
#根据类标签及对应的股票代码,构建序列 Fs,其中股票代码为 index,类标签为值
Fs=pd.Series(c,index=ddata[:,0])
Fs=Fs.sort_values()
#获得公司基本信息表,并用其公司名称及对应的股票代码构建序列 co1
#其中股票代码为 index,公司名称为值
co=pd.read_excel('公司基本信息表.xlsx')
```

公司基本信息表结构如图 7-19 所示。

```
co1=pd.Series(co['Stknme'].values,index=co['Stkcd'].values)
#利用序列 Fs 和 co1,筛选出每一类股票代码对应的上市公司名称
#思路是通过 Fs,筛选出对应类别的股票代码,再将其作为 index 索引
#从 co1 中选择对应的公司名称
for i in range(5):
    #筛选出第 i 类股票代码对应的上市公司名称,将其转化为数据框,最终输出到 Excel 中
    q=co1[Fs[Fs==i].index]
    q=pd.DataFrame(q)
q.to_excel('c'+str(i)+'.xlsx')
```

最终整理获得各类别的股票代码和对应的聚类中心如表 7-9 和图 7-20 所示。

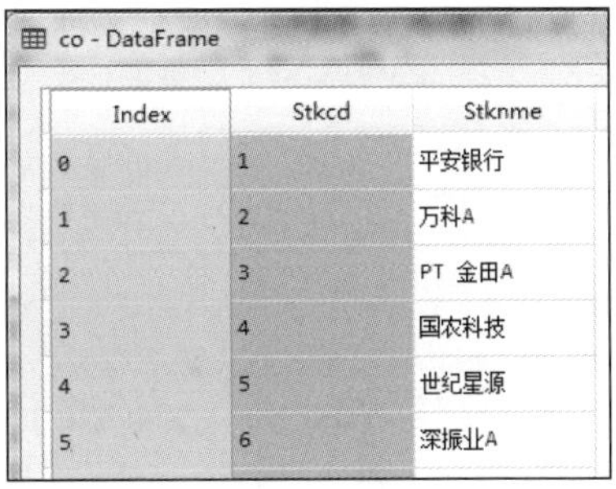
co - DataFrame

Index	Stkcd	Stknme
0	1	平安银行
1	2	万科A
2	3	PT 金田A
3	4	国农科技
4	5	世纪星源
5	6	深振业A

图 7-19

表 7-9 股票聚类结果信息表

类别	股票代码
0	科远股份、合众思壮、易联众、初灵信息、数码科技、御银股份、长亮科技、新国都、安硕信息、汇金股份、北信源、创业软件、华平股份、久其软件、华力创通、银之杰、方直科技、美亚柏科、榕基软件、东方通、英飞拓、新北洋、旋极信息、中威电子、科大讯飞、迪威迅、威创股份、新开普、立思辰、任子行、辉煌科技、天玑科技、远光软件
1	运达科技、朗玛信息、华铭智能、东方国信、捷成股份、兆日科技、二三四五、康拓红外、联络互动、思维列控、拓尔思、东方网力、世纪瑞尔
2	深科技、中科金财、太极股份、常山北明、浩丰科技、润和软件、航天长峰、高伟达、证通电子、川大智胜、宝信软件、南天信息、皖通科技、金财互联、四方精创、神州泰岳、万达信息、云赛智联、索菱股份、飞利信、方正科技、京天利、同有科技、汉鼎宇佑、创意信息、达实智能、数字政通、达华智能、千方科技、紫光股份、汉邦高科、易华录、石基信息、荣之联、中远海科、天源迪科、华胜天成、海兰信、朗科科技、东软集团、荣科科技、同方股份、赛为智能、南威软件、*ST 中安
3	博彦科技、中科创达、久远银海、金桥信息、华东电脑、华宇软件、蓝盾股份、浙大网新、浪潮软件、真视通、捷顺科技、航天信息、金证股份、银信科技、浪潮信息、信息发展、飞天诚信、佳都科技、聚龙股份、卫士通、信雅达、神州信息、广电运通、浩云科技、新大陆、中科曙光、东华软件、神思电子、卫宁健康、恒华科技、汉得信息
4	赢时胜、广联达、超图软件、用友网络、恒生电子、绿盟科技、四维图新、启明星辰

center - DataFrame

Index	Y1	Y2	Y3
0	0.229527	0.289527	0.537123
1	0.492402	0.251426	0.272615
2	0.196778	0.450577	0.376927
3	0.367587	0.600588	0.529996
4	0.376598	0.266334	0.832905

图 7-20

从图 7-20 可以看出，第 1 类聚类中心的综合盈利能力最强，其值最大，产品竞争能力和管理能力也最突出，其值最小。

8．计算每类公司 2015 年总利润平均值增长率

示例代码如下：

```
rd=pd.read_excel('利润数据.xlsx')
r_c=[] #预定义每个类别总利润平均增长率
for n in range(5):
    #获得第 n 类股票代码列表
    cn=list(Fs[Fs==n].index)
    #预定义第 n 类股票 2014 年和 2015 年的总利润值
    r1_n=0
    r2_n=0
    #循环地对第 n 类中的每个股票进行计算
    for t in cn:
        #第 n 类股票中第 t 只股票
        I1=rd['Accper'].values=='2014-12-31'
        I2=rd['Accper'].values=='2015-12-31'
        I3=rd['Stkcd'].values==t
        index1=I1&I3
        index2=I2&I3
        #第 n 类股票中第 t 只股票 2014 年的利润值
        r1=rd.loc[index1,'B002000101'].values
        #第 n 类股票中第 t 只股票 2015 年的利润值
        r2=rd.loc[index2,'B002000101'].values
        if len(r1)>0:
           r1_n=r1_n+r1
        if len(r2)>0:
           r2_n=r2_n+r2
    #第 n 类股票 2015 年的总利润平均值
    p2=r2_n/len(cn)
    #第 n 类股票 2014 年的总利润平均值
    p1=r1_n/len(cn)
    #将总利润平均增长率添加到 r_c 中
    r_c.append((p2-p1)/p1)
#将每个类别的总利润平均增长率添加到聚类中心后面列
r_c=np.array(r_c)
dt=np.hstack((center.values,r_c))
dtt=pd.DataFrame(dt)
dtt.columns=['Y1','Y2','Y3','r_c']
```

执行后的结果如图 7-21 所示。

其中，r_c 列为各类公司的总利润平均增长率。从图 7-21 中可以看出，第 2 类（index 为 1）上市公司的综合盈利能力最强，而且其产品竞争力和管理能力也相对较好，从最终结果也可以看出，当年的总利润平均增长率也最高。

dtt - DataFrame

Index	Y1	Y2	Y3	r_c
0	0.229527	0.289527	0.537123	0.0553476
1	0.492402	0.251426	0.272615	1.35889
2	0.196778	0.450577	0.376927	0.239998
3	0.367587	0.600588	0.529996	0.340677
4	0.376598	0.266334	0.832905	-0.160602

图 7-21

7.7　国际股票指数关联分析

在经济全球化浪潮中各国或地区经济相互影响，其中最具代表性的是各国或地区股票市场之间的相互影响。本节主要分析国际上比较有名的股票价格指数之间的涨跌关联情况，借以探讨哪些国家或地区的股票市场之间影响比较显著，进而为投资者提供一定的参考价值。

国际股票指数关联分析

7.7.1　问题描述

为了探讨国际上主要股票价格指数之间的涨跌关联情况，选取 12 个主要国家或者地区中具有代表性的股票价格指数交易数据，数据表包括国际股票价格指数基本信息表（见表 7-10）、国际股票价格指数日交易数据表（见表 7-11），数据来源于 CSMAR 数据库。

表 7-10　　　　　　　　　　　　　国际股票价格指数基本信息表

Indexcd	Idxnme
DJI	美国道琼斯工业指数
FCHI	法国 CAC40 指数
FTSE	英国富时 100 指数
GDAXI	德国 DAX 指数
HSI	中国香港恒生指数
KS11	韩国 KOSPI 指数
MCIX	俄罗斯 Micex 指数
N225	日本日经 225
SENSEX	印度孟买 30 指数
STI	富时新加坡海峡时报指数
TWII	中国台湾加权指数
000300	中国沪深 300 指数

其中，Indexcd 表示指数代码，Idxnme 表示指数简称。

表 7-11　　　　　　　　　　　国际股票价格指数日交易数据表

Indexcd	Trddt	Opnidx	Highidx	Lowidx	Clsidx
DJI	2010-01-04	10430.69	10604.97	10430.69	10583.96
DJI	2010-01-05	10584.56	10584.56	10522.52	10572.02
DJI	2010-01-06	10564.72	10594.99	10546.55	10573.68
DJI	2010-01-07	10571.11	10612.37	10505.21	10606.86
DJI	2010-01-08	10606.4	10619.4	10554.33	10618.19
DJI	2010-01-11	10620.31	10676.23	10591.59	10663.99
DJI	2010-01-12	10662.86	10663.08	10568.84	10627.26
……	……	……	……	……	……

其中，字段依次为指数代码、交易日期、开盘指数、最高指数、最低指数、收盘指数。数据区间从 2010 年 1 月～2019 年 8 月。

问题：在一国或地区由于受某事件的影响，造成其主要股票价格指数下跌幅度较大时，另一国或地区的主要股票价格指数在同期是否也会有较大幅度的下跌？注意，这里下跌幅度较大的定义：跌幅大于等于 0.5%，同时我们也应该注意到不同国家或地区之间存在时差，从而能为国际投资者提供一定的参考意义。实际上本例为一个关联规则挖掘问题，下面将介绍具体的挖掘分析流程及 Python 实现方法。

7.7.2 数据预处理

首先计算各指数的跌幅指标数据，其中跌幅计算公式为

$$（当日收盘指数-上日收盘指数）/上日收盘指数$$

为了便于关联规则挖掘，我们将跌幅指标数据转化为 0、1 布尔值，即跌幅大于等于 0.5% 记为 1，否则记为 0。计算各指数的跌幅指标数据并将其转化为布尔值的算法如下。

输入：国际股票价格指数日交易数据表。

输出：采用布尔值表示的各指数每日跌幅数据。

Step1：通过国际股票价格指数日交易数据表获得待计算的各指数代码 code，可以通过值统计函数 value_counts() 来实现。

Step2：创建一个空字典 D，用于存放布尔值表示的各指数每日跌幅数据，其中字典的键为指数代码，字典的值为布尔值表示的各指数每日跌幅数据序列（index 为交易日期，value 为布尔值）。

Step3：采用循环的方式，依次计算每个指数布尔值表示的每日跌幅数据，赋给上一步创建的字典。具体执行流程如下。

```
for c in code:
    获得第 c 个指数代码的交易数据并按交易日期排序
    取出第 c 个指数代码交易数据首个收盘指数至倒数第一个收盘指数,记为 p1
    取出第 c 个指数代码交易数据第 2 个收盘指数至最后一个收盘指数,记为 p2
    跌幅指标计算: (p2-p1)/p1,如果跌幅大于等于 0.5%,记为 1,否则为 0,可以通过预定义一个全 0 的
数组来实现布尔值转换,同时构造一个序列 S,序列中的 index 为交易日期,value 为布尔值
    通过字典中的 setdefault(键,值) 依次赋值给 D
```

Step4：输出 D。

示例代码如下：

```python
import pandas as pd
import numpy as np
data=pd.read_excel('国际股票价格指数日交易数据表.xlsx')
code=list(data.iloc[:,0].value_counts().index)
D=dict()
for c in code:

dt=data.loc[data['Indexcd'].values==c,['Trddt','Clsidx']].sort_values('Trddt')
    p1=dt['Clsidx'].values[:-1]
    p2=dt['Clsidx'].values[1:]
    z=np.zeros(len(p1))
    z[(p2-p1)/p1<=-0.005]=1
    S=pd.Series(z,index=dt['Trddt'].values[1:])
    D.setdefault(c,S)
```

执行后的结果如图 7-22 所示。

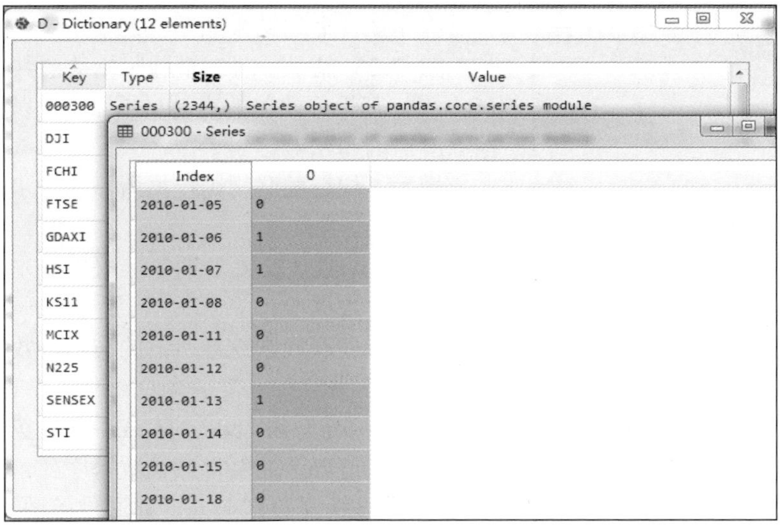

图 7-22

由图 7-22 可知，获得了 12 个指数代码布尔值表示的每日跌幅数据，数据结构为字典。键为指数代码，值为每日跌幅数据。图 7-22 中第 1 行代表了中国沪深 300 指数的跌幅数据，其中 2010 年 1 月 5 日的值为 0，表示跌幅没有超过 0.5%，而 2010 年 1 月 6 日的值为 1，表示当日跌幅超过了 0.5%。

其次，需要对各指数交易日期做一致化处理。事实上，不同国家或地区的交易日期并不完全相同，为了便于挖掘有意义的关联规则，需要在所有指数交易日均相同的情况下进行挖掘。这里以中国沪深 300 指数交易日为筛选基准，如果所有待计算的指数在该交易日下都有交易，则取该交易日下的所有指数跌幅数据进行挖掘分析。指数交易日一致化处理算法如下。

输入：中国沪深 300 指数交易日 tdate、采用布尔值表示的各指数每日跌幅数据 D。

输出：一致化处理后的交易日期 Tf。

Step1：预定义列表 Tf。

Step2：for t in tdate：

依次从 D 中取出每个指数代码对应的每日跌幅数据序列，可以采用循环的方式来实现。如果所有的指数每日跌幅数据中的交易日期都有 t，则将 t 添加到 Tf 中。

Step3：输出 Tf。

示例代码如下：

```
d000300=data.loc[data['Indexcd'].values=='000300',['Trddt','Clsidx']].sort_va
  lues('Trddt')
tdate=list(d000300['Trddt'].values[1:])
Tf=[]
for t in tdate:
   tz=True;
   for k in code:
      s=D.get(k)
      s=list(s.index)
      sz=t in s
      tz=tz and sz
   if tz==True:
      Tf.append(t)
```

程序执行后的结果如图 7-23 所示。

Tf - List (1569 elements)

Index	Type	Size	
0	str	1	2010-01-12
1	str	1	2010-01-13
2	str	1	2010-01-14
3	str	1	2010-01-15
4	str	1	2010-01-19
5	str	1	2010-01-20
6	str	1	2010-01-21
7	str	1	2010-01-22
8	str	1	2010-01-25

图 7-23

图 7-23 显示了 12 个国际指数的共同交易日一共 1569 个，基于一致化的交易日期，就可以构造关联规则挖掘所需的布尔数据集了。

最后，构造关联规则挖掘所需的布尔值数据集，算法如下。

输入：一致化交易日期 Tf、采用布尔值表示的各指数每日跌幅数据 D。

输出：关联规则挖掘所需的布尔值数据集 Data。

Step1：预定义一个字典 DA。

Step2：for k in code，从 D 中取出第 *k* 个指数代码对应的布尔值表示的每日跌幅数据序列 s，以 Tf 为索引筛选出一致化交易日期对应的布尔值表示的每日跌幅数据值 v，并通过函数 setdefault(k,v) 赋给 DA。

Step3：将 DA 转化为数据框 Data，其中 index 为 Tf，并输出 Data。

示例代码如下：

```
DA=dict()
for k in code:
    s=D.get(k)
    DA.setdefault(k,s[Tf].values)
Data=pd.DataFrame(DA,index=Tf)
```

程序执行后的结果（部分）如图 7-24 所示。

Data - DataFrame

Index	000300	DJI	FCHI	FTSE	GDAXI	HSI	
2010-01-12	0	0	1	1	1	0	0
2010-01-13	1	0	0	0	0	1	1
2010-01-14	0	0	0	0	0	0	0
2010-01-15	0	1	1	1	1	0	0
2010-01-19	0	0	0	0	0	0	0
2010-01-20	1	1	1	1	1	1	0
2010-01-21	0	1	1	1	1	1	0
2010-01-22	1	1	1	1	1	1	1
2010-01-25	1	0	1	1	1	1	1
2010-01-27	1	0	1	1	0	0	1
2010-01-28	0	1	1	1	1	0	0
2010-01-29	0	1	0	0	0	1	1
2010-02-01	1	0	0	0	0	0	0

Format　Resize　Background color　Column min/max　OK　Cancel

图 7-24

图 7-24 所示的结果即为关联规则挖掘所需的布尔值数据集。例如，道琼斯工业指数 DJI 在 2010 年 1 月 15 日的收盘指数跌幅在 0.5%以上，中国沪深 300 指数当日的收盘指数跌幅低于 0.5%，而且 12 个国际指数交易日期也做了一致化处理。下面将基于该数据集挖掘关联规则。

7.7.3 关联规则挖掘

1. 一对一关联规则挖掘

这里采用第 5.8.3 节中介绍的一对一关联规则挖掘算法,其中最小支持度设置为大于 0.1,最小置信度设置为大于 0.6,示例代码如下:

```
c=list(Data.columns)
c0=0.6 #最小置信度
s0=0.1 #最小支持度
list1=[] #预定义列表 list1,用于存放规则
list2=[] #预定义列表 list2,用于存放规则的支持度
list3=[] #预定义列表 list3,用于存放规则的置信度
for k in range(len(c)):
    for q in range(len(c)):
        #对第 c[k]个项与第 c[q]个项挖掘关联规则
        #规则的前件为 c[k]
        #规则的后件为 c[q]
        #要求前件和后件不相等
        if c[k]!=c[q]:
            c1=Data[c[k]]
            c2=Data[c[q]]
            I1=c1.values==1
            I2=c2.values==1
            t12=np.zeros((len(c1)))
            t1=np.zeros((len(c1)))
            t12[I1&I2]=1
            t1[I1]=1
            sp=sum(t12)/len(c1) #支持度
            co=sum(t12)/sum(t1) #置信度
            #取置信度大于等于 c0 的关联规则
            if co>=c0 and sp>=s0:
                list1.append(c[k]+'--'+c[q])
                list2.append(sp)
                list3.append(co)
#定义字典,用于存放关联规则及其置信度、支持度
R={'rule':list1,'support':list2,'confidence':list3}
#将字典转化为数据框
R=pd.DataFrame(R)
#将结果导出到 Excel
R.to_excel('rule1.xlsx')
```

程序执行后的结果如表 7-12 所示。

表 7-12　　　　　　　　　国际指数一对一关联规则挖掘结果

ID	rule	support	confidence
1	DJI--FCHI	0.1300191	0.68
2	DJI--GDAXI	0.1210962	0.633333333
3	FCHI--FTSE	0.1918419	0.664459161
4	FCHI--GDAXI	0.2249841	0.779249448
5	FTSE--FCHI	0.1918419	0.775773196
6	FTSE--GDAXI	0.1841938	0.744845361
7	GDAXI--FCHI	0.2249841	0.836492891

ID	rule	support	confidence
8	GDAXI--FTSE	0.1841938	0.684834123
9	KS11--HSI	0.1395793	0.636627907
10	KS11--N225	0.138942	0.63372093
11	STI--HSI	0.1440408	0.704049844

从表 7-12 可以看出，支持度在 0.1 以上、置信度在 0.6 以上的有 11 个关联规则，其中置信度最高达 83.65%，即德国 DAX 指数和法国 CAC40 指数，其意义表示如果德国 DAX 指数下跌幅度大于等于 0.5%，那么同期法国 CAC40 指数下跌幅度大于等于 0.5%的可能性为 83.65%。

2．多对一关联规则挖掘

参考第 5.8.4 节中介绍的实现方法，多对一关联规则挖掘采用广州泰迪公司开发的关联规则挖掘函数。示例代码如下：

```
import apriori as ap
support = 0.08 #最小支持度
confidence = 0.9 #最小置信度
ms = '--' #连接符
outputfile = 'apriori_rules.xls' #结果文件
ap.find_rule(Data, support, confidence, ms).to_excel(outputfile) #联动
```

执行后的结果如表 7-13 所示。

表 7-13 国际指数多对一关联规则挖掘结果

ID	rule	support	confidence
1	DJI--FTSE--GDAXI--FCHI	0.09751434	0.96835443
2	FTSE--GDAXI--SENSEX--FCHI	0.087316762	0.958041958
3	DJI--FTSE--FCHI	0.104525175	0.937142857
4	DJI--GDAXI--FCHI	0.113448056	0.936842105
5	DJI--FCHI--FTSE--GDAXI	0.09751434	0.932926829
6	FTSE--GDAXI--N225--FCHI	0.085404716	0.930555556
7	FTSE--GDAXI--MCIX--FCHI	0.109623964	0.92972973
8	FTSE--GDAXI--HSI--FCHI	0.095602294	0.914634146
9	FCHI--FTSE--HSI--GDAXI	0.095602294	0.914634146
10	FTSE--GDAXI--FCHI	0.168260038	0.91349481
11	FCHI--FTSE--N225--GDAXI	0.085404716	0.911564626
12	GDAXI--SENSEX--FCHI	0.105162524	0.906593407
13	DJI--FTSE--GDAXI	0.100701083	0.902857143

从表 7-13 可以看出，设置最小支持度在 0.08 以上、最小置信度在 0.9 以上的关联规则有 13 条，其中最大置信度达到 96.84%，即如果道琼斯工业指数、英国富时 100 指数、德国 DAX 指数跌幅都在 0.5%以上，那么法国 CAC40 指数跌幅也在 0.5%以上的可能性达到 96.84%。

7.7.4 问题拓展

以上问题主要是讨论受到事件负面影响造成国际股票价格指数关联性下跌的情况，那么

积极事件是否存在国际股票价格指数关联性上涨的情况呢？事实上只需对第 7.7.2 节中计算股票价格指数跌幅的一行代码"z[(p2-p1)/p1<=-0.005]=1"进行简单修改即可沿用前面的计算方法获得其结果。例如，定义上涨幅度大于等于 0.5%可以修改为"z[(p2-p1)/p1>=0.005]=1"，则其一对一关联规则和多对一关联规则挖掘结果如表 7-14 和表 7-15 所示。

表 7-14 国际指数关联上涨一对一关联规则挖掘结果

ID	rule	support	confidence
1	DJI--FCHI	0.158062	0.67027027
2	DJI--GDAXI	0.153601	0.651351351
3	FCHI--FTSE	0.212237	0.668674699
4	FCHI--GDAXI	0.250478	0.789156627
5	FTSE--FCHI	0.212237	0.812195122
6	FTSE--GDAXI	0.197578	0.756097561
7	GDAXI--FCHI	0.250478	0.817047817
8	GDAXI--FTSE	0.197578	0.644490644
9	STI--HSI	0.136393	0.640718563

从表 7-14 可以看出，满足支持度在 0.1 以上、置信度在 0.6 以上的关联规则一共有 9 条，其中置信度最大的达 81.7%，即德国 DAX 指数和法国 CAC40 指数，其意义表示：如果德国 DAX 指数上涨幅度在 0.5%以上，那么同期的法国 CAC40 指数上涨幅度在 0.5%以上的可能性达到 81.7%。

表 7-15 国际指数关联上涨多对一关联规则挖掘结果

ID	rule	support	confidence
1	FTSE--GDAXI--MCIX--FCHI	0.123645634	0.965174129
2	FTSE--GDAXI--SENSEX--FCHI	0.091140854	0.959731544
3	DJI--FTSE--GDAXI--FCHI	0.115360102	0.952631579
4	FTSE--GDAXI--FCHI	0.185468451	0.938709677
5	DJI--FCHI--FTSE--GDAXI	0.115360102	0.937823834
6	DJI--GDAXI--MCIX--FCHI	0.089866157	0.927631579
7	DJI--FTSE--MCIX--FCHI	0.082217973	0.921428571
8	FTSE--GDAXI--HSI--FCHI	0.08859146	0.920529801
9	FCHI--FTSE--MCIX--GDAXI	0.123645634	0.91943128
10	DJI--FCHI--MCIX--GDAXI	0.089866157	0.909677419
11	DJI--FTSE--MCIX--GDAXI	0.080943276	0.907142857
12	DJI--GDAXI--FCHI	0.138942001	0.904564315
13	GDAXI--MCIX--SENSEX--FCHI	0.080943276	0.90070922

从表 7-15 可以看出，设置最小支持度在 0.08 以上、最小置信度在 0.9 以上的关联规则有 13 条，其中最大置信度达到 96.52%，即如果英国富时 100 指数、德国 DAX 指数、俄罗斯 Micex 指数涨幅都在 0.5%以上，那么法国 CAC40 指数涨幅也在 0.5%以上的可能性达到 96.52%。

7.7.5　结果分析

无论是一对一关联规则，还是多对一关联规则，均获得了较有意义的挖掘结果，即具有较高的置信度，特别是多对一关联规则，其置信度在 90%以上的就有十多条。从结果可以看出，美国道琼斯工业指数、德国 DAX 指数、英国富时 100 指数、法国 CAC40 指数、日经 225 指数、中国香港恒生指数、韩国 KOSPI 指数、富时新加坡海峡时报指数这些指数在负面事件中相互影响比较大。不难看出，这些指数均是比较有名的指数，所在地区也是经济发达地区且经济全球化程度比较高，它们之间对负面事件的影响存在着较为一致的看法。另一方面，我们可以看出印度孟买 30 指数、中国台湾加权指数、中国沪深 300 指数、俄罗斯 Micex 指数这些指数之间及与前面提到的其他指数之间在负面事件中相互影响不是很显著。有意思的是在积极事件的相互影响中，亚洲国家或者地区指数似乎参与度不高。例如，在国家或地区股票指数关联上涨的关联规则挖掘结果中较少见到这些指数。

本章小结

本章通过 7 个基础案例介绍了如何利用 Python 进行较为复杂任务的计算及完成简单的金融数据挖掘任务。通过本章的学习，掌握了简单的金融数据挖掘技能，也为后续的综合案例学习奠定了良好的基础。在后续的综合案例中，我们不仅要完成简单的金融数据挖掘任务，还要通过挖掘出来的规律，设计量化投资策略，实现更深层次的应用。

本章练习

今有 2017—2018 年每个季度的每股指标数据，共 22720 条数据记录，数据全部来源于 CSMAR 数据库，部分数据记录及表结构见表 7-16。

表 7-16　　　　　　　2017—2018 年每个季度的每股指标数据

Stkcd	Accper	F090301B	F090601B	F091001A	F091301A	F091501A	F091801B
000001	2017-03-31	0.36191	1.577228	12.09895	3.288585	4.046768	−6.6982
000001	2017-06-30	0.731159	3.09866	12.31532	3.288585	4.258008	−7.46535
000001	2017-09-30	1.115492	4.587828	12.70303	3.288585	4.642341	−9.20134
000001	2017-12-31	1.350553	6.107688	12.93267	3.288585	4.639546	−6.91788
000001	2018-03-31	0.3841	1.593302	13.01054	3.288585	4.685207	2.413628
000001	2018-06-30	0.7788	3.23145	13.28719	3.288585	4.94403	0.434188
000001	2018-09-30	1.19138	4.564822	13.70012	3.288585	5.35661	−0.65871
000001	2018-12-31	1.445428	6.185906	13.98032	3.288585	5.535061	−3.33856
000002	2017-03-31	0.062995	1.683936	14.67377	0.757019	5.606924	−0.86274
……	……						

其中，Stkcd 为股票代码，Accper 为截止日期，F090301B 为归属于母公司每股的收益，F090601B 为每股营业收入，F091001A 为每股净资产，F091301A 为每股资本公积，F091501A 为每股未分配利润，F091801B 为每股经营活动产生的现金流量净额。问题如下：

（1）对每个股票代码，计算每个季度每股收益同比增长率，并找出连续 4 个季度每股收益同比增长率大于 20%的股票代码。

（2）找出 2017 年、2018 年每股资本公积和每股未分配利润最大的 10 只股票代码，并通过柱状图、子图的方法可视化展现出来。

（3）取 2018 年的数据，对以上 6 个指标做主成分分析，要求提取信息占比在 95%以上，并写出每个主成分的表达式，说明其主成分的意义。

（4）基于第（3）步提取的主成分进行 K-均值聚类分析，并获取聚类中心。

本章实验

1. 申万家用电器行业股票代码获取

（1）读取"申万行业分类.xlsx"表，字段：行业名称、股票代码、股票名称。

（2）获得"家用电器"行业的所有上市公司股票代码和股票简称，结果用序列 Fs 来表示，其中 index 为股票代码、值为股票简称。

```
def return_values():
    import pandas as pd
    A=pd.read_excel('申万行业分类.xlsx')
    #********** Begin *****
    请在此处输入程序代码
    #********** End **********#
    return Fs
```

2. 申万家用电器行业股票财务指标数据获取

基于第 1 题的结果，读取"上市公司财务与指标数据 2013—2017.xlsx"数据，其中字段依次为 Stkcd、Accper、B001101000、B001300000、B001000000、B002000000、A001000000、A001212000、F050501B、F091301A、F091001A、F090101B，中文名称依次为股票代码、会计期间、财务与指标（教材第 8 章中总体规模与投资效率指标）任务如下：

筛选出家用电器行业股票代码 2016 年的财务与指标数据，字段同原数据表，记为 data。

```
def return_values():
    import pandas as pd
    import step1
    r=step1.return_values()
    #********** Begin *****
    请在此处输入程序代码
    #********** End **********#
    return data
```

3. 申万家用电器行业股票财务指标数据处理

在第 2 题的基础上，对筛选出的家用电器行业股票代码 2016 年的财务与指标数据，去掉空缺值，作均值-方差标准化处理，返回结果 x（数组）和股票代码 code（列表）：

```
def return_values():
    import step2
    data=step2.return_values()
    #********** Begin *****
    请在此处输入程序代码
    #********** End **********#
    return (x,code)
```

4. 申万家用电器行业股票财务指标数据主成分分析

在第 3 题的基础上，对去掉缺失值和标准化后的 x 进行主成分分析，并提取主成分，记为 Y，要求累计贡献率在 95%：

```
def return_values():
    import step3
    r=step3.return_values()
    #********** Begin *****
    请在此处输入程序代码
    #********** End **********#
    return Y
```

5. 申万家用电器行业股票日交易数据获取

在第 1 题的基础上，读取"股票交易数据_2017.xlsx"表，字段：Stkcd、Trddt、Clsprc、Dnshrtrd、Dnvaltrd、Opnprc、Hiprc、Loprc，中文名称依次为股票代码、交易日期、收盘价、成交量、成交额、开盘价、最高价、最低价。

任务：筛选出家电行业 2017 年的股票交易数据，字段同原表，记为 data：

```
def return_values():
    import pandas as pd
    import step1
    r=step1.return_values())
    #********** Begin *****
    请在此处输入程序代码
    #********** End **********#
    return data
```

6. 申万家用电器行业股票交易指数的构造

在第 5 题的基础上，构造家用电器行业交易指数，其中指数计算公式：当日指数=当日总交易额/基准日总交易额×100，其中当日总交易额=当日所有股票交易额之和，基准日为 2017 年首个交易日，返回计算结果 index_val。

```
def return_values():
     import step5
    data=step5.return_values()
    #********** Begin *****
    请在此处输入程序代码
    #********** End **********#
    return index_val
```

7. 计算沪深 300 指数 2014—2017 年的年涨跌幅指标

读取"沪深 300 指数交易数据表.xlsx"，字段依次为 Indexcd、Idxtrd01、Idxtrd05，中文名称依次为指数代码、交易日期、收盘指数。分别计算 2014—2017 年的年度涨跌幅，其中年度涨跌幅=(年末收盘指数−年初收盘指数)/年初收盘指数，依次返回年度涨跌幅（r1,r2,r3,r4）。

```
def return_values():
    import pandas as pd
    A=pd.read_excel('沪深 300 指数交易数据表.xlsx')
    #********** Begin *****
    请在此处输入程序代码
    #********** End **********#
    return (r1,r2,r3,r4)
```

8. 计算获得沪深 300 指数 2016 年收盘指数的关键转折点

序列 x1,x2,x3，如果|x2-(x1+x2)/2|越大，x2 成为关键转折点的可能性就越大。读取"沪深 300 指数交易数据表.xlsx"，字段依次为 Indexcd、Idxtrd01、Idxtrd05，中文名称依次为指数代码、交易日期、收盘指数。请计算获得 2016 年指数的关键转折点 20 个，包括年初和年末的两个点。输出结果，用一个序列 keydata 来表示，其中 index 为序号，值为收盘指数。注

意：序号按年度实际交易日期从 0 开始编号。

```
def result():
import pandas as pd
    import numpy as np
    A=pd.read_excel('沪深300指数交易数据表.xlsx')
    #********** Begin *****
    请在此处输入程序代码
    #********** End **********#
    return keydata
```

9. 计算沪深 300 指数 2016 年 10、20、30、60 日收盘指数移动平均值

读取"沪深 300 指数交易数据表.xlsx"，字段依次为 Indexcd、Idxtrd01、Idxtrd05，中文名称依次为指数代码、交易日期、收盘指数。请计算获得 2016 年收盘指数的 10、20、30、60 日移动平均收盘指数，返回结果为(x10,x20,x30,x60)，其中 xi 为序列，index 按年度实际交易天数从 0 开始编号。

```
def return_values():
    import pandas as pd
    A=pd.read_excel('沪深300指数交易数据表.xlsx')
    #********** Begin *****
    请在此处输入程序代码
    #********** End **********#
    return (x10,x20,x30,x60)
```

10. 计算沪深 300 指数 2016 年现价指标

读取"沪深 300 指数交易数据表.xlsx"，字段依次为 Indexcd、Idxtrd01、Idxtrd05，中文名称依次为指数代码、交易日期、收盘指数。请计算获得 2016 年收盘指数的现价指标，其公式：现价=当日收盘指数 / 过去 10 个交易日的移动平均收盘指数。返回结果为 p10，为序列，index 按年度实际交易天数从 0 开始编号。

```
def return_values():
    import pandas as pd
    A=pd.read_excel('沪深300指数交易数据表.xlsx')
    #********** Begin *****
    请在此处输入程序代码
    #********** End **********#
    return p10
```

第 8 章 综合案例 1：上市公司综合评价

前面已经对金融数据挖掘分析中的一些基础案例进行了介绍，通过学习这些案例，可以掌握 Python 金融数据处理的一些基本技能，了解金融数据挖掘中的一些基础任务，从而为本章及后续章节内容的学习积累基础。从本章开始，我们将学习更为复杂的应用案例，这些案例均为金融大数据挖掘分析中的典型应用问题，也更加贴近实际应用。本章主要学习如何从众多的候选上市公司中，利用财务报表及财务指标数据，基于数量化的分析方法，选择出优质的上市公司，并从市场表现情况来对这些候选公司进行实证检验及评价，从而为进一步的投资分析奠定基础。下面将从案例背景、案例目标及实现思路、评价方法、指标选择、数据处理、模型构建、结果分析及量化投资实证检验方面进行详细介绍。

8.1 案例背景

随着我国证券市场的不断壮大，证券及证券投资在社会经济生活中的地位也越来越重要，上市公司的数量也不断增加，目前在上海证券交易所和深圳证券交易所上市交易的公司已经有 3700 多家。投资者面对如此众多的不同行业、背景的股票，除了基本政策面分析外，还希望对这些股票进行理性、客观的评价，特别是长线投资者更希望找到业绩优良的股票进行投资。传统的基本面分析投资方法主要是通过实地调研、阅读公司投资及经营方面的公告、分析研究财务报表等手段找到优质的上市公司并进行投资。在上市公司数量较少时，传统的基本面分析方法不失为一种有效的方法。然而，在庞大的上市公司数量及其数据面前，传统的基本面分析方法具有很大的局限性：一方面，在如此大量的上市公司数据面前，我们无法及时完成分析，也更难找出优质的上市公司；另一方面，在信息高度发达的大数据时代，信息更新非常快，我们更难以应对。因此，基于数量化的分析方法，采用计算机技术及数据挖掘模型，帮助我们快速挖掘并分析数据，从而找到我们需要的信息，这种技能已经成为投资界人士所推崇的技能。本案例正是基于这样的背景出发，选择上市公司财务报表及财务指标数据，利用主成分分析方法，对上市公司进行综合评价，为投资者提供一定的参考。

8.2 案例目标及实现思路

本案例的主要目标是通过年度财务数据及其指标，对上市公司进行综合评价，找出质地较好的上市公司，从而为投资者提供较好的参考价值。这里我们介绍两种常见的评价方法，即基于总体规模与投资效率指标的综合评价方法和基于成长与价值指标的综合评价方法。这两种评价方法的不同之处在于指标选择上，前者侧重选择公司总体规模及投资效率方面的指标，后者则从考虑公司成长性和市场估值方面选择指标。评价模型均采用主成分分析模型，模型获得的结果为所有上市公司的综合排名。为了检验评价结果的有效性与科学性，针对两种不同的评价方法，我们均取排名前 20 和前 40 的股票构建投资组合，并以下一年一定持有期设计其量化投资策略并获得投资组合的收益率，同时与基准指数沪深 300 同期收益率进行比较。通过与基准指数的比较，不仅可以检验两种评价方法取得的实际效果，也可以获得两种不同评价方法的异同和优劣，从而做出科学、有效的选择。本案例的具体实现思路及计算流程如图 8-1 所示。

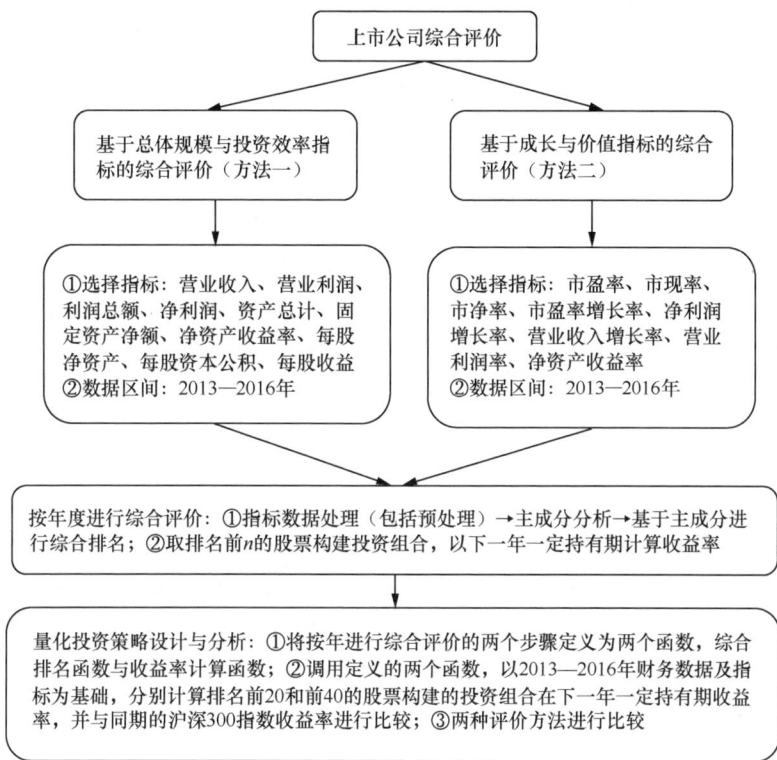

图 8-1

8.3 基于总体规模与投资效率指标的综合评价

上市公司总体规模体现了公司的整体竞争能力、市场抗风险能力和影响力。总体规模较大的上市公司在市场上有其优势。除此之外，我们还需要考虑其投资效率，如果投资效率低下，那么其优势也许就不存在了。下面主要选择反映公司总体规模和投资效率方面的财务数据及财务指标，利用主成分分析模型进行综合评价，最终根据评价的结果提取排名前 20 和前 40 的股票构建投资组合，并按一定的持有期设计量化投资策略并计算收益率，同时与同期的沪深 300 指数收益率进行比较，从而评价其投资绩效。考虑到持有期较长，为了消除期间分红、送股、拆股等行为的影响，收益率计算采用现金红利再投资的收盘价可比价进行计算。

基于总体规模与投资效率指标的综合评价

8.3.1 指标选择

我们获取的总体规模指标包括上市公司的营业收入、营业利润、利润总额、净利润、资

产总计、固定资产净额，投资效率指标包括净资产收益率、每股净资产、每股资本公积、每股收益，一共 10 个指标。数据来源于 CSMAR 数据库，具体信息如表 8-1 所示。

表 8-1　　　　　　　　　　上市公司总体规模与投资效率指标

字段名称	字段中文名称	字段说明
B001101000	营业收入	企业经营过程中确认的营业收入
B001300000	营业利润	与经营业务有关的利润
B001000000	利润总额	公司实现的利润总额
B002000000	净利润	公司实现的净利润
A001000000	资产总计	资产各项目之总计
A001212000	固定资产净额	固定资产原价除去累计折旧和固定资产减值准备之后的净额
F050501B	净资产收益率	净利润/股东权益余额
F091001A	每股净资产	所有者权益合计期末值/实收资本期末值
F091301A	每股资本公积	资本公积期末值/实收资本期末值
F090101B	每股收益	净利润本期值/实收资本期末值

具体数据见 data.xlsx，包括 2013—2016 年的数据，综合评价按年进行。

8.3.2　数据处理

1. 筛选指标值大于 0 的数据

对上市公司评价，首先是选择质地比较好的公司，指标值小于 0 的公司可能存在公司资产为负值或者利润为负值等问题，这类公司首先排除在外。

2. 去掉 NAN 值

NAN 值即空值，存在指标取值缺失的公司也建议排除在外。

3. 数据标准化

指标的单位存在不统一或者存在有些指标的取值很大、有些指标的取值很小的情况，因此需要对指标数据做标准化处理。

计算流程及思路如下。

（1）读取 2016 年的数据，其中第 0 列为标识列（股票代码）。

```
import pandas as pd
data=pd.read_excel('data.xlsx')
data2=data.iloc[data['Accper'].values=='2016-12-31',[ 0,2,3,4,5,6,7,8,9,10,11]]
```

（2）筛选指标值大于 0 的数据及去掉 nan 值。

```
data2=data2[data2>0]
data2=data2.dropna()
```

（3）数据标准化，注意标准化的数据需要去掉第 0 列（股票代码、标识列），这里数据标准化方法采用均值-方差法。

```
from sklearn.preprocessing import StandardScaler
X=data2.iloc[:,1:]
scaler = StandardScaler()
scaler.fit(X)
X=scaler.transform(X)
```

8.3.3　主成分分析

对标准化之后的指标数据 X 做主成分分析，提取其主成分，要求累计贡献率在 95% 以上。其示例代码如下：

```
from sklearn.decomposition import PCA
pca=PCA(n_components=0.95)            #累计贡献率为95%
Y=pca.fit_transform(X)               #满足累计贡献率为95%的主成分数据
gxl=pca.explained_variance_ratio_    #贡献率
```

通过主成分分析，可以获得其主成分，接下来就可以根据获得的主成分计算每个上市公司的综合得分了。根据综合得分，可以获得上市公司的综合排名。

8.3.4　综合排名

1. 计算综合得分

综合得分等于提取的各个主成分与其贡献率的加权求和。

```
import numpy as np
F=np.zeros((len(Y)))                 #预定义综合得分数组 F
for i in range(len(gxl)):
    f=Y[:,i]*gxl[i]                  #第 i 个主成分与第 i 个主成分贡献率的乘积
    F=F+f                            #数组累积求和
```

2. 整理排名结果

为了方便进行排名，采用序列作为排名结果存储数据结构。排名包括两种方式：一种是 index 为股票代码，方便后续计算收益率；另一种是 index 为股票中文简称，方便查看其排名结果。

第 1 种方式如下：

```
fs1=pd.Series(F,index=data2['Stkcd'].values) #构建序列,值为综合得分F,index 为股票代码
Fscore1=fs1.sort_values(ascending=False)     #结果排名,降序
```

第 2 种方式如下：

首先，获取主成分分析指标数据对应的上市公司名称，可以通过 data2 数据（经过预处理的财务指标数据，见第 8.3.2 节）中的股票代码关联上市公司信息表（TRD_Co.xlsx）筛选获得。TRD_Co.xlsx 数据表详细信息如表 8-2 所示。

表 8-2　上市公司信息表

Stkcd	Stknme
000001	平安银行
000002	万科 A
000003	PT 金田 A
000004	国农科技
……	……

其中 Stkcd 为股票代码，Stknme 为股票简称。示例代码如下：

```
co=pd.read_excel('TRD_Co.xlsx')
Co=pd.Series(co['Stknme'].values,index=co['Stkcd'].values)
Co1=Co[data2['Stkcd'].values] #主成分分析指标数据对应的上市公司名称
```

其次，以综合得分 F 为值，上市公司名称作为索引（index），构建序列，并按值做降序排序，以观察其排名结果，示例代码如下：

```
fs2=pd.Series(F,index=Co1.values)
Fscore2=fs2.sort_values(ascending=False)
```

最终得到两种方式的排名结果（部分），如图 8-2 所示。

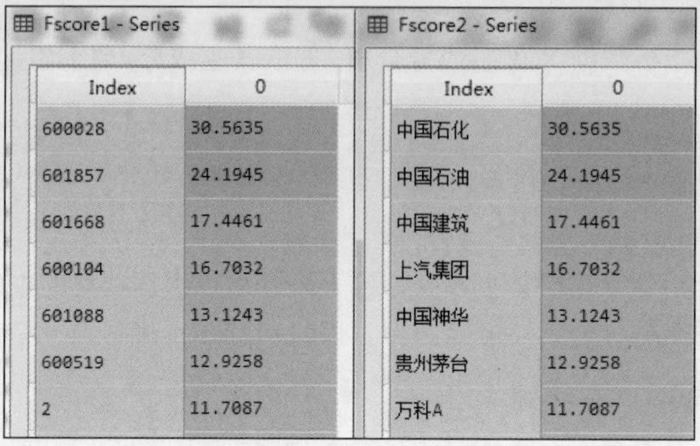

Index	0
600028	30.5635
601857	24.1945
601668	17.4461
600104	16.7032
601088	13.1243
600519	12.9258
2	11.7087

Index	0
中国石化	30.5635
中国石油	24.1945
中国建筑	17.4461
上汽集团	16.7032
中国神华	13.1243
贵州茅台	12.9258
万科A	11.7087

图 8-2

8.3.5 收益率计算

以排名前 30 的上市公司股票代码构建投资组合作为计算举例，持有期为 2017 年 5 月 1 日至 2017 年 12 月 31 日，计算其收益率（注：年度报告最后公布日期为下一年的 4 月 30 日，为了保障数据的可获得性，取持有期为下一年的 5 月 1 日至该年年末）。每只股票的收益率计算方法：以该股票持有期内首个交易日考虑现金红利再投资的收盘价可比价 p_1 买入，持有期内最后交易日的考虑现金红利再投资的收盘价可比价 p_2 卖出，计算其收益率，收益率计算公式为 $(p_2 - p_1)/p_1$。而投资组合的收益率为该组合内所有股票收益率之和。交易数据具体见 trd_2017.xlsx 文件，其基本数据格式和字段说明如表 8-3 所示。数据来源于国泰安 CSMAR 数据库。

表 8-3　2017 年交易数据表

Stkcd	Trddt	Clsprc	Adjprcwd	Adjprcnd
603227	2017-03-29	10.98	22.16166	21.959991
603228	2017-03-29	48.05	48.05	48.05
603238	2017-03-29	43.02	43.02	43.02
603239	2017-03-29	98.66	98.66	98.66
603258	2017-03-29	53.77	53.77	53.77
603266	2017-03-29	44.37	44.37	44.37
……	……	……	……	……

其中，字段依次表示股票代码、交易日期、收盘价、考虑现金红利再投资的收盘价可比价、不考虑现金红利再投资的收盘价可比价。投资组合收益率计算示例代码如下：

```
#获取交易数据
trd=pd.read_excel('trd_2017.xlsx')
#预定义每个股票的收益率序列
r_list=[]
for i in range(30):
    #获取排名第 i 个股票代码
    code=Fscore1.index[i]
    #获取排名第 i 个股票代码的交易数据
```

```
        dt=trd.iloc[trd.iloc[:,0].values==code,:]
        #获取排名第 i 个股票代码 2017 年的交易数据,并按交易日期升序排序
        I1=dt['Trddt'].values>='2017-05-01'
        I2=dt['Trddt'].values<='2017-12-31'
        dtt=dt.iloc[I1&I2,:].sort_values('Trddt')
        #数据是否为空条件判断
        if len(dtt)>1:
            #获取排名第 i 个股票代码的
            #首个和最后一个交易日的考虑现金红利再投资的收盘价可比价
            p1=dtt.iloc[0,3]
            p2=dtt.iloc[len(dtt)-1,3]
            #计算排名第 i 个股票代码的收益率,并添加到 r_list 中
            r_list.append((p2-p1)/p1)
    r_total=sum(r_list)  #计算总收益率
```

最终获得投资组合中每个股票代码收益率列表如图 8-3 所示（部分结果）。可以看到该组合只有 28 只股票代码，不足 30 只，这是因为存在 2 只股票在计算持有期内没有交易。

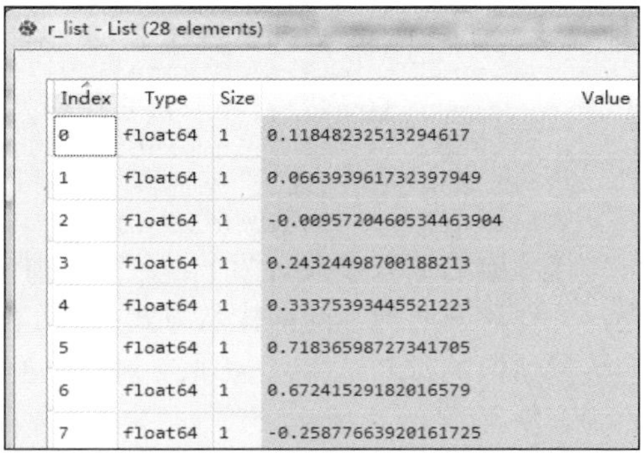
r_list - List (28 elements)

Index	Type	Size	Value
0	float64	1	0.11848232513294617
1	float64	1	0.066393961732397949
2	float64	1	-0.0095720460534463904
3	float64	1	0.24324498700188213
4	float64	1	0.33375393445521223
5	float64	1	0.71836598727341705
6	float64	1	0.67241529182016579
7	float64	1	-0.25877663920161725

图 8-3

总的收益率：r_total= 4.54296132786。

8.3.6 量化投资策略设计与分析

在第 8.3.1 节～8.3.5 节中通过案例的方式，以 2016 年的财务报表及财务指标数据为基础对上市公司进行了综合评价，并取排名前 30 的股票构建投资组合，同时以持有期为 2017 年 5 月 1 日—2017 年 12 月 31 日计算投资组合收益率。该例详细介绍了指标选取、数据预处理、主成分分析及排名、投资组合收益率计算等的相关方法及程序实现。本小节主要是对该例做一个总结性提炼及推广，即将其抽象为函数的形式。通过定义综合排名函数和收益率计算函数，可以获得不同年、不同持有期的股票综合排名及投资组合收益率，并最终通过调用这两个函数实现量化投资策略设计与实现。下面进行详细介绍。

1. 综合排名函数定义

为了将基于总体规模与投资效率指标的综合评价方法推广到其他年份，也为了方便使用量化投资策略，我们将第 8.3.1 节～8.3.4 节中关于获得综合排名的程序脚本定义为函数的形式，将该函数记为 Fr，存储于 fun.py 文件中，该函数详细定义示例代码如下：

```
def Fr(data,year):
    #输入:
    #data--财务指标数据
    #year--排名年度
    #输出:
    #Fscore1--排名结果(股票代码形式)
    #Fscore2--排名结果(股票名称形式)
    import pandas as pd
    data2=data.iloc[data['Accper'].values==str(year)+'-12-31',[ 0,2,3,4,5,6,7,
      8,9,10,11]]
    data2=data2[data2>0]
    data2=data2.dropna()
    from sklearn.preprocessing import StandardScaler
    X=data2.iloc[:,1:]
```

```python
scaler = StandardScaler()
scaler.fit(X)
X=scaler.transform(X)
from sklearn.decomposition import PCA
pca=PCA(n_components=0.95)          #累计贡献率为95%
Y=pca.fit_transform(X)             #满足累计贡献率为95%的主成分数据
gxl=pca.explained_variance_ratio_  #贡献率
import numpy as np
F=np.zeros((len(Y)))
for i in range(len(gxl)):
    f=Y[:,i]*gxl[i]
    F=F+f
fs1=pd.Series(F,index=data2['Stkcd'].values)
Fscore1=fs1.sort_values(ascending=False)    #False 为降序,True 为升序
co=pd.read_excel('TRD_Co.xlsx')
Co=pd.Series(co['Stknme'].values,index=co['Stkcd'].values)
Co1=Co[data2['Stkcd'].values]
fs2=pd.Series(F,index=Co1.values)
Fscore2=fs2.sort_values(ascending=False)    #False 为降序,True 为升序
return (Fscore1,Fscore2)
```

该函数的输入参数有两个，分别为财务指标数据集 data 和排名年度 year。返回的两个结果，分别对应两种不同的排名方式：Fscore1 对应 index 为股票代码、值为综合得分的以序列为数据结构的排名结果，Fscore2 对应 index 为股票名称、值为综合得分的以序列为数据结构的排名结果。

2. 收益率计算函数定义

为了后续量化投资策略的使用，也将第 8.3.5 节中收益率的计算脚本定义为函数的形式，该函数记为 Re，存储于 fun2.py 文件中。该函数详细定义示例代码如下：

```python
def Re(Fscore1,s_trd1,s_trd2,num):
    #输入：
    #Fscore1--排名结果（股票代码形式）
    #s_trd1--持有期开始日期
    #s_trd1--持有期结束日期
    #num--排名数
    #输出：
    #r_list--股票代码收益率列表
    #r_total--总收益率
    import pandas as pd
    trd=pd.read_excel('trd_'+s_trd1[0:4]+'.xlsx')
    r_list=[]
    for i in range(num):
        code=Fscore1.index[i]
        dt=trd.iloc[trd.iloc[:,0].values==code,:]
        I1=dt['Trddt'].values>=s_trd1
        I2=dt['Trddt'].values<=s_trd2
        dtt=dt.iloc[I1&I2,:].sort_values('Trddt')
        if len(dtt)>1:
            p1=dtt.iloc[0,3]
            p2=dtt.iloc[len(dtt)-1,3]
            r_list.append((p2-p1)/p1)

    r_total=sum(r_list)
    return (r_list,r_total)
```

该函数的输入参数依次为排名结果（综合排名函数返回的股票代码形式结果）、持有期开

始日期、持有期结束日期、投资组合的股票代码个数（排名结果前 *N* 名）。返回结果依次为投资组合中所有股票代码的收益率列表和投资组合总收益率。

3. 函数使用方法

前面已经定义了综合排名函数和收益率计算函数，那么这两个函数如何使用呢？以第8.3.1 节～8.3.5 节中介绍的例子为例，即以 2016 年的财务指标数据进行排名，获取其排名结果前 30 的股票构建投资组合，计算持有期为 2017 年 5 月 1 日—2017 年 12 月 31 日的投资组合收益率，调用函数实现的示例代码如下：

```
import pandas as pd
import fun
import fun2
data=pd.read_excel('data.xlsx')
r1=fun.Fr(data,2016)
Fscore1=r1[0]
Fscore2=r1[1]
r2=fun2.Re(Fscore1,'2017-05-01','2017-12-31',30)
r_list=r2[0]
r_total=r2[1]
```

其结果 Fscore1、Fscore2、r_list、r_total 同第 8.3.4 节和第 8.3.5 节。

4. 量化投资策略设计

进一步地，我们设计一个量化投资策略：以 2013—2016 年的财务指标数据为基础计算股票的综合排名，并取排名前 20 和前 40 的股票构建投资组合，以下一年的 5 月 1 日—6 月 30日、5 月 1 日—9 月 30 日、5 月 1 日—12 月 31 日作为持有期，分别计算其投资组合的收益率，并与同期的沪深 300 指数收益率进行对比。沪深 300 指数日交易数据文件表结构如表 8-4 所示。数据来源于 CSMAR 数据库。

表 8-4　　　　　　　　　　　　　沪深 300 指数交易数据

Indexcd	Idxtrd01	Idxtrd05
000300	2014-01-02	2321.98
000300	2014-01-03	2290.78
000300	2014-01-06	2238.64
000300	2014-01-07	2238
000300	2014-01-08	2241.91
……	……	……

其中，字段依次表示指数代码、交易日期、收盘指数。持有期内的指数收益率计算公式为

持有期内指数收益率=（期末收盘指数−期初收盘指数）/期初收盘指数

量化投资策略设计实现示例代码如下：

```
import pandas as pd
import fun    #导入自定义的函数文件
import fun2   #导入自定义的函数文件
data=pd.read_excel('data.xlsx')
ind300=pd.read_excel('index300.xlsx')
list1=[] #存放年度
list2=[] #存放持有期
list3=[] #存放投资组合收益率
list4=[] #存放沪深 300 指数收益率
for year in [2013,2014,2015,2016]:
```

```
#持有期
for time in ['06-30','09-30','12-31']:
    #获得基于总体规模与投资效率指标的综合评价排名结果
    r1=fun.Fr(data,year)
    r2=fun2.Re(r1[0],str(year+1)+'-05-01',str(year+1)+'-'+time,40)
    r_total=r2[1]
    list1.append(year)
    list2.append(str(year+1)+'-05-01'+'--'+str(year+1)+'-'+time)
    list3.append(r_total)
    #计算沪深 300 指数同期收益率
    td1=str(year+1)+'-05-01'
    td2=str(year+1)+'-'+time
    I1=ind300.iloc[:,1].values>=td1
    I2=ind300.iloc[:,1].values<=td2
    dt=ind300.iloc[I1&I2,[1,2]].sort_values('Idxtrd01')
    p=dt.iloc[:,1].values
    list4.append((p[len(p)-1]-p[0])/p[0])
#将结果转化为数据框,并导出到 Excel
D={'year':list1,'time':list2,'r_total':list3,'index':list4}
D=pd.DataFrame(D)
D.to_excel('D.xlsx')
```

执行以上程序最终获得排名前 20 和前 40 的股票投资组合收益率及投资组合明细如表 8-5～表 8-7 所示。

表 8-5　　　　　　　　　　排名前 20 的股票投资组合收益率

ID	会计年度/年	持有期	总收益率	沪深 300 收益率
0	2013	2014-05-01—2014-06-30	0.510304	0.004011
1	2013	2014-05-01—2014-09-30	4.10338	0.136575
2	2013	2014-05-01—2014-12-31	19.10972	0.638655
3	2014	2015-05-01—2015-06-30	−1.76119	−0.06574
4	2014	2015-05-01—2015-09-30	−5.61932	−0.33101
5	2014	2015-05-01—2015-12-31	−4.04831	−0.22072
6	2015	2016-05-01—2016-06-30	−0.13978	−0.01855
7	2015	2016-05-01—2016-09-30	0.801532	0.01237
8	2015	2016-05-01—2016-12-31	3.219006	0.030042
9	2016	2017-05-01—2017-06-30	1.466251	0.070105
10	2016	2017-05-01—2017-09-30	1.628336	0.119629
11	2016	2017-05-01—2017-12-31	3.206539	0.176351

表 8-6　　　　　　　　　　排名前 40 的股票投资组合收益率

ID	会计年度/年	持有期	总收益率	沪深 300 收益率
0	2013	2014-05-01—2014-06-30	0.681894175	0.004011185
1	2013	2014-05-01—2014-09-30	8.441170046	0.136575051
2	2013	2014-05-01—2014-12-31	34.52843893	0.638654839
3	2014	2015-05-01—2015-06-30	−1.843915244	−0.065738741
4	2014	2015-05-01—2015-09-30	−12.35336202	−0.331010038
5	2014	2015-05-01—2015-12-31	−8.812027431	−0.220715828

ID	会计年度/年	持有期	总收益率	沪深 300 收益率
6	2015	2016-05-01—2016-06-30	−0.83049	−0.018552749
7	2015	2016-05-01—2016-09-30	1.316348068	0.012369536
8	2015	2016-05-01—2016-12-31	4.118018665	0.030041636
9	2016	2017-05-01—2017-06-30	2.30020595	0.070104886
10	2016	2017-05-01—2017-09-30	2.759832938	0.119629485
11	2016	2017-05-01—2017-12-31	5.599379658	0.176350764

表 8-7　　　　　　　　　　　　　　　　投资组合明细表

投资组合	年度/年	股票名称
排名前 20 的股票投资组合	2013	中国石油、中国石化、中国神华、上汽集团、中国建筑、贵州茅台、中国联通、深中华 A、中国铁建、万科 A、中国中铁、中国交建、华能国际、美的集团、皇庭国际、保利地产、格力电器、国电电力、大唐发电、招商地产
	2014	中国石油、中国石化、中国神华、中国建筑、上汽集团、贵州茅台、中国联通、长航凤凰、中国铁建、万科 A、中国中铁、中国交建、华能国际、格力电器、保利地产、海螺水泥、美的集团、大秦铁路、长江电力、视觉中国
	2015	中国石油、中国石化、中国建筑、上汽集团、贵州茅台、中国神华、万科 A、恺英网络、华能国际、中国交建、中国铁建、保利地产、中国中铁、分众传媒、中国联通、美的集团、中国中车、格力电器、华电国际、大秦铁路
	2016	中国石化、中国石油、中国建筑、上汽集团、中国神华、贵州茅台、万科 A、中国交建、长江电力、中国铁建、分众传媒、中国中铁、保利地产、美的集团、格力电器、华能国际、中油资本、恺英网络、绿地控股、吉比特
排名前 40 的股票投资组合	2013	中国石油、中国石化、中国神华、上汽集团、中国建筑、贵州茅台、中国联通、深中华 A、中国铁建、万科 A、中国中铁、中国交建、华能国际、美的集团、皇庭国际、保利地产、格力电器、国电电力、大唐发电、招商地产、大秦铁路、长江电力、海螺水泥、宝钢股份、华电国际、国投电力、中国国航、洋河股份、长城汽车、中煤能源、中国电建、江西铜业、五粮液、科伦药业、中海油服、中国中冶、大商股份、浙能电力、南方航空、华域汽车
	2014	中国石油、中国石化、中国神华、中国建筑、上汽集团、贵州茅台、中国联通、长航凤凰、中国铁建、万科 A、中国中铁、中国交建、华能国际、格力电器、保利地产、海螺水泥、美的集团、大秦铁路、长江电力、视觉中国、国投电力、国电电力、国投资本、华电国际、潍柴动力、宝钢股份、招商地产、大唐发电、长城汽车、洋河股份、中国国航、中海油服、大商股份、中国电建、青岛海尔、华域汽车、中国中冶、南方航空、华夏幸福、江西铜业
	2015	中国石油、中国石化、中国建筑、上汽集团、贵州茅台、中国神华、万科 A、恺英网络、华能国际、中国交建、中国铁建、保利地产、中国中铁、分众传媒、中国联通、美的集团、中国中车、格力电器、华电国际、大秦铁路、长江电力、国投电力、绿地控股、长安汽车、华域汽车、洋河股份、海螺水泥、国电电力、中国国航、中国电建、招商蛇口、浙能电力、长城汽车、华夏幸福、中国核电、五粮液、温氏股份、大唐发电、中国中冶、上港集团
	2016	中国石化、中国石油、中国建筑、上汽集团、中国神华、贵州茅台、万科 A、中国交建、长江电力、中国铁建、分众传媒、中国中铁、保利地产、美的集团、格力电器、华能国际、中油资本、恺英网络、绿地控股、吉比特、中国中车、招商蛇口、温氏股份、宝钢股份、中国电建、华域汽车、海螺水泥、中国国航、五矿资本、长安汽车、国电电力、国投电力、长城汽车、洋河股份、金地集团、商业城、比亚迪、华夏幸福、中国核电、南方航空

8.4 基于成长与价值指标的综合评价

价值策略和成长策略是投资者熟知的两种选股策略，两种策略的结合便是价值成长投资策略（Growth at a Reasonable Price，GARP）。与价值策略和成长策略更加注重基本面分析相比，GARP 投资策略更加侧重数量化分析。GARP 投资策略选股时兼顾价值和成长，风险相对适中，可以获得较高的风险调整后收益，因此深受数量化基金的青睐。本节主要研究 GARP 投资策略在我国 A 股市场上的应用。通过选取价值型与成长型指标，利用主成分分析模型提取综合主成分并进行综合排名，选取排名前 20 和前 40 的股票构建投资组合并计算一定持有期的收益率，同时与沪深300 指数同期收益率进行比较，从而获得其评价绩效。

8.4.1 指标选择

选取的价值指标包括市盈率、市现率、市净率、市盈率增长率，选取的成长指标包括净利润增长率、营业收入增长率、营业利润率、净资产收益率，具体信息如表 8-8 所示。

表 8-8 上市公司成长与价值指标

字段名称	字段中文名称	字段说明
F100101B	市盈率	今收盘价当期值/（净利润上年报值/实收资本本期末值）
F100301B	市现率	今收盘价当期值/（经营活动产生的现金流量净额上年报值/实收资本本期末值）
F100401A	市净率	今收盘价当期值/（所有者权益合计末值/实收资本期末值）
F081001B	净利润增长率	（净利润本年期单季度金额−净利润上一个单季度金额）/净利润上一个单季度金额
F081601B	营业收入增长率	（营业收入本年期单季度金额−营业收入上一个单季度金额）/营业收入上一个单季度金额
F051501B	营业利润率	净利润/营业收入
F050501B	净资产收益率	净利润/股东权益余额
PEG	市盈率增长率	（当前市盈率−上期市盈率）/上期市盈率

注：具体数据见 data1.xlsx 数据文件，包括 2013—2017 年的数据，综合评价按年进行。

8.4.2 数据处理

我们先获取 2014 年的数据进行处理，因为评价排名是按年进行的，可以很容易地通过定义函数推广到其他的年份。数据处理及计算流程如下。

1. 读取 2014 年的财务指标数据

读取 2014 年的财务指标数据，其中第 0 列为标识列（股票代码），同时将数据转换为 Numpy 数组的形式。示例代码如下：

```
import pandas as pd
data=pd.read_excel('data1.xlsx')
data2=data.iloc[data['Accper'].values=='2014-12-31',[0,2,3,4,5,6,7,8,9]]
da=data2.values
```

2. 对最后一个指标 PEG 进行处理

$$PEG=（当期\ PE−上期\ PE）/上期\ PE$$

PEG 指标反映了 PE（市盈率）值的变化情况，如果 PE 值当期下降，PEG 值小于 0，否则 PEG 大于 0。一般地，PE 值越大，反映该公司被市场高估的可能性就越大，因此我们假定 PE 值越小越好，即 PEG 小于 0 要比 PEG 大于 0 更好。例如，PEG=−2，表示当期 PE 值比上期 PE 值降低了 200%，反之如果 PEG=2，表示当期 PE 值比上期 PE 值升高了 2 倍。为了消除异常值的影响，去除 PEG 小于−4 和 PEG 大于 4 的上市公司股票。同时为了更好地对指标数据进行统一度量，这里假定指标值越大越好，故对该指标数据进行反极差化处理。示例代码如下：

```
da=da[(da[:,8]<4)&(da[:,8]>-4),:]   #消除异常值
da[:,8]=1-(da[:,8]-min(da[:,8]))/(max(da[:,8])-min(da[:,8]))  #反极差化处理
```

3．对剩下的 7 个指标均要求大于 0，且将 8 倍均值作为异常值进行剔除处理

示例代码如下：

```
for i in np.arange(1,8):
    da=da[da[:,i]>0,:]                      #要求指标值大于 0
    da=da[da[:,i]<8*np.mean(da[:,i]),:]     #剔除异常值（8 倍均值）
```

4．要求净资产收益率大于 0.06

这里假定 6%回报率为投资者的最低要求。示例代码如下：

```
da=da[da[:,6]>=0.06,:]
```

5．数据标准化处理

这里将指标均做归一化处理，即将指标值全部规范化到[0,1]区间。采用 Python 中的数据预处理模块中的极差法进行处理。示例代码如下：

```
from sklearn.preprocessing import MinMaxScaler
X=da[:,1:]
scaler = MinMaxScaler()
scaler.fit(X)
X=scaler.transform(X)
```

6．对市盈率、市现率、市净率指标也做反极差化处理

主要目的是实现指标度量的统一，即值越大越好。示例代码如下：

```
X[:,2]=1-X[:,2]
X[:,3]=1-X[:,3]
X[:,4]=1-X[:,4]
```

8.4.3 主成分分析

对标准化之后的指标数据 X 做主成分分析，提取其主成分，要求累计贡献率在 95%以上。其示例代码如下：

```
from sklearn.decomposition import PCA
pca=PCA(n_components=0.95)           #累计贡献率为 95%
Y=pca.fit_transform(X)              #满足累计贡献率为 95%的主成分数据
gxl=pca.explained_variance_ratio_   #贡献率
```

8.4.4 综合排名

1．计算综合得分

综合得分等于提取的各个主成分与其贡献率的加权求和。

```
import numpy as np
F=np.zeros((len(Y)))
for i in range(len(gxl)):
    f=Y[:,i]*gxl[i]
    F=F+f
```

2．整理排名结果

为了方便进行排名，采用序列作为排名结果的存储数据结构。排名包括两种方式：一种

是 index 为股票代码，方便后续计算收益率；另一种是 index 为股票中文简称，方便查看其排名结果。

第 1 种方式示例代码如下：

```
Fs1=pd.Series(F,index=da[:,0])
Fscore1=Fs1.sort_values(ascending=False)    #False 为降序,True 为升序
```

第 2 种方式示例代码如下：

首先，获取主成分分析指标数据对应的上市公司名称，可以通过 data2 数据中的股票代码关联上市公司信息表（TRD_Co.xlsx）筛选获得。TRD_Co.xlsx 数据表详细信息见表 8-2，其示例代码如下：

```
co=pd.read_excel('TRD_Co.xlsx')
Co=pd.Series(co['Stknme'].values,index=co['Stkcd'].values)
Co1=Co[da[:,0]]
```

其次，以综合得分 F 为值，上市公司名称作为索引（index），构建序列，并按值做降序排序，以观察其排名结果。

```
Fs2=pd.Series(F,index=Co1.values)
Fscore2=Fs2.sort_values(ascending=False)    #False 为降序,True 为升序
```

最终得到两种方式的排名结果（部分）如图 8-4 所示。

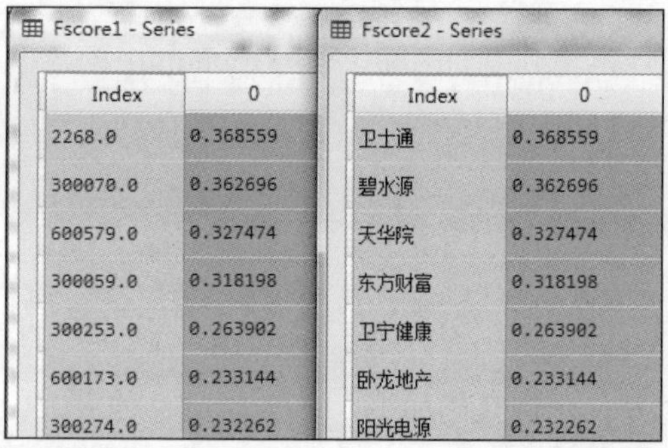

图 8-4

8.4.5 收益率计算

以排名前 20 的上市公司股票代码构建投资组合作为例子，持有期为 2015 年 5 月 1 日至 2015 年 12 月 31 日，计算其收益率。每只股票的收益率计算方法：以该股票持有期内首个交易日的考虑现金红利再投资的收盘价可比价买入，持有期内最后的交易日的考虑现金红利再投资的收盘价可比价卖出，计算其收益率。而投资组合的收益率为该组合内所有股票收益率之和。交易数据具体见 trd_2015.xlsx，其基本数据格式和字段说明如表 8-9 所示。数据来源于 CSMAR 数据库。

表 8-9　　　　　　　　　　　　　　　2015 年股票交易数据

Stkcd	Trddt	Clsprc	Adjprcwd	Adjprcnd
600506	2015-01-12	11.34	15.04019	14.96879
600507	2015-01-12	5.19	47.963347	34.61193
600508	2015-01-12	11.45	35.227488	26.79283
600509	2015-01-12	9.58	56.021178	43.48315
600510	2015-01-12	7.48	38.942532	29.17178
600511	2015-01-12	33.9	177.325211	158.6509
600512	2015-01-12	3.94	24.225486	19.93104
600513	2015-01-12	14.77	53.132165	50.5463
600515	2015-01-12	8.36	18.803661	18.4923
600516	2015-01-12	9.82	55.263493	52.07578
……	……	……	……	……

其中，字段依次表示股票代码、交易日期、收盘价、考虑现金红利再投资的收盘价可比价、不考虑现金红利再投资的收盘价可比价。收益率计算示例代码如下：

```
#获取交易数据
trd=pd.read_excel('trd_2015.xlsx')
#预定义每个股票的收益率序列
r_list=[]
for i in range(20):
    #获取排名第 i 个股票代码
    code=Fscore1.index[i]
    #获取排名第 i 个股票代码的交易数据
    dt=trd.iloc[trd.iloc[:,0].values==code,:]
    #获取排名第 i 个股票代码 2015 年的交易数据,并按交易日期升序排序
    I1=dt['Trddt'].values>='2015-05-01'
    I2=dt['Trddt'].values<='2015-12-31'
    dtt=dt.iloc[I1&I2,:].sort_values('Trddt')
    #数据是否为空条件判断
    if len(dtt)>1:
        #获取排名第 i 个股票代码的
        #首个和最后一个交易日的考虑现金红利再投资的收盘价可比价
        p1=dtt.iloc[0,3]
        p2=dtt.iloc[len(dtt)-1,3]
        #计算排名第 i 个股票代码的收益率
        r_list.append((p2-p1)/p1)
r_total=sum(r_list)  #总收益率
```

最终获得投资组合的每个股票代码收益率列表（部分）如图 8-5 所示。

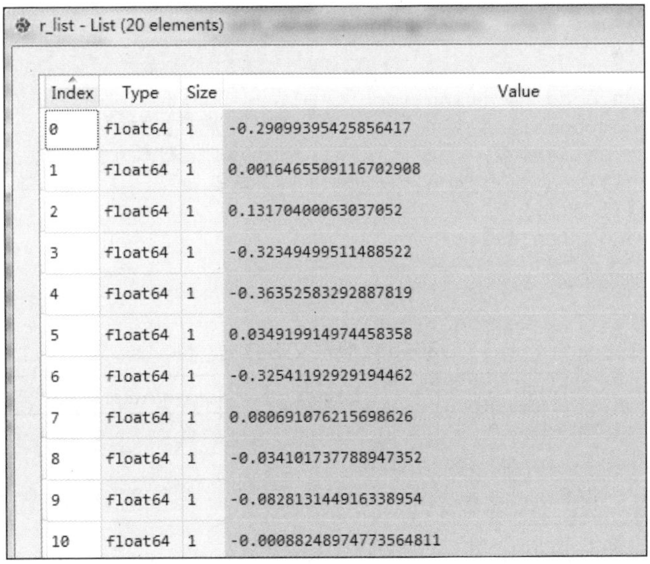
r_list - List (20 elements)

Index	Type	Size	Value
0	float64	1	-0.29099395425856417
1	float64	1	0.0016465509116702908
2	float64	1	0.13170400063037052
3	float64	1	-0.32349499511488522
4	float64	1	-0.36352583292887819
5	float64	1	0.034919914974458358
6	float64	1	-0.32541192929194462
7	float64	1	0.080691076215698626
8	float64	1	-0.034101737788947352
9	float64	1	-0.082813144916338954
10	float64	1	-0.00088248974773564811

图 8-5

总的收益率：r_total= 0.0563208822523。

8.4.6 量化投资策略设计与分析

本节与第 8.3.6 节类似，即将第 8.4.1～8.4.4 节的分析示例脚本程序定义为综合排名函数，以便推广和量化投资策略的调用，同时收益率计算函数仍然采用第 8.3.6 节定义的函数。具体实现流程及计算方法将在下面进行介绍。

1. 综合排名函数定义

为了将基于成长与价值指标的综合评价方法推广到其他年及量化投资策略的使用，我们将第 8.4.1～8.4.4 节关于获得综合排名的程序脚本定义为函数的形式，该函数记为 Fr2，存储于 ffun.py 文件中，该函数详细示例代码如下：

```
def Fr2(data,year):
    #输入:
    #data--财务指标数据
    #year--排名年度
    #输出:
    #Fscore1--排名结果（股票代码形式）
    #Fscore2--排名结果（股票名称形式）
    import pandas as pd
    import numpy as np
    data2=data.iloc[data['Accper'].values=='2014-12-31',[0,2,3,4,5,6,7,8,9]]
    da=data2.values
    da=da[(da[:,8]<4)&(da[:,8]>-4),:]
    da[:,8]=1-(da[:,8]-min(da[:,8]))/(max(da[:,8])-min(da[:,8]))
    for i in np.arange(1,8):
        da=da[da[:,i]>0,:]
        da=da[da[:,i]<8*np.mean(da[:,i]),:]
    da=da[da[:,6]>=0.06,:]
    from sklearn.preprocessing import MinMaxScaler
    X=da[:,1:]
    scaler = MinMaxScaler()
    scaler.fit(X)
    X=scaler.transform(X)
    X[:,2]=1-X[:,2]
    X[:,3]=1-X[:,3]
    X[:,4]=1-X[:,4]
    from sklearn.decomposition import PCA
    pca=PCA(n_components=0.95)            #累计贡献率为95%
    Y=pca.fit_transform(X)               #满足累计贡献率为95%的主成分数据
    gxl=pca.explained_variance_ratio_    ##贡献率
    F=np.zeros((len(Y)))
    for i in range(len(gxl)):
        f=Y[:,i]*gxl[i]
        F=F+f
    Fs1=pd.Series(F,index=da[:,0])
    Fscore1=Fs1.sort_values(ascending=False)    #False 为降序,True 为升序
    co=pd.read_excel('TRD_Co.xlsx')
    Co=pd.Series(co['Stknme'].values,index=co['Stkcd'].values)
    Co1=Co[da[:,0]]
    Fs2=pd.Series(F,index=Co1.values)
    Fscore2=Fs2.sort_values(ascending=False)    #False 为降序,True 为升序
return(Fscore1,Fscore2)
```

该函数的输入参数与返回结果说明同第 8.3.6 节。

2. 函数使用方法

以第 8.4.1～8.4.5 节的计算示例为例，即以 2014 年的财务数据指标进行排名，获取其排名结果前 20 的股票代码构建投资组合，计算持有期为 2015 年 5 月 1 日—2015 年 12 月 31 日的投资组合收益率。其调用函数实现示例代码如下（注意：这里收益率的计算函数仍然使用第 8.3.6 节定义的 Re 函数）：

```
import pandas as pd
import ffun
import fun2
```

```
data=pd.read_excel('data1.xlsx')
r1=ffun.Fr2(data,2014)
Fscore1=r1[0]
Fscore2=r1[1]
r2=fun2.Re(Fscore1,'2015-05-01','2015-12-31',20)
r_list=r2[0]
r_total=r2[1]
```

其结果 Fscore1、Fscore2、r_list、r_total 同第 8.4.4 节和第 8.4.5 节。

3. 量化投资策略设计

进一步地，我们设计一个量化投资策略：以 2013—2016 年的财务指标数据为基础计算其综合排名，并取排名前 20 和前 40 的股票构建投资组合，以下一年 5 月 1 日—6 月 30 日、5 月 1 日—9 月 30 日、5 月 1 日—12 月 31 日作为持有期，分别计算其投资组合的总收益率，并与同期的沪深 300 指数收益率进行对比。沪深 300 指数日交易数据文件（index300.xlsx）和持有期内的指数收益率计算公式同第 8.3.6 节。量化投资策略设计实现示例代码如下：

```
import pandas as pd
import ffun
import fun2
data=pd.read_excel('data1.xlsx')
ind300=pd.read_excel('index300.xlsx')
list1=[]
list2=[]
list3=[]
list4=[]
for year in [2013,2014,2015,2016]:
        for time in ['06-30','09-30','12-31']:
            #获得基于成长与价值指标的综合评价排名结果
            r1=ffun.Fr2(data,year)
            r2=fun2.Re(r1[0],str(year+1)+'-05-01',str(year+1)+'-'+time,20)
            r_total=r2[1]
            list1.append(year)
            list2.append(str(year+1)+'-05-01'+'--'+str(year+1)+'-'+time)
            list3.append(r_total)
            td1=str(year+1)+'-05-01'
            td2=str(year+1)+'-'+time
            I1=ind300.iloc[:,1].values>=td1
            I2=ind300.iloc[:,1].values<=td2
            dt=ind300.iloc[I1&I2,[1,2]].sort_values('Idxtrd01')
            p=dt.iloc[:,1].values
            list4.append((p[len(p)-1]-p[0])/p[0])
D={'year':list1,'time':list2,'r_total':list3,'index':list4}
D=pd.DataFrame(D)
D.to_excel('D.xlsx')
```

执行以上程序最终得到排名前 20 和前 40 股票的投资组合收益率及投资组合明细如表 8-10～表 8-12 所示。

表 8-10　　　　　　　　　排名前 20 股票投资组合收益率

ID	会计年度/年	持有期	总收益率	沪深 300 收益率
0	2013	2014-05-01—2014-06-30	3.148562608	0.004011
1	2013	2014-05-01—2014-09-30	9.63041983	0.136575
2	2013	2014-05-01—2014-12-31	12.85066994	0.638655
3	2014	2015-05-01—2015-06-30	0.830089605	-0.06574

续表

ID	会计年度/年	持有期	总收益率	沪深 300 收益率
4	2014	2015-05-01—2015-09-30	−5.156852664	−0.33101
5	2014	2015-05-01—2015-12-31	0.056320882	−0.22072
6	2015	2016-05-01—2016-06-30	0.512823766	−0.01855
7	2015	2016-05-01—2016-09-30	−0.457673527	0.01237
8	2015	2016-05-01—2016-12-31	−1.48572044	0.030042
9	2016	2017-05-01—2017-06-30	−1.049298843	0.070105
10	2016	2017-05-01—2017-09-30	0.099260991	0.119629
11	2016	2017-05-01—2017-12-31	−1.192765021	0.176351

表 8-11　　　　　　　　　　　排名前 40 的股票投资组合收益率

ID	会计年度/年	持有期	总收益率	沪深 300 收益率
0	2013	2014-05-01—2014-06-30	6.689801	0.004011
1	2013	2014-05-01—2014-09-30	19.88782	0.136575
2	2013	2014-05-01—2014-12-31	23.24064	0.638655
3	2014	2015-05-01—2015-06-30	4.592903	−0.06574
4	2014	2015-05-01—2015-09-30	−6.78487	−0.33101
5	2014	2015-05-01—2015-12-31	2.60999	−0.22072
6	2015	2016-05-01—2016-06-30	1.285661	−0.01855
7	2015	2016-05-01—2016-09-30	0.007946	0.01237
8	2015	2016-05-01—2016-12-31	−1.83606	0.030042
9	2016	2017-05-01—2017-06-30	−1.52158	0.070105
10	2016	2017-05-01—2017-09-30	0.342513	0.119629
11	2016	2017-05-01—2017-12-31	−3.26933	0.176351

表 8-12　　　　　　　　　　　投资组合明细表

投资组合	年度/年	股票名称
排名前 20 的股票投资组合	2013	安信信托、德赛电池、聚龙股份、华谊兄弟、世荣兆业、嘉应制药、碧水源、赤峰黄金、北部湾港、恒康医疗、大华股份、北方国际、掌趣科技、贵州茅台、凯利泰、冠农股份、石基信息、晨鑫科技、潜能恒信、银泰资源
	2014	卫士通、碧水源、天华院、东方财富、卫宁健康、卧龙地产、阳光电源、游族网络、联美控股、千山药机、国睿科技、聚龙股份、恒生电子、机器人、中航电子、莱茵生物、辉煌科技、振芯科技、冠昊生物、美亚柏科
	2015	银之杰、中科曙光、中恒电气、金证股份、京天利、同有科技、朗玛信息、卫宁健康、华金资本、东方通、荣之联、苏交科、赢时胜、同花顺、保变电气、戴维医疗、顺网科技、动力源、蓝盾股份、汇金股份
	2016	光启技术、众应互联、九鼎投资、卫宁健康、金证股份、威帝股份、信维通信、大豪科技、慈文传媒、金石东方、乐凯新材、康斯特、久远银海、西藏药业、南华仪器、红相股份、南极电商、奇正藏药、康弘药业、天孚通信

续表

投资组合	年度/年	股票名称
排名前 40 的股票投资组合	2013	安信信托、德赛电池、聚龙股份、华谊兄弟、世荣兆业、嘉应制药、碧水源、赤峰黄金、北部湾港、恒康医疗、大华股份、北方国际、掌趣科技、贵州茅台、凯利泰、冠农股份、石基信息、晨鑫科技、潜能恒信、银泰资源、国电南瑞、神州数码、海康威视、信立泰、网宿科技、远光软件、海宁皮城、卫宁健康、恒生电子、重庆路桥、上海临港、翰宇药业、捷成股份、世茂股份、华星创业、上海家化、奥飞娱乐、人民网、东华软件、泰格医药
	2014	卫士通、碧水源、天华院、东方财富、卫宁健康、卧龙地产、阳光电源、游族网络、联美控股、千山药机、国睿科技、聚龙股份、恒生电子、机器人、中航电子、莱茵生物、辉煌科技、振芯科技、冠昊生物、美亚柏科、启迪桑德、达安基因、浪潮软件、奥普光电、泛海控股、启明星辰、晨鑫科技、深深房 A、易联众、瀚蓝环境、四创电子、翰宇药业、康达尔、尔康制药、金证股份、东方国信、中海达、人民网、兴源环境、梦洁股份
	2015	银之杰、中科曙光、中恒电气、金证股份、京天利、同有科技、朗玛信息、卫宁健康、华金资本、东方通、荣之联、苏交科、赢时胜、同花顺、保变电气、戴维医疗、顺网科技、动力源、蓝盾股份、汇金股份、卫士通、长荣股份、银信科技、神州信息、金智科技、博实股份、思创医惠、立思辰、柘中股份、美亚柏科、科远股份、中国卫星、中科金财、中航资本、拓尔思、网宿科技、石基信息、浪潮软件、赣锋锂业
	2016	光启技术、众应互联、九鼎投资、卫宁健康、金证股份、威帝股份、信维通信、大豪科技、慈文传媒、金石东方、乐凯新材、康斯特、久远银海、西藏药业、南华仪器、红相股份、南极电商、奇正藏药、康弘药业、天孚通信、贵州茅台、聚龙股份、分众传媒、恒锋工具、劲拓股份、中核科技、华通医药、海思科、大连电瓷、元力股份、斯莱克、信立泰、东方通、金发拉比、钢研高纳、灵康药业、三环集团、山河药辅、创业软件、博雅生物

本章小结

本章介绍了两种上市公司综合评价方法，分别为基于总体规模与投资效率指标的综合评价方法和基于成长与价值指标的综合评价方法，两种方法的区别仅是选择的指标不同，其方法均为采用主成分分析法进行综合评价。通过排名结果可以看出，前者获得的公司大多为体量较大的行业龙头公司或者大型国有上市公司，而后者则大多为科技、文化与传媒、医药类公司。从设计的量化投资策略效果来看，前者除了 2015 年获得的收益比大盘指数差之外，2014 年、2016 年、2017 年均显著优于大盘指数。后者 2014 年、2015 年获得的收益优于大盘指数，2016 年和 2017 年均明显比大盘指数要差，这与市场上的风格切换有关。总体而言，基于总体规模与投资效率指标的综合评价方法更为稳定。

本章练习

本章对上市公司进行综合评价时并没有区分行业，事实上不同行业之间可能存在着较大的差异。请利用本章中选取的指标和评价方法，参照申银万国行业一级分类标准，对每个行业的上市公司进行综合评价，并进行量化投资实证检验。

本章实验

1. 基于总体规模与投资效率指标的上市公司综合评价

请完成以下任务：

（1）读取上市公司总体规模与投资效率方面指标数据"data.xlsx"，字段信息依次为字段包括股票代码（Stkcd）、会计期间（Accper）和指标（指标字段及名称，见第 8 章表 8-1），筛选会计期间为 2016-12-31 年的数据。

（2）基于读取的数据，筛选指标值大于 0 的数据及去掉空值。

（3）指标数据标准化，这里采用均值-方差法。

（4）对标准化后的指标数据进行主成分分析，要求累计贡献率在 95%以上，并提取主成分。

（5）计算主成分综合得分：所提取的主成分与其贡献率乘积之和。

（6）读取上市公司基本信息表："TRD_Co.xlsx"，字段名称依次为 Stkcd（股票代码）、Stknme（股票简称）。

（7）返回两种形式的排名结果 Fscore1 和 Fscore2，数据结构均为序列，数据结果排序均为降序，其中第 1 种形式的 index 为股票代码，值为综合得分；第 2 种形式的 index 为股票简称，值为综合得分。

```
def return_values():
    #********** Begin *****
    请在此处输入程序代码
    #********** End **********#
    return (Fscore1,Fscore2)
```

2. 投资组合构建及收益率计算

请完成以下任务：

（1）在第一个实验的基础上，获得综合排名前 30 个股票代码，并构建投资组合，该投资组合持有期为 2017-05-01 至 2017-12-31。

（2）读取 2017 年股票日交易数据表"trd_2017.xlsx"，其字段信息如下：股票代码、交易日期、收盘价、考虑现金红利再投资的收盘价可比价、不考虑现金红利再投资的收盘价可比价。

（3）计算该投资组合收益率 r_total，计算方法如下：先计算投资组合内每只股票的收益率，其计算公式为$(p_2 - p_1)/p$：其中 p_1 为该股票持有期内首个交易日考虑现金红利再投资的收盘价可比价，p_2 为该股票持有期内最后交易日的考虑现金红利再投资的收盘价可比价，而投资组合收益率为该组合内所有股票收益率之和。

```
def return_values():
    import pandas as pd
    import step7_13
    trd=pd.read_excel('trd_2017.xlsx')
    re = step7_13.return_values()  #re 为上一个实验返回的结果(Fscore1,Fscore2)
    #********** Begin *****
    请在此处输入程序代码
    #********** End **********#
    return r_total
```

第 9 章 综合案例 2：股票价格涨跌趋势预测

第 8 章我们主要是通过财务报表及财务指标数据，采用数量化的方法对上市公司基本面情况进行综合评价，从而选出质地较好的上市公司。事实上，选出较为优质的上市公司进行投资能有效降低投资风险，特别是对长线投资者或者价值投资者来说尤为重要。然而短线的投资者也同样不可忽视，如果上市公司存在一定的财务危机或者经营风险，也同样会波及交易市场，所谓"在好股上投机"就是这个道理。本章将介绍另外一种证券投资分析方法——技术指标分析法。

本章首先介绍了移动平均线（MA）、指数平滑异同平均线（MACD）、随机指标（KDJ）、相对强弱指标（RSI）、乖离率指标（BIAS）、能量潮指标（OBV）和涨跌趋势指标的定义和计算公式，并以上汽集团 2017 年的交易数据为基础，利用 Python 编程进行了指标计算举例；其次，基于计算的指标划分训练样本和测试样本，利用支持向量机、神经网络和逻辑回归模型进行了预测分析，并根据预测结果为+1 的交易日，以当天收盘价买入，下一个交易日收盘价卖出计算收益率。最后将以上两步的分析流程进行抽象并定义为函数的形式，从而推广到多只股票构建的投资组合收益率计算中（这里投资组合的构建采用第 8 章中基于总体规模与投资效率指标评价方法获得），并最终完成量化投资的设计及实现。

9.1　案例背景

技术分析是证券投资分析中很重要的一种方法，它通过对市场过去和现在的行为，应用数学和逻辑方法，归纳总结出典型的行为，从而预测证券市场未来的变化趋势。而技术指标分析法是技术分析中极为重要的分支。一般地，每个技术指标都从一个特定的角度对市场进行观察，反映了市场某一方面深层的内涵。证券投资分析技术指标种类繁多，全世界各种各样的技术指标有上千种，几乎能涉及市场的方方面面，可以说投资者能够想到的都能在技术指标中得到体现。本案例基于中国市场上流行的几种主要技术指标，对个股的价格涨跌两种趋势进行预测分析，从而为投资者提供一定的参考价值。

9.2　案例目标及实现思路

本案例的主要目标是通过计算股票交易的技术分析指标，利用数据挖掘模型预测下一个交易日股票价格涨跌方向，并基于预测的结果设计量化投资策略，从而为技术分析爱好者提供一定的实践价值。在技术分析指标选择方面，主要选择趋势型、超买超卖型、人气型等指标，包括 5 日、10 日、20 日移动平均线指标 MA，指数平滑异同平均线指标 MACD，随机指标 K、D、J，6 日、12 日、20 日相对强弱指标 RSI，5 日、10 日、20 日乖离率指标 BIAS 和能量潮指标 OBV 等，并将这些指标作为解释变量（自变量）。被解释变量（因变量）为下一个交易日的股票价格涨跌方向，上涨用+1 表示，否则为-1，是一种分类型变量。以一定的计算周期计算其解释变量和被解释变量，作为训练样本，以其后的一定周期计算其解释变量，作为测试样本，并预测其涨跌方向，即被解释变量，最后根据预测的结果设计量化投资策略。这里选择的模型包括支持向量机模型、神经网络模型和逻辑回归模型，并对不同模型的效果进行了分析，从而做出最佳的选择。具体的实现思路及计算流程如图 9-1 所示。

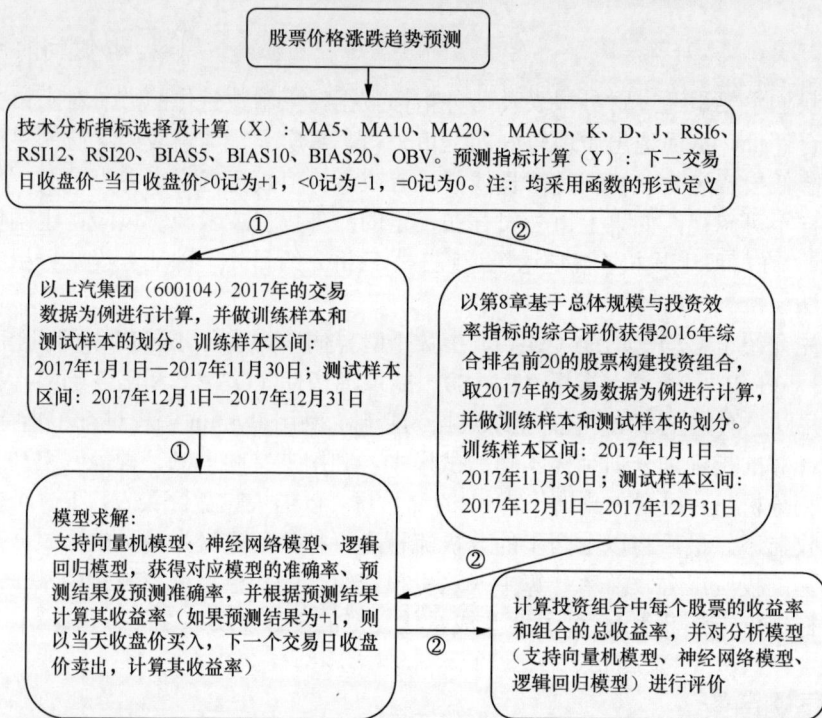

图 9-1

9.3 指标计算

关于股价研究的技术指标有很多，常用的技术指标概括起来分为趋势型、超买超卖型、人气型及大势型四类。选取指标应遵循以下原则。

指标计算

1. 全面性

不同的指标其计算原理、衡量效果不同，为真实、有效地反映股票价格变动情况，在选择指标时要综合考虑影响股价的成交量、成交价格等多方面因素。

2. 简洁性

技术指标的选择要全面，但不能过于繁杂，抓住主要情况，深入浅出。

3. 可操作性

从指标数据方面来说，其数据的来源要及时、可靠，没有数据只有理论模型就没有实用价值，失去了研究意义，数据不可靠会影响最终预测结果。从指标应用原则来说，一般在分

析过程中可根据指标自身波动情况、指标曲线与 K 线走势是否背离、同一指标不同参数值曲线交叉三种情况进行预测，有些情况识别比较困难，考虑到普通投资者，应避免复杂。

　　根据以上指标选取原则，本章主要选取了 6 种在中国证券交易市场上比较流行且有效的技术指标：移动平均线（MA）、指数平滑异同平均线（MACD）、随机指标（KDJ）、相对强弱指标（RSI）、乖离率指标（BIAS）、能量潮指标（OBV）。这里没有选取大势型指标，而是以某个指数作为近似代替（研究的股票均取自相应指数样本股）。技术指标计算基于原始数据进行，其意义及计算公式将在下面详细介绍。

9.3.1　移动平均线

　　移动平均线（MA）就是将某一定时期的收盘价之和除以该周期，按时间的长短可以分为长期、中期、短期 3 种。移动平均线可以反映出价格走势。

　　计算公式：

$$MA_t(n) = \frac{1}{n}C_t + \frac{n-1}{n}MA_{t-1}(n)$$

　　式中，C_t 为第 t 日股票价格；n 为天数，一般取 5，10，20；t 为时间。
Python 计算移动平均的命令为 P.rolling(n).mean()。
　　其中，P 为价格序列；n 为周期数。例如，计算 5 日移动平均：

```
P.rolling(5).mean()
```

9.3.2　指数平滑异同平均线

　　指数平滑异同平均线（MACD）是在移动平均线的基础上发展而成的，它利用两条不同速度（一条变动速率较快的短期移动平均线，一条变动速度较慢的长期移动平均线）的指数平滑移动平均线来计算二者之间的差别状况（DIF），作为研判行情的基础，然后计算出 DIF 的 9 日平滑移动平均线，即 MACD 线。

　　计算公式：

$$MACD_t = 2 \times (DIF_t - DEA_t)$$

$$DIF_t = EMA_t(12) - EMA_t(26)$$

$$DEA_t = \frac{2}{10}DIF_t + \frac{8}{10}DEA_{t-1}$$

$$EMA_t(n) = \frac{2}{n+1}C_t + \frac{n-1}{n+1}EMA_{t-1}(n)$$

Python 计算指数平滑移动平均的命令：P.ewm(n).mean()。
　　其中，P 为价格序列值；n 为周期数。例如，计算 12 日、26 日指数平滑移动平均：

```
Z12=P.ewm(12).mean()
Z26=P.ewm(26).mean()
```
则 DIF、DEA、MACD 计算算法如下：
```
DIF=Z12-Z26
If t=1
    DEA[t]=DIF[t]
If t>1
    DEA[t]=(2*DIF[t]+8*DEA[t-1])/10
MACD[t]=2*(DIF[t]-DEA[t])
```

9.3.3 随机指标

随机指标（KDJ）一般是用于股票分析的统计体系，根据统计学原理，通过一个特定的周期（常为 9 日、9 周等）内出现过的最高价、最低价及最后一个计算周期的收盘价及这三者之间的比例关系，计算最后一个计算周期的未成熟随机值 RSV，然后根据平滑移动平均线的方法计算 K 值、D 值与 J 值，并绘成曲线图研判股票价格走势。

计算公式：

$$K_t = \frac{2}{3}K_{t-1} + \frac{1}{3}RSV_t$$

$$D_t = \frac{2}{3}D_{t-1} + \frac{1}{3}K_t$$

$$J_t = 3D_t - 2K_t$$

$$RSV_t(n) = \frac{C_t - L_n}{H_n - L_n} \times 100\%$$

式中，H_n、L_n 分别表示 n 日内最高收盘价和最低收盘价，$n=9$。

Python 计算移动周期内的最大最小值命令为

```
P.rolling(n).max()
P.rolling(n).min()
```

其中，P 为价格序列；n 为周期数。例如，计算 9 日移动最大最小值为

```
Lmin=P.rolling(9).min()
Lmax=P.rolling(9).max()
RSV=(P-Lmin)/(Lmax-Lmin)
```

则计算 KDJ 指标算法如下：

```
If t=1
   K[t]=RSV[t]
   D[t]=RSV[t]
If t>1
   K[t]=2/3*K[t-1]+1/3*RSV[t]
   D[t]=2/3*D[t-1]+1/3*K[t]
J[t]=3*D[t]-2*K[t]
```

9.3.4 相对强弱指标

相对强弱指标是利用一定时期内平均收盘涨数与平均收盘跌数的比值来反映股市走势的。"一定时期"的选择是不同的，一般来说，天数选择短，易对起伏的股市产生动感，不易平衡长期投资的心理准备，做空做多的短期行为增多。天数选择长，对短期的投资机会不易把握。因此 RSI 一般可选用天数为 6、12、24。

计算公式：

$$RSI_t(n) = \frac{A}{A-B} \times 100\%$$

式中，$A = n$ 日内收盘涨数；$B = n$ 日内收盘跌数，$n = 6,12,24$。

算法如下：

（1）预定义涨跌标识向量 z，即 $z=np.zeros(len(P)-1)$，其中 P 为价格序列。

（2）涨跌标识向量赋值。

```
z[P(2:end)- P(1:end-1)≥0]=1        涨
z[P(2:end)- P(1:end-1)<0]=-1       跌
z1=pd.Series(z==1)                 转化为序列
z2=pd.Series(z==-1)                转化为序列
```

（3）涨跌情况统计。

```
z1=z1.rolling(N).sum()      N日移动计算涨数
z2=z2.rolling(N).sum()      N日移动计算跌数
z1=z1.values               取 values 值，转为数组
z2=z2.values               取 values 值，转为数组
```

（4）RSI 指标计算。

```
for t= N to len(P)-1
    rsi[t]= z1[t]/(z1[t]+z2[t])
```

9.3.5　乖离率指标

乖离率指标（BIAS）通过计算市场指数或收盘价与某条移动平均线之间的差距百分比，以反映一定时期内价格与其 MA 偏离程度的指标，从而得出价格在剧烈波动时因偏离移动平均趋势而造成回档或反弹的可能性，以及价格在正常波动范围内移动而形成继续原有势的可信度。

计算公式：

$$乖离率 = \frac{当日收盘价 - n日平均价}{n日平均价} \times 100\%, n = 5, 10, 20$$

算法如下：

（1）预定义乖离率指标 bias=np.zeros((len(P)))，其中 P 为价格序列。

（2）计算 n 日移动平均价格 man=P.rolling(n).mean()。

（3）
```
for t= n to len(P)
    bias[t]=(P[t]-man[t])/man[t]
```

9.3.6　能量潮指标

能量潮指标（OBV）又称为能量潮，也称为成交量净额指标，是通过累计每日的需求量和供给量并予以数字化，制成趋势线，然后配合证券价格趋势图，从价格变动与成交量增减的关系上来推测市场气氛的一种技术指标。

计算公式：

$$今日OBV = 前一日OBV + sgn \times 今日的成交量$$

其中，sgn 是符号函数，其数值由下面的式子决定：

若今日收盘价 ≥ 昨日收盘价，$sgn = +1$；

若今日收盘价 < 昨日收盘价，$sgn = -1$。

算法如下：

（1）记 P、S 分别为价格序列和成交量序列，预定义 obv=np.zeros((len(P)))。

（2）
```
for t = 1 to len(P)
    if t=1
      obv[t]=S[t]
    if t>1
        if P[t]>=P[t-1]
           obv[t]=obv[t-1]+S[t]
        if P[t]<P[t-1]:
           obv[t]=obv[t-1]-S[t]
```

9.3.7 涨跌趋势指标

股价趋势预测主要是通过建立预测模型 $F(x,y)$ 进行的， x 是自变量， y 是因变量。本节主要是将这些技术指标作为输入自变量 x ，而因变量 y 是根据股票每日的收盘价确定的。下一日收盘价减去当日收盘价，若大于 0，则下一日股价呈现上涨趋势，记为+1 类，反之则股价呈现下跌趋势，记为–1 类。因变量 y 的计算方法如下：

（1）预定义 y= np.zeros(len(P))，其中 P 为价格序列。

（2）预定义标识变量 z=np.zeros(len(y)-1)。

（3）
```
for t = 1 to len(z)
    z[P[2:end]-P[1:end-1]>0]=1      涨
    z[P[2:end]-P[1:end-1]==0]=0     平
    z[P[2:end]-P[1:end-1]<0]=-1     跌
    y[t+1]=z[t]
```

最终将该问题转化为分类问题或者模式识别问题，相关的模型很多，如支持向量机、逻辑回归、神经网络，均能实现分类。

9.3.8 计算举例

下面以上汽集团（股票代码：600104）为例计算其指标。其数据区间为 2017 年 1 月 3 日—2017 年 12 月 29 日，数据表结构及字段说明如表 9-1 所示（详细数据见 data.xlsx 文件）。数据来源于 CSMAR 数据库。

表 9-1　　　　　　　　　　　　上汽集团 2017 年交易数据

Stkcd	Trddt	Clsprc	Dnshrtrd	Dnvaltrd	Opnprc	Hiprc	Loprc
600104	2017-01-03	23.89	36855607	882589992	23.57	24.3	23.57
600104	2017-01-04	24.29	33531997	814803312	23.97	24.5	23.89
600104	2017-01-05	24.05	20859375	502227857	24.38	24.38	23.95
600104	2017-01-06	23.91	22979601	551372417	24.04	24.16	23.78
600104	2017-01-09	24.16	25868370	623068715	23.93	24.22	23.92
600104	2017-01-10	24.01	17337268	417192336	24.15	24.2	23.97
600104	2017-01-11	23.85	18335784	439116835	24.06	24.07	23.77
600104	2017-01-12	23.95	23842007	573233587	23.89	24.11	23.87
……	……	……	……	……	……	……	……

字段依次为股票代码、交易日期、收盘价、交易股数、交易金额、最高价、最低价、开盘价。

根据前面介绍的指标定义、计算公式及实现算法，这里将各类指标的计算采用函数形式进行定义，示例代码如下（用 Ind.py 文件来统一保存这些指标计算函数）：

```python
import pandas as pd
#移动平均线指标的计算
def MA(data,N1,N2,N3):
    MAN1=data['Clsprc'].rolling(N1).mean()
    MAN2=data['Clsprc'].rolling(N2).mean()
    MAN3=data['Clsprc'].rolling(N3).mean()
    return (MAN1,MAN2,MAN3)
```

```
#指数平滑异同平均线的计算
def MACD(data):
    import numpy as np
    EMA12 = data['Clsprc'].ewm(12).mean()
    EMA26 = data['Clsprc'].ewm(26).mean()
    DIF=EMA12- EMA26
    DEA=np.zeros((len(DIF)))
    MACD=np.zeros((len(DIF)))
    for t in range(len(DIF)):
        if t==0:
            DEA[t]= DIF[t]
        if t>0:
            DEA[t]=(2*DIF[t]+8*DEA[t-1])/10
        MACD[t]=2*(DIF[t]-DEA[t])
    return MACD
#随机指标 KDJ 的计算
def KDJ(data,N):
    import numpy as np
    Lmin=data['Loprc'].rolling(N).min()
    Lmax=data['Hiprc'].rolling(N).max()
    RSV=(data['Clsprc']-Lmin)/(Lmax-Lmin)
    K=np.zeros((len(RSV)))
    D=np.zeros((len(RSV)))
    J=np.zeros((len(RSV)))
    for t in range(N,len(data)):
        if t==0:
            K[t]=RSV[t]
            D[t]=RSV[t]
        if t>0:
            K[t]=2/3*K[t-1]+1/3*RSV[t]
            D[t]=2/3*D[t-1]+1/3*K[t]
        J[t]=3*D[t]-2*K[t]
    return (K,D,J)
#相对强弱指标的计算
def RSI(data,N):
    import numpy as np
    z=np.zeros(len(data)-1)
    z[data.iloc[1:,2].values-data.iloc[0:-1,2].values>=0]=1
    z[data.iloc[1:,2].values-data.iloc[0:-1,2].values<0]=-1
    z1=pd.Series(z==1)
    z1=z1.rolling(N).sum()
    z1=z1.values
    z2=pd.Series(z==-1)
    z2=z2.rolling(N).sum()
    z2=z2.values
    rsi=np.zeros((len(data)))
    for t in range(N-1,len(data)-1):
        rsi[t]=z1[t]/(z1[t]+z2[t])
    return rsi
#乖离率指标
def BIAS(data,N):
    import numpy as np
    bias=np.zeros((len(data)))
    man=data.iloc[:,2].rolling(N).mean()
    for t in range(N-1,len(data)):
        bias[t]=(data.iloc[t,2]-man[t])/man[t]
```

```
            return bias
#能量潮指标的计算
def OBV(data):
    import numpy as np
    obv=np.zeros((len(data)))
    for t in range(len(data)):
        if t==0:
            obv[t]=data['Dnshrtrd'].values[t]
        if t>0:
            if data['Clsprc'].values[t]>=data['Clsprc'].values[t-1]:
                obv[t]=obv[t-1]+data['Dnshrtrd'].values[t]
            if data['Clsprc'].values[t]<data['Clsprc'].values[t-1]:
                obv[t]=obv[t-1]-data['Dnshrtrd'].values[t]
    return obv
#涨跌趋势（分类指标/预测指标）的计算
def cla(data):
    import numpy as np
    y=np.zeros(len(data))
    z=np.zeros(len(y)-1)
    for i in range(len(z)):
        z[data.iloc[1:,2].values-data.iloc[0:-1,2].values>0]=1
        z[data.iloc[1:,2].values-data.iloc[0:-1,2].values==0]=0
        z[data.iloc[1:,2].values-data.iloc[0:-1,2].values<0]=-1
        y[i]=z[i]
    return y
```

下面我们使用 Ind.py 文件中定义好的指标计算函数计算上汽集团的指标。在计算的时候需要在计算文件夹中存放 Ind.py 文件，并在计算程序中导入该文件并调用指标计算函数以完成计算。示例代码如下：

```
import Ind
import pandas as pd
data=pd.read_excel('data.xlsx')
MA= Ind.MA(data,5,10,20)
macd=Ind.MACD(data)
kdj=Ind.KDJ(data,9)
rsi6=Ind.RSI(data,6)
rsi12=Ind.RSI(data,12)
rsi24=Ind.RSI(data,24)
bias5=Ind.BIAS(data,5)
bias10=Ind.BIAS(data,10)
bias20=Ind.BIAS(data,20)
obv=Ind.OBV(data)
y=Ind.cla(data)
#将计算出的技术指标与交易日期及股价的涨跌趋势利用字典整合在一起
pm={'交易日期':data['Trddt'].values}
PM=pd.DataFrame(pm)
DF={'MA5':MA[0],'MA10':MA[1],'MA20':MA[2],'MACD':macd,
    'K':kdj[0],'D':kdj[1],'J':kdj[2],'RSI6':rsi6,'RSI12':rsi12,
    'RSI24':rsi24,'BIAS5':bias5,'BIAS10':bias10,'BIAS20':bias20,'OBV':obv}
DF=pd.DataFrame(DF)
s1=PM.join(DF)
y1={'涨跌趋势':y}
ZZ=pd.DataFrame(y1)
s2=s1.join(ZZ)
#去掉空值
ss=s2.dropna()
#将ss中第6列不为0的值提取出来,存放到Data中
Data=ss[ss.iloc[:,6].values!=0]
```

执行以上示例代码最终得到上汽集团的指标数据集 Data，其执行后的结果（部分）如图 9-2 所示。

Index	交易日期	MA5	MA10	MA20	MACD	K	D	J	RSI6	RSI12	RSI24	BIAS5	BIAS10	BIAS20	OBV	涨跌趋势
19	2017-02-06	25.246	25.13	24.611	0.0646549	0.670835	0.670457	0.669699	0.666667	0.75	0	0.00570387	0.0103462	0.0316525	2.1356e+08	1
20	2017-02-07	25.338	25.202	24.6895	0.0659092	0.681547	0.674153	0.659366	0.5	0.666667	0	0.0048149	0.0102373	0.0312076	2.27586e+08	-1
21	2017-02-08	25.3	25.22	24.734	0.0519662	0.596279	0.648195	0.752028	0.333333	0.583333	0	-0.00474308	-0.00158604	0.0180319	2.07033e+08	-1
22	2017-02-09	25.244	25.209	24.7855	0.0358123	0.509764	0.602052	0.786626	0.5	0.583333	0	-0.00649659	-0.00511722	0.0118819	1.81425e+08	1
23	2017-02-10	25.256	25.207	24.8485	0.0270505	0.4827	0.562268	0.721403	0.5	0.5	0.583333	-0.00340513	-0.00146785	0.0129384	2.1267e+08	1
24	2017-02-13	25.146	25.196	24.8825	0.0046664	0.342863	0.489129	0.781683	0.5	0.5	0.583333	-0.0121689	-0.0141292	-0.00170803	1.62332e+08	1
25	2017-02-14	25.024	25.181	24.9245	-0.0110927	0.271473	0.416577	0.706786	0.5	0.5	0.583333	0.625	-0.00695332	-0.0131448	-0.00298903	1.83329e+08	-1
26	2017-02-15	24.962	25.131	24.9755	-0.0213436	0.230487	0.354547	0.602667	0.5	0.5	0.625	-0.0036856	-0.0103856	-0.00422414	2.07633e+08	-1
27	2017-02-16	24.886	25.065	25.013	-0.0363731	0.20088	0.303325	0.508214	0.666667	0.5	0.625	-0.00747408	-0.0145621	-0.0125135	1.81987e+08	1

图 9-2

9.4 预测模型构建

基于第 9.3 节计算的技术分析指标（解释变量）和涨跌趋势指标（被解释变量）数据，划分训练集和测试集，并对技术分析指标数据做标准化处理，最后利用支持向量机模型、神经网络模型和逻辑回归模型进行训练和测试，获得模型的准确率和预测结果，为后续计算预测准确率、结果分析及模型之间的对比做准备。下面给出详细的建模流程和计算代码。

预测模型构建与
结果分析

9.4.1 训练集和测试集的划分

仍然以上汽集团为例，指标的计算见第 9.3.8 节，以 2017 年 1 月 1 日—2017 年 11 月 31 日的数据作为训练集，余下的数据（2017 年 12 月 1 日—2017 年 12 月 31 日，周期为 1 个月）为测试集进行分类预测建模。示例代码如下：

```
#提取训练和测试数据
x1=Data['交易日期']>='2017-01-01'
x2=Data['交易日期']<='2017-11-30'
xx=x1&x2
index=xx.values==True
index1=xx.values==False
x_train=Data.iloc[index,1:15]
y_train=Data.iloc[index,[15]]
x_test=Data.iloc[index1,1:15]
y_test=Data.iloc[index1,[15]]
```

9.4.2 数据标准化处理

为了消除指标之间的量纲影响，对指标数据进行标准化处理。这里采用均值方法标准化，即每个指标数据列减去其均值再除以其标准差。可以使用 Python 中的标准化处理模块来实现，示例代码如下：

```
#数据标准化
from sklearn.preprocessing import StandardScaler
scaler = StandardScaler()
scaler.fit(x_train)
x_train=scaler.transform(x_train)
x_test=scaler.transform(x_test)
```

9.4.3　模型求解

前面我们介绍过支持向量机、神经网络、逻辑回归模型均可以实现分类，下面我们分别介绍这几种模型的求解代码，以便做比较。

1．支持向量机模型

```
#支持向量机模型
from sklearn import svm
clf = svm.SVC()
clf.fit(x_train, y_train)
result=clf.predict(x_test)
sc=clf.score(x_train, y_train)
```

2．神经网络模型

```
#神经网络模型
from sklearn.neural_network import MLPClassifier
clf = MLPClassifier(solver='lbfgs', alpha=1e-5,hidden_layer_sizes=8,
random_state=1)
clf.fit(x_train, y_train)
result=clf.predict(x_test)
sc=clf.score(x_train, y_train)
```

3．逻辑回归模型

```
#逻辑回归模型
from sklearn.linear_model import LogisticRegression as LR
clf = LR()
clf.fit(x_train, y_train)
result=clf.predict(x_test)
sc=clf.score(x_train, y_train)
```

9.5　预测结果分析

由于支持向量机、神经网络和逻辑回归模型求解的形式代码非常相似，结果变量也相同，因此这里以逻辑回归为例进行说明。示例代码如下：

```
result=pd.DataFrame(result)
#提取预测样本的交易日期
ff=Data.iloc[index1,0]
#将预测结果与实际结果整合在一起进行比较
pm1={'交易日期':ff.values,'预测结果':result.iloc[:,0].values,'实际结果':y_test.
    iloc[:,0].values}
result1=pd.DataFrame(pm1)
z=result1['预测结果'].values-result1['实际结果'].values
R=len(z[z==0])/len(z)
```

执行后的结果（部分）如图 9-3 所示。

通过实际结果与预测结果进行比较，可以具体查看其预测情况。事实上，我们还可以得到该模型的准确率 $sc=0.7450980392156863$ 和预测的准确率 $R=0.7142857142857143$。进一步地，我们可以根据模型的预测情况设计一个投资策略，即如果预测结果为 1，表示下一个交易日股票价格会上涨，则以当天的收盘价买入，下一个交易日的收盘价卖出，从而获得投资收益率。示例代码如下：

```
r_list=[] #存放收益率
r_trd=[] #存放交易日期
for t in range(len(result1)-1):
```

```
        #如果预测结果为 1,执行投资策略
        if result1['预测结果'].values[t]==1:
            p1=data.loc[data['Trddt'].values== result1['交易日期
'].values[t],'Clsprc'].
             values
            dt=data.loc[data['Trddt'].values>result1['交易日期'].values[t],['Trddt',
             'Clsprc']]
            dt=dt.sort_values('Trddt')
            p2=dt['Clsprc'].values[0]
            r=(p2-p1)/p1
            r_list.append(r)
            r_trd.append(result1['交易日期'].values[t])
    r_total=sum(r_list)
    trd_r={'交易日期':r_trd,'收益率':r_list}
    trd_r=pd.DataFrame(trd_r)
```

从 result1 可以看出预测结果为 1 的一共有 11 天，即有 11 次交易机会，每次交易的收益情况如图 9-4 所示。

result1 - DataFrame

Index	交易日期	预测结果	实际结果
0	2017-12-01	1	1
1	2017-12-04	1	1
2	2017-12-05	-1	-1
3	2017-12-06	-1	-1
4	2017-12-07	-1	-1
5	2017-12-08	-1	1
6	2017-12-11	-1	-1
7	2017-12-12	-1	1
8	2017-12-13	-1	-1

图 9-3

trd_r - DataFrame

Index	交易日期	收益率
0	2017-12-01	[0.00194049]
1	2017-12-04	[0.02840542]
2	2017-12-15	[0.00289296]
3	2017-12-18	[0.00512821]
4	2017-12-19	[0.00478316]
5	2017-12-20	[0.0031736]
6	2017-12-21	[-0.00063271]
7	2017-12-22	[0.00949668]
8	2017-12-25	[-0.0056444]
9	2017-12-27	[0.0012837]
10	2017-12-28	[0.02692308]

图 9-4

从而获得总收益为 r_total=0.0777502。说明，这里不考虑交易的手续费用。

同理，可以使用神经网络或支持向量机预测方法，获得其模型准确率、预测准确率和总收益相关结果。

9.6 量化投资策略设计与分析

量化投资策略设计与分析

作为一个例子，在第 9.3～9.5 节中我们以上汽集团股票代码 2017 年 1 月—2017 年 11 月的交易数据计算的技术分析指标和涨跌趋势指标作为训练样本，以 2017 年 12 月的交易数据计算的技术分析指标数据作为测试样本，预测其涨跌趋势，同时根据其预测结果设计了一个投资策略并进行了投资收益率分析。本节我们将这一分析过程的程序代码定义为一个函数（见第 9.6.1 节），并以第 8 章中基于总体规模与投资效率指标的综合评价方法获得的优质股票构建投资组合，在此基础上进行量化投资策略设计。下面给出具体的计算流程及代码实现。

9.6.1 函数定义

为了方便量化投资策略的使用，我们将第 9.3～9.5 节的分析内容及程序脚本定义为函数的形式，其函数名称为 Re，存在于 Re_comput.py 文件中。该函数定义示例代码如下：

```python
def Re(data,n):
    #data--表示某只股票代码的交易数据
    #n--表示选用的方法,0--神经网络,1--支持向量机,2--逻辑回归
    #返回结果为一个元组(R,r_list,r_total,sc)
    #其中R--表示预测准确率,r_list--表示策略每次投资收益
    # r_total--表示总收益,sc--表示模型准确率

    ##1.计算指标
    import pandas as pd
    import Ind
    import numpy as np
    MA= Ind.MA(data,5,10,20)
    macd=Ind.MACD(data)
    kdj=Ind.KDJ(data,9)
    rsi6=Ind.RSI(data,6)
    rsi12=Ind.RSI(data,12)
    rsi24=Ind.RSI(data,24)
    bias5=Ind.BIAS(data,5)
    bias10=Ind.BIAS(data,10)
    bias20=Ind.BIAS(data,20)
    obv=Ind.OBV(data)
    y=Ind.cla(data)
    pm={'交易日期':data['Trddt'].values}
    PM=pd.DataFrame(pm)
    DF={'MA5':MA[0],'MA10':MA[1],'MA20':MA[2],'MACD':macd,
    'K':kdj[0],'D':kdj[1],'J':kdj[2],'RSI6':rsi6,'RSI12':rsi12,
    'RSI24':rsi24,'BIAS5':bias5,'BIAS10':bias10,'BIAS20':bias20,'OBV':obv}
    DF=pd.DataFrame(DF)
    s1=PM.join(DF)
    y1={'涨跌趋势':y}
    ZZ=pd.DataFrame(y1)
    s2=s1.join(ZZ)
    ss=s2.dropna()
    Data=ss[ss.iloc[:,6].values!=0]

    ##2.训练样本与测试样本的划分
    x1=Data['交易日期']>='2017-01-01'
    x2=Data['交易日期']<='2017-11-30'
    xx=x1&x2
    index=xx.values==True
    index1=xx.values==False
    x_train=Data.iloc[index,1:15]
    y_train=Data.iloc[index,[15]]
    x_test=Data.iloc[index1,1:15]
    y_test=Data.iloc[index1,[15]]

    ##3.数据标准化处理
    from sklearn.preprocessing import StandardScaler
    scaler = StandardScaler()
    scaler.fit(x_train)
    x_train=scaler.transform(x_train)
    x_test=scaler.transform(x_test)

    ##4.模型选择及计算
    #神经网络模型
    if n==0:
```

```
from sklearn.neural_network import MLPClassifier
clf = MLPClassifier(solver='lbfgs', alpha=1e-5,
          hidden_layer_sizes=8, random_state=1)
# 多个隐含层 hidden_layer_sizes(5,2)
clf.fit(x_train, y_train)
result=clf.predict(x_test)
sc=clf.score(x_train, y_train)
sc=np.round(sc,3)

#支持向量机模型
if n==1:
    from sklearn import svm
    clf = svm.SVC()
    clf.fit(x_train, y_train)
    result=clf.predict(x_test)
    sc=clf.score(x_train, y_train)
    sc=np.round(sc,3)

#逻辑回归模型
if n==2:
    from sklearn.linear_model import LogisticRegression as LR
    clf = LR()
    clf.fit(x_train, y_train)
    result=clf.predict(x_test)
    sc=clf.score(x_train, y_train)
    sc=np.round(sc,3)
result=pd.DataFrame(result)
ff=Data.iloc[index1,0]
#将预测结果与实践结果整合在一起进行比较
pm1={'交易日期':ff.values,'预测结果':result.iloc[:,0].values,
     '实际结果':y_test.iloc[:,0].values}
result1=pd.DataFrame(pm1)
z=result1['预测结果'].values-result1['实际结果'].values
R=len(z[z==0])/len(z)
R=np.round(R,3)

##5.收益率计算
r_list=[]
for t in range(len(result1)-1):
    if result1['预测结果'].values[t]==1:
        p1=data.loc[data['Trddt'].values== result1['交易日期
'].values[t],'Clsprc'].
            values
        dt=data.loc[data['Trddt'].values>result1['交易日期
'].values[t],['Trddt',
            'Clsprc']]
        dt=dt.sort_values('Trddt')
        p2=dt['Clsprc'].values[0]
        r=(p2-p1)/p1
        r_list.append(r)
    r_total=sum(r_list)
    r_total=np.round(r_total,3)
    return (R,r_list,r_total,sc)
```

该函数的输入参数：2017 年个股交易数据 data（表结构同表 9-1）、预测模型标识 n（0—神经网络，1—支持向量机，2—逻辑回归）。返回结果为测试样本（2017 年 12 月个股交易数据计算的技术分析指标）预测准确率、每次预测结果为+1 的策略投资收益率、点收益率和模型准确率。

9.6.2 量化投资策略设计

我们进一步设计一个量化投资策略：以第 8 章中基于总体规模与投资效率指标的综合评价方法获得 2016 年排名前 20 只股票构建投资组合，对投资组合中每一只股票以 2017 年 1 月 1 日—2017 年 11 月 30 日的交易数据为训练数据，预测 2017 年 12 月 1 日—2017 年 12 月 31 日的交易涨跌情况。如果预测结果为+1，表示下一个交易日为上涨，则以当天收盘价买入，下一个交易日收盘价卖出，计算该股票的投资收益率。最终获得投资组合的收益率，其中投资组合的收益率为组合中所有股票收益率之和。2017 年交易数据表（见表 9-2）结构的计算思路及步骤如下。

表 9-2　　　　　　　　　　　　2017 年度交易数据表（DA.xlsx）

Stkcd	Trddt	Clsprc	Dnshrtrd	Dnvaltrd	Opnprc	Hiprc	Loprc
000001	2017-01-03	9.16	45984049	420595176	9.11	9.18	9.09
000001	2017-01-04	9.16	44932953	411503444	9.15	9.18	9.14
000001	2017-01-05	9.17	34437291	315769694	9.17	9.18	9.15
000001	2017-01-06	9.13	35815420	327176434	9.17	9.17	9.11
000001	2017-01-09	9.15	36108157	329994604	9.13	9.17	9.11
000001	2017-01-10	9.15	24105395	220575132	9.15	9.16	9.14
000001	2017-01-11	9.14	30343089	277553207	9.14	9.17	9.13
000001	2017-01-12	9.15	42800677	391869403	9.13	9.17	9.13
000001	2017-01-13	9.16	43430137	397601906	9.14	9.19	9.12
000001	2017-01-16	9.14	68316586	623025820	9.15	9.16	9.07
000001	2017-01-17	9.15	54555237	498179703	9.12	9.16	9.1
……	……	……	……	……	……	……	……

首先，基于第 8 章中总体规模与投资效率指标的综合评价方法，调用其综合评价函数 Fr，函数输入参数为财务报表数据和年度，函数返回结果为排名情况（证券代码形式），获得量化投资策略分析的股票样本。

其次，调用第 9.6.1 节定义的函数计算投资组合收益率，并将结果导出到 Excel 文件中。

具体的量化投资策略设计实现示例代码如下：

```
import pandas as pd
import fun
import Re_comput
#基于第 8 章中总体规模与投资效率指标的综合评价方法,获得排名前 20 的股票
#构建投资组合
dt=pd.read_excel('ddata.xlsx')
r=fun.Fr(dt,'2016')
c=r[0]
code=list(c.index[0:20])
DA=pd.read_excel('DA.xlsx')    #2017 年所有上市股票交易数据
#预定义股票代码列表和每个模型的预测准确率、模型准确率和收益率列表
#模型依次为逻辑回归模型、神经网络模型和支持向量机模型
list_code=[]
list_00=[]
list_01=[]
```

```
list_02=[]
list_10=[]
list_11=[]
list_12=[]
list_20=[]
list_21=[]
list_22=[]
for i in range(len(code)):
    data=DA.iloc[DA.iloc[:,0].values==code[i],:]
    if len(data)>1:
        data.index=range(len(data))   #重新默认顺序设置索引
        list_code.append(code[i])
        z0=Re_comput.Re(data,0)
        z1=Re_comput.Re(data,1)
        z2=Re_comput.Re(data,2)
        list_00.append(z0[0])
        list_01.append(z0[2])
        list_02.append(z0[3])
        list_10.append(z1[0])
        list_11.append(z1[2])
        list_12.append(z1[3])
        list_20.append(z2[0])
        list_21.append(z2[2])
        list_22.append(z2[3])
D={'code':list_code,'nn_R':list_00,'nn_total':list_01,'nn_score':list_02,
   'svm_R':list_10,'svm_total':list_11,'svm_score':list_12,
   'lr_R':list_20,'lr_total':list_21,'lr_score':list_22}
D=pd.DataFrame(D)
D.to_excel('D.xlsx')
```

执行以上程序最终得到如图 9-5 所示的逻辑回归、神经网络和支持向量机三种模型的投资结果及对比情况。

Index	code	nn_R	nn_total	nn_score	svm_R	svm_total	svm_score	lr_R	lr_total	lr_score
0	600028	0.476	[0.03]	0.936	0.571	[0.032]	0.735	0.667	[0.05]	0.676
1	601857	0.524	[-0.009]	0.971	0.619	[0.001]	0.716	0.619	[-0.003]	0.701
2	601668	0.714	[0.011]	0.985	0.714	[0.011]	0.755	0.714	[0.011]	0.735
3	600104	0.714	[0.078]	0.966	0.714	[0.078]	0.77	0.714	[0.078]	0.745
4	601088	0.571	[0.019]	1	0.524	[0.014]	0.8	0.857	[0.134]	0.736
5	600519	0.524	[0.12]	1	0.571	[0.03]	0.833	0.714	[0.203]	0.814
6	2	0.571	[0.014]	1	0.714	[0.082]	0.749	0.619	[0.069]	0.759
7	601800	0.619	[-0.043]	1	0.81	[0.027]	0.789	0.714	[0.017]	0.755
8	600900	0.333	[-0.054]	0.995	0.571	[-0.021]	0.77	0.714	[0.011]	0.765
9	601186	0.619	[0.02]	0.966	0.714	[0.016]	0.789	0.667	[0.015]	0.75
10	2027	0.286	[0.078]	1	0.571	[0.055]	0.789	0.476	[0.037]	0.775
11	601390	0.143	[-0.019]	0.971	0.476	[0.]	0.755	0.571	[0.021]	0.696
12	333	0.524	[0.04]	0.99	0.619	[0.134]	0.779	0.619	[0.106]	0.784
13	651	0.429	0	0.97	0.571	[0.062]	0.837	0.524	[0.021]	0.818
14	600011	0.286	[-0.026]	0.98	0.714	[0.023]	0.755	0.714	[0.03]	0.706
15	617	0.571	[0.045]	0.995	0.524	[0.025]	0.821	0.524	[0.008]	0.779
16	2517	0.524	[0.065]	0.946	0.714	[0.09]	0.76	0.667	[0.038]	0.696
17	600606	0.619	[0.057]	1	0.667	[0.068]	0.765	0.714	[0.075]	0.725
18	603444	0.571	[-0.11]	0.99	0.524	[-0.089]	0.842	0.667	[-0.028]	0.818

图 9-5

本章小结

本章利用常见的技术分析指标对个股价格涨跌趋势进行了预测，其技术分析指标包括移动平均线、指数平滑异同平均线、随机指标、相对强弱指标、乖离率指标、能量潮指标。其预测模型包括支持向量机模型、逻辑回归模型和神经网络模型，对比而言逻辑回归模型和支持向量机模型要优于神经网络模型。最后根据第 8 章中基于总体规模与投资效率指标的综合评价方法获取排名靠前的股票样本作为研究对象，主要目的是为了在优质股中进行投资，并在此基础上设计量化投资策略，获得较好的效果。

本章练习

本章中作为一个例子，主要采用了 2017 年的交易数据构建股票价格涨跌趋势预测模型及量化投资策略的设计。一般地，交易市场中分为上涨行情、盘整行情和下跌行情，请分别对这 3 种情况下的交易数据，利用本章中的指标和模型构建股票价格涨跌趋势预测模型，并进行量化投资策略检验。

本章实验

1. 移动平均线指标的计算

今有部分股票交易数据表 "trd_data"，字段名称为 Stkcd、Trddt、开盘价、最高价、最低价、收盘价、交易量、交易金额，请完成以下任务：

（1）获取股票代码 601668，2017-01-01—2018-01-01 的交易数据，注意读取的交易数据表，需按照日期的升序进行排序。

（2）计算收盘价 5、10、20 日移动平均价格。

（3）返回计算结果，结果用一个数据框 ma 表示，字段名称依次为 MA5、MA10、MA20，即 5 日、10 日、20 日移动平均价格。

```
def return_values():
    import pandas as pd
    data=pd.read_excel('trd_data.xlsx')
    #********** Begin *****
    请在此处输入程序代码
    #********** End **********#
    return ma
```

2. 指数平滑异同平均线指标的计算

今有部分股票交易数据表 "trd_data"，字段名称为 Stkcd、Trddt、开盘价、最高价、最低价、收盘价、交易量、交易金额，请完成以下任务：

（1）获取股票代码 601668，2017-01-01—2018-01-01 的交易数据，注意读取的交易数据表，需按照日期的升序进行排序。

（2）计算 MACD 指标，公式参考本章 9.3。

（3）返回计算结果，结果用一个数据框 macd 表示，字段名称为 MACD。

```
def return_values():
    import pandas as pd
    data=pd.read_excel('trd_data.xlsx')
```

```
#********** Begin *****
请在此处输入程序代码
#********** End **********#
    return macd
```

3. 随机指标 K、D、J 的计算

今有部分股票交易数据表"trd_data"，字段名称为 Stkcd、Trddt、开盘价、最高价、最低价、收盘价、交易量、交易金额，请完成以下任务：

（1）获取股票代码 601668，2017-01-01—2018-01-01 的交易数据，注意读取的交易数据表，需按照日期的升序进行排序。

（2）计算 KDJ 指标，公式参考本章 9.3。

（3）返回计算结果，结果用一个数据框 KDJ 表示，字段名称依次为交易日期、D、J、K。

```
def return_values():
    import pandas as pd
    data=pd.read_excel('trd_data.xlsx')
    #********** Begin *****
请在此处输入程序代码
    #********** End **********#
    return KDJ
```

4. 计算相对强弱指标 RSI

今有部分股票交易数据表"trd_data"，字段名称为 Stkcd、Trddt、开盘价、最高价、最低价、收盘价、交易量、交易金额，请完成以下任务：

（1）获取股票代码 601668，2017-01-01—2018-01-01 的交易数据，注意读取的交易数据表，需按照日期的升序进行排序。

（2）计算指标 RSI6、RSI12、RSI24，用数据框 RSI 来表示，字段名称依次为交易日期、RSI6、RSI12、RSI24。

```
def return_values():
    import pandas as pd
    data=pd.read_excel('trd_data.xlsx')
    #********** Begin *****
请在此处输入程序代码
    #********** End **********#
    return RSI
```

5. 乖离率指标 BIAS 的计算

今有部分股票交易数据表"trd_data"，字段名称为：Stkcd、Trddt、开盘价、最高价、最低价、收盘价、交易量、交易金额，请完成以下任务：

（1）获取股票代码 601668，2017-01-01—2018-01-01 的交易数据，注意读取的交易数据表，需按照日期的升序进行排序。

（2）计算指标 Bias5、Bias10、Bias20，用数据框 Data 表示，字段依次为 Bias5、Bias10、Bias20。

```
def return_values():
    import pandas as pd
    data=pd.read_excel('trd_data.xlsx')
    #********** Begin *****
请在此处输入程序代码
    #********** End **********#
    return Data
```

6. 能量潮指标 OBV 的计算

今有部分股票交易数据表"trd_data"，字段名称为 Stkcd、Trddt、开盘价、最高价、最低价、收盘价、交易量、交易金额，请完成以下任务：

（1）获取股票代码 601668，2017-01-01—2018-01-01 的交易数据，注意读取的交易数据表，需按照日期的升序进行排序。

（2）计算能量潮 OBV 指标，公式参考本章 9.3，计算结果用一个数据框 L 来表示，字段名称为 OBV。

```
def return_values():
    import pandas as pd
    data=pd.read_excel('trd_data.xlsx')
    #********** Begin *****
    请在此处输入程序代码
    #********** End **********#
    return L
```

7. 涨跌趋势指标的定义及计算

今有部分股票交易数据表 "trd_data"，字段名称为 Stkcd、Trddt、开盘价、最高价、最低价、收盘价、交易量、交易金额，请完成以下任务：

（1）获取股票代码 601668，2017-01-01—2018-01-01 的交易数据，注意读取的交易数据表，需按照日期的升序进行排序。

（2）计算涨跌趋势指标，其计算方法如下：下一日收盘价减去当日收盘价，若大于 0，则下一日股价呈现上涨趋势，用 1 表示，反之则股价呈现下跌趋势，用-1 表示。

（3）计算结果用数据框 Y 表示，其字段名称为 y。

```
def return_values():
    import pandas as pd
    data=pd.read_excel('trd_data.xlsx')
    #********** Begin *****
    请在此处输入程序代码
    #********** End **********#
    return Y
```

8. 基于技术指标的股票价格涨跌趋势预测模型构建（支持向量机模型）

结合已计算的各种技术分析指标，构建出股票价格涨跌趋势预测模型，其中技术分析指标为自变量，涨跌趋势指标为因变量。提取训练数据（1—11 月）和测试数据（12 月），并将数据标准化出来，然后构建支持向量机分类模型，模型准确率和预测准确率分别用 sc 和 Rs 表示。

```
def result():
    import pandas as pd
    #跌涨趋势指标,字段名称为交易日期、Y
    data1=pd.read_excel('Y.xlsx')
    #移动平均线指标,字段名称为交易日期、MA5、MA10、MA20
    data2=pd.read_excel('MA.xlsx')
    #平滑异同平均线指标,字段名称为交易日期、MACD
    data3=pd.read_excel('MACD.xlsx')
    #随机指标,字段名称为交易日期、D、J、K
    data4=pd.read_excel('KDJ.xlsx')
    #相对强弱指标,字段名称为交易日期、RSI6、RSI12、RSI24
    data5=pd.read_excel('RSI.xlsx')
    #乖离率指标,字段名称为交易日期、BIAS5、BIAS10、BIAS20
    data6=pd.read_excel('BIAS.xlsx')
    #能量潮指标,字段名称为交易日期、OBV
    data7=pd.read_excel('OBV.xlsx')
    #********** Begin *****
    请在此处输入程序代码
    #********** End **********#
    return [sc,Rs]
```

第 10 章 综合案例 3：股票价格形态聚类与收益分析

第 9 章介绍了证券投资技术分析的重要分支——技术指标分析法，并设计了基本面与技术指标相结合的量化投资模型及策略实现。本章我们介绍证券投资技术分析的另外一个分支，即形态分析。本章首先介绍股票价格走势中的关键价格点概念及提取方法、基于关键价格点的形态特征计算方法，其次介绍基于形态特征的自动聚类技术和投资收益分析，最后给出结合基本面与形态聚类技术的量化投资模型及策略实现。

10.1 案例背景

投资者通过实战经验，总结出了各种各样的股票价格走势形态以辅助投资决策。例如，常见的头肩形、倒头肩形、三重顶、三重底、M 头、W 底等，如图 10-1 所示。

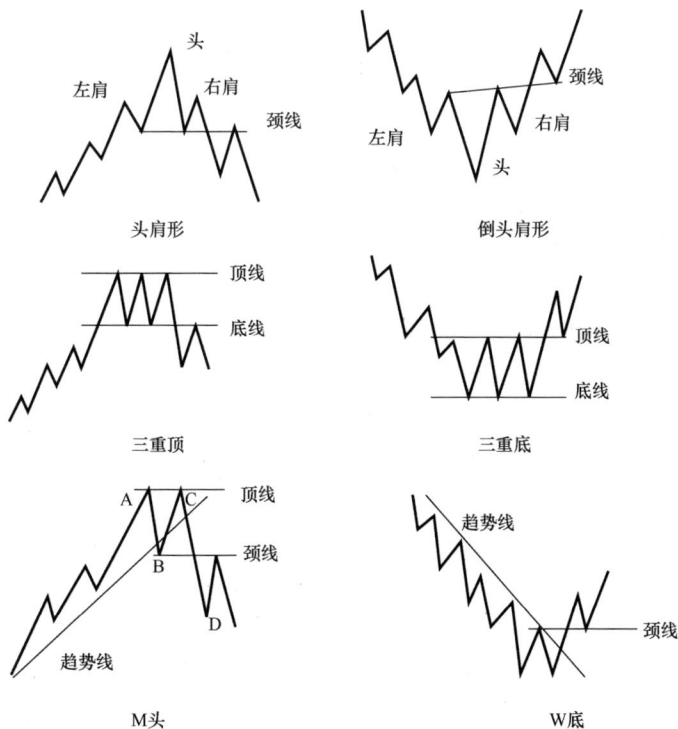

图 10-1

然而投资者的经验是有限的，特别是新进股市的投资者。进一步地，常用的股票形态已经为广大投资者所熟知，一定程度上降低了这些形态的有效性。同时，一些新的形态或许隐藏在其中而没有被发现。本案例通过实际的股票交易数据，提取价格形态特征，采用聚类分析的方法，对其形态特征数据进行自动聚类分析，并根据聚类的结果计算每类股票未来持有期为一个月的平均收益率。然后将类平均收益率排名前 5 的股票记为+1 类，其余股票记为−1类，作为训练样本，采用支持向量机模型进行训练。最后，利用训练好的支持向量机模型对新的股票价格形态特征数据进行预测。如果预测结果为+1，表示该只股票在未来一个月内会得到较好的投资回报率，即设计一个量化投资策略：以未来一个月为持有周期，以期初收盘价买入，期末收盘价卖出，计算其收益率。这里采用第 8 章中基于总体规模与投资效率指标的综合评价方法，获取其排名前 400 的股票作为研究样本；用于聚类的股票价格数据周期取3 个月，每类股票平均收益率=该类中各个股票收益率之和/该类股票总数，单只股票的收益率=（该股票期末收盘价−该股票期初收盘价）/该股票期初收盘价。

10.2 案例目标及实现思路

案例主要目标是采用数量化的方法，找出未来具有较好投资回报率的股票价格走势形态，从而为投资者提供一定的参考价值。案例实现的思路及流程图如图 10-2 所示。

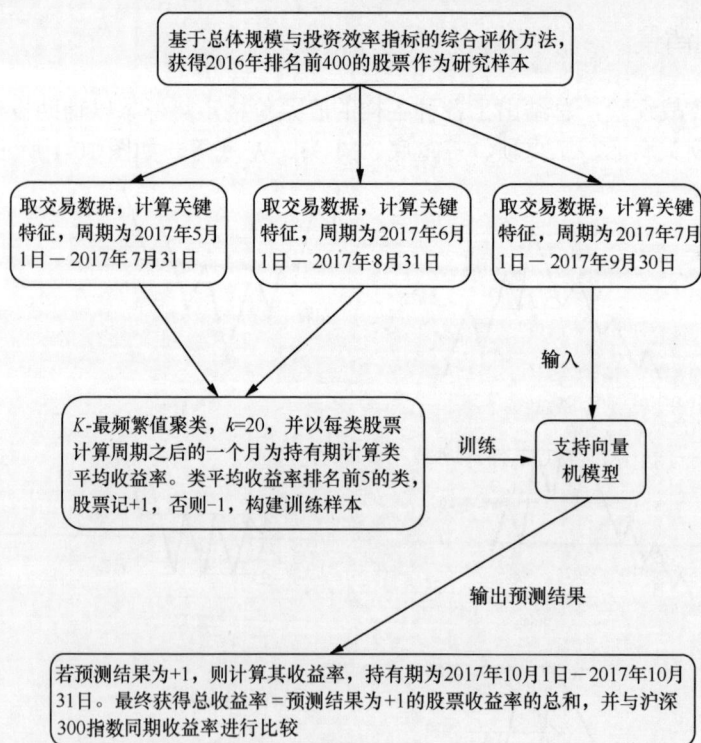

图 10-2

10.3 数据获取

案例获取的数据包括中国股票市场 A 股 2017 年度日行情交易数据（DA.xlsx，表结构同

第 9 章中表 9-2)、交易日历数据表.xlsx（表结构同第 11 章中的表 11-1）、沪深 300 指数交易数据表（index300.xlsx，表结构同第 8 章中的表 8-4）。

10.4　股票价格形态特征提取

由于聚类的股票价格数据周期取 3 个月，其交易日期一般都在 60 日以上，如果以收盘价数据直接进行聚类，则数据维度较高。如果周期取半年、一年或者更长，其维度更高，会严重影响聚类的效果，因此在进行聚类之前需要做降维处理。降维的方法是取能代表股票价格走势的关键价格点，并基于提取的关键价格点计算股票价格走势形态特征，从而进行聚类。这里关键价格点的提取是关键，下面详细介绍关键价格点的概念、提取算法和形态特征的计算方法。

股票价格形态特征提取

10.4.1　关键价格点概念及提取算法

通过分析我们可以发现，股票价格走势主要由一些关键价格点构成，因此我们选择其关键的价格点作为聚类特征即可。根据文献[14]提供的定义，即 x_{i-1}, x_i, x_{i+1} 构成的序列模式，$|x_i - (x_{i-1} + x_{i+1})/2|$ 越大，x_i 成为关键点的可能性就越大。下面我们给出关键价格点提取算法。

关键价格点提取算法如下。

输入：原始价格序列 x=(x1,x2,…,xp)，提取关键点个数 num。

输出：关键价格点序列、对应下标序列。

step1：对 x2,…,x(p-1)按公式计算其与相邻两个价格点均值的绝对值大小，并按从大到小进行排序，取排名前 num-2 对应的价格点，记为 L1，对应的下标序列记为 S1。

step2：x1,xp 对应的价格点记为 L2，对应的下标序列记为 S2。

step3：记 L=L1∪L2，S=S1∪S2，并按 S 从小到大进行排序，则 L 即为关键价格点序列，S 即为对应的下标序列。

关键点提取算法函数如下（函数定义在 df.py 文件中）：

```
def get_keydata(x,num):
    import pandas as pd
    import numpy as np
    #计算x2,…,x(p-1)各点减去相邻两点平均值的绝对值
    d=abs(x[1:len(x)-1].values-(x[0:len(x)-2].values+x[2:len(x)].values)/2)
    #以d为值,对应的下标为index,构建序列,并按降序排序
    Sd=pd.Series(d,index=np.arange(1,len(x)-1)).sort_values(ascending=False)
    L1=Sd[0:num-2]
    L2=pd.Series([x[0],x[len(x)-1]],index=[0,len(x)-1])
    L=L1.append(L2)
    keydata=x[L.index].sort_index()
    return keydata
```

其中，函数输入参数为价格数组 X、提取的关键点个数 num，返回值为关键点序列（index 为下标，value 为对应的关键价格点）。作为一个例子，取股票代码为 600000 的股票 2017 年 6 月 1 日—2017 年 8 月 31 日的收盘价数据，提取 10 个关键点，并在同一坐标轴上绘制原始价格点与关键价格点拟合图，示例代码如下：

```
import pandas as pd
import df
import matplotlib.pyplot as plt
```

```
data=pd.read_excel('DA.xlsx')
#提取满足日期条件的数据
I1=data['Trddt'].values>='2017-06-01'
I2=data['Trddt'].values<'2017-08-31'
I=I1&I2
data1=data.iloc[I,:]
#提取代码 600000 的收盘价
dt=data1.loc[data1['Stkcd']==600000,['Clsprc']]['Clsprc']
#收盘价序列的 index 重排，从 0 开始
dt=pd.Series(dt.values,index=range(len(dt)))
#调用关键点获取函数
keydata=df.get_keydata(dt,10)
#绘图
plt.plot(dt.index,dt.values)
plt.plot(keydata.index,keydata.values,'r*--')
```

最终得到的拟合效果如图 10-3 所示。

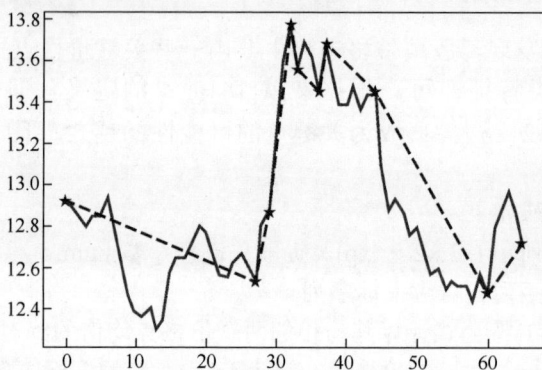

图 10-3

关键价格点（keydata.values）为

[12.92   12.53   12.86   13.76   13.55   13.45   13.67   13.44   12.47   12.71]

对应的下标（keydata.index）为

[0, 27, 29, 32, 33, 36, 37, 44, 60, 65]

从拟合的效果可以看出，关键点基本能表示原来的价格走势，因此采用关键点进行分析即可。

10.4.2   基于关键价格点的形态特征表示

关键价格点的提取降低了维度，但是直接用价格点进行聚类还是存在较大的误差，因此我们需要对关键价格点的走势情况进行特征化表示，采用两个关键价格点之间连线的斜率确定其涨跌情况，即特征化表示为两个关键点连线之间夹角 θ 的正切（tan）值，其计算公式为

$$\tan\theta = \frac{p_2 - p_1}{x_2 - x_1}$$

其中，p_1 和 p_2 分别表示前后两个关键点；x_1 和 x_2 分别为关键点对应的下标。涨跌幅的划分标准如下。

上涨幅度大：   tan 值>0.5；

上涨幅度较大： tan 值介于 0.2～0.5；

上涨：   tan 值介于 0.1～0.2；

平缓：　　　　　tan 值介于-0.1～0.1；

下跌：　　　　　tan 值介于-0.2～-0.1；

下跌幅度较大：tan 值介于-0.5～-0.2；

下跌幅度大：　tan 值<-0.5。

分别记为　　　　7、6、5、4、3、2、1。

特征化表示函数如下（函数也定义在 df.py 文件中）：

```
def get_tz(keydata):
    import numpy as np
    y1=keydata.values[1:]
    y2=keydata.values[0:-1]
    x1=keydata.index[1:]
    x2=keydata.index[0:-1]
    #计算 tan 值
    tan=list((y2-y1)/(x2-x1))
    T=np.array(tan)
    I7=T>0.5
    i1=T>0.2
    i2=T<=0.5
    I6=i1&i2
    i1=T>0.1
    i2=T<=0.2
    I5=i1&i2
    i1=T>-0.1
    i2=T<=0.1
    I4=i1&i2
    i1=T>-0.2
    i2=T<=-0.1
    I3=i1&i2
    i1=T>=-0.5
    i2=T<=-0.2
    I2=i1&i2
    I1=T<-0.5
    T[I1]=1
    T[I2]=2
    T[I3]=3
    T[I4]=4
    T[I5]=5
    T[I6]=6
    T[I7]=7
    return T
```

函数输入参数为关键点序列，返回结果为特征化数组，示例代码如下：

```
T=df.get_tz(keydata)
print(T)
```

可以看到，图 10-3 所示关键点价格走势图其特征化表示：

[4. 5. 6. 2. 4. 6. 4. 4. 4.]

10.4.3　基于关键价格点的形态特征提取

前面我们分析了股票价格走势中的关键价格点问题及相关的特征提取算法，下面我们根据第 8 章中基于总体规模与投资效率指标的综合评价方法，获取 2016 年排名前 400 的股票作为研究样本，并提取其交易数据区间在 2017 年 5 月 1 日—2017 年 7 月 31 日的股票关键价格点和形态特征。

首先，基于总体规模与投资效率指标的综合评价方法，获取 2016 年排名前 400 的股票，包括其股票代码和股票简称，示例代码如下：

```
import pandas as pd
import fun
dta=pd.read_excel('ddata.xlsx')
r=fun.Fr(dta,'2016')
c=r[0][0:400]
cn=r[1][0:400]
code=list(c.index)  #将股票代码转化为列表的形式
```

执行后的结果（部分）如图 10-4 所示。

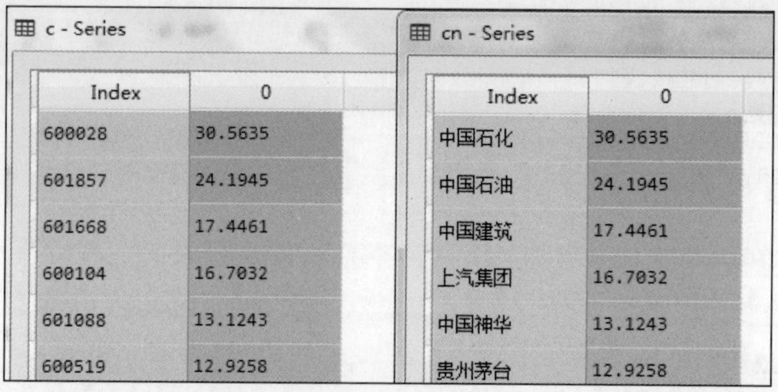
c - Series

Index	0
600028	30.5635
601857	24.1945
601668	17.4461
600104	16.7032
601088	13.1243
600519	12.9258

cn - Series

Index	0
中国石化	30.5635
中国石油	24.1945
中国建筑	17.4461
上汽集团	16.7032
中国神华	13.1243
贵州茅台	12.9258

图 10-4

其次，确定在 2017 年 5 月 1 日—2017 年 7 月 31 日之间的交易所实际交易天数 *M*，示例代码如下：

```
td=pd.read_excel('交易日历数据表.xlsx')
I1=td['Clddt'].values>='2017-05-01'
I2=td['Clddt'].values<='2017-07-31'
I=I1&I2
ddt=td.loc[I,['Clddt']]
M=len(ddt)
```

最后，我们计算 400 只股票样本的关键价格点数据和对应的下标，并根据关键价格点和对应下标数据计算形态特征，这里需要说明的是如果存在股票交易天数不足 *M* 天，则做剔除处理。关键点价格数据和对应的下标及计算形态特征均通过调用前面定义的 get_keydata、get_tz 函数实现。示例代码如下：

```
import df
import numpy as np
num=10
p=-1
DA=pd.read_excel('DA.xlsx')
#预定义股票价格走势特征化数据,第 0 列为股票代码,其余为特征化数据（num-1 个）
Data=np.zeros((len(code),num))
#预定义股票价格走势关键点数据,第 0 列为股票代码,其余为关键点数据（num 个）
KeyData=np.zeros((len(code),num+1))
#预定义股票价格走势关键点下标,第 0 列为股票代码,其余为关键点下标（num 个）
KeyData_index=np.zeros((len(code),num+1))
#对每一个股票代码,提取其关键点数据,计算其特征化数据,同时对关键点数据标准化处理（极差法）
for t in range(len(code)):
    data=DA.loc[DA.iloc[:,0].values==code[t],['Trddt','Clsprc']]
    I1=data['Trddt'].values>='2017-05-01'
    I2=data['Trddt'].values<='2017-07-31'
    I=I1&I2
```

```
        #提取第 t 个股票代码的价格数据,同时下标重排,从 0 开始
        dt=data.loc[I,['Clsprc']]['Clsprc']
        dt=pd.Series(dt.values,index=range(len(dt)))
        if len(dt)==M:
            p=p+1
            keydata=df.get_keydata(dt,num)
            T=df.get_tz(keydata)
            y=keydata
            KeyData[p,0]=code[t]
            Data[p,0]=code[t]
            Data[p,1:]=T
            KeyData_index[p,0]=code[t]
            #对关键点数据做极差化处理
            KeyData[p,1:]=(y.values-min(y.values))/(max(y.values)-min(y.values))
            KeyData_index[p,1:]=y.index
    Data=Data[0:p,:]
    KeyData=KeyData[0:p,:]
    KeyData_index=KeyData_index[0:p,:]
```

最终得到股票形态特征数据 Data、关键价格点数据 KeyData、关键价格点数据对应的序号 KeyData_index。其中，关键价格点数据 KeyData 已做极差化处理，即数据标准化为[0,1]之间。部分结果如图所示：形态特征数据 Data（见图 10-5）、关键价格点数据 KeyData（见图 10-6）、关键价格点数据对应的序号 KeyData_index（见图 10-7）。

Data - NumPy array

	0	1	2	3	4
0	600028	4	4	5	4
1	601857	4	5	4	5
2	601668	2	4	2	3
3	600104	4	7	6	7
4	600519	1	7	7	1

图 10-5

KeyData - NumPy array

	0	1	2	3	4
0	600028	0.132353	0	0.5	0.764706
1	601857	0.333333	0	0.24	0.413333
2	601668	0.132075	0	0.496855	0.257862
3	600104	0	0.3663	0.543956	0.736264
4	600519	0.0841407	0	0.314125	0.621112

图 10-6

KeyData_index - NumPy array

	0	1	2	3	4
0	600028	0	3	16	17
1	601857	0	6	7	16
2	601668	0	1	28	29
3	600104	0	22	23	27
4	600519	0	4	10	15

图 10-7

示例代码如下：

```
import pandas as pd
import fun
dta=pd.read_excel('ddata.xlsx')
r=fun.Fr(dta,'2016')
c=r[0][0:400]
cn=r[1][0:400]
code=list(c.index)
td=pd.read_excel('交易日历数据表.xlsx')
I1=td['Clddt'].values>='2017-05-01'
I2=td['Clddt'].values<='2017-07-31'
I=I1&I2
ddt=td.loc[I,['Clddt']]
M=len(ddt)
import df
import numpy as np
num=10
p=-1
DA=pd.read_excel('DA.xlsx')
Data=np.zeros((len(code),num))
KeyData=np.zeros((len(code),num+1))
KeyData_index=np.zeros((len(code),num+1))
for t in range(len(code)):
    data=DA.loc[DA.iloc[:,0].values==code[t],['Trddt','Clsprc']]
    I1=data['Trddt'].values>='2017-05-01'
    I2=data['Trddt'].values<='2017-07-31'
    I=I1&I2
    #提取第 t 个股票代码的价格数据,同时下标重排,从 0 开始
    dt=data.loc[I,['Clsprc']]['Clsprc']
    dt=pd.Series(dt.values,index=range(len(dt)))
    if len(dt)==M:
        p=p+1
        keydata=df.get_keydata(dt,num)
        T=df.get_tz(keydata)
        y=keydata
        KeyData[p,0]=code[t]
        Data[p,0]=code[t]
        Data[p,1:]=T
        KeyData_index[p,0]=code[t]
        KeyData[p,1:]=(y.values-min(y.values))/(max(y.values)-min(y.values))
        KeyData_index[p,1:]=y.index
Data=Data[0:p,:]
KeyData=KeyData[0:p,:]
KeyData_index=KeyData_index[0:p,:]
```

10.5　股票价格形态聚类与收益率计算

股票价格形态聚类
与收益率计算

上一节通过提取股票价格关键点和基于关键点计算了股票价格走势形态特征，本节基于上节的股票形态特征数据，利用 K-最频繁值聚类算法对股票价格走势形态进行聚类。为了考察出现的形态是否具有投资意义，我们以每类形态出现后一个月为持有期计算其平均收益率（计算方法：对该类形态中的所有股票收益率求平均值），通过计算结果可以了解到哪些股票形态后续投资收益较高，从而为投资者提供一定的参考价值。为了更加直观地展示该过程，本节最后通过子图的形式，绘制了每类股票的形态和持有期为一个月的平均收益率图像。

10.5.1　*K*-最频繁值聚类算法

K-均值聚类算法主要适用于数值特征数据，而本章第 10.4.2 节中提取的股票价格形态特征数据是经过离散化的离散变量（名义变量），因此经典的 *K*-均值聚类算法不再适用。本节借鉴 *K*-均值聚类算法的思想，给出 *K*-最频繁值聚类算法，该算法与 *K*-均值聚类算法的不同之处主要体现在距离度量和类中心的更新方法上，其中距离度量函数采用海明距离，类中心的更新方法则选择类样本特征向量分量出现最多的值（最频繁值，经典的 *K*-均值聚类算法采用的是平均值）作为类中心特征向量的分量。具体算法如下。

输入：特征数据集，聚类个数 *K*。

输出：特征数据集及其类标签。

Step1：随机初始化 *K* 个聚类中心，即 *K* 个类中心向量。

Step2：对每个样本，计算其与各个类中心向量的距离，并将该样本指派给距离最小的类，这里的距离采用海明距离，其计算公式如下：

$$d(x_{ij}, x_{kj}) = \begin{cases} 0, & \text{如果} x_{ij} = x_{kj} \\ 1, & \text{如果} x_{ij} \neq x_{kj} \end{cases}$$

Step3：更新每个类的中心向量，更新的方法为取该类所有样本的特征向量的最频繁值。

Step4：直到各个类的中心向量不再发生变化为止，并输出类标签。

在 Python 中没有现成的函数可以调用，故本节给出其函数的具体定义。事实上该函数与第 5.7.1 节定义的函数非常类似，下面给出其具体的定义。

```
def K_mean(data,knum):
#输入：data--聚类特征数据集,数据结构要求为 NumPy 数值数组
#输入：knum--聚类个数
#返回值,data 后面加一列类别,显示类别
import pandas as pd
import numpy as np
p=len(data[0,:])                         #聚类数据维度
cluscenter=np.zeros((knum,p))            #预定义元素为全 0 的初始聚类中心
lastcluscenter=np.zeros((knum,p))        #预定义元素为全 0 的旧聚类中心
#初始聚类中心和旧聚类中心初始化,取数据的前 knum 行作为初始值
ss=pd.DataFrame(data)
ss=ss.drop_duplicates()
ss=ss.values

for i in range(knum):
  cluscenter[i,:]=ss[i,:]
  lastcluscenter[i,:]=ss[i,:]

#预定义聚类类别一维数组,用于存放每次计算样本的所属类别
clusindex=np.zeros((len(data)))
count=0
while 1:
    count=count+1
    for i in range(len(data)):
        #计算第 i 个样本到各个聚类中心的海明距离
        #预定义 sumsquare,用于存放第 i 个样本到各个聚类中心的海明距离
        sumsquare=np.zeros((knum))
        for k in range(knum):
            s=data[i,:]-cluscenter[k,:]
            sumsquare[k]=len(s[s!=0])
```

```
#       sumsquare[k]=sum((data[i,:]-cluscenter[k,:])**2)
#sumsquare=np.sqrt(sumsquare)
#以第 i 个样本到各个聚类中心的海明距离进行升序排序
s=pd.Series(sumsquare).sort_values()
#判断第 i 个样本的类归属（距离最小，即 s 序列中第 0 个位置的 index）
clusindex[i]=s.index[0]
#将聚类结果添加到聚类数据最后一列
clusdata=np.hstack((data,clusindex.reshape((len(data),1))))
#更新聚类中心,新的聚类中心为对应类别样本特征的最频繁值
for i in range(knum):
    ci=clusdata[clusdata[:,p]==i,:-1]
    for j in range(p):
        s1=pd.Series(ci[:,j]).value_counts()
        cluscenter[i,j] =s1.index[0]
```

```
#cluscenter[i,:]=np.mean(clusdata[clusdata[:,p]==i,:-1],0).reshape(1,p)
    #新的聚类中心与旧的聚类中心相减
    t=abs(lastcluscenter-cluscenter)
    #如果新的聚类中心与旧的聚类中心一致
        #即聚类中心不发生变化,返回聚类结果,并退出循环
    if sum(sum(t))==0:
        return clusdata[:,p]
        break
    #如果更新的聚类中心与旧的聚类中心不一致
    #将更新的聚类中心赋给旧的聚类中心,进入下一次循环
    else:
        for k in range(knum):
            lastcluscenter[k,:]=cluscenter[k,:]
    if count==10000:
        return clusdata[:,p]
        break
```

该函数的输入参数为特征数据 data（数据结构要求为 NumPy 数值数组）、聚类个数 knum。返回值为带类别标签的特征数据集，即在 data 后面加一列类别标签。

10.5.2 基于 K-最频繁值聚类算法的股票价格形态聚类

利用第 10.5.1 节定义的 K-最频繁值聚类算法对股票价格形态进行聚类，输入为股票形态特征数据集 Data，输出为每个股票代码的聚类结果。为了后续使用的方便，对形态特征数据 Data、关键价格点数据 KeyData、关键点价格数据对应的序号数据 KeyData_index，都在数据集的最后加上一列，即聚类结果列。添加聚类结果列后，数据集分别记为 Data_c、KeyData_c、KeyData_index_c。示例代码如下：

```
import kmean    #导入自定义的 K-最频繁值聚类算法
c=kmean.K_mean(Data[:,1:],20)    #调用 K-最频繁值聚类算法,聚为 20 个类,并返回结果 c
KeyData_c=np.hstack((KeyData,c.reshape(p,1)))
KeyData_index_c=np.hstack((KeyData_index,c.reshape(p,1)))
Data_c=np.hstack((Data,c.reshape(p,1)))
```

10.5.3 类平均收益率的计算

根据聚类结果，对每一类股票计算该类股票的平均收益率，持有期为 2017 年 8 月 1 日—2017 年 8 月 31 日。示例代码如下：

```
list_code=[]      #预定义股票代码列表
list_codec=[]     #预定义股票代码所属类别列表
list_r=[]         #预定义每个股票代码的收益率列表
list_cr=[]        #预定义每类股票的平均收益率列表
```

```
for t in range(20):
    #对第 t 类股票进行计算
    code_t=KeyData_c[KeyData_c[:,len(KeyData_c[0,:])-1]==t,0]  #第 t 类股票所有代码
    r_t=0       #预定义第 t 类股票收益率
    count_t=0  #预定义第 t 类股票个数
    for i in range(len(code_t)):
        #对第 t 类股票中的第 i 个股票代码进行计算
        I1=DA['Trddt'].values>='2017-08-01'
        I2=DA['Trddt'].values<='2017-08-31'
        I3=DA['Stkcd'].values==code_t[i]
        I=I1&I2&I3
        #获得第 t 类股票中第 i 个股票代码对应持有期的收盘价数据
        dta=DA.iloc[I,[2]]['Clsprc'].values
        if len(dta)>1:
           #如果数据不为空,计算收益率
           r=(dta[len(dta)-1]-dta[0])/dta[0]
           #相应结果存至预定义的列表
           list_code.append(code_t[i])
           list_codec.append(t)
           list_r.append(r)

           #类收益率求和及类股票代码个数统计
           r_t=r_t+r
           count_t=count_t+1
    #将类别平均收益率存至预定义的类收益率列表中
    list_cr.append(r_t/count_t)
D={'股票代码':list_code,'类别':list_codec,'收益率':list_r}
D=pd.DataFrame(D)
```

最终得到每类股票的平均收益率列表 list_cr 和所有类别中各股票代码的收益率数据表 D，如图 10-8 所示（部分结果）。

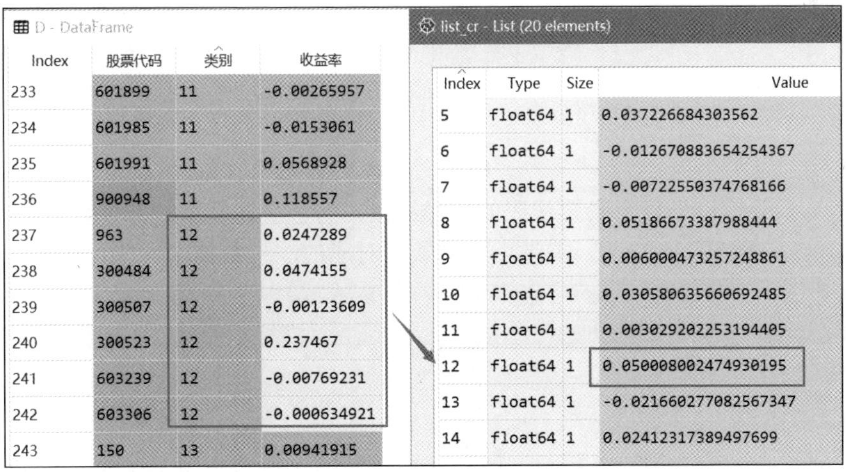

D - DataFrame

Index	股票代码	类别	收益率
233	601899	11	-0.00265957
234	601985	11	-0.0153061
235	601991	11	0.0568928
236	900948	11	0.118557
237	963	12	0.0247289
238	300484	12	0.0474155
239	300507	12	-0.00123609
240	300523	12	0.237467
241	603239	12	-0.00769231
242	603306	12	-0.000634921
243	150	13	0.00941915

list_cr - List (20 elements)

Index	Type	Size	Value
5	float64	1	0.037226684303562
6	float64	1	-0.012670883654254367
7	float64	1	-0.00722550374768166
8	float64	1	0.05186673387988444
9	float64	1	0.006000473257248861
10	float64	1	0.030580635660692485
11	float64	1	0.003029202253194405
12	float64	1	0.050008002474930195
13	float64	1	-0.021660277082567347
14	float64	1	0.02412317389497699

图 10-8

图 10-8 显示了第 12 个类的股票平均收益率的计算方法，即 D 中类别为 12 的所有收益率数据的平均值。

10.5.4 股票形态图绘制

对每一类股票绘制其形态图形。为了便于观察图形，只绘制该类股票中的前 5 个。示例代码如下：

```
import matplotlib.pyplot as plt
#动态计算需要p个figure,其中每个figure绘制4个子图,每个子图代表一类股票,在子
#图中绘制该类股票的前5只股票代码形态图,标题为该类股票的收益率,初始值设置p=0
p=0
#循环对每一类股票绘制其股票形态图
for t in range(20):
#提取第t类股票的关键点数据、关键点下标数据
    dat1=KeyData_c[KeyData_c[:,len(KeyData_c[0,:])-1]==t,1:-1]
    dat2=KeyData_index_c[KeyData_index_c[:,len(KeyData_index_c[0,:])-1]==t,1:-1]
#如果t与4整除,代表需要重新建一个figure(因为每个figure有4个子图)
    if t%4==0:
        p=p+1                         # p加1
        plt.figure(p)                 #创建第p个figure
        plt.figure(figsize=(8,6))     #设置figure的大小

    #在2*2的子图布局figure中的第t%4+1个子图绘制图像,并设置其收益率在标题位置
    plt.subplot(2,2,t%4+1)
    plt.title(u'一个月后平均收益率: '+str(list_cr[t]),fontproperties='SimHei',
size=10)
    plt.tight_layout()  #用于设置图像外部边缘自动调整
    for k in range(5):
        if k<len(dat1):
            plt.plot(dat2[k,:],dat1[k,:])
    plt.savefig(str(p))
```

执行以上程序得到类别 1~4、类别 5~8、类别 9~12、类别 13~16、类别 17~20 形态走势图和对应类别股票未来持有期为一个月的类平均收益率,结果如图 10-9~图 10-13 所示。

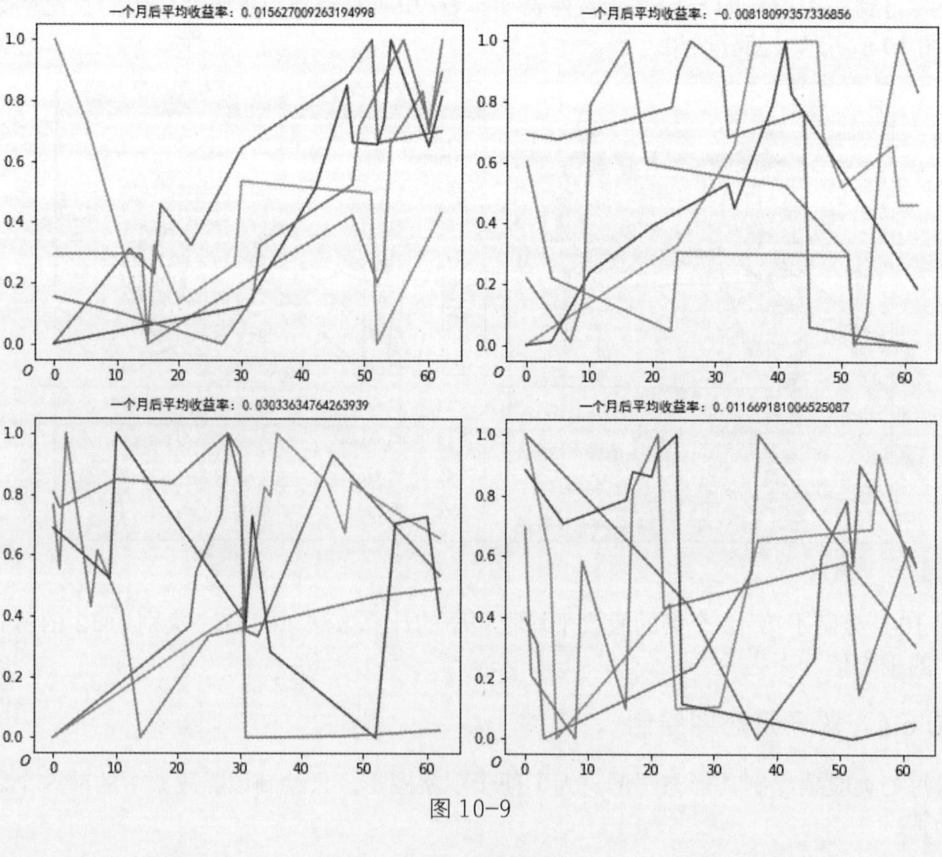

图 10-9

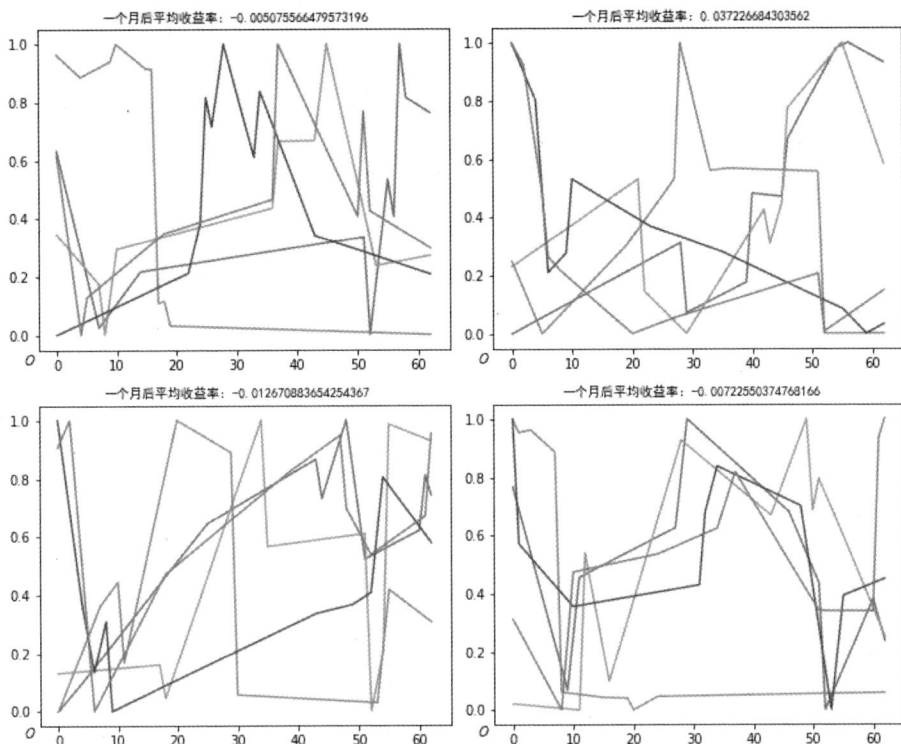

图 10-10

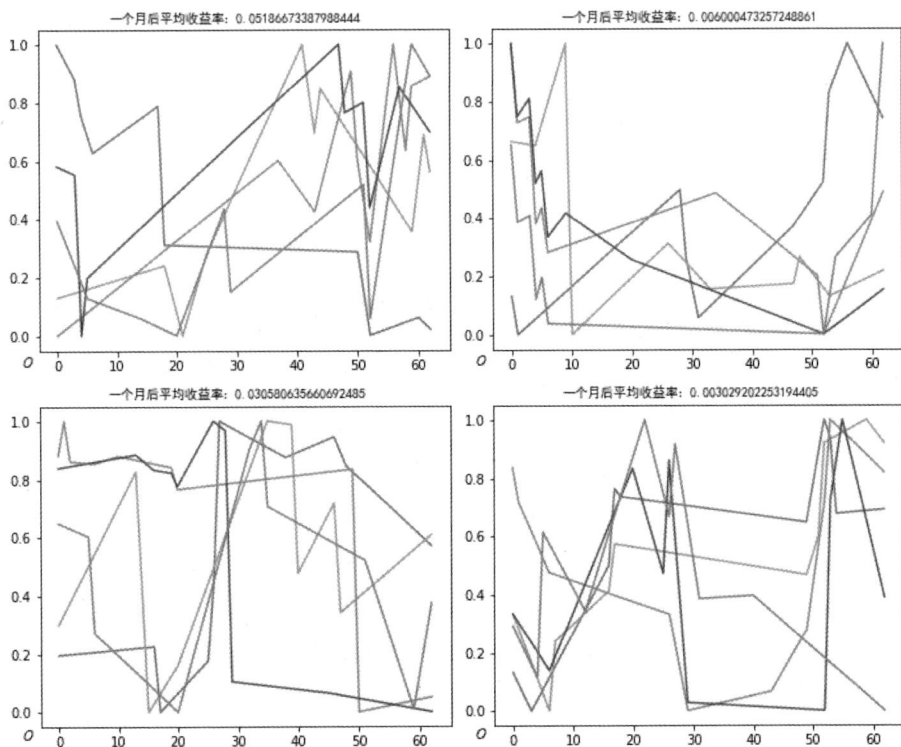

图 10-11

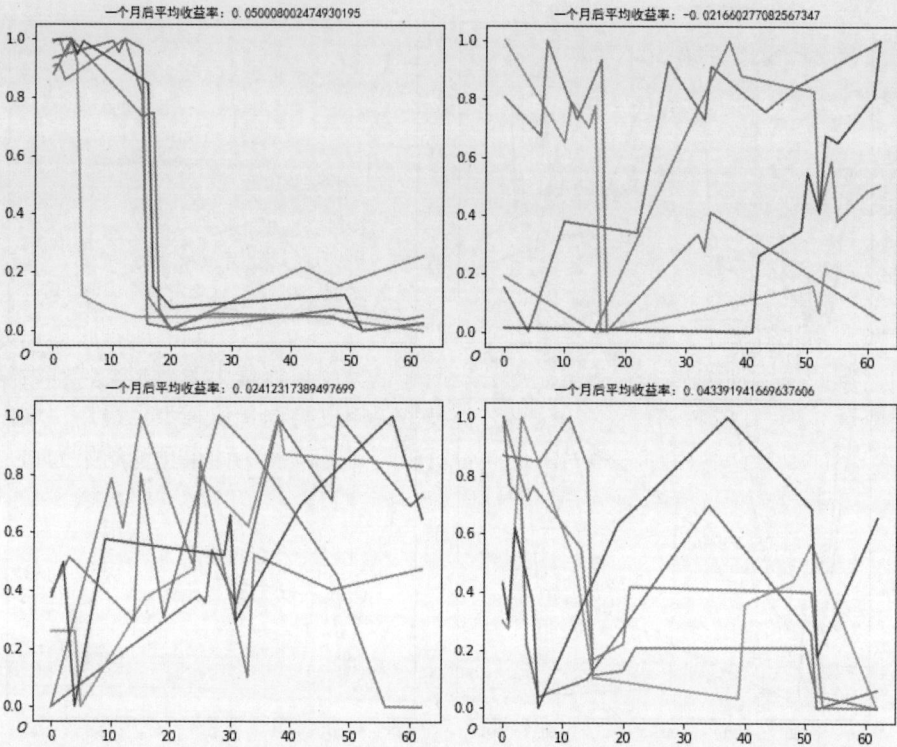

图 10-12

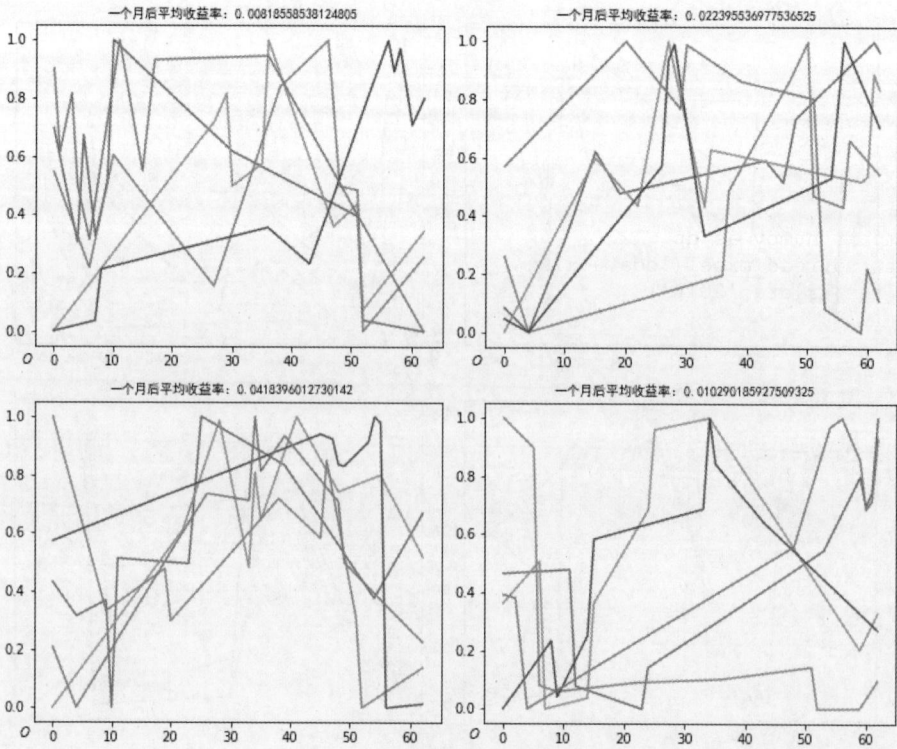

图 10-13

10.6　量化投资策略设计与分析

第 10.5 节利用 *K*-最频繁值聚类算法对候选的股票进行了形态聚类分析，取 *K*=20，即聚为 20 类，事实上我们也可以根据业务的需要设置 *K* 的值。通过形态聚类和类平均收益率的计算，可以发现某些形态获得了较好的收益，

量化投资策略设计
与实现

即对投资具有较好的实践价值，那么如何利用这些形态来设计量化投资策略呢？本节首先将前面两节介绍的形态特征提取、聚类与收益率计算、图形绘制定义为函数的形式；其次，调用定义的函数，获得类平均收益率排名前 5 的形态类别，将这些类别的所有股票记为+1，否则记为−1，以此作为训练样本，并转化为分类问题，其中自变量为股票形态特征数据，因变量（分类变量）为+1 或者−1 标签，这里分类模型采用支持向量机模型；最后，取定周期计算股票形态特征数据，利用训练后的支持向量机模型进行预测，如果预测结果为+1，表示该种股票形态在未来一个月内可能取得较好的收益，即设计其量化投资策略：以未来一个月内期初收盘价买入，期末收盘价卖出，计算其投资收益。下面给出具体的实现方法。

10.6.1　函数定义及使用方法

将以上介绍的股票价格形态特征提取、形态特征聚类与收益率计算、形态绘图定义为 3 个函数 FR1、FR2、huiti，函数定义示例代码如下：

```
def FR1(DA,t_trd1,t_trd2,num):
    #输入:
    #DA--2017 年股票交易数据
    #t_trd1--聚类数据区间开始日期
    #t_trd2--聚类数据区间结束日期
    #num--基于总体规模与投资效率指标的综合评价方法提取样本个数
    #输出:
    #Data--形态特征数据
    #KeyData--关键价格点数据
    #KeyData_index--关键价格点对应序号
    import pandas as pd
    import fun
    import df
    import numpy as np
    dta=pd.read_excel('ddata.xlsx')
    r=fun.Fr(dta,'2016')
    c=r[0]
    code=list(c.index[0:num])
    p=-1
    td=pd.read_excel('交易日历数据表.xlsx')
    I1=td['Clddt'].values>=t_trd1
    I2=td['Clddt'].values<=t_trd2
    I=I1&I2
    ddt=td.loc[I,['Clddt']]
    M=len(ddt)
    num=10
    Data=np.zeros((len(code),num))
    KeyData=np.zeros((len(code),num+1))
    KeyData_index=np.zeros((len(code),num+1))
    for t in range(len(code)):
        data=DA.loc[DA.iloc[:,0].values==code[t],['Trddt','Clsprc']]
        I1=data['Trddt'].values>=t_trd1
        I2=data['Trddt'].values<=t_trd2
        I=I1&I2
```

```
        dt=data.loc[I,['Clsprc']]['Clsprc']
        if len(dt)==M:
            p=p+1
            dt=pd.Series(dt.values,index=range(len(dt)))
            keydata=df.get_keydata(dt,num)
            T=df.get_tz(keydata)
            y=keydata
            KeyData[p,0]=code[t]
            Data[p,0]=code[t]
            Data[p,1:]=T
            KeyData_index[p,0]=code[t]
            KeyData[p,1:]=(y.values-min(y.values))/(max(y.values)-min(y.values))
            KeyData_index[p,1:]=y.index
    Data=Data[0:p,:]
    KeyData=KeyData[0:p,:]
    KeyData_index=KeyData_index[0:p,:]
    return (Data,KeyData,KeyData_index)

def FR2(DA,Data,KeyData,KeyData_index,s_trd1,s_trd2,class_num):
    #输入：
    #DA--2017年股票交易数据
    #Data--形态特征数据
    #KeyData--关键价格点数据
    #KeyData_index--关键价格点对应序号
    #s_trd1--收益率计算持有期开始日期
    #s_trd2--收益率计算持有期结束日期
    #class_num--聚类个数
    #输出：
    #Data_c--形态特征数据+聚类结果列
    #KeyData_c--关键价格点数据+聚类结果列
    #KeyData_index_c--关键价格点对应序号+聚类结果列
    #D--每只股票代码、所属聚类类别、收益率组成的数据框
    #list_cr--每类股票的总收益
    import pandas as pd
    import numpy as np
    import kmean
    c=kmean.K_mean(Data[:,1:],class_num)
    p=len(Data)
    KeyData_c=np.hstack((KeyData,c.reshape(p,1)))
    KeyData_index_c=np.hstack((KeyData_index,c.reshape(p,1)))
    Data_c=np.hstack((Data,c.reshape(p,1)))
    list_code=[]
    list_codec=[]
    list_r=[]
    list_cr=[]
    for t in range(class_num):
        code_t=KeyData_c[KeyData_c[:,len(KeyData_c[0,:])-1]==t,0]
        r_t=0
        count_t=0
        for i in range(len(code_t)):
            I1=DA['Trddt'].values>=s_trd1
            I2=DA['Trddt'].values<=s_trd2
            I3=DA['Stkcd'].values==code_t[i]
            I=I1&I2&I3
            dta=DA.iloc[I,[2]]['Clsprc'].values
            if len(dta)>1:
                r=(dta[len(dta)-1]-dta[0])/dta[0]
                list_code.append(code_t[i])
                list_codec.append(t)
                list_r.append(r)
                r_t=r_t+r
```

```
            count_t=count_t+1
        list_cr.append(r_t/count_t)
    D={'code':list_code,'codec':list_codec,'coder':list_r}
    D=pd.DataFrame(D)
    return (Data_c,KeyData_c,KeyData_index_c,D,list_cr)

def huiti(KeyData_c,KeyData_index_c,class_num,list_cr):
    #输入:
    #KeyData_c--关键价格点数据+聚类结果列
    #KeyData_index_c--关键价格点对应序号+聚类结果列
    #class_num--聚类个数
    #list_cr--每类股票的总收益
    import matplotlib.pyplot as plt
    p=0
    for t in range(class_num):
        dat1=KeyData_c[KeyData_c[:,len(KeyData_c[0,:])-1]==t,1:-1]
        dat2=KeyData_index_c[KeyData_index_c[:,len(KeyData_index_c[0,:])-1]==
            t,1:-1]
        if t%4==0:
            p=p+1
            plt.figure(p)
            plt.figure(figsize=(8,6))

        plt.subplot(2,2,t%4+1)
        plt.title(u'一个月后平均收益率: '+str(list_cr[t]),fontproperties='SimHei',size=10)
        plt.tight_layout()
        for k in range(5):
            if k<len(dat1):
                plt.plot(dat2[k,:],dat1[k,:])
        plt.savefig(str(p))
```

各函数的输入输出说明见函数定义的开始位置。例如，第 10.5 节介绍的例子可以通过调用以上定义的函数实现，示例代码如下：

```
import pandas as pd
DA=pd.read_excel('DA.xlsx')
R1=FR1(DA,'2017-05-01','2017-07-31',400)
R2=FR2(DA,R1[0],R1[1],R1[2],'2017-08-01','2017-08-31',20)
D=R2[3]
list_cr=pd.Series(R2[4])
huiti(R2[1],R2[2],20,list_cr)
```

通过调用定义的 3 个函数进行计算，可以发现其结果及形态图形与前面介绍的一致，下面利用定义的这些函数设计量化投资策略实现。

10.6.2　训练样本与预测样本的构建

根据第 10.2 节的介绍，选用 2017 年 5 月 1 日—2017 年 7 月 31 日和 2017 年 6 月 1 日—2017 年 8 月 31 日两个计算周期的交易数据提取股票价格形态特征进行聚类，并分别以 2017 年 8 月 1 日—2017 年 8 月 31 日和 2017 年 9 月 1 日—2017 年 9 月 30 日两个持有期计算每个类别的平均收益率，如果类平均收益率排名前 5，则该类中所有股票记为+1 类，否则记为-1 类，并以此构建训练样本。其中，提取的股票价格形态特征作为训练样本的 X，标记的+1/-1 作为训练样本的 Y 值。这里调用了前面定义的 FR1 和 FR2 两个函数实现，示例代码如下：

```
import pandas as pd
DA=pd.read_excel('DA.xlsx')
R1=FR1(DA,'2017-05-01','2017-07-31',400)
R2=FR2(DA,R1[0],R1[1],R1[2],'2017-08-01','2017-08-31',20)
dt1=R2[0]                    #交易数据为 2017 年 5 月 1 日—2017 年 7 月 31 日的股票价格形态特征数据
cr1=pd.Series(R2[4])  #对应每类的平均收益率
```

```
crr=cr1.sort_values(ascending=False)   #对类平均收益率序列 cr1 按降序排序
cr=list(crr.index)                     #取对应的类编号（排序后的数据）
for i in range(len(crr)):
    # 类平均收益率排名前 5 的类中所有股票标记为 1
    if i<5:
        dt1[dt1[:,len(dt1[0,:])-1]==cr[i],len(dt1[0,:])-1]=1
dt1[dt1[:,len(dt1[0,:])-1]!=1,len(dt1[0,:])-1]=-1    #其余的标记为-1

R1=FR1(DA,'2017-06-01','2017-08-31',400)
R2=FR2(DA,R1[0],R1[1],R1[2],'2017-09-01','2017-09-30',20)
dt2=R2[0]              #交易数据为 2017 年 6 月 1 日—2017 年 8 月 31 日的股票价格形态特征数据
cr2=pd.Series(R2[4])   #对应每类的平均收益率
crr=cr2.sort_values(ascending=False)
cr=list(crr.index)
for i in range(len(crr)):
    if i<5:
        dt2[dt2[:,len(dt2[0,:])-1]==cr[i],len(dt2[0,:])-1]=1
dt2[dt2[:,len(dt2[0,:])-1]!=1,len(dt2[0,:])-1]=-1
#构造训练样本
import numpy as np
dt=np.vstack((dt2,dt1))
x=dt[:,1:-1]                        #训练样本的 X
y=dt[:,len(dt[0,:])-1]             #训练样本的 Y
```

对于预测样本，选用的是 2017 年 7 月 1 日—2017 年 9 月 30 日的交易数据计算形态特征，这里调用前面定义的 FR1 函数来实现，示例代码如下：

```
#预测样本的构建
R1=FR1(DA,'2017-07-01','2017-09-30',400)
dt3=R1[0]
x1=dt3[:,1:]           #交易数据为 2017 年 7 月 1 日—2017 年 9 月 30 日的股票价格形态特征数据
```

10.6.3 量化投资策略设计

根据前面构建的训练样本和预测样本，利用支持向量机模型进行训练和预测，如果预测结果为+1，表示该只股票在未来一个月内可能获得比较好的收益，对该只股票以持有期为 2017 年 10 月 1 日—2017 年 10 月 31 日进行计算投资收益率（期初收盘价买入，期末收盘价卖出），最终将所有预测结果为+1 的股票收益率求和，即得到投资策略的总收益率，并以同期的沪深 300 指数收益率作为基准进行比较。示例代码如下：

```
####基于支持向量机预测模型的量化投资策略设计
from sklearn import svm
clf = svm.SVC()
clf.fit(x, y)
res=clf.predict(x1)  #支持向量机预测结果
code=dt3[res==1,0]
list_r=[]        #预定义列表,用于存放预测结果为+1 的股票收益率
list_code=[]     #预定义列表,用于存放预测结果为+1 的股票代码
for i in range(len(code)):
    I1=DA['Trddt'].values>='2017-10-01'
    I2=DA['Trddt'].values<='2017-10-31'
    I3=DA['Stkcd'].values==code[i]
    I=I1&I2&I3
    dta=DA.iloc[I,[2]]['Clsprc'].values
    if len(dta)>1:
        r=(dta[len(dta)-1]-dta[0])/dta[0]
        list_r.append(r)
        list_code.append(code[i])
result={'code':list_code,'r':list_r}
```

```
result=pd.DataFrame(result)     #结果整理
total_r=sum(list_r)              #总收益率

####沪深 300 指数同期收益率的计算
indx300=pd.read_excel('index300.xlsx')
I1=indx300['Idxtrd01'].values>='2017-10-01'
I2=indx300['Idxtrd01'].values<='2017-10-31'
In=I1&I2
da=indx300.loc[In,'Idxtrd05'].values
index300_r=(da[len(da)-1]-da[0])/da[0] #沪深 300 指数同期收益率
```

其预测结果和计算的投资收益率（部分）如图 10-14 所示。

其中，dt3 为待预测的形态特征数据集，res 为支持向量机的预测结果。例如，行序号为 10、13 的股票代码 000333 和 002517 的股票预测结果为+1，表示未来持有期为 1 个月可能获得较好的收益。事实上，result 已经给出了收益率计算结果。从模型的预测结果来看，待预测的股票形态样本 dt3 一共有 351 条记录，即 351 只待预测股票，最终预测结果为+1 的有 42 只，具体见 result 中的 code 列，r 列为对应股票未来持有期为 1 个月的收益率回测计算结果。策略获得的总的收益率为 total_r = 0.431976368242，而同期的沪深 300 指数收益率为 index300_r = 0.0360001133375。

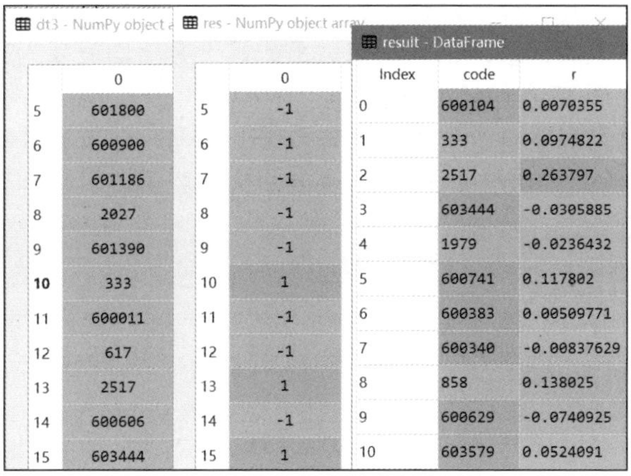
dt3 - NumPy object array

	0
5	601800
6	600900
7	601186
8	2027
9	601390
10	333
11	600011
12	617
13	2517
14	600606
15	603444

res - NumPy object array

	0
5	-1
6	-1
7	-1
8	-1
9	-1
10	1
11	-1
12	-1
13	1
14	-1
15	1

result - DataFrame

Index	code	r
0	600104	0.0070355
1	333	0.0974822
2	2517	0.263797
3	603444	-0.0305885
4	1979	-0.0236432
5	600741	0.117802
6	600383	0.00509771
7	600340	-0.00837629
8	858	0.138025
9	600629	-0.0740925
10	603579	0.0524091

图 10-14

本章小结

形态分析是技术分析的常用手段，存在众多投资者总结出来的投资形态。本章不指定任何已知形态，而是通过数据挖掘方法自动找到对投资者有价值的形态。为了降低股票价格维度，给出了关键价格点的概念和提取方法，通过关键价格点来描述原来的股票形态走势。进一步地，利用关键价格点提取股票形态特征进行自动聚类，并对每类股票计算未来一定持有期的平均收益率，在此基础上对每个类别的股票按收益率高低（排名前 5 作为界限）分为两类来构建训练样本。最后，根据训练样本训练支持向量机模型，并利用支持向量机模型自动寻找高收益率的股票形态。为了检验方法的有效性，设计了其量化投资策略，获得了较好的效果。说明，本章介绍的方法其稳定性和应用还需要做进一步的研究，关键点的提取个数、聚类的个数、交易周期的选择等相关问题还需要进一步研究及检验，这里仅提供一个思路和实现方法。事实上，本章介绍的方法所提供的程序经过适当的修改，便可以对以上提出的问题进行进一步的检验。

本章练习

作为一个例子，本章介绍了股票形态聚类及类收益率的计算方法，还介绍了预测模型的构建和量化投资策略的设计与实现。但是本章介绍的方法稳定性还有待进一步的检验。例如，关键价格点该取几个？形态聚类的聚类个数为多少？训练样本中计算形态特征的交易数据周期长度为多少？计算持有期收益率中持有期为多久？请根据这些问题，选择一个或者多个进行研究，并给出量化投资策略实证检验。

本章实验

1. 基于总体规模与投资效率指标的上市公司综合能力聚类分析

读取上市公司 2015 年的总体规模与投资效率指标数据 "data.xlsx"，字段包括股票代码（Stkcd）、会计期间（Accper）和指标（指标字段及名称，见第 8 章表 8-1），其中会计期间均为 2015-12-31，对该指标数据进行聚类分析，请完成以下任务：

（1）去掉指标值小于 0 和存在空值的记录。

（2）去掉存在异常值的记录，指标取值大于或等于 8 倍均值视为异常值。

（3）对指标值进行均值-方差标准化处理。

（4）对标准化后的指标值进行 K-均值聚类分析，K=5，即聚为 5 类。

（5）返回聚类结果，用序列 Fs 来表示，index 为股票代码、值为聚类标签值（0～4），并按聚类标签值从小到大进行排序。

```python
def return_values():
    import pandas as pd
    import numpy as np
    data=pd.read_excel('data.xlsx')
    #********** Begin *****
    请在此处输入程序代码
    #********** End **********#
    return Fs
```

2. 基于聚类结果构建投资组合及量化投资检验

读取 2016 年 5—12 月股票交易数据表 "trd.xlsx"，字段名称为股票代码、交易日期、考虑现金红利再投资的收盘价可比价，任务如下：

（1）在第 1 题的基础上，以每一类股票作为投资组合，计算各投资组合持有期为 2016-05-01—2016-12-31 日的收益率。其中，股票的收益率=（持有期最大交易日的收盘价-持有期最小交易日的收盘价）/持有期最小交易日的收盘价，投资组合的收益率=投资组合中持有期内各股票收益率之和，收盘价采用考虑现金红利再投资的收盘价可比价进行计算。

（2）返回各投资组合收益率，用一个列表 R 来表示（注：有 5 个元素）。

```python
def return_values():
    import pandas as pd
    import step10_1
    Fs=step10_1.return_values() #第 1 题的结果
    trd=pd.read_excel('trd.xlsx')
    #********** Begin *****
    请在此处输入程序代码
    #********** End **********#
    return R
```

第 11 章　综合案例 4：行业联动与轮动分析

　　上市公司是基本的分析单元，股票依附于上市公司，且上市公司经营的优劣会直接影响到股票市场。前面 3 个综合案例分别从上市公司基本面、技术指标分析和技术形态分析对公司和个股进行了量化分析，但是这 3 个案例均假定公司与公司之间、股票与股票之间是相互独立的，即将公司和股票均作为独立的个体进行分析。事实上，不同上市公司的经营业务、所处市场环境和竞争关系有可能存在相似性，在经济上它们往往被划分为同一行业。由于受到国家行业政策、经济环境、经济产业链、行业周期等的影响，不同行业之间的发展可能存在极大的差异。对投资者来说，如何选择好的行业进行投资，如何优化行业资产配置，如何利用行业之间的关联性进行投资等均是其非常感兴趣的问题。本章主要利用关联规则及其算法，挖掘行业之间的关联现象，即联动与轮动规律，从而获得其有意义的关联规则，并在此基础上设计量化投资策略。

11.1　案例背景

　　行业之间存在着相互关联，如农林业与家具建材行业、石油与化工行业等，它们之间要么存在着上下游关系，要么"你中有我，我中有你"，相互关联并影响着。由于受国家的产业政策变化、经济大环境的影响，在股票上涨、下跌和调整的过程中，会出现不同行业板块齐涨齐跌、同升同落的现象，这种现象被称为行业联动现象。行业联动是行业轮动的基础，行业轮动即一个或多个行业的涨跌会引起未来某个行业上涨或者下跌的一种现象。分析行业之间的联动与轮动现象，找出其规律，对投资者、国家管理部门等均具有非常积极的指导意义。下面基于申银万国行业指数交易数据，分别从日、周、月 3 种不同的时间周期分析其行业的联动现象与轮动现象，并提取有价值的行业轮动关联规则，在此基础上设计量化投资策略。

11.2　案例目标及实现思路

　　本案例的主要目标是通过分析申银万国行业交易指数的联动与轮动现象，获得有意义的行业轮动关联规则，并在此基础上设计量化投资策略。行业联动是行业轮动的分析基础，因此我们给出了日、周、月 3 个维度的行业联动与行业轮动分析。本案例具体实现思路及计算流程如图 11-1 所示。

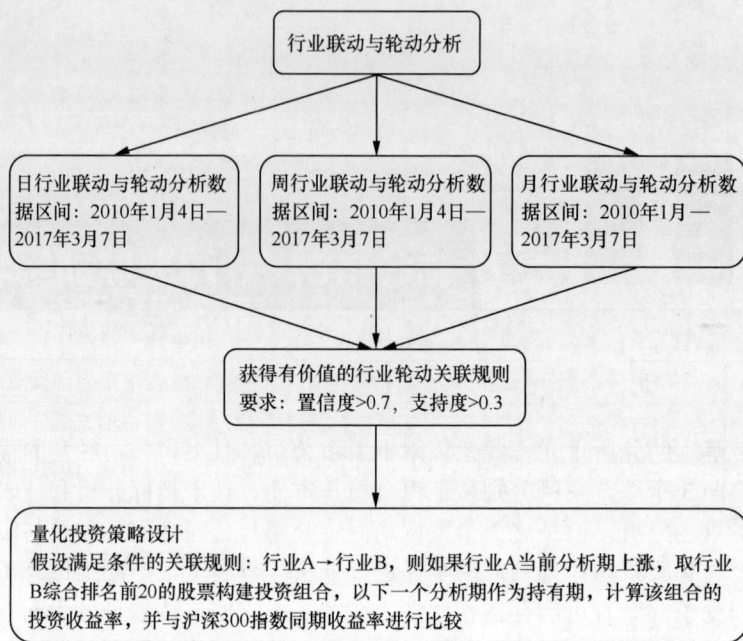

图 11-1

11.3 数据获取

以申银万国行业指数日行情数据为基础，分析行业的联动现象与轮动现象。申银万国指数行业包括农林牧渔、采掘、化工、商业贸易、黑色金属、有色金属、纺织服装、建筑建材、电子元器件、食品饮料、公用事业、信息服务、交运设备、综合、医药生物、建筑材料、房地产、建筑装饰、电气设备、机械设备、国防军工、金融服务、家用电器、计算机、传媒、通信、信息设备、轻工制造、餐饮旅游、银行、非银金融、汽车、交通运输、机械设备等 34 个行业。数据区间取 2010 年 1 月 4 日—2017 年 3 月 7 日，共 1741 个交易日，不足 1741 个交易日的行业指数剔除，最终得到 28 个行业指数。所有分析数据均来源于 CSMAR 数据库，具体数据表见表 11-1～表 11-3。

表 11-1　　　　　　　　　　　　交易日历数据表

Markettype	Clddt	Daywk	State
1	2010-01-04	1	O
1	2010-01-05	2	O
1	2010-01-06	3	O
1	2010-01-07	4	O
1	2010-01-08	5	O
1	2010-01-11	1	O
1	2010-01-12	2	O
1	2010-01-13	3	O
1	2010-01-14	4	O
......	......	......	......

其中，Markettype 表示市场类型，1 表示上海市场（上交所）；Clddt 表示日期；Daywk 表示星期；State 表示开市状态，O 表示开市。本数据表选择了上交所 2010 年 1 月 4 日—2017 年 3 月 7 日每日开市日期数据。

表 11-2　　　　　　　　　　　　　　　　指数基本信息表

Indexcd	Idxinfo01	Idxinfo04
801010	农林牧渔	申银万国股价系列指数由申银万国行业股价……
801020	采掘	申银万国股价系列指数由申银万国行业股价……
801030	化工	申银万国股价系列指数由申银万国行业股价……
801040	黑色金属	申银万国股价系列指数由申银万国行业股价……
801050	有色金属	申银万国股价系列指数由申银万国行业股价……
801060	建筑建材	申银万国股价系列指数由申银万国行业股价……
801070	机械设备	申银万国股价系列指数由申银万国行业股价……
801080	电子元器件	申银万国股价系列指数由申银万国行业股价……
……	……	……

其中，Indexcd 表示指数代码，Idxinfo01 表示指数名称，Idxinfo04 表示指数简介。

表 11-3　　　　　　　　　　　　　　　　指数交易数据表

指数代码	交易日期	收盘指数
801010	2010-01-04	2058.27
801010	2010-01-05	2081.28
801010	2010-01-06	2048.7
801010	2010-01-07	1999.31
801010	2010-01-08	2018.81
801010	2010-01-11	2019.45
801010	2010-01-12	2086.19
801010	2010-01-13	2063.99
……	……	……

数据读取及满足条件的行业代码筛选示例代码如下：

```
import pandas as pd
codename=pd.read_excel('指数基本信息表.xlsx')
sname=pd.Series(list(codename.iloc[:,1]),index=codename.iloc[:,0])
```

通过以上代码，我们获得了 34 个行业的指数代码及名称，结果（部分）如图 11-2 所示。

进一步读取行情交易数据并筛选满足交易记录数为 1741 的行业指数代码，示例代码如下：

```
data=pd.read_excel('指数交易数据表.xlsx')
code_record=data.iloc[:,0].value_counts()
code=list(code_record[code_record==1741].index)
```

最终得到满足条件的行业代码，如图 11-3 所示。

图 11-2

图 11-3

11.4 日行业联动与轮动分析

本节中挖掘以日为频率周期的行业联动与轮动关联规则。由于选择的行业指数交易数据为日度数据，故直接利用交易数据进行计算即可。下面分别从指标计算、日行业联动关联规则挖掘和日行业轮动关联规则挖掘 3 个方面给出详细的计算流程及代码实现。

日行业联动与轮动
分析

11.4.1 指标计算

我们只关心上涨的情况，不考虑下跌的情况，因此计算每个行业 2010 年 1 月 5 日—2017 年 3 月 7 日的指数行情上涨情况。上涨是指当前交易日行情数据与上一个交易日行情数据的差大于 0，其指标名称记为行业名称_up，如果上涨，则记为 1，否则记为 0。

计算思路及算法如下：

（1）预定义空的字典 D。

（2）对每一个指数代码，提取其交易收盘价数据，并按日期进行排序。

（3）预定义一个与其长度相等的全 0 数组 z21_up，同时收盘价按交易日期错位相减，如果大于 0，表示上涨，z21_up 对应的位置赋值为 1。

（4）以行业名称_up 为键，z21_up 为值，赋值给预定义的空字典 D。

（5）将 D 转化为数据框，其中 index 为对应的交易日期。

示例代码如下：

```
import numpy as np
D=dict()
for t in range(len(code)):
    #循环取每一个行业代码的收盘价数据,并按日期进行排序
    dt=data.loc[data['指数代码']==code[t],['交易日期','收盘价']].sort_values('交易日期')
    #上一交易日收盘价序列,index 从开始位置至倒数第 1 个位置
    dt1=dt.iloc[0:-1,[1]]['收盘价'];
    #当前交易日收盘价序列,index 从第 2 个位置开始,至结尾位置
    dt2=dt.iloc[1:,[1]]['收盘价'];
    #预定义涨跌标识数组,元素全为 0,长度与当前交易日收盘价序列相同
    z21_up=np.zeros(len(dt2))
    #当前交易日收盘价-上一个交易日收盘价,如果大于 0,标识为 1,表示上涨
    #如果小于等于 0,则标识为 0,表示未上涨,这里不用再赋值
    z21_up[dt2.values-dt1.values>0]=1
    #以行业代码名称_up 为键,涨跌标识数组为值,依次添加到预定义的字典 D 中
    D.setdefault(sname[code[t]]+'_up',z21_up)
```

```
td=pd.read_excel('交易日历数据表.xlsx')    #读取交易日历数据
#将预定义的字典 D 转化为数据框,其中 index 为对应的交易日期
Data=pd.DataFrame(D,index=td['Clddt'].values[1:])
```

执行后的结果（部分）如图 11-4 所示。

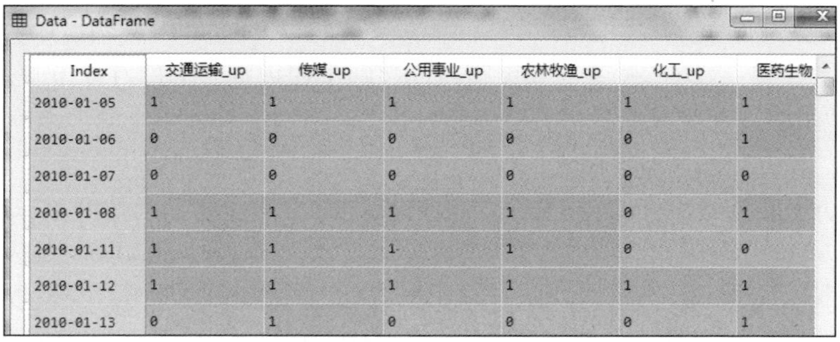

Index	交通运输_up	传媒_up	公用事业_up	农林牧渔_up	化工_up	医药生物
2010-01-05	1	1	1	1	1	1
2010-01-06	0	0	0	0	0	1
2010-01-07	0	0	0	0	0	0
2010-01-08	1	1	1	1	0	1
2010-01-11	1	1	1	1	0	0
2010-01-12	1	1	1	1	1	1
2010-01-13	0	1	0	0	0	1

图 11-4

以交通运输_up 这个字段为例进行说明，其中 2010 年 1 月 5 日、8 日、11 日、12 日表示该行业为上涨，而 2010 年 1 月 6 日、7 日、13 日为未上涨。基于该数据，我们就可以进行关联规则挖掘了。

11.4.2　行业联动关联规则挖掘

调用 apriori 关联规则挖掘算法可以挖掘多对一关联规则，示例代码如下：

```
import apriori as ap      #导入关联规则算法程序
support = 0.47            #最小支持度
confidence = 0.9          #最小置信度
ms = '—' #连接符
outputfile = 'apriori_rules1.xls' #结果文件
ap.find_rule(Data, support, confidence, ms).to_excel(outputfile) #调用关联规则挖掘函数
```

执行后的结果如表 11-4 所示。

表 11-4　　日行业联动规则

ID	rule	support	confidence
1	纺织服装_up—综合_up—轻工制造_up	0.47816092	0.96073903
2	电气设备_up—纺织服装_up—轻工制造_up	0.472413793	0.956926659
3	电气设备_up—轻工制造_up—纺织服装_up	0.472413793	0.950289017
4	综合_up—轻工制造_up—纺织服装_up	0.47816092	0.948688712
5	纺织服装_up—轻工制造_up—综合_up	0.47816092	0.939051919
6	纺织服装_up—轻工制造_up—电气设备_up	0.472413793	0.927765237
7	电气设备_up—轻工制造_up	0.497126437	0.913410771
8	化工_up—轻工制造_up	0.494827586	0.910147992
9	电气设备_up—纺织服装_up	0.493678161	0.907074974
10	综合_up—轻工制造_up	0.504022989	0.90505676
11	机械设备_up—轻工制造_up	0.483333333	0.904301075
12	商业贸易_up—纺织服装_up	0.49137931	0.902851109
13	纺织服装_up—轻工制造_up	0.509195402	0.900406504

ID	rule	support	confidence
14	电子元器件_up—轻工制造_up	0.492528736	0.900210084
15	机械设备_up—纺织服装_up	0.481034483	0.9

函数返回的结果一共有 15 条关联规则，以规则 1 和规则 7 为例进行说明。

规则 1：纺织服装行业上涨且综合行业也上涨，轻工制造行业也上涨的概率为 96.07%（置信度）。

规则 1：纺织服装、综合、轻工制造 3 个行业同时上涨占总记录数的 47.82%（支持度）。

规则 7：电气设备行业上涨，轻工制造行业也上涨的概率为 91.34%（置信度）。

规则 7：电气设备、轻工制造行业同时上涨占总记录数的 49.71%（支持度）。

进一步地，我们可以通过关联规则的定义来检验规则 1 和规则 7 各自的置信度和支持度的准确性。由置信度与支持度的计算公式：

$$Support(A \Rightarrow B) = \frac{A,B同时发生的事务个数}{所有事务个数} = \frac{Support\_count(A \cap B)}{Total}$$

$$Confidence(A \Rightarrow B) = P(A|B) = \frac{Support(A \cap B)}{Support(A)} = \frac{Support\_count(A \cap B)}{Support\_count(A)}$$

可以计算规则 7 的置信度与支持度：
```
I1=Data['电气设备_up'].values==1
I2=Data['轻工制造_up'].values==1
t12=np.zeros((1740))
t1=np.zeros((1740))
t12[I1&I2]=1
t1[I1]=1
sp7=sum(t12)/1740
co7=sum(t12)/sum(t1)
print('co7= ',co7)
print('sp7= ',sp7)
```
输出结果如下：

co7=0.913410770855

sp7=0.497126436782

规则 1 属于多对一关联规则，其计算公式可以类推如下：

$$Support(A,B \Rightarrow C) = \frac{A,B,C同时发生的事务个数}{所有事务个数} = \frac{Support\_count(A \cap B \cap C)}{Total}$$

$$Confidence(A,B \Rightarrow C) = P(A,B|C) = \frac{Support(A \cap B \cap C)}{Support(A \cap B)} = \frac{Support\_count(A \cap B \cap C)}{Support\_count(A \cap B)}$$

其计算程序如下：
```
I1=Data['纺织服装_up'].values==1
I2=Data['综合_up'].values==1
I3=Data['轻工制造_up'].values==1
t123=np.zeros((1740))
t12=np.zeros((1740))
t123[I1&I2&I3]=1
t12[I1&I2]=1
sp1=sum(t123)/1740
```

```
co1=sum(t123)/sum(t12)
print('co1= ',co1)
print('sp1= ',sp1)
```

输出结果如下：

co1=0.960739030023

sp1=0.47816091954

通过关联规则置信度和支持度计算公式，计算了规则 1 和规则 7 的置信度和支持度，验证 apriori 程序结果的正确性，从而更好地理解关联规则的置信度和支持度，为进一步的应用提供了基础。

11.4.3　行业轮动关联规则挖掘

本节利用关联规则的支持度和置信度定义公式来挖掘单个行业之间的行业轮动规则（一对一关联规则，即规则的前件和后件仅有一个项，这里指仅有一个行业）。为了方便后续周、月行业轮动关联规则挖掘的使用，我们借鉴第 5.8.3 节中的一对一关联规则挖掘程序案例，将挖掘行业轮动关联规则的程序代码定义为函数的形式，其函数名称记为 rule，存储于 OneRule.py 文件中。函数定义示例代码如下：

```
def rule(Data,s0,c0):
    #获取字段名称(行业名称_up),并转化为列表
    import numpy as np
    import pandas as pd
    c=list(Data.columns)
    list1=[] #预定义列表list1,用于存放规则
    list2=[] #预定义列表list2,用于存放规则的支持度
    list3=[] #预定义列表list3,用于存放规则的置信度
    for k in range(len(c)):
        for q in range(len(c)):
            #对第c[k]个行业与第c[q]个行业计算行业轮动规则
            #规则的前件为c[k]
            #规则的后件为c[q],计算周期与c[k]需后移一个周期
            c1=Data[c[k]][0:-1]
            c2=Data[c[q]][1:]
            I1=c1.values==1
            I2=c2.values==1
            t12=np.zeros((len(c1)))
            t1=np.zeros((len(c1)))
            t12[I1&I2]=1
            t1[I1]=1
            sp=sum(t12)/len(c1)  #支持度
            co=sum(t12)/sum(t1)  #置信度
            if co>c0 and sp>s0:
                list1.append(c[k]+'--'+c[q])
                list2.append(sp)
                list3.append(co)
    #定义字典,用于存放关联规则及其置信度、支持度
    R={'rule':list1,'support':list2,'confidence':list3}
    #将字典转化为数据框
    R=pd.DataFrame(R)
    #将结果导出到Excel
    R.to_excel('R.xlsx')
    return R
```

该函数输入参数为布尔数据集 Data、最小支持度 s0 和最小置信度 c0，返回值为一对一行业轮动关联规则。本例设置行业关联规则的最小支持度和最小置信度分别大于 0.3 和 0.59，

调用定义的 rule 函数进行行业轮动关联规则挖掘，示例代码如下：

```
import OneRule as OR
r=OR.rule(Data,0.3,0.59)
```

执行结果如表 11-5 所示。

表 11-5　　　　　　　　　日行业轮动规则

ID	rule	support	confidence
0	公用事业_up—轻工制造_up	0.3237493	0.60021322
1	农林牧渔_up—轻工制造_up	0.3277746	0.596858639
2	医药生物_up—纺织服装_up	0.3231742	0.595338983
3	医药生物_up—轻工制造_up	0.3225992	0.594279661
4	商业贸易_up—纺织服装_up	0.3237493	0.595137421
5	商业贸易_up—轻工制造_up	0.3231742	0.594080338
6	建筑材料_up—轻工制造_up	0.3243243	0.592436975
7	建筑装饰_up—轻工制造_up	0.3145486	0.599123768
8	有色金属_up—农林牧渔_up	0.3105233	0.598669623
9	有色金属_up—纺织服装_up	0.3128235	0.603104213
10	有色金属_up—综合_up	0.3082231	0.594235033
11	有色金属_up—轻工制造_up	0.3168488	0.610864745
12	机械设备_up—轻工制造_up	0.3185739	0.596340151
13	汽车_up—纺织服装_up	0.3128235	0.593238822
14	汽车_up—综合_up	0.3122484	0.59214831
15	汽车_up—轻工制造_up	0.3174238	0.601962923
16	电子元器件_up—轻工制造_up	0.3254744	0.595162986
17	电气设备_up—轻工制造_up	0.3243243	0.596194503
18	纺织服装_up—纺织服装_up	0.3346751	0.592065107
19	纺织服装_up—轻工制造_up	0.3358252	0.594099695
20	计算机_up—综合_up	0.3151236	0.590517241
21	计算机_up—轻工制造_up	0.3179988	0.595905172
22	轻工制造_up—轻工制造_up	0.3369753	0.593718338
23	采掘_up—轻工制造_up	0.3024727	0.600456621

从结果可以看出，置信度大于 0.59 的有 24 条关联规则，置信度最高的也不超过 0.61。相比起行业联动，其置信度要小得多。然而，行业轮动规则代表的是未来下一个交易日的涨跌情况，具有预测性，对投资意义更大。同时我们也应该注意到，日间行业轮动的关联规则置信度普遍较低，其投资的风险也较大。

11.5　周行业联动与轮动分析

本节挖掘以周为频率周期的行业联动与轮动关联规则。由于选择的行

周行业联动与轮动分析

业指数交易数据为日度数据，需要将日度交易数据转化为周交易数据进行计算，其关键是寻找每周的最大交易日和最小交易日，本节也给出了其算法和代码实现。下面分别从指标计算、周行业联动关联规则挖掘和周行业轮动关联规则挖掘 3 个方面给出详细的计算流程及代码实现。

11.5.1　指标计算

同日行业联动分析一样，我们只关心上涨的情况，不考虑下跌的情况，因此对每个行业从 2010 年 1 月 4 日至 2017 年 3 月 7 日计算每个交易周的上涨情况。上涨是指当周最大交易日行情数据−当周最小交易日行情数据>0，其指标名称记为行业名称_up，如果上涨，则记为 1，否则记为 0。由于我们获取的数据为日行情交易数据，无法直接计算周上涨情况，需要对交易日历数据进行处理，即找出每周的最大交易日和最小交易日。从交易日历表的星期（Daywk）字段可以看出，当前星期值比下一个星期值大，其对应的交易日即为本周的最大交易日，下一个星期值对应的交易日即为下周的最小交易日。因此，寻找周最大交易日和最小交易日的算法如下。

输入：交易日历数据表 date。

输出：周最小交易日和最大交易日列表 list1 和 list2。

Step1：定义空的列表 list1 和 list2，将交易日历表中的首个交易日添加到 list1 中。

Step2：从第 2 个交易日开始至倒数第 2 个交易日，如果其星期值大于下一个交易日的星期值，则将其交易日添加到 list2 中，下一个交易日添加到 list1 中。

Step3：去掉 list1 中最后一个元素。

算法示例代码如下：

```
import pandas as pd
x=pd.read_excel('交易日历数据表.xlsx')
x=x.iloc[:1741,:]
list1=['2010-01-04']
list2=[]
for t in range(1,len(x)-1):
    p=x.iloc[t-1,[2]][0]
    q=x.iloc[t,[2]][0]
    if q<p:
        list1.append(x.iloc[t,[1]][0])
        list2.append(x.iloc[t-1,[1]][0])
list1=list1[:-1]
```

执行结果（部分）如图 11-5 所示。

总共得到 359 个交易周，第 0 行代表第 0 个交易周，该周的最小交易日为 2010 年 1 月 4 日,最大交易日为 2010 年 1 月 8 日。计算该周的涨跌情况可以用 2010 年 1 月 8 日的指数收盘价减去 2010 年 1 月 4 日的指数收盘价得到，如果大于 0，则表示该周指数上涨，用 1 表示，否则记为 0，其算法如下。

输入：周最小交易日和最大交易日列表 list1 和 list2、行业指数代码列

list1 - List (359 elements)					list2 - List (359 elements)			
Index	Type	Size			Index	Type	Size	
0	str	1	2010-01-04		0	str	1	2010-01-08
1	str	1	2010-01-11		1	str	1	2010-01-15
2	str	1	2010-01-18		2	str	1	2010-01-22
3	str	1	2010-01-25		3	str	1	2010-01-29
4	str	1	2010-02-01		4	str	1	2010-02-05
5	str	1	2010-02-08		5	str	1	2010-02-12
6	str	1	2010-02-22		6	str	1	2010-02-26
7	str	1	2010-03-01		7	str	1	2010-03-05
8	str	1	2010-03-08		8	str	1	2010-03-12
9	str	1	2010-03-15		9	str	1	2010-03-19
10	str	1	2010-03-22		10	str	1	2010-03-26

图 11-5

表 code、指数基本信息序列 sname（值为行业名称，index 为行业代码）。

输出：每周指数涨跌情况数据。

Step1：预定义一个空的字典 D。

Step2：对每一个行业代码，获取其对应的交易收盘价数据并按日期从小到大排序，同时定义一个长度与 list1 相同且元素全 0 的指数涨跌标识数组 z，提取每周最大交易日对应的收盘价和最小交易日对应的收盘价并相减，将其值赋给 z。将 z 中大于 0 的值修改为 1，小于等于 0 的值修改为 0。这样就得到了每个行业指数代码对应的涨跌标识数组 z。以行业名称_up 为键，z 为值，依次添加到 D 中。

```
for t = 1 to len(code)
    dt=第 t 个行业代码对应的交易日期和收盘价数据（按日期进行排序）
    for i =1 to len(z)
        a2=list2[i]对应的交易日期对应的收盘价,即周最大交易日收盘价
        a1=list1[i]对应的交易日期对应的收盘价,即周最小交易日收盘价
        z[i]=a2-a1
    z[z>0]=1
    z[z<=0]=0
    取第 t 个行业代码对应的行业名称作为键 sname[code[t]],z 作为值,依次添加到 D 中
```

Step3：将 D 转化为数据框。

算法示例代码如下：

```
import pandas as pd
x=pd.read_excel('交易日历数据表.xlsx')
x=x.iloc[:1741,:]
list1=['2010-01-04']
list2=[]
for t in range(1,len(x)-1):
    p=x.iloc[t-1,[2]][0]
    q=x.iloc[t,[2]][0]
    if q<p:
        list1.append(x.iloc[t,[1]][0])
        list2.append(x.iloc[t-1,[1]][0])
list1=list1[:-1]
codename=pd.read_excel('指数基本信息表.xlsx')
sname=pd.Series(list(codename.iloc[:,1]),index=codename.iloc[:,0])
data=pd.read_excel('指数交易数据表 20100104-20170307.xlsx')
code_record=data.iloc[:,0].value_counts()
code=list(code_record[code_record==1741].index)
import numpy as np
D=dict()
for t in range(len(code)):
    dt=data.loc[data['指数代码']==code[t],['交易日期','收盘价']].sort_values('交易日期')
    z=np.zeros((len(list1)))
    for i in range(len(z)):
        a2=dt.loc[dt['交易日期']==list2[i],['收盘价']]['收盘价']
        a1=dt.loc[dt['交易日期']==list1[i],['收盘价']]['收盘价']
        z[i]=a2.values-a1.values
    z[z>0]=1
    z[z<=0]=0
    D.setdefault(sname[code[t]]+'_up',z)
Data=pd.DataFrame(D)
```

执行结果（部分）如图 11-6 所示。

Index	交通运输_up	传媒_up	公用事业_up	农林牧渔_up	化工_up
0	0	1	0	0	0
1	1	1	1	1	1
2	0	0	0	0	0
3	0	0	0	0	0
4	1	0	1	0	0
5	1	1	1	1	1
6	1	1	1	1	1
7	0	0	0	0	0
8	0	0	0	0	0
9	1	1	1	1	1
10	0	0	0	0	1

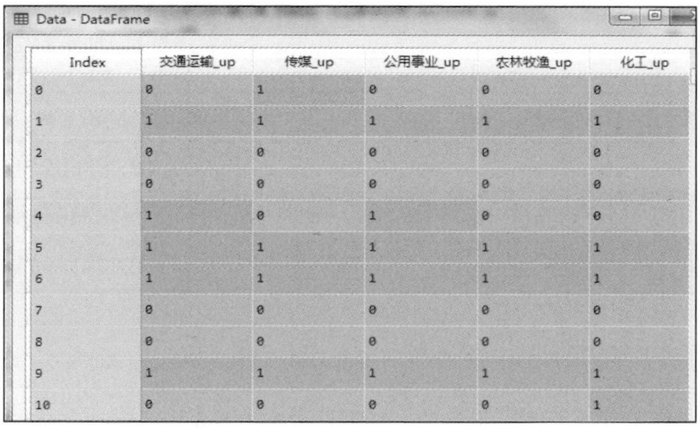

图 11-6

从图 11-6 可以看出，交通运输业第 0、2、3、7、8、10 个交易周为未上涨，第 1、4、5、6、9 个交易周为上涨。

11.5.2 行业联动关联规则挖掘

调用 apriori 关联规则挖掘算法，示例代码如下：

```
import apriori as ap  #导入关联规则算法程序
support = 0.47 #最小支持度
confidence = 0.9 #最小置信度
ms = '--' #连接符
outputfile = 'apriori_rules2.xls' #结果文件
ap.find_rule(Data, support, confidence, ms).to_excel(outputfile) #调用关联规则挖掘函数
```

执行结果如表 11-6 所示。

表 11-6 周行业联动规则

ID	rule	support	confidence
1	化工_up—纺织服装_up—轻工制造_up	0.473537604	0.98265896
2	纺织服装_up—轻工制造_up—化工_up	0.473537604	0.95505618
3	纺织服装_up—轻工制造_up—综合_up	0.470752089	0.949438202
4	纺织服装_up—综合_up—轻工制造_up	0.470752089	0.949438202
5	化工_up—轻工制造_up	0.504178273	0.947643979
6	综合_up—轻工制造_up—纺织服装_up	0.470752089	0.944134078
7	化工_up—轻工制造_up—纺织服装_up	0.473537604	0.939226519
8	轻工制造_up—化工_up	0.504178273	0.923469388
9	纺织服装_up—综合_up	0.495821727	0.922279793
10	纺织服装_up—轻工制造_up	0.495821727	0.922279793
11	轻工制造_up—综合_up	0.498607242	0.913265306
12	机械设备_up—化工_up	0.484679666	0.910994764
13	化工_up—机械设备_up	0.484679666	0.910994764
14	化工_up—综合_up	0.484679666	0.910994764
15	轻工制造_up—纺织服装_up	0.495821727	0.908163265
16	化工_up—纺织服装_up	0.48189415	0.905759162

ID	rule	support	confidence
17	机械设备_up—电气设备_up	0.48189415	0.905759162
18	综合_up—轻工制造_up	0.498607242	0.904040404
19	计算机_up—电子元器件_up	0.487465181	0.902061856
20	机械设备_up—轻工制造_up	0.479108635	0.90052356

11.5.3　行业轮动关联规则挖掘

同日行业轮动关联规则挖掘类似，我们调用定义的函数 rule，设置最小支持度和最小置信度分别大于 0.2 和 0.58，示例代码如下：

```
import OneRule as OR
r=OR.rule(Data,0.2,0.58)
```

执行后的结果如表 11-7 所示。

表 11-7　　　　　　　　　　周行业轮动关联规则

ID	rule	support	confidence
0	银行_up—机械设备_up	0.27932961	0.588235294
1	银行_up—电气设备_up	0.28212291	0.594117647
2	银行_up—综合_up	0.28212291	0.594117647
3	非银金融_up—综合_up	0.2849162	0.593023256

从结果可以看出，周行业轮动关联规则置信度最大值都不超过 0.6，而大于 0.58 的关联规则仅 4 条，因此，周行业轮动的关联规则可预测性也不强。

11.6　月行业联动与轮动分析

本节挖掘以月为频率周期的行业联动与轮动关联规则。由于选择的行业指数交易数据为日度数据，需要将日度交易数据转化为月交易数据进行计算，其关键是寻找每月的最大交易日和最小交易日，本节也给出了其算法和代码实现。注意，我们获取的数据中 2017 年 3 月只有 7 天，故将这个月的数据删除，即计算周期为 2010 年 1 月至 2017 年 2 月。下面分别从指标计算、月行业联动关联规则挖掘和月行业轮动关联规则挖掘 3 方面给出详细的计算流程及代码实现。

月行业联动与轮动
分析

11.6.1　指标计算

同日行业联动分析一样，我们只关心上涨的情况，不考虑下跌的情况，因此对每个行业从 2010 年 1 月至 2017 年 2 月计算每个交易月的上涨情况。上涨是指当月最大交易日行情数据−当月最小交易日行情数据>0，其指标名称记为行业名称_up，如果上涨，则记为 1，否则记为 0。由于我们获取的数据为日行情交易数据，无法直接计算月上涨情况，需要对交易日历数据进行处理，即找出每月的最大交易日和最小交易日。具体寻找算法如下。

输入：交易日历数据表 date。

输出：月最小交易日和最大交易日列表 list1 和 list2。

Step1：定义空的列表 list1 和 list2。

Step2：for year = 2010 to 2017

    for month= 01 to 12

      startdate=year-month-01

      enddate=year-month-31

    取 date 中，交易日期在 startdate 和 enddate 之间的数据，并按升序排序，则第 1 个数据即为当月最小交易日期，添加到 list1 中。最后 1 个数据即为当月最大交易日期，添加到 list2 中。

Step3：去掉 list1、list2 中的最后一个元素，即 2017 年 3 月的最大交易日和最小交易日不统计，主要是提取的数据中 3 月仅 7 天，不做计算。

示例代码如下：

```
import pandas as pd
import numpy as np
x=pd.read_excel('交易日历数据表.xlsx')
x=x.iloc[:1741,:]
list1=[]
list2=[]
for y in np.arange(2010,2018):
    for m in np.arange(1,13):
        if m<10:
          d1=str(y)+'-0'+str(m)+'-01'
          d2=str(y)+'-0'+str(m)+'-31'
        else:
          d1=str(y)+'-'+str(m)+'-01'
          d2=str(y)+'-'+str(m)+'-31'
        I1=x.iloc[:,1]>=d1
        I2=x.iloc[:,1]<=d2
        I=I1&I2
        xs=x.iloc[I.values,[1]]['Clddt'].sort_values()
        if len(xs)>1:
            list1.append(xs.values[0])
            list2.append(xs.values[len(xs)-1])
list1=list1[:-1]
list2=list2[:-1]
```

执行后的结果（部分）如图 11-7 所示。

🌐 list1 - List (86 elements)				🌐 list2 - List (86 elements)			
Index	Type	Size		Index	Type	Size	
0	str	1	2010-01-04	0	str	1	2010-01-29
1	str	1	2010-02-01	1	str	1	2010-02-26
2	str	1	2010-03-01	2	str	1	2010-03-31
3	str	1	2010-04-01	3	str	1	2010-04-30
4	str	1	2010-05-04	4	str	1	2010-05-31
5	str	1	2010-06-01	5	str	1	2010-06-30
6	str	1	2010-07-01	6	str	1	2010-07-30
7	str	1	2010-08-02	7	str	1	2010-08-31
8	str	1	2010-09-01	8	str	1	2010-09-30
9	str	1	2010-10-08	9	str	1	2010-10-29

图 11-7

总共得到 86 个交易月，第 0 行代表第 0 个交易月，该月的最小交易日为 2010 年 1 月 4 日，最大交易日为 2010 年 1 月 29 日。计算该月的涨跌情况可以用 2010 年 1 月 29 日的指数收盘价减去 2010 年 1 月 4 日的指数收盘价得到，如果大于 0，表示该月指数上涨，用 1 表示，否则记为 0。其计算算法如下。

输入：月最小交易日和最大交易日列表 list1 和 list2、行业指数代码列表 code、指数基本信息序列 sname（值为行业名称，index 为行业代码）。

输出：每月指数涨跌情况数据。

Step1：预定义一个空的字典 D。

Step2：对每一个行业代码，获取其对应的交易收盘价数据并按日期从小到大排序，同时定义一个长度与 list1 相同且元素全 0 的指数涨跌标识数组 z，提取每月最大交易日对应的收盘价和最小交易日对应的收盘价并相减，将其值赋给 z。将 z 中大于 0 的值修改为 1，小于等于 0 的值修改为 0。这样就得到了每个行业指数代码对应的涨跌标识数组 z。以行业名称_up 为键，z 为值，依次添加到 D 中。

```
for t = 1 to len(code)
    dt=第 t 个行业代码对应的交易日期和收盘价数据（按日期进行排序）
    for i =1 to len(z)
        a2=list2[i]对应的交易日期对应的收盘价,即月最大交易日收盘价
        a1=list1[i]对应的交易日期对应的收盘价,即月最小交易日收盘价
        z[i]=a2-a1
    z[z>0]=1
    z[z<=0]=0
    取第 t 个行业代码对应的行业名称作为键 sname[code[t]],z 作为值,依次添加到 D 中
```

Step3：将 D 转化为数据框。

示例代码如下：

```
import pandas as pd
import numpy as np
x=pd.read_excel('交易日历数据表.xlsx')
x=x.iloc[:1741,:]
list1=[]
list2=[]
for y in np.arange(2010,2018):
    for m in np.arange(1,13):
        if m<10:
            d1=str(y)+'-0'+str(m)+'-01'
            d2=str(y)+'-0'+str(m)+'-31'
        else:
            d1=str(y)+'-'+str(m)+'-01'
            d2=str(y)+'-'+str(m)+'-31'
        I1=x.iloc[:,1]>=d1
        I2=x.iloc[:,1]<=d2
        I=I1&I2
        xs=x.iloc[I.values,[1]]['Clddt'].sort_values()
        if len(xs)>1:
            list1.append(xs.values[0])
            list2.append(xs.values[len(xs)-1])
list1=list1[:-1]
list2=list2[:-1]
codename=pd.read_excel('指数基本信息表.xlsx')
sname=pd.Series(list(codename.iloc[:,1]),index=codename.iloc[:,0])
```

```
data=pd.read_excel('指数交易数据表 20100104-20170307.xlsx')
code_record=data.iloc[:,0].value_counts()
code=list(code_record[code_record==1741].index)
import numpy as np
D=dict()
for t in range(len(code)):
  dt=data.loc[data['指数代码']==code[t],['交易日期','收盘价']].sort_values('交易日期')
  z=np.zeros((len(list1)))
  for i in range(len(z)):
     a2=dt.loc[dt['交易日期']==list2[i],['收盘价']]['收盘价']
     a1=dt.loc[dt['交易日期']==list1[i],['收盘价']]['收盘价']
     z[i]=a2.values-a1.values
  z[z>0]=1
  z[z<=0]=0
  D.setdefault(sname[code[t]]+'_up',z)
Data=pd.DataFrame(D)
```

执行后的结果（部分）如图 11-8 所示。

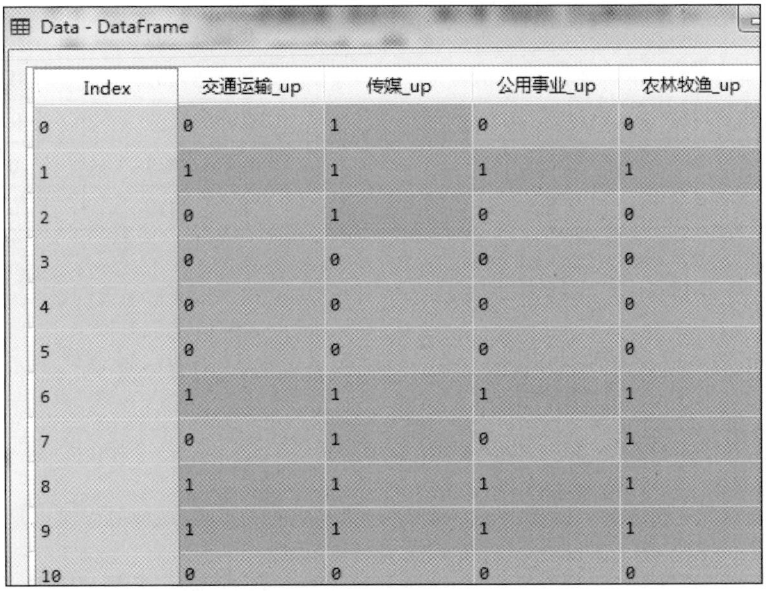
Data - DataFrame

Index	交通运输_up	传媒_up	公用事业_up	农林牧渔_up
0	0	1	0	0
1	1	1	1	1
2	0	1	0	0
3	0	0	0	0
4	0	0	0	0
5	0	0	0	0
6	1	1	1	1
7	0	1	0	1
8	1	1	1	1
9	1	1	1	1
10	0	0	0	0

图 11-8

从图 11-8 中可以看出，以交通运输业为例，第 0、2、3、4、5、7、10 个交易月表示该行业未上涨，第 1、6、8、9 个交易月为上涨。

11.6.2 行业联动关联规则挖掘

调用 apriori 关联规则挖掘算法，示例代码如下：

```
import apriori as ap   #导入关联规则算法程序
support = 0.47 #最小支持度
confidence = 0.9 #最小置信度
ms = '--' #连接符
outputfile = 'apriori_rules3.xls' #结果文件
ap.find_rule(Data, support, confidence, ms).to_excel(outputfile) #调用关联规则挖
掘函数
```

执行后的结果如表 11-8 所示。

表 11-8   月行业联动规则

ID	rule	support	confidence
1	采掘_up—家用电器_up	0.5	0.955555556
2	综合_up—轻工制造_up	0.47674419	0.953488372
3	机械设备_up—家用电器_up	0.51162791	0.936170213
4	计算机_up—电子元器件_up	0.5	0.934782609
5	房地产_up—家用电器_up	0.48837209	0.933333333
6	房地产_up—建筑材料_up	0.48837209	0.933333333
7	纺织服装_up—轻工制造_up	0.48837209	0.933333333
8	化工_up—汽车_up	0.47674419	0.931818182
9	化工_up—轻工制造_up	0.47674419	0.931818182
10	电子元器件_up—计算机_up	0.5	0.914893617
11	计算机_up—医药生物_up	0.48837209	0.913043478
12	建筑材料_up—家用电器_up	0.48837209	0.913043478
13	有色金属_up—家用电器_up	0.48837209	0.913043478
14	建筑材料_up—房地产_up	0.48837209	0.913043478
15	采掘_up—有色金属_up	0.47674419	0.911111111
16	纺织服装_up—汽车_up	0.47674419	0.911111111

11.6.3　行业轮动关联规则挖掘

同日行业轮动关联规则挖掘类似，我们调用定义的函数 rule，设置最小支持度和最小置信度分别大于 0.2 和 0.67，示例代码如下：

```
import OneRule as OR
r=OR.rule(Data,0.2,0.67)
```

执行后的结果如表 11-9 所示。

表 11-9   月行业轮动关联规则

ID	rule	support	confidence
0	交通运输_up—家用电器_up	0.270588235	0.676470588
1	公用事业_up—家用电器_up	0.341176471	0.674418605
2	农林牧渔_up—家用电器_up	0.329411765	0.682926829
3	化工_up—家用电器_up	0.341176471	0.674418605
4	商业贸易_up—家用电器_up	0.329411765	0.717948718
5	国防军工_up—医药生物_up	0.341176471	0.69047619
6	国防军工_up—家用电器_up	0.341176471	0.69047619
7	家用电器_up—家用电器_up	0.411764706	0.68627451
8	建筑装饰_up—医药生物_up	0.329411765	0.7
9	建筑装饰_up—家用电器_up	0.329411765	0.7
10	机械设备_up—家用电器_up	0.364705882	0.673913043

ID	rule	support	confidence
11	汽车_up—家用电器_up	0.411764706	0.7
12	电子元器件_up—家用电器_up	0.364705882	0.673913043
13	通信_up—家用电器_up	0.352941176	0.714285714
14	通信_up—汽车_up	0.341176471	0.69047619
15	采掘_up—家用电器_up	0.364705882	0.704545455
16	非银金融_up—医药生物_up	0.329411765	0.682926829
17	非银金融_up—家用电器_up	0.352941176	0.731707317
18	餐饮旅游_up—家用电器_up	0.341176471	0.674418605

从结果可以看出，置信度大于 0.67 的关联规则一共有 19 条，其中置信度在 0.7 及以上的有 7 条。从挖掘的结果来看，对比日、周两个周期，月行业轮动的关联规则可预测性最强。

11.7　量化投资策略设计与分析

我们以置信度大于 0.7 的四条规则：商业贸易_up—家用电器_up、通信_up—家用电器_up、非银金融_up—家用电器_up、采掘_up—家用电器_up，设计量化投资策略。具体设计思路及流程如下：

（1）计算商业贸易、通信、非银金融、采掘 4 个行业指数在 2017 年中每个月的涨跌情况，如果当月上涨，根据行业轮动关联规则的意义，则家用电器行业指数下个月上涨的概率（置信度）在 70% 以上，因此可以考虑在下个月对家用电器行业指数进行投资。

（2）由于家用电器行业指数不能进行买卖交易，因此我们可以考虑对该行业指数的样本股进行投资。

（3）如何选择家用电器行业指数的样本股呢？可以使用第 8 章中介绍的基于总体规模与投资效率指标的综合评价方法，选择综合排名比较靠前的股票构建投资组合，这里选择排名前 20 的股票构建投资组合，进行投资收益计算。

（4）由于月行业联动与轮动分析的数据区间为 2010 年 1 月—2017 年 2 月，故我们在设计量化投资策略的时候，计算商业贸易、通信、非银金融、采掘 4 个行业指数涨跌情况的数据区间为 2017 年 2 月—2017 年 11 月，家用电器行业股票投资数据区间为 2017 年 3 月—2017 年 12 月。商业贸易、通信、非银金融、采掘这 4 个行业指数在 2017 年 2 月—2017 年 11 月共 10 个交易月中，如果当月指数上涨，则取家用电器行业综合排名前 20 的样本股作为投资组合，以下个月最小交易日收盘价买入和下个月最大交易日收盘价卖出，计算投资组合的总收益率。其中，综合排名采用第 8 章中基于总体规模与投资效率指标的综合评价方法获得，样本股的收盘价采用考虑现金红利再投资的收盘价可比价进行计算，投资组合的总收益率为各样本股收益率之和，样本股的收益率=（当月最大交易日收盘价可比价-当月最小交易日收盘价可比价）/当月最小交易日收盘价可比价。

首先，我们先根据交易日历数据表，获得 2017 年中每个月的最大交易日期和最小交易日期。其中，交易日历数据表见表 11-1。通过以下代码我们获得了 2017 年每个月的最小交易日期 list1 和最大交易日期 list2。

```
import pandas as pd
import numpy as np
x=pd.read_excel('交易日历数据表.xlsx')
x=x.iloc[1700:,:]
list1=[]
list2=[]
for m in np.arange(1,13):
    if m<10:
        d1=str(2017)+'-0'+str(m)+'-01'
        d2=str(2017)+'-0'+str(m)+'-31'
    else:
        d1=str(2017)+'-'+str(m)+'-01'
        d2=str(2017)+'-'+str(m)+'-31'
    I1=x.iloc[:,1]>=d1
    I2=x.iloc[:,1]<=d2
    I=I1&I2
    xs=x.iloc[I.values,[1]]['Clddt'].sort_values()
    if len(xs)>1:
        list1.append(xs.values[0])
        list2.append(xs.values[len(xs)-1])
```

执行后的结果如图 11-9 所示。

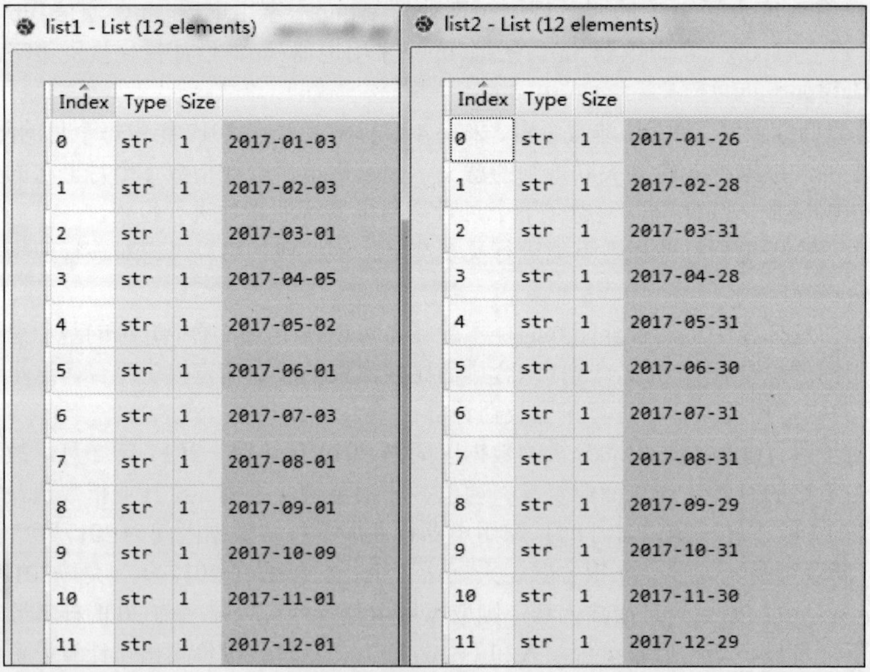
list1 - List (12 elements)

Index	Type	Size	
0	str	1	2017-01-03
1	str	1	2017-02-03
2	str	1	2017-03-01
3	str	1	2017-04-05
4	str	1	2017-05-02
5	str	1	2017-06-01
6	str	1	2017-07-03
7	str	1	2017-08-01
8	str	1	2017-09-01
9	str	1	2017-10-09
10	str	1	2017-11-01
11	str	1	2017-12-01

list2 - List (12 elements)

Index	Type	Size	
0	str	1	2017-01-26
1	str	1	2017-02-28
2	str	1	2017-03-31
3	str	1	2017-04-28
4	str	1	2017-05-31
5	str	1	2017-06-30
6	str	1	2017-07-31
7	str	1	2017-08-31
8	str	1	2017-09-29
9	str	1	2017-10-31
10	str	1	2017-11-30
11	str	1	2017-12-29

图 11-9

其次，我们通过 2017 年的行业指数行情数据表和每个月的最小交易日期 list1 和最大交易日期 list2，计算商业贸易（行业指数代码：801200）、通信（行业指数代码：801770）、非银金融（行业指数代码：801790）、采掘（行业指数代码：801020）、家用电器（行业指数代码：801110）这 5 个指数在 2017 年每个月的涨跌情况。其中，2017 年行业指数行情数据表如表 11-10 所示。

表 11-10　　　　　　　　2017 年的行业指数行情数据表（IDX_Idxtrd.xlsx）

Indexcd	Idxtrd01	Idxtrd02	Idxtrd03	Idxtrd04	Idxtrd05
801010	2017-01-03	3362.02	3394.79	3361.52	3388.74
801010	2017-01-04	3393.08	3424.67	3392.1	3423.82
801010	2017-01-05	3421.3	3433.15	3410.13	3421.9
801010	2017-01-06	3412.29	3417.89	3401.37	3410.66
801010	2017-01-09	3406.89	3407.06	3375.97	3399.36
801010	2017-01-10	3396.67	3402.5	3376.81	3377.76
801010	2017-01-11	3366.76	3376.55	3342.46	3344.89
801010	2017-01-12	3342.93	3359.05	3324.91	3326.66
801010	……	……	……	……	……

其中，字段依次表示行业指数代码、交易日期、开盘指数、最高指数、最低指数和收盘指数。
示例代码如下：

```
trd=pd.read_excel('IDX_Idxtrd.xlsx')
#行业代码依次对应：商业贸易、通信、非银金融、采掘、家用电器
Icode=[801200,801770,801790,801020,801110]
#预定义每个行业指数的涨跌指标列表
list1_=[]
list2_=[]
list3_=[]
list4_=[]
list5_=[]
#对每一个行业指数进行计算
for t in range(len(Icode)):
    #获得第 t 个行业指数的交易数据
    dt=trd.loc[trd['Indexcd'].values==Icode[t],['Idxtrd01','Idxtrd05']]
for k in range(1,len(list1)):
    #获得第 t 个行业指数第 k 月的最大交易日和最小交易日对应的收盘指数
    #分别为 p2 和 p1
        p1=dt.loc[dt['Idxtrd01'].values==list1[k],'Idxtrd05'].values
        p2=dt.loc[dt['Idxtrd01'].values==list2[k],'Idxtrd05'].values
        if t==0:
            list1_.append(p2-p1)
        if t==1:
            list2_.append(p2-p1)
        if t==2:
            list3_.append(p2-p1)
        if t==3:
            list4_.append(p2-p1)
        if t==4:
            list5_.append(p2-p1)
UD={'商业贸易':list1_,'通信':list2_,'非银金融':list3_,'采掘':list4_,'家用电器':list5_}
U=pd.DataFrame(UD,index=range(2,len(list1)+1))
```

最终得到商业贸易、通信、非银金融、采掘、家用电器 5 个行业在 2017 年 2 月—2017
年 12 月的行业指数涨跌情况，结果如图 11-10 所示。

U - DataFrame

Index	商业贸易	通信	非银金融	采掘	家用电器
2	[197.94]	[138.86]	[31.55]	[79.89]	[338.31]
3	[-210.87]	[-29.87]	[-44.99]	[-52.]	[272.77]
4	[-376.91]	[-194.73]	[-26.99]	[-253.9]	[-12.66]
5	[-226.91]	[-116.46]	[82.66]	[-95.08]	[3.25]
6	[206.33]	[177.57]	[73.56]	[188.57]	[751.77]
7	[34.13]	[-98.25]	[88.9]	[225.94]	[-164.18]
8	[29.94]	[131.92]	[68.83]	[167.48]	[-36.16]
9	[79.27]	[251.09]	[-59.42]	[-148.29]	[214.22]
10	[19.27]	[-138.81]	[51.43]	[-228.49]	[459.78]
11	[-400.9]	[-72.44]	[48.57]	[5.98]	[-88.46]
12	[7.42]	[-85.8]	[-57.7]	[-32.92]	[314.72]

图 11-10

从结果可以看出，商业贸易行业指数在 2 月—11 月中，2 月、6 月、7 月、8 月、9 月、10 月共 6 个月上涨，家用电器下个月上涨统计数为 3，置信度为 50%；通信行业指数在 2 月—11 月中，2 月、6 月、8 月、9 月共 4 个月上涨，家用电器下个月上涨统计数为 3，置信度为 75%；非银金融行业指数在 2 月—11 月中，2 月、5 月、6 月、7 月、8 月、10 月、11 月共 7 个月上涨，家用电器下个月上涨统计数为 4，置信度为 57%；采掘行业指数在 2 月—11 月中，2 月、6 月、7 月、8 月、11 月共 5 个月上涨，家用电器下个月上涨统计数为 3，置信度为 60%。

商业贸易→家用电器：模型置信度（71.79%），实际置信度（50%）。

通信→家用电器：模型置信度（71.43%），实际置信度（75%）。

采掘→家用电器：模型置信度（70.45%），实际置信度（57%）。

非银金融→家用电器：模型置信度（73.17%），实际置信度（60%）。

由此可见，我们挖掘出来的月行业轮动关联规则具有较好的预测效果。

根据申银万国行业分类标准及第 8 章中基于总体规模与投资效率指标的综合评价方法对应的财务数据，我们可筛选出家用电器行业上市公司对应的财务数据，并利用其综合评价方法，得到家用电器行业排名前 20 的上市公司股票。申银万国行业分类标准数据表如表 11-11 所示。

表 11-11　　申银万国行业分类标准

行业名称	股票代码	股票名称	起始日期	结束日期
采掘	000552	靖远煤电	2008-6-2 0:00	
采掘	000571	新大洲 A	2011-10-10 0:00	
采掘	000629	攀钢钒钛	2015-10-31 0:00	
采掘	000655	*ST 金岭	2015-10-31 0:00	
采掘	000723	美锦能源	2008-6-2 0:00	
采掘	000762	西藏矿业	2008-6-2 0:00	
采掘	000780	平庄能源	2016-9-14 0:00	
采掘	000937	冀中能源	2016-9-14 0:00	
……	……	……	……	

通过导入申银万国行业分类标准和第 8 章中基于总体规模与投资效率指标的综合评价方法对应的函数文件 fun.py，调用该文件中的 Fr 函数，以 2016 年的财务指标数据为基础进行综合排名，最终我们获得家用电器排名前 20 的股票名称和对应的股票代码。示例代码如下：

```
#获取申银万国行业分类标准中家用电器行业对应的股票代码
dta=pd.read_excel('申万行业分类.xlsx')
stkcd=dta.loc[dta['行业名称'].values=='家用电器','股票代码'].values
#获取第 8 章中基于总体规模与投资效率指标的综合评价方法对应的指标数据 ddata
ddata=pd.read_excel('ddata.xlsx')
#从 ddata 中筛选出家用电器行业对应股票代码的指标数据 dt
s=ddata['Stkcd'].values
I=s==stkcd[0]
for i in range(1,len(stkcd)):
   I1=s==stkcd[i]
   I=I|I1
dt=ddata.iloc[I,:]
#调用第 8 章中基于总体规模与投资效率指标的综合评价方法函数，获得家用电器行业排名
#前 20 的股票代码
import fun
r=fun.Fr(dt,'2016')
c=r[0]
fname=r[1][0:20]
code=list(c.index[0:20])
```

执行后的结果（部分）如图 11-11 所示。

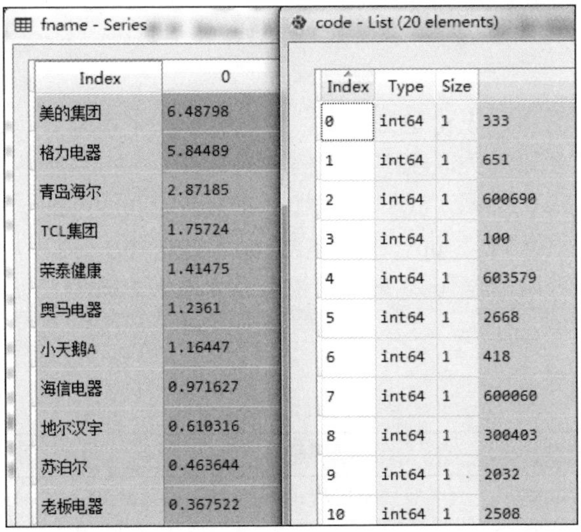
fname - Series

Index	0
美的集团	6.48798
格力电器	5.84489
青岛海尔	2.87185
TCL集团	1.75724
荣泰健康	1.41475
奥马电器	1.2361
小天鹅A	1.16447
海信电器	0.971627
地尔汉宇	0.610316
苏泊尔	0.463644
老板电器	0.367522

code - List (20 elements)

Index	Type	Size	
0	int64	1	333
1	int64	1	651
2	int64	1	600690
3	int64	1	100
4	int64	1	603579
5	int64	1	2668
6	int64	1	418
7	int64	1	600060
8	int64	1	300403
9	int64	1	2032
10	int64	1	2508

图 11-11

下面我们以“商业贸易→家用电器”这条关联规则为例，设计量化投资策略，即商业贸易行业指数在 2017 年 2 月—2017 年 11 月共 10 个交易月中，如果当月指数上涨，则取家用电器行业综合排名前 20 的样本股作为投资组合，以下个月最小交易日收盘价买入和下个月最大交易日收盘价卖出，计算投资组合的总收益率，这里收盘价采用考虑现金红利再投资的收盘价可比进行计算，其中股票交易数据表 trd_2017.xlsx 结构见第 8 章。该策略的示例代码如下：

```
DA=pd.read_excel('trd_2017.xlsx')
list_r=[] #预定义股票收益率列表
#循环对每个股票进行计算投资收益率
```

```
for i in range(len(code)):
    #获得第i个股票2017年度的交易数据,并按日期排序
    dat=DA.iloc[DA.iloc[:,0].values==code[i],:]
    dat=dat.sort_values('Trddt')
    r_c=0 #预定义第i个股票初始收益率
    for k in range(1,len(list1)-1):
        #获得第i个股票第k+1月的交易数据的收盘价p
        I1=dat.iloc[:,1].values>=list1[k+1]
        I2=dat.iloc[:,1].values<=list2[k+1]
        I=I1&I2
        p=dat.iloc[I,3].values
        if len(p)>0:
            #如果p不为空,计算收益率
            r=(p[len(p)-1]-p[0])/p[0]
            #只有当关联的行业指数上个月为上涨的时候,才计算其收益率
            if list1_[k-1]>0:
                r_c=r_c+r
    list_r.append(r_c)
s_list=sum(list_r)
m_list=np.mean(list_r)
```

执行以上策略代码得到投资组合的总收益率 s_list 和平均收益率 m_list 分别为 0.6895 和 0.03447。同理，可以得到"通信→家用电器""采掘→家用电器""非银金融→家用电器"这3条行业轮动关联规则投资策略的总收益率和平均收益率分别为1.4463和0.0723、1.5500和0.0775、0.5132和0.02566。由此可见，基于月行业轮动规则的量化投资策略取得了较好的投资效果。

本章小结

通过实证分析可以看出，无论是日、周，还是月，3个不同维度的行业联动关联规则其置信度普遍较高，而行业轮动关联规则的置信度相对较低，但是行业轮动关联规则具有预测性，其投资意义更大。通过挖掘，我们发现月行业轮动关联规则的置信度大于0.7的有4条关联规则，它们分别是商业贸易_up—家用电器_up、通信_up—家用电器、采掘_up—家用电器_up、非银金融_up—家用电器_up。最后，根据这4条关联规则，设计了量化投资策略，也获得了较好的投资收益率。作为一个应用案例，本章对行业资产配置具有较好的实践指导意义和一定的参考价值。

本章练习

本章介绍了申银万国行业指数日、周、月3种不同时间维度的联动与轮动分析，但是在分析联动与轮动规律的时候只考虑了"上涨与上涨"的关联情况。事实上，"上涨与下跌"或者"下跌与下跌"也是常见的两种关联现象。请结合本章中的方法，分析"上涨与下跌""下跌与下跌"两种关联现象，并提取有意义的关联规则。

本章实验

1. 股票交易数据获取
读取股票2017年的"交易日历数据表.xlsx"，其中字段名称为交易日期（Clddt）、星期

（Daywk），记为 td；读取 2017 年的股票交易数据表 DA.xlsx，其中字段名称为股票代码（Stkcd）、交易日期（Trddt）、收盘价（Clsprc），记为 data，任务如下：

（1）统计获得 2017 年全年的实际交易天数 M。

（2）获得 2017 年全年均在交易（交易天数为 M）的股票代码，用列表 code 来表示。

```
def return_values():
    import pandas as pd
    td=pd.read_excel('交易日历数据表.xlsx')
    data=pd.read_excel('DA.xlsx')
    #********** Begin *****
    请在此处输入程序代码
    #********** End **********#
    return (M,data,code,td)
```

2. 股票日联动与轮动布尔数据集构建

读取股票基本信息表"TRD_Co.xlsx"，其中字段名称为股票代码（Stkcd）、股票简称（Stknme），基于第 1 题的返回结果，完成如下任务：

（1）从第 2 个交易日开始，计算每只股票每个交易日的涨跌情况，如果上涨记为 1，否则为 0。

（2）构造布尔型涨跌标识数据集，用数据框 Data 来表示，其中 index 为交易日期，字段名称为所有参与计算的股票的"股票简称_up"，值记为 0 或者 1 的布尔值数组。

```
def return_values():
    import pandas as pd
    import numpy as np
    import step10_1
    r=step11_1.return_values()
    data=r[1]
    code=r[2]
    td=r[3]
stk=pd.read_excel('TRD_Co.xlsx')
sname=pd.Series(list(stk.iloc[:,1]),index=stk.iloc[:,0])
D=dict()
for t in range(len(code)):
        #********** Begin *****
        请在此处输入程序代码
    #********** End **********#
    D.setdefault(sname[code[t]]+'_up',z21_up)
        Data=pd.DataFrame(D,index=td['Clddt'].values[1:])
    return Data
```

实训篇

第12章 综合实训

12.1 行业盈利状况可视化分析实训

12.1.1 实训内容

申银万国行业分类表和公司净利润数据表，如表12-1、表12-2所示，其表结构和字段说明如下：

表12-1 申银万国行业分类表

行业名称	股票代码	股票名称	起始日期	结束日期
采掘	000552	靖远煤电	2008/6/2 0:00	
采掘	000571	新大洲 A	2011/10/10 0:00	
采掘	000629	攀钢钒钛	2015/10/31 0:00	
采掘	000655	*ST 金岭	2015/10/31 0:00	
采掘	000723	美锦能源	2008/6/2 0:00	
采掘	000762	西藏矿业	2008/6/2 0:00	
采掘	000780	平庄能源	2016/9/14 0:00	
采掘	000937	冀中能源	2016/9/14 0:00	
……	……	……	……	……

表12-2 公司净利润数据表

Stkcd	Accper	B002000101
000001	2011-12-31	10278631000
000001	2012-12-31	13402701000

Stkcd	Accper	B002000101
000001	2013-12-31	15231000000
000001	2014-12-31	19802000000
000001	2015-12-31	21865000000
000001	2016-12-31	22599000000
000001	2017-12-31	23189000000
000002	2011-12-31	9624875268
000002	2012-12-31	12551182392
……	……	……

字段依次表示股票代码、会计期间、归属于母公司所有者的净利润。

注：申银万国行业分类表数据来源于申万指数官网，公司净利润数据来源于 CSMAR 数据库。

问题如下：

（1）计算申银万国行业分类表中的每个行业 2012—2017 年（共 6 年）的净利润增长率。

（2）对每个年度，找出净利润增长率最大的 8 个行业，并绘制其柱状图，其中横轴为行业名称，纵轴为净利润增长率。

（3）将每个年度分别绘制的柱状图，用一个子图的形式表示出来，子图为 3×2 划分。

注：这里的利润采用归属于母公司所有者的净利润，行业的净利润等于所在行业的上市公司净利润之和。

12.1.2　实训指导

本实训的关键技术是循环计算和绘图中的中文显示，特别是图像中的横轴中文显示，为了避免重叠，可以考虑对中文字符按照一定的规则旋转，如 45°倾斜显示。大概思路如下：

首先，计算行业净利润增长率指标，可以分两步。第一步是计算获得每个行业 2011—2017 年共 7 年的净利润，可以用一个 NumPy 数组 D 来表示，每行代表一个行业，共有 7 个元素（7 年的净利润）；第二步计算 2012—2017 年的净利润增长率，比如，第 k 个行业的净利润增长率可以用$(D[k,1:]-D[k,:-1])/D[k,:-1]$来计算。这里需要注意的是每个行业的净利润等于该行业所有上市公司的净利润之和，D 的计算通过两个循环实现，算法如下：

```
for k in range(len(Indnme)):
    for year in range(2011,2018):
        D[k,year-2011]=第 k 个行业第 year 年的净利润
```

Indnme 为行业名称列表，可以通过读取申银万国行业分类表转化为数据框之后，对行业名称字段采用 value_counts()函数实现。

```
td=pd.read_excel('申万行业分类表.xlsx')
Indnme=td['行业名称'].value_counts()
Indnme=list(name.index)
```

第 k 个行业第 year 年的净利润计算，可以通过读取公司净利润数据转化为数据框之后，筛选第 year 年的数据并且将股票代码为 Indnme[k]行业对应的股票代码的净利润数据求和获得。

其次，绘图。普通的绘图比较容易实现，这里关键是要横轴显示中文，并且为了避免重叠要对其进行旋转，相关设置参考代码如下：

```
#显示中文设置
```

```
import matplotlib
font={'family':'SimHei'}
matplotlib.rc('font',**font)
#旋转 45°设置
plt.bar([1,2,3,4,5,6,7,8],q.values) #绘制柱状图
plt.xticks([1,2,3,4,5,6,7,8],q.index,rotation=45) #对柱状图横轴刻度添加中文标签并旋转 45°
```

12.2 上市公司透明度综合评价实训

12.2.1 实训内容

上市公司的透明度可以从经营状况、股权结构和治理结构方面进行综合评价，选取的指标如表 12-3 所示。

表 12-3 上市公司透明度指标数据

指标类型	指标名称
公司经营状况	总资产净利润率（X_1）、速动比率（X_2）、总资产增长率（X_3）
股权结构	两权分离度（X_4）、实际控制人性质（X_5）、高管持股数量（X_6）、股东总数（X_7）
治理结构	董事长与总经理兼任情况（X_8）、董事会规模（X_9）、独立董事人数（X_{10}）

注：数据来源于 CSMAR 数据库。

指标说明如下。
总资产净利润率（X_1）：净利润/总资产余额。
速动比率（X_2）：（流动资产–存货）/流动负债。
总资产增长率（X_3）：（资产总计本期期末值—资产总计本期期初值）/资产总计本期期初值。
两权分离度（X_4）：控制权与所有权之间的差值。
实际控制人性质（X_5）：实际控制人性质分为国有企业、民营企业、自然人、非自然人、组织或个人等。
高管持股数量（X_6）：高级管理人员持有股数量，包括兼任情况。
董事长与总经理兼任情况（X_8）：1=同一人，2=不是同一人。
董事会规模（人数）（X_9）：董事会中董事总人数，包括独立董事。
今有工业企业上市公司 34 家，具体指标数据见 Excel 数据文件 data.xlsx 和股票简称数据表 TRD_Co.xlsx，问题如下：
（1）对指标数据做主成分分析，并基于提取的主成分进行综合排名（要求提取的主成分累计贡献率在 95%以上）。
（2）返回排名结果，并输出到 Excel 表格中。（注：排名结果采用股票简称的形式）

12.2.2 实训指导

本实训的实现可以参考第 8 章中主成分综合排名的相关内容，相关理论介绍及应用可以参考第 5 章中主成分分析的部分。

12.3 基于支持向量机的量化择时实训

12.3.1 实训内容

今有沪深 300 指数 2016—2017 年的交易数据表和交易日历数据表，如表 12-4、表 12-5 所示，其表结构及字段说明如下：

表 12-4   沪深 300 指数 2016—2017 年的交易数据表   单位：万元

指数代码	交易日期	开盘价	最高价	最低价	收盘价	成交量	成交额
000300	2016-01-04	3725.86	3726.25	3468.95	3469.07	1153707	14596821
000300	2016-01-05	3382.18	3518.22	3377.28	3478.78	1621170	19601709
000300	2016-01-06	3482.41	3543.74	3468.47	3539.81	1459661	16094720
000300	2016-01-07	3481.15	3481.15	3284.74	3294.38	441026	4713080
000300	2016-01-08	3371.87	3418.85	3237.93	3361.56	1859595	20349887
000300	2016-01-11	3303.13	3342.48	3192.45	3192.45	1746384	18446405
000300	2016-01-12	3214.82	3242.25	3174.55	3215.71	1282258	14204891
……	……	……	……	……	……	……	……

表 12-5   交易日历数据表

Markettype	Clddt	Daywk	State
1	2016-01-04	1	O
1	2016-01-05	2	O
1	2016-01-06	3	O
1	2016-01-07	4	O
1	2016-01-08	5	O
1	2016-01-11	1	O
1	2016-01-12	2	O
1	2016-01-13	3	O
1	2016-01-14	4	O
1	2016-01-15	5	O
……	……	……	……

其中，Markettype 表示市场类型，1 表示上海市场（上交所）；Clddt 表示日期；Daywk 表示星期；State 表示开市状态，O 表示开市。本数据表选择了上交所 2016 年 1 月 4 日—2017 年 12 月 29 日每日开市日期数据。

请计算以下指标。

A1 周最高价：周内指数成交的最高价。

A2 周最低价：周内指数成交的最低价。

A3 成交额：一周内指数成交额。

A4 周收益率：（本周收盘价−上周收盘价）/上周收盘价。

A5 上周收益率：上一周的周收益率。

A6 前周收益率：上上周的周收益率。

A7 上周成交额：上一周的成交额。

A8 近 4 周平均成交额：在最近 4 周内的平均成交额。

Y（决策变量）：下周收盘价-本周收盘价。如果大于 0，记为 1；如果小于等于 0，则记为-1。

同时对指标 A1~A8 做标准化处理：（当前值-均值）/标准差，最终得到以下标准的数据结构形式：

ID	A1	A2	A3	A4	A5	A6	A7	A8	Y
1									
2									
3									
……									

取后 12 行数据，即后面的 12 周作为测试样本，剩下的数据作为训练样本，利用支持向量机模型进行训练及测试。

12.3.2　实训指导

本实训的关键地方有两个，一个是将日交易数据转化为周频率的统计数据并计算指标，另一个是对应指标的 index 截取。基本思路如下：

首先，基于交易日历数据表，找出每周的最小交易日和最大交易日，这里可以参考第 7.2 节的案例。假设每周的最小交易日和最大交易日分别用 list1 和 list2 来存储。

其次，利用日交易数据表计算各指标，对于 A1~A3，第 i 周的最高价、最低价和成交额，可以分别用 max、min、sum 函数计算交易日期在 list1[i]和 list2[i]之间的最高价、最低价和成交额获得；对于 A4，第 i 周的收益率=（list2[i]对应的收盘价-list2[i-1]对应的收盘价）/ list2[i-1]对应的收盘价。注意，从第二周开始计算；A5、A6 是基于 A4 进行计算的，而 A7、A8 则是基于 A3 进行计算的；对于决策变量 Y，第 i 周取决于 list2[i+1]-list2[i]，如果大于 0，则记为+1，否则记为-1，最后一周不计算。

最后，进行对应指标 index 的截取。

```
a8=A8[3:-1]
a1=A1[3:-1]
a2=A2[3:-1]
a3=A3[3:-1]
a4=A4[2:-1]
a5=A4[1:-2]
a6=A4[0:-3]
a7=A3[2:-2]
y=Y[3:]
```

这里用小写字母来表示最后的指标。指标计算结束后，就可以对训练集和测试集进行划分，并训练支持向量机模型进行测试了，这里可以参考支持向量机相关的案例，如第 5.6 节和第 7.6 节。

12.4　上市公司综合能力聚类分析实训

12.4.1　实训内容

提取上市公司 2015 年的总体规模与投资效率指标：营业收入、营业利润、利润总额、净利润、资产总计、固定资产净额，净资产收益率、每股净资产、每股资本公积、每股收益，一共 10 个，具体信息如表 12-6 所示。

表 12-6　　　　　　　　　　上市公司 2015 年的总体规模与投资效率指标

字段名称	字段中文名称	字段说明
B001101000	营业收入	企业经营过程中确认的营业收入
B001300000	营业利润	与经营业务有关的利润
B001000000	利润总额	公司实现的利润总额
B002000000	净利润	公司实现的净利润
A001000000	资产总计	资产各项目之总计
A001212000	固定资产净额	固定资产原价除去累计折旧和固定资产减值准备之后的净额
F050501B	净资产收益率	净利润/股东权益余额
F091001A	每股净资产	所有者权益合计期末值/实收资本期末值
F091301A	每股资本公积	资本公积期末值/实收资本期末值
F090101B	每股收益	净利润本期值/实收资本期末值

注：指标同第 8.3.1 节，具体数据见 data.xlsx。

对提取的指标做聚类分析，将上市公司分为 5 类，并以每一类股票作为投资组合，计算持有期为 2016 年 5 月 1 日—2016 年 12 月 31 日的总收益率。其中，股票的收益率=（持有期最大交易日的收盘价–持有期最小交易日的收盘价）/持有期最小交易日的收盘价。投资组合的收益率=投资组合中持有期内各股票收益率之和。收盘价采用考虑现金红利再投资的收盘价可比价进行计算，数据表如表 12-7 所示。字段说明如下：

表 12-7　　　　　　　　考虑现金红利再投资的收盘价可比价数据表

Stkcd	Trddt	Adjprcwd
300261	2016-05-04	76.185622
300262	2016-05-04	83.200346
300263	2016-05-04	78.304973
300264	2016-05-04	59.362441
300268	2016-05-04	46.049653
300269	2016-05-04	98.707705
300270	2016-05-04	104.054555
300271	2016-05-04	158.728554
300272	2016-05-04	53.565361
……	……	……

字段依次表示股票代码、交易日期、考虑现金红利再投资的收盘价可比价。

12.4.2　实训指导

本实训实现主要分两个阶段，第一阶段为对上市公司进行聚类，第二阶段为对每类公司发行的股票组合（A 股）计算收益率。

首先，在进行聚类之前，需要对指标数据进行预处理，包括去掉指标值小于 0、存在空值和异常值的样本，以及对指标数据做标准化处理，经过数据预处理的指标数据即可采用 K-均值聚类算法进行聚类，从而获得每类公司的股票组合。

其次，计算组合的收益率，其算法如下：

```
R=[]    #定义存储每类股票组合收益率列表
for i in range(5):  #5 类
    r_i=0      #预定义第 i 类股票组合收益率为 0
    ......
    for t in range(len(code_i)):  #对第 i 类股票代码进行计算
        #获得第 i 类组合中第 t 个股票满足日期条件且从小到大排好序的收盘价数据 p
        ......
        if len(p)>0:     #条件判断
            p1=p[0]
            p2=p[len(p)-1]
            r=(p2-p1)/p1
            r_i=r_i+r
R.append(r_i)
```

12.5 股票联动与轮动分析实训

12.5.1 实训内容

今有 2017 年中国 A 股交易数据、交易日历数据表和股票简称数据表，如表 12-8～表 12-10 所示，其表结构和字段说明如下。

表 12-8　　　　　　　　　　　2017 年中国 A 股交易数据

Stkcd	Trddt	Clsprc	Dnshrtrd	Dnvaltrd	Opnprc	Hiprc	Loprc
000001	2017-01-03	9.16	45984049	420595176	9.11	9.18	9.09
000001	2017-01-04	9.16	44932953	411503444	9.15	9.18	9.14
000001	2017-01-05	9.17	34437291	315769694	9.17	9.18	9.15
000001	2017-01-06	9.13	35815420	327176434	9.17	9.17	9.11
000001	2017-01-09	9.15	36108157	329994604	9.13	9.17	9.11
000001	2017-01-10	9.15	24105395	220575132	9.15	9.16	9.14
……	……	……	……	……	……	……	……

注：具体见 DA.xlsx，共 747430 条记录，数据来源于 CSMAR 数据库。

字段依次表示股票代码、交易日期、收盘价、交易量、交易金额、开盘价、最高价、最低价。

表 12-9　　　　交易日历数据表

Markettype	Clddt	Daywk	State
1	2017-01-03	2	O
1	2017-01-04	3	O
1	2017-01-05	4	O
1	2017-01-06	5	O
1	2017-01-09	1	O
1	2017-01-10	2	O
……	……	……	……

表 12-10　　股票简称数据表

Stkcd	Stknme
000001	平安银行
000002	万科 A
000003	PT 金田 A
000004	国农科技
000005	世纪星源
000006	深振业 A
……	……

注：数据来源于国泰安 CSMAR 数据库。

其中，Markettype 表示市场类型，1 表示上海市场（上交所）；Clddt 表示日期；Daywk 表示星期；State 表示开市状态，O 表示开市，表 12-9 选择了上交所 2017 年 1 月 3 日—2017 年 12 月 29 日每日开市日期数据，表 12-10 中的 Stkcd、Stknme 依次表示股票代码、股票简称。

任务如下：

（1）计算每只股票的涨跌指标，其中涨跌指标=当日收盘价－前日收盘价，如果大于 0，表示上涨，记为 1，否则记为 0。

（2）获取两两股票之间的涨跌轮动关联规则（注：要求关联规则的置信度大于 0.67，支持度大于 0.3）。

（3）将符合条件的关联规则输出到 Excel 表格中。

12.5.2　实训指导

首先，股票样本的选择，这里要求选择的股票样本全年均正常交易（可以通过交易日历数据表获知 2017 年正常交易的天数为 244 天，故选择的每只股票均有 244 条交易记录）。

其次，涨跌指标的计算可以参考第 11.4.1 节，轮动关联规则的挖掘可以参考第 11.4.3 节。

12.6　上市公司财务风险预警模型实训

12.6.1　实训内容

企业财务风险预警是企业风险预警系统的一个重要组成部分，它能有效地预知部分财务风险。本课题将风险公司记为 1，非风险公司记为 0，判断标准如下（满足条件之一）。

（1）连续两年年报显示净利润为负值。

（2）净资产收益率或总资产净利润率为负值。

其影响特征变量：流动比率、速动比率、现金比率、产权比率、利息保障倍数、盈利现金比率、总资产报酬率、净资产收益率、存货周转率、应收账款周转率、总资产周转率、主营业务鲜明率、资本保值增值率、净资产增长率，依次表示为 x1～x14。基于提供的相关指标数据，其结构如表 12-11 所示，构建财务风险预警模型。

表 12-11　　　　　　　　上市公司 2015 年的总体规模与投资效率指标

Stkcd	Q2017	Q2018	R1	R2	x1	……	x14
000001	23189000000	24818000000	0.10339	0.00726	NULL	……	−0.384246
000002	37208387330	49272294535	0.209117	0.032234	0.179976	……	2.320102
000004	5892241.41	−21612682.1	−0.117892	−0.061543	0.456577	……	NULL
000005	22935991.94	156748626.1	0.099251	0.050217	0.241895	……	NULL
000006	820482505.6	923127396.2	0.144552	0.068194	0.672851	……	2.93987
000007	795055.38	−196200201.5	−1.01016	−0.508673	0.947665	……	−79.38529
……	……	……	……	……	……	……	……

其中，Stkcd、Q2017、Q2018、R1、R2 分别表示股票代码、2017 年净利润、2018 年净利润、净资产收益率、总资产净利润率，具体见配套的数据集 sx12_6.xlsx。

12.6.2　实训指导

实训步骤可以分为以下 4 部分。

（1）筛选出风险企业对应的所有财务特征变量（自变量 X），同时构造风险企业标识变量（因变量 Y=1），数据集用一个数据框表示，记为 B1，其中最后一列为因变量，其余列为自变量。

（2）筛选出非风险企业所有财务特征变量（自变量 X），同时构造非风险企业标识变量（因变量 Y=0），用一个数据框 df0 表示。为了实现分类样本的均衡，从 df0 中随机抽样，使得数据样本数量与风险企业相同，可通过数据框中的 sample 方法实现，所得数据记为 B0，即 B0=df0.sample(n=len(B1), replace=True, random_state=10, axis=0)。对 B1 和 B0 进行垂直合并，获得完整的训练数据集 B，进一步地，可把 B 转换为 NumPy 数组，方便后续建模和分析。

（3）对训练数据集 B 的自变量进行极差法规范化，即数据规范化到[0,1]上，进一步地对规范化后的自变量数据进行主成分分析，要求累计贡献率在 95%以上，并提取主成分，记为 xz，同时因变量用 y 表示，其中 xz 和 y 均为 NumPy 数组。

（4）对 xz（自变量经过标准化、主成分分析和提取主成分后的特征数据）和 y（因变量），按 75%和 25%划分训练集和测试集，构建支持向量机模型（核函数为高斯核），返回模型准确率 rv 和预测准确率 r。

12.7 上市公司高送转预测实训

12.7.1 实训内容

上市公司高送转行为是影响股价趋势的一个重要事件。基于 2017 年三季度的财务指标数据，构建模型，预测其本年度是否发生高送转。影响高送转行为的指标主要包括每股收益、每股公积金、每股净资产、每股未分配利润、净利润增长率、股价、流通股本、总股本等。提供的数据表包括 2018 年股票日交易数据、月交易数据、每股指标数据和净利润增长率，相关字段说明如下。

2018 年股票日交易数据，字段包括 Stkcd（股票代码）、Trddt（交易日期）、Clsprc（收盘价）。

月交易数据，字段主要包括 Stkcd（股票代码）、Trdmnt（交易月份）、Mclsprc（月收盘价）、Msmvosd（月流通市值，单位为元）、Msmvttl（月总市值，单位为元），其他字段未使用，不作说明。

每股指标数据，字段主要包括 tkcd（股票代码）、Accper（会计期间）、Indcd（行业代码）、F090101B（每股收益）、F091001A（每股净资产）、F091301A（每股资本公积）、F091501A（每股未分配利润），其他字段未使用，不作说明。

净利润增长率，字段包括 Stkcd（股票代码）、Accper（会计期间）、F081002B（净利润增长率）。

问题：

（1）构造因变量 Y，即是否发生高送转，不从年度报告中或在其他金融数据库中获取，而是通过 2018 年的日交易数据中检测获得，检测的思路：相邻交易日收盘价格跌幅在 35%以上的，视为该股票存在高送转行为，认为其跌幅是由于股票价格除权。因变量 Y=1，表示高送转行为；Y=0，表示非高送转行为。

（2）构造自变量 X，其中每股收益、每股公积金、每股净资产、每股未分配利润、净利润增长率取 2017 年第 3 季度的财务指标数据，股价、流通股本、总股本这 3 个指标分别取 2017 年 9 月的收盘价、流通股本（月流通市值/月收盘价）和总股本（月总市值/月收盘价）。

（3）对非高送转公司样本数据进行随机抽样，使得其数量与高送转公司数量一致，对处理后的数据（自变量和因变量），按 80%训练和 20%测试，划分训练集和测试集，构建逻辑回归模型，输出模型的准确率 *rv* 和测试样本的预测准确率 *rs*。

12.7.2 实训指导

（1）读取"2018 年股票日交易数据.xlsx"数据表，对每个股票相邻日期的交易收盘价数据进行检测，检查算法程序如下：

```
code_list=[] #预定义的股票代码列表
z_list=[]      #预定义的股票是否是高送转标识
for i in range(len(code)):#所有股票代码列表
      temp=A.iloc[A['Stkcd'].values==code[i],:]#第 i 个股票的交易数据
      temp=temp.sort_values('Trddt')#数据按交易日排序
      p1=temp['Clsprc'].values[:-1] #第 i 个股票收盘价数据,从开始至倒数第 2 个
      p2=temp['Clsprc'].values[1:]   #第 i 个股票收盘价数据,从第 2 个开始至最后一个
      t=(p2-p1)/p1                      #相邻收盘价相减,并计算涨跌幅
      if len(t[t<-0.35])>0:
          code_list.append(code[i])
          z_list.append(1)
      else:
          code_list.append(code[i])
          z_list.append(0)
D1={'a_code':code_list,'b':z_list}
B1=pd.DataFrame(D1)
```

返回结果可用一个数据框 B1 来表示，其中列名分别为 a_code（股票代码）、b（高送转标识：1-有高送转，0-无高送转）。

（2）读取"月交易数据.xlsx、每股指标数据.xlsx 和净利润增长率.xlsx"这 3 个表，以 B1 的股票代码为搜索基础，计算获得自变量数据，参考代码框架如下：

```
B=pd.read_excel('每股指标数据.xlsx')
C=pd.read_excel('净利润增长率.xlsx')
G=pd.read_excel('月交易数据.xlsx')
A0=[]
A1=[]
A2=[]
A3=[]
A4=[]
A5=[]
A6=[]
A7=[]
for i in range(len(code)):):#B1 的股票代码列表
    A0 至 A7,就是上述提到的 8 个自变量指标的计算和获取过程
    ......
D2={'a_code':code,'c':A0,'d':A1,'e':A2,'f':A3,'g':A4,'h':A5,'i':A6,'j':A7}
B2=pd.DataFrame(D2)
Data=pd.merge(B1,B2,how='inner',on='a_code')
Data=Data.dropna()
Data.index=range(len(Data))
```

返回结果用一个数据框 B2 来表示，其中字段名称为 a_code（股票代码，与上一关对应），8 个指标的字段名称依次用 c、d、e、f、g、h、i、j 来表示，并与上一关活动的 B1，以股票代码为键进行内连接，获得完整的自变量和因变量的数据集 Data，其中 Data 为数据框，要求去掉空值的记录，同时 index 重新按默认值排序。

（3）对数据 Data 进行处理，包括对非高送转公司进行随机抽样，使得其数量与高送转公司数量保持一致，以及训练集和测试集的划分，调用模型包即可。抽样代码可参考如下：

```
Data_1=Data.iloc[Data.iloc[:,1].values==1,:]
Temp_0=Data.iloc[Data.iloc[:,1].values==0,:]
Data_0=Temp_0.sample(n=len(Data_1), replace=True, random_state=10, axis=0)
```

271

12.8　上市公司新闻标题情感分类实训

12.8.1　实训内容

金融领域文本，也是金融数据分析与挖掘的一个重要方向，本实训提供一个基础的分析思路和方法，旨在起到一个抛砖引玉的作用。本案例是基于爬取的上市公司新闻标题数据，构建分类模型，对新闻标题的情感调性做出分类识别。今有爬取的 35287 条新闻标题数据，通过人工打标签的方式确定情感调性（积极、中性、消极），以此作为训练数据集，构建分类识别模型，并对 1322 条新闻标题测试数据，预测其情感调性。

训练数据集的文件名称为"新闻标题训练数据.xlsx"，字段依次为情感调性、标题、来源、爬取时间和网址；测试数据集文件名称为"新闻标题测试数据.xlsx"，字段依次为标题、来源、爬取时间和网址。另外，本案例也提供了一个停用词表文件"stop_words.txt"，用于对特殊字符、介词、虚词、转折词等进行过滤，这个文档中的停用词读者也可以根据自己的需要来添加或删除。

12.8.2　实训指导

本实训作为一个拓展性案例，与本书其他案例相比，最大的区别在数据类型，即本案例的数据属于中文文本类型。我们需要安装一个中文文本分词包：结巴分词包，采用 pip 直接安装即可，即 pip install jieba，安装方法可参考 1.2.3 节，安装成功后即可开始本案例的实训。

（1）首先，读取"新闻标题训练数据.xlsx"，其中第 1 列为情感调性（积极、中性、消极），第 2～5 列依次为标题、来源、爬取时间、网址。其次，是对标题进行分词处理，每一条标题分词后是元素为词的列表，比如，新闻标题"日照港物流区块链平台上线"，分词后变为列表：['日照港', '物流', '区块', '链', '平台', '上线']，则训练集中所有标题分词后的数据为一个嵌套列表，记为trainX_txt，同时对情感分类进行标签值化处理：积极→0，中性→1，消极→2，用列表 Y 来表示。最后，读取"新闻标题测试数据.xlsx"，该数据集与训练集相比，没有情感调性字段，对测试集中的标题进行分词，分词后的结果为 testX_txt。本步骤处理后的结果如图 12-1 所示。

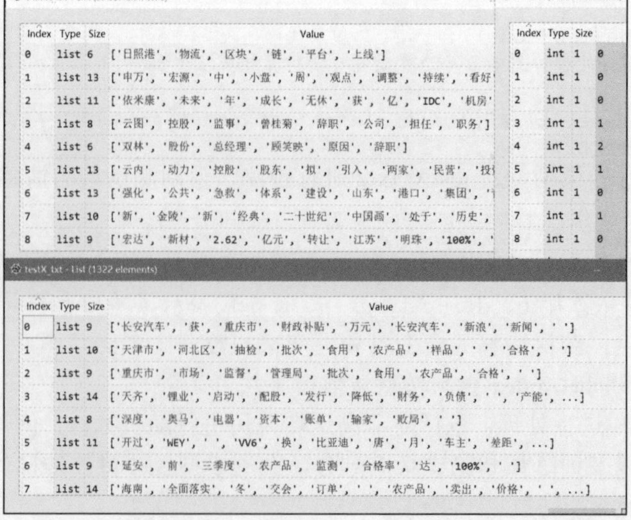

图 12-1

（2）读取停用词文件“stop_words.txt”，该文件为单列无表头的文件。对上一步获得的分词后的训练集 trainX_txt 和测试集 testX_txt，去掉停用词和数值，同时将每条标题（词列表）变成字符串格式（词之间用空格分开），处理后记为 trainX_txt2 和 testX_txt2，如图 12-2 所示。

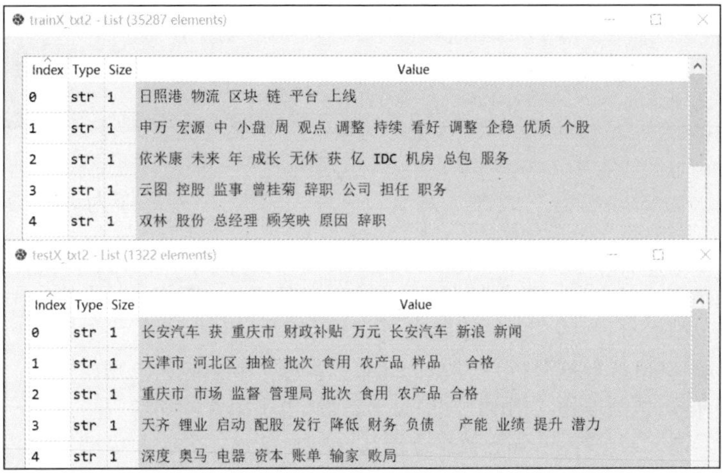
trainX_txt2 - List (35287 elements)

Index	Type	Size	Value
0	str	1	日照港 物流 区块 链 平台 上线
1	str	1	申万 宏源 中 小盘 周 观点 调整 持续 看好 调整 企稳 优质 个股
2	str	1	依米康 未来 年 成长 无休 获 亿 IDC 机房 总包 服务
3	str	1	云图 控股 监事 曾桂菊 辞职 公司 担任 职务
4	str	1	双林 股份 总经理 顾笑映 原因 辞职

testX_txt2 - List (1322 elements)

Index	Type	Size	Value
0	str	1	长安汽车 获 重庆市 财政补贴 万元 长安汽车 新浪 新闻
1	str	1	天津市 河北区 抽检 批次 食用 农产品 样品 合格
2	str	1	重庆市 市场 监督 管理局 批次 食用 农产品 合格
3	str	1	天齐 锂业 启动 配股 发行 降低 财务 负债 产能 业绩 提升 潜力
4	str	1	深度 奥马 电器 资本 账单 输家 败局

图 12-2

（3）基于前两步的结果 trainX_txt2,Y,testX_txt2，将 trainX_txt2 和 Y 转化为序列，利用机器学习包的内置函数，计算逆向词频，并构造特征集，对训练数据集按 80%训练、20%测试随机划分，构建线性支持向量机模型，返回模型准确率 *rv* 和预测准确率 *rs*。

```
X=pd.Series(trainX_txt2)
Y=pd.Series(Y)
from sklearn.model_selection import train_test_split
from sklearn.feature_extraction.text import CountVectorizer
from sklearn.feature_extraction.text import TfidfTransformer

count_vect = CountVectorizer()
x_train_counts = count_vect.fit_transform(X)
tfidf_transformer = TfidfTransformer()
X = tfidf_transformer.fit_transform(x_train_counts)

x_train, x_test, y_train, y_test = train_test_split (X, Y, random_state = 0)
from sklearn.svm import LinearSVC
clf = LinearSVC()
……
```

（4）利用训练好的模型，对 testX_txt2 进行预测，返回测试集的情感分类标签值。

```
for i in range(len(testX_txt2)):
    text1=testX_txt2[i]
    pre=clf.predict(count_vect.transform([text1]))
    ……
```

[1] Jiawei Han Micheline Kamber. 数据挖掘概念与技术[M]. 2 版. 范明，孟小峰，译. 北京：机械工业出版社，2017.

[2] 李柏年，吴礼斌. Matlab 数据分析方法[M]. 北京：机械工业出版社，2014.

[3] 黑马程序员. Python 快速编程入门[M]. 北京：人民邮电出版社，2017.

[4] 张良均，王路，谭立云，等. Python 数据分析与挖掘实战[M]. 北京：机械工业出版社，2015.

[5] Fabio Nelliz. Python 数据分析实践[M]. 杜春晓，译. 北京：人民邮电出版社，2017.

[6] 丁鹏. 量化投资策略与技术[M]. 北京：电子工业出版社，2012.

[7] 司守奎，孙兆亮. 数学建模算法与应用[M]. 2 版. 北京：国防工业出版社，2016.

[8] 卓金武. Matlab 在数学建模中的应用[M]. 2 版. 北京：北京航空航天大学出版社，2011.

[9] Wes McKinney. 利用 Python 进行数据分析[M]. 唐学韬，等，译. 北京：机械工业出版社，2013.

[10] 刘宇宙. Python3.5 从零开始学[M]. 北京：清华大学出版社，2017.

[11] 田波平，王勇，郭文明，等. 主成分分析在中国上市公司综合评价中的作用[J]. 数学的实践与认识，2014(4):74-80.

[12] 彭惠，刘欣雨. 基于关联规则的中国股票市场行业轮动现象研究[J]. 北京邮电大学学报 （社会科学版），2016(1):66-71.

[13] 张玉川，张作泉. 支持向量机在股票价格预测中的应用[J]. 北京交通大学学报，2007(6):73-76.

[14] 谢福鼎，李迎，孙岩，等. 一种基于关键点的时间序列聚类算法[J]. 计算机科学，2012(3):157-159.

[15] 董艺婷，郑亚斌. 基于模式聚类的短线选股模型[R]. 国信证券数量化投资系列报告之四十二，2011.

[16] 赵子瑜. 量化分析在我国 A 股市场中的应用研究[D]. 安徽财经大学，2016.

[17] 李钰，郑若娟. 上市公司信息透明度评价研究：基于主成分分析与熵权法[J]. 工业技术经济，2014(9):105-113.

[18] CSMAR®中国股票市场交易数据库使用说明书（2023 版）.

[19] 中国证券市场指数研究数据库使用说明书（2023 版）.

[20] 中国上市公司财务报表数据库使用说明书（2023 版）.

[21] 中国上市公司财务指标分析数据库使用说明书（2023 版）.

[22] 中国上市公司治理结构研究数据库使用说明书（2023 版）.

[23] Mitchell T. M. 机器学习[M]. 曾华军，等，译. 北京：机械工业出版社，2008.

[24] 高惠璇. 应用多元统计分析[M]. 北京：北京大学出版社，2005.

[25] 史媛慧. 基于粗糙集的股价趋势预测研究[D]. 河北科技大学，2015.

[26] 吴晓求. 证券投资分析[M]. 北京：中国人民大学出版社. 2001.

[27] 孙德山，王玥. 基于多种统计分类方法的股价趋势预测[J]. 辽宁师范大学学报，2017, 40（4）：440-444.

[28] Vladimir Nvapnik. 统计学习理论的本质[M]. 张学工，译. 北京:清华大学出版社，2000.

[29] 陶雨雨. 决策树及神经网络算法在股票分类预测中的应用[D]. 杭州电子科技大学，2014.